21世纪高职高专规划教材
财经类专业基础课系列

2018-1-045
"十三五"江苏省高等学校
重点教材

经济学基础

Fundamentals of Economics

（第3版）

主　编 ◎ 华桂宏

副主编 ◎ 王海燕　杨晓丽

中国人民大学出版社
· 北京 ·

前言（第3版）

经济学基础（第2版）自出版以来，收到了广大师生的厚爱和好评，本教材在2018年被列入江苏省重点教材建设项目。在教材建设过程中，我们认真学习习近平新时代中国特色社会主义思想和习近平总书记关于我国教育发展的系列讲话精神，力求贯彻教育部关于建设“金课”的新要求，力求反映我国经济改革和发展的新形势和新成就。值此之际，我们对第2版教材进行了较大程度的修改，在“在线开放课程”建设上也做出了一定的成效，努力让新版教材能够呈现新的特点，以更好满足师生教学需要。

一、在教材内容上加强了思政内涵

高校的根本任务是立德树人，贯彻党的教育方针，培养中国特色社会主义事业的建设者和接班人，在专业基础课程中应该注重思想政治性，即注重讲好课程思政。因此，在本次修订时，我们把贯彻课程思政原则作为首要原则，注意引导学生在学习专业知识时加强思想修养，提高政治水平。

例如，我们在相关章节中分别介绍了新时代我国发展的创新、协调、绿色、开放、共享五大新理念。收入分配的调节是协调和共享的重要体现，经济增长不应该再追求高速度而要注重环境保护与绿色发展。因此，在模块二“学会消费”中增加了“绿色消费”的内容，倡导“简约消费、低碳生活”。在模块三“创造财富”里增加了“绿色GDP”的内容，倡导绿色生产。以供给侧结构性改革为主线是由我国主要矛盾发展变化所决定的。新时代主要矛盾是人民日益增长的美好生活需要和不平衡不充分的发展之间的矛盾，矛盾的主要方面不在需要与需求侧，而在生产与发展这一供给侧，供给侧的主要问题又是不平衡等结构性问题，所以我们必须主要在供给侧发力进行改革，解决结构性问题。据此，在模块五“认识市场”中补充了“供给侧结构性改革”的内容，引入了新时代我国要以供给侧结构性改革为主线的介绍。又如，教材注重对我国创新驱动战略的有关知识的介绍，在模块三“创造财富”中增加了“驱动创新”的内容，强调了科技进步贡献率，还引入了内生增长理论。在讲生产要素时，突出了科技要素，如新生产方式、新组织形式以及新能源和新材料的重要性。如此等等。

与此同时，为准确反映经济发展的新形势，加强学生对经济发展实际的新认识，我们还对数据进行了必要的更新。

二、在教材使用上扩展了适用范围

本教材原本主要为高职高专经济管理专业的学生打好经济学基础之用。由于专科学校学制短，因此不像本科学校可以安排两学期学习，通常要在一学期内完成，按照传统体例讲授完微观和宏观两部分时间肯定是不够的。我们编写本教材的“初心”就是要让学生能够在一学期内较完整地掌握经济学的基础知识，“使命”就是实现“教师善教，学生乐学”。基于此，我们率先尝试打破传统，创新体例，按照现有六大模块与专题，把微观和宏观的知识加以有机整合，既保证了知识体系的完整性，又体现了结构安排的合理性。从本教材出版以来受到越来越多的师生欢迎看，我们的这种尝试获得了初步的成功。

在此基础上，本次修订吸纳江苏师范大学教师参与编写，试图将受益面扩展到普通本科院校非经济管理类专业的同学。本科院校强调为学生打好较为宽厚而扎实的知识基础，在安排通识教育课程内容时往往都需要纳入经济学学科专业知识。本教材适合非经济管理专业学生学习经济学基础知识，不仅能够引导学生走近经济、了解经济，而且由于本教材全部采用提问式来导入知识点，体现了启发式教学的特点，可以培养学生的问题导向意识。当然，在本科教学过程中，教师完全可以依据本教材，适当添加内容和提高难度。

三、在教材讲授上体现了立体教学

本教材已经不再是单本教材，在力图为同学们打造“金课”的思想指导下，编写组的部分同仁花费了大量精力，依据教材录制了在线开放课程“走进经济学”（中国大学MOOC，2019）。从教材到在线开放课程，这些资源保持了理念一致、体系统一且互为补充，适合在教学或学习中配套使用，借此再版机会一并简要介绍。

（一）“走进经济学”中国大学MOOC

“经济学基础”课程于2019年立项为江苏省在线开放课程，已在中国大学MOOC平台上线，并更名为“走进经济学”（进入“中国大学MOOC链接：https://www.icourse163.org”，搜索“走进经济学”即可）。这一课程的上线，是我们2006年以来围绕本教材进行教学改革的成果集中展示。课程资源与教材的理念、内容和体系保持一致，都注重对学生经济思维能力的培养以及经济规律在实践中的应用。平台资源主要包括学生讨论、微课、测验以及考试等内容。微课视频短小精悍、生动活泼。讲述每个经济规律，都是从分析日常生活中的具体实例入手，再由此归纳出一般的经济规律，最后将经济规律应用于消费者消费、企业生产决策领域乃至个人生活决策领域。

（二）两种资源的使用建议

建议各高校师生及其他经济学爱好者在使用《经济学基础》（第3版）时，配套使用中国大学MOOC平台的相关资源，以便充分利用现代信息技术和丰富的教学资源，有效实现翻转式教学。以教师教学为例，在授课前，教师可以先让学生结合教材，自学中国大学MOOC平台上的视频，并完成视频前的讨论题目；在课堂上，教师针对学生在MOOC平台上的讨论回复加以点评，并对相关的知识进行归纳和总结；在授课后，学生根据教师点评和归纳，完成相应的实训项目以及MOOC平台上的测验。学生考核成绩可以由过程考核和期末考核两部分构成并加大过程考核权重。通过两种资源的有效结合，可以有充分提高教学和考核的效率和效果。

《经济学基础》（第3版）由王海燕、杨双林、朱建军、李怀建、张薛梅五位老师负责修订，具体分工如下：华桂宏，制定教材修订的总体思路并提出具体要求，撰写前言部分；王海燕，负责模块一、四；杨双林，负责模块二；朱建军，负责模块三；李怀建，负责模块五；张薛梅、李怀建，负责模块六；最后由王海燕进行统稿，华桂宏、杨晓丽负责终审。在修订过程中，我们听取了部分高校师生的建议，借鉴了一些学者的论著、论文和教材等文献，得到了中国人民大学出版社特别是陈冰梅编辑的大力支持，在此一并表示感谢！

由于编者水平有限，书中难免有疏漏之处，敬请读者批评指正，反馈意见敬请发至邮箱752555598@.com。

华桂宏

于江苏师范大学

2019年9月

前言（第 2 版）

本书自 2012 年 12 月出版以来，承蒙读者的厚爱，先后加印 6 次，取得了较好的教学效果。现应读者需求及建议，出版第 2 版。本书（第 2 版）在第 1 版的基础上作了以下改动：

（1）对内容和单元名称进行修改，增加了应用性内容，更加符合高职教材需求。例如：原来以“章”“节”命名，这次根据项目化教材的特征，改为“模块”“单元”命名的形式。模块二增加了“对不符合边际效用递减规律的商品如何站在厂商角度进行利润最大化决策”等应用性内容。

（2）对部分内容做了修改和补充，以保证内容完整及前后连贯性。例如：模块一增加了“经济学研究的内容”“研究的方法”等传统教材必备的内容，并从“何为经济”及“如何研究”两个层面分别编写。模块三增加了“三条总成本曲线”，更便于学生理解后边的平均成本、平均可变成本以及边际成本，也使得内容更加连贯、系统。

（3）对部分陈旧的内容及数据作了更新。例如：模块一题目里提到的“中国环境资源网”网址进行了更新；模块三中原“2009 年及 2010 年的 GDP 数据”修改为“2015 年的 GDP 数据”。

（4）对容易产生歧义的概念进行了精确化处理。例如：第 1 版第三章对于“生产概念的描述”罗列了好几种，有的表述互相矛盾，让学生容易困惑，这次通过翻阅大量资料，对生产的定义，使用了一个统一的标准——“是否以盈利为目的”。

本教材由王海燕老师负责修订，在修订过程中得了有关读者、任课老师的帮助以及中国人民大学出版社的大力支持，在此一并表示感谢！

由于编者水平有限，书中难免有疏漏之处，敬请读者批评指正。

编者

2016 年 5 月

前言（第1版）

如何进行“经济学基础”课程教学？

一、问题提出

“经济学基础”到底由哪些知识内容与能力要素构成，目前的教材体系几乎完全相同，即分为微观经济学和宏观经济学两大部分。微观经济学的主要内容是由作为个体的供求双方（生产者与消费者）共同形成的市场价格及其在不同情形下如何对生产、分配、交换、消费及相应的资源配置发挥作用的机制的具体阐述，也叫价格理论。宏观经济学则将经济运行作为一个整体，将产品市场、货币市场和劳动力市场进行综合分析，具体说明以国内生产总值（GDP）为核心指标的经济总量如何增长或者国民收入如何被决定和增加，也叫收入理论。这样分类的好处是先个体后总体，先分析后综合，先具体后抽象。但是，针对高职院校财经专业学生而言，课程时数不太可能安排两学期（如果包含“国际经济学”甚至是三学期），但是课程内容又不应该是本科相应课程内容的简单压缩，那么，在有限的学时内，如何使学生接受“经济学基础”完整的基础知识和掌握分析经济问题的基本能力？

二、结构安排

为此，我们在“经济学基础”课程结构与内容安排上做了创新尝试，将流行的微观、宏观两部分知识进行了全新的组合。组合的原则是回答一个基本问题：到底如何完整理解经济而又将流行的经济学教材内容传授给学生？

完整理解一国的经济运行应该包括以下内容：（1）消费者如何消费？（2）生产者如何生产，财富如何创造，财富创造又如何累积为一国的经济增长？（3）消费与生产的结合共同构成供给与需求两个基本方面，它们如何共同作用形成价格？与此同时，社会价格总水平如何变化会导致通货膨胀或通货紧缩发生？（4）供求双方如何共同形成形式各异的市场，以及价格机制如何自动发挥作用从而调节资源配置？其中包括：应如何认识竞争与垄断？要素市场特别是劳动力市场如何运行？（5）市场运行及其内在机制将会失灵，如会产生分配差距和出现经济周期等问题，这就需要政府进行宏观调控，那么，政府为实现经济平稳增长等目标应该采取怎样的经济政策？这些内容的安排形成的基本逻辑结构是：经济运行（第一章：走近经济）→消费（第二章：学会消费）→生产（第三章：创造财富）→价格（第四章：发现价格）→市场（第五章：认识市场）→政策（第六章：调控经济）。

以上遵循对经济运行内在逻辑认知顺序的总体课程结构安排的目的是，试图让学生在每一章总的学习任务中能够完整理解经济运行的某一方面的知识。

例如：讲生产，不仅要在微观层面上介绍厂商理论所包括的厂商（企业）如何理性地进行生产决策，而且在同一章把所有厂商作为一个整体，详细论述它们是如何推动一国经济增长的。这样，第三章的内容实际上就是流行教材中厂商理论和经济增长理论的融合。

又如：讲价格，不仅讲单个产品的价格如何由供求双方共同决定，以及厂商如何进行价格决策，而且在国民经济整体层面考察物价总水平的变化与决定作用。如果说单个产品是由该产品的需求与供给共同决定的，那么，物价总水平就是由总需求与总供给共同决定的。第四章的内容实际上涵盖了流行教材中的价格理论、总需求总供给理论及通货膨胀理论。这样安排的好处在于，在同一章中让学生理解在微观和宏观两个不同层面上价格是如何被决定的，同时，有比较地学会运用经济学方法来分析供求如何决定单个和总体价格，以及如何影响微观主体和宏观经济运行。

再如：讲市场，学生一般熟悉的是产品市场，但是，要完整理解市场体系及其运行就不仅包括产品市场了。在第五章，内容安排就从介绍要素市场开始，帮助学生了解市场结构，了解产品市场、货币市场、劳动力市场之间如何互动以实现市场均衡运行，其中，劳动力市场的失衡表现为失业问题。无疑，通过这样的安排，学生可以从整体上把握一国经济运行中市场体系的方方面面，以及如何运用经济学知识对不同类型市场进行分析进而加以运用。第五章内容比较丰富，包括要素分配理论、市场结构理论、国民收入均衡理论及失业理论，不过，这些理论的学习是根据如何认识市场（学习任务）这一主线来安排的。

三、问题导向

如果说出于国情考虑，目前中小学阶段的学习还存在显著的“应试”特征，那么，大学阶段的学习就绝不应该是枯燥乏味的。学习应该解决三个基本问题：学习什么？如何学习？学习为了什么？其一，学习不仅包括学知识，还包括培养能力与提高素质。例如：就成本理论来说，经济学中有很多关于成本的一系列概念性知识。不过，“机会成本”的范畴是要重点掌握的，它不只是一个简单的范畴，而且代表经济学特有的思维观念与方法，学会分析机会成本是生产与投资决策的基本能力；同时，学习成本理论还需要培养俭朴之风、审慎意识。其二，如何学习包括学习方法和学习过程，且方法贯穿于过程之中。学习本来应该是一个充满探究的过程，这一过程可能并不轻松，但是应该是愉悦的。经济学学习可以使我们掌握不少分析方法，如均衡分析方法、最优化方法（消费者如何获得最大满足、生产者如何获得最优效益）、数量分析方法、博弈（对策）分析方法、个量与总量分析方法等。其三，学习的结果是学习为了什么的最终反映，不应该仅仅让学生了解一些概念与原理，而且应该让学生享受学习该课程的成就感。成就感最好的体现在于让学生能够完成系列预先经过教师科学设计的项目和任务，项目和任务的完成同时标志着学生掌握了该课程所包含的特定的发现问题、分析问题和解决问题的各种方法。

本教材的教学设计非常注重“思考与训练”部分内容，在不断思考与反复训练中，各位同学，你将发现可以用较少的货币消费较多的商品，你会发现时间是你消耗不起但又很容易被你忽视的最大的机会成本，你会知道原来有些国家会在一年内物价上涨几十倍，你还会很自豪地发现我国改革开放以来的经济发展成就是如此巨大。这一切不是教材能够直接告诉你的，也不可能全部由教师讲给你听，而要你亲力亲为，先学、后习，以致愉悦。

学习的内在规律应该是遵循“问题导向”原则，从认知到分析再到反复实践以解决问题，任何课程、教材以及与之相适应的教学内容和教学方法的设计及应用都概莫能外。发现问题是成功的开端，其重要性可谓“发现问题是成功解决问题的一半”，无论是生产、管理、服务还是教学与研究，无视问题的存在都将使得工作与学习质量低下，而不断反思、探究问题则往往是创新的开始。发现问题后如何分析解决？首先要学会分析问题产生的原因，这就需要分析能力，它是经由反复训练所形成的严密的思维能力，是归纳、演绎、判断、推理、想象乃至顿悟等对客观事物与现象进行思考的能力。所以，学习过程绝不应该主要是知识的积累，而主要应该是思维能力的训练和分析方法的累积。解决问题则是根据具体问题科学、熟练、巧妙地运用所掌握知识与方法的过程。解决问题能力的形成需要不断反复地实践。例如：价格范畴是抽象的，那么，具体的商品价格水平究竟是由谁定的？买卖双方讨价还价的能力谁更强？价格水平公允吗？如果公允，那么包含哪些具体的成本构成？利润水平有多高？为什么是暴利或者微利，怎样通过调查来判断？如果是暴利，是否为垄断经营？是行政垄断还是技术垄断？如果是微利，是竞争过度还是经营不善？一个接一个的问题，一次接一次的调查分析，你的思维将越来越缜密，分析判断能力也会越来越强。此可谓熟能生巧，实践出真知，“纸上得来终觉浅，绝知此事要躬行”。“学习”本是一个复合动词，其精妙之处就在于不仅“学”而且“习”，在“习”中反复“学”，不断递进，所以，先贤孔子早有云：“学而时习之，不亦乐乎？”

四、教学设计

要实现学习的基本目的，就要遵循“问题导向”原则，设计好教学内容，以教学项目与学习任务来引导学生学习。

具体到“经济学基础”的编写，从大的结构来看，我们将学生对经济运行的认知与学习分为六章，也可以叫六个大的综合性项目。从每一章（项目）来看，则包含“知识目标与要求”“能力目标与要求”“学习任务”以及与之相对应的“本章小结”和“思考与训练”。其中，知识目标和能力目标是“学习目标”的两个层面，重在能力目标。本来教育的目标应该是三个：知识、能力与素质。素质教育应该贯穿于教学始终，教师要设计和引导，学生则要用心体悟。“思考与训练”有两种：教材中不断出现的“小思考”是分析问题的开始，也是后续教学内容的引导或“热身”，每章结束时则设置不同类型的任务，引导学生采用不同形式如分组讨论、班级演讲及撰写分析报告来完成相应的学习。安排“思考与训练”尤其是训练任务特别重要。撰写分析报告可以在课外进行，但是分组讨论和演讲则要在课内作适当安排。我们的教学一直以来颇有“教师讲、学生听”的倾向或传统，学生只能被动接受而不能主动参与教学过程，违反了学生本位的基本教育观。所以，讨论与演讲可以帮助学生主动参与学习过程，积极思考，学会表达，加强沟通。讨论（辩论）与演讲的经济学话题随处可见。例如：就校园生活而言，校园超市的商品供应和学生购物行为、学习和生活成本、奖（助）学金背后的政府财政货币政策考量等。

从每一点具体学习内容来看，具体学习内容是对一个完整的学习项目作有机分解。我们还是遵循“问题导向”原则，将具体学习内容设计成一个个的小问题，可以发现，整部教材的大部分小标题都是由小问题组成的。通过每一个小问题，从设问到思考，从教师启发到学生掌握，帮助学生逐步掌握相应的知识和能力。

为增加学习的自主性和趣味性，教材还设置了很多的小栏目，如“轶闻趣谈”“小思考”“分组讨论”“案例分析”“知识拓展”“超链接”等。这些栏目在学习中具有独特的作用。“分组讨论”是在学习某一知识之前的准备，意在启发学生如何解释某一简单的经济现象产生的原因或影响。在特定知识学习之前和之后，学生的解释也许不一致，那就可以比较哪种解释更科学，或者说明经济现象可以从多角度进行分析。不管怎样，情境教学是一种有效的教学方法，它可以激发学生的学习兴趣，也可以引导学生通过学习形成科学和正确的思维。“案例分析”则期望学生进一步掌握学习内容，更重要的是通过案例设置以及给出如何分析的思路，使学生掌握如何运用经济学知识分析和解决具体经济问题的方法。“超链接”的内容主要是有关经济发展史、经济思想史和比较高级的经济学理论，主要考虑对于学有余力的学生，要给其更宽的学习领域和更高的学习层次。经济学不是抽象科学，而是来自经济生活并指导经济生活的。经济学的发展来源于整个世界经济的发展，经济思想史的背后就是一部经济发展史。例如：亚当·斯密的“看不见的手”源于资本主义自由竞争阶段，以凯恩斯为发端的宏观经济学是西方20世纪20年代末期“大萧条”的产物，而以弗里德曼为代表的货币学派则是在治理西方政府滥用财政政策和货币政策所导致的20世纪70年代“滞涨”问题的过程中崭露头角的。“超链接”的内容无疑会增加阅读的趣味。

五、编写始末

本教材主要由我和无锡商业职业技术学院几位青年教师一起编写，他们是周丙洋（第一章）、杨双林（第二章）、朱建军（第三章）、王海燕（第四章）、李富（第五章）、张薛梅（第六章）。王海燕在我的指导下构建了教材的框架，承担了大量的协调工作，是本教材的副主编。我在无锡商业职业技术学院工作期间，曾经承担两学期“经济学基础”课程的教学，每次约有 150 名学生听课。在讲授的过程中，我萌发了对高职“经济学基础”教材体系结构、内容安排及教学方法进行较大改革创新的计划，并在教学中进行尝试。实践证明，改革效果良好。我的课堂是公开的，教材作者和其他不少教师都曾听过我的课，王海燕、李富、朱建军三位老师还承担了本课程的助教，我和他们多次探讨如何进行教学改革，得到了他们的热烈响应。改革后的“经济学基础”教材编写计划获得中国人民大学出版社的大力支持，被列入重点出版计划。不过，在教材编写过程中，我调入江苏经贸职业技术学院，只能断断续续地对书稿进行统一的修改、定稿，而且不能和作者当面交流，颇为遗憾。

由于编者水平有限，书中难免存在错漏之处，还请使用本教材的教师和学生批评指正。

华桂宏

2012 年 8 月

目　录

CONTENTS

模块一　走近经济 …… 1

第一单元　何为经济 …… 3

第二单元　如何研究 …… 16

模块二　学会消费 …… 27

第一单元　效用递减 …… 29

第二单元　最大满足 …… 38

第三单元　理性消费 …… 45

模块三　创造财富 …… 63

第一单元　企业生产 …… 65

第二单元　经济增长 …… 91

第三单元　驱动创新 …… 115

模块四　发现价格 …… 123

第一单元　价格形成 …… 125

第二单元　弹性应用 …… 150

第三单元　通货膨胀 …… 165

模块五　认识市场 …… 193

第一单元　要素市场 …… 195

第二单元　市场结构 …… 207

第三单元　市场互动 …… 221

第四单元　失业现象 …… 226

模块六　调控经济 …… 237

第一单元　贫富差距 …… 239

第二单元　经济周期 …… 251

第三单元　经济政策 …… 260

参考文献 …… 282

模块一

走近经济

知识目标与要求

- 掌握经济学的概念
- 理解经济学产生的根源
- 掌握经济学的研究内容
- 了解经济学的研究方法
- 掌握经济活动的四要素
- 理解经济学的分类
- 了解经济学的发展史

能力目标与要求

- 能够辨认身边的经济现象
- 能初步用经济学思维思考问题
- 能初步用经济学的方法来分析某些经济现象

学习任务

- 分析目前全球的资源状况及经济学的关注点
- 注意经济与非经济（如政治、文化等）问题的区分

【轶闻趣谈】

天堂和地狱的区别

从前，有一个幸运的人被上帝带去参观天堂和地狱。他们首先来到地狱，只见一群人围着一大锅肉汤，但这些人看起来都营养不良、饥饿而绝望。仔细一看，原来他们每个人都拿着一只可以够到锅的汤匙，但汤匙的柄比他们的手臂长，所以没法把汤送进嘴里。他们看起来非常悲苦。

紧接着，上帝带他进入另一个地方。这个地方和先前参观的地方完全一样：一锅汤、一群人、一样的长柄汤匙。但这里的每个人都很快乐，吃得也很愉快。上帝告诉他，这就是天堂。

这位参观者很困惑：为什么情况相同的两个地方，结果却大不相同？最后，经过仔细观察，他终于找到了答案：原来，地狱里的每个人都想着自己舀肉汤喝；而天堂里的每个人都用汤匙喂对面的那个人。结果，地狱里的人都在可怜地挨着饿，而天堂里的人却无此困扰。

这则寓言有助于说明什么是经济学。人们要生存，离不开物质财富的生产和分配，但是在不同的社会组织方式、不同的人际关系下，生产财富的效率和分配财富的方式是大不相同的。

为什么同样的劳动在美国获得的报酬较高？为什么当今国与国之间存在非常大的贫富差距？人类社会为什么在 20 世纪之后进入财富高速增长期？我国改革开放 40 多年来是怎样实现人均收入快速增长的？我国的人均收入今后增长潜力有多大？等等。

对上述问题你一定很感兴趣。想知道这些问题的答案吗？“经济学基础”这门课程会带你去寻找答案。

资料来源：臧良运．经济学基础．北京：高等教育出版社，2009.

【任务分解】

1. 学会辨认身边的经济现象

2. 掌握经济学的研究内容与研究方法

第一单元
何为经济

分 组 讨 论

请学生以小组为单位讨论 3 分钟后，举例说明：你认为的经济活动有哪些？或者用语言描述：什么是经济活动？经济活动与其他活动有什么不同？

一、什么是经济学？什么是经济活动？

关于经济学的定义，迄今还没有一个被所有经济学家所认可的说法。一个比较流行的经济学定义是：经济学是研究个人和团体从事生产、交换以及对产品和服务消费的一种社会科学，它研究如何有效地分配和利用稀缺的资源，以满足人们无限的需要。

1776 年，英国人亚当·斯密（Adam Smith，1723—1790）出版了《国民财富的性质和原因的研究》，简称《国富论》，这本书是公认的第一本经济学著作，亚当·斯密本人也被认为开创了古典政治经济学之先河，被誉为“经济学之父”。亚当·斯密最大的贡献是提出了“看不见的手”的学说。他认为，人类社会存在一种和谐的自然秩序，市场会自发地调整买卖双方的行为，从而达到资源的有效配置。自亚当·斯密之后，经济学成为一门独立的学科，历久不衰，甚至被称为所有社会科学的“皇后”。

美国著名经济学家加里·贝克尔（Gary Becker，1930—2014），把经济理论运用到与市场力量没有联系的领域，如社会学、政治学、人口统计学、犯罪学和生物学等。他也因此在 1992 年获得诺贝尔经济学奖。经济学至此有了“经济学帝国主义”之称。意思是经济研究涉足范围已经超过了经济问题本身，而侵占了其他学科领域。

经济活动的定义有广义和狭义之分。广义的经济活动指的是所有与选择（choose）有关的活动，因此，做出选择或者资源配置决策并付诸实施的过程就是经济活动。美国经济学家斯蒂格利茨在《经济学》一书中指出：“经济学研究我们社会中的个人、企业、政府和其他组织如何进行选择，以及这些选择如何决定社会资源的使用方式。”狭义的经济活动指的是典型的交换活动。例如：学生早晨几点起床？起床后读书还是锻炼？早餐吃什么？上课认真听讲还是玩手机？中午吃米饭还是面条？晚上自修还是与老乡聚会？等等。

面对这些决策，理性人都要用到经济学思维，权衡利弊得失，以便做出理性的决策，因此，这些活动都属于广义的经济活动。而其中典型的交换活动，如买午饭，则属于狭义的经济活动。本教材后文中举例提到的经济活动一般都指的是狭义的经济活动。

一个家庭，乃至一个社会也面临着许多决策。每个家庭成员分别要去做什么？每个家庭成员能得到什么回报？谁做晚饭，谁洗衣服？谁在晚饭时多分一块点心？谁有权选择看什么电视？一个社会需要决定将要做哪些工作，以及谁来做这些工作？例如：谁来生产衣服？谁来种粮食？谁来生产轿车？谁将开法拉利跑车而谁将坐公共汽车？这些都需要运用经济学思维去解决。

二、经济学产生的根源是什么？

人们利用经济学思维对拥有的资源要进行利弊得失的权衡，以做出理性的选择，这需要两个前提：第一个前提是资源具有稀缺性（scarcity）。可以想象，如果一个学生认为自己拥有的时间资源是无限的，或者说时间对他而言不存在稀缺性，他就不用考虑早上几点起床，而是想睡到几点就几点，此时他就没有利用经济学思维权衡利弊得失。再如：如果有人认为自己的金钱是不存在稀缺性的，他买东西时可能就会随心所欲，不计较价格，不必用经济学思维指导自己如何支配货币以获得最大满足。

资源的稀缺性可以从两个方面理解：

首先，资源本身具有稀缺性。随着环境污染的加剧，即使我们曾经认为取之不尽、用之不竭的阳光、空气、水也逐渐变得具有稀缺性。值得注意的是，资源的稀缺性是普遍存在的，不仅在穷人身上存在，富人同样面临着资源的稀缺性。即使古代的帝王，也面临着资源的稀缺性。例如：由于时间这种资源的稀缺性，古代帝王才会不惜代价寻求长生不老的灵丹妙药。发达国家与发展中国家一样，都面临着资源的稀缺性。因此，只要有人类社会，就存在资源的稀缺性。

其次，人的欲望具有无限性。相对于有限的资源和人的无穷欲望而言，资源总是稀缺的。

美国学者亚伯拉罕·马斯洛（Abraham Maslow，1908—1970）关于欲望或需要层次的解释认为，人的欲望或需要可以分为五个层次：第一，生理的需要，即吃、穿、住等生存的需要，这是最低层次的需要。第二，安全的需要，即希望未来生活有保障，如免于伤害、免于受剥夺、免于失业等。第三，社交的需要，又称归属与爱的需要，是指个人渴望得到家庭、团体、朋友、同事的关怀爱护和理解，是对友情、爱情、信任、温暖等的需要。社交的需要比生理和安全需要更细微、更难捉摸。第四，尊重的需要，又可分为内部尊重和外部尊重。内部尊重是指一个人希望在各种不同情境中有实力、能胜任、充满信心、能独立自主，内部尊重就是人的自尊。外部尊重是指一个人希望有地位、有威信，受到别人的尊重、信赖和高度评价。第五，自我实现的需要。自我实现的需要是最高层次的需要，是指实现个人理想、抱负，发挥个人的能力到最大程度，达到自我实现境界的人，接受自己也接受他人，解决问题能力增强，自觉性提高，善于独立处事，要求不受打扰地独处，完成与自己的能力相称的一切事情的需要。

这些欲望或需要一个接一个地产生，当前一种欲望或需要得到满足或部分满足以后，又会产生后一种欲望或需要，可见人的欲望和需要是无穷无尽的。

经济学产生的第二个前提是：经济个体是理性（rationality）的。

前边的例子提到学生要决定早上几点钟起床，假设他虽然知道时间资源具有稀缺性，但还是任意挥霍时间、做出随意的决策，显然他不是一个理性人，因此也就没有运用经济学思维指导自己的决策。可见，资源的稀缺性和经济个体具有理性是研究经济学的两个基本前提，缺一不可。

案例分析

如何通过诗歌理解经济学的两大前提?

终日奔波只为饥，方才一饱便思衣。
衣食两般皆具足，又想娇容美貌妻。
娶得美妻生下子，恨无田地少根基。
买得田园多广阔，出入无船少马骑。
槽头拴了骡和马，叹无官职被人欺。
县丞主簿还嫌小，又要朝中挂紫衣。
若要世人心里足，除是南柯一梦西。

分析：

(1) 从诗歌内容来看，主人公的欲望是不断增长的，在满足了低层次需要后还要求更高层次的满足，从这一角度看，人的欲望是无限的。

(2) 在实际生活中，社会资源及使用社会资源所生产的物品是有限的，这种有限并不是指绝对数量少，而是指相对于人的无穷欲望而言，相对有限。

(3) 经济学产生的直接原因是真实社会资源的相对稀缺性和人类个体的欲望无限。

分组讨论

假如给你100万元让你创业，请讨论以下问题：

(1) 你的企业计划生产什么产品?

(2) 如何组织各种生产要素进行生产?

(3) 最终的产品为谁服务?

三、经济学能解决哪些问题？

稀缺性规律是一切经济问题产生的根源。由于这个规律，人们在经济活动中就要做出各种各样的选择，以追求尽可能大的满足。例如：某个学生如何安排其学习和活动时间；某个家庭如何花费有限的收入；某个工厂如何利用有限的资金；某国政府怎样支配财政收入，如年度开支多少、教育经费多少、社会福利开支多少等。这样，人类就产生了众多的经济问题。经济学要解决的基本问题就是由资源的稀缺性引发的“生产什么产品或劳务以及各生产多少”“如何生产”“为谁生产”这三大基本问题。

（一）生产什么产品或劳务（what）以及各生产多少

人的需要有轻重缓急之分，同样，资源也有多种用途，但由于资源具有稀缺性，用于生产某种物品的资源多了，用于生产其他物品的资源就会减少。因此，经济学就产生了第一个问题：生产什么产品或劳务以及各生产多少。假定社会资源只有10吨铁，是生产汽车还是机床？生产多少汽车或机床？

（二）如何生产（how）

如何生产就是解决生产方式、生产效率的问题。用什么方式生产汽车或机床？用多少资本、多少劳动？多用资本少用劳动，还是多用劳动少用资本？无论生产什么，都要合理选择所用资源的种类和数量，即投入何种技术组合以便获得最大的产出。

“抠门”老板王传福

比亚迪公司董事局主席王传福曾去日本学习电池生产技术，发现由于日本的人工成本太高，企业使用机器人生产电池可以节约成本。王传福是一位懂得控制成本的“抠门”老板。根据企业的特点，他利用中国人力资源成本低的优势，决定动手建造一些关键设备，然后将生产线分解成一个个可以人工完成的工序，最终花费100多万元人民币建成了一条日产4 000个镍镉电池的生产线。利用成本优势并通过代理商，比亚迪公司逐步打开了低端市场。经过不断的改进，比亚迪公司的总体成本比日本竞争公司低了40%。为了进驻高端市场，争取到规模大的行业用户和大额订单，比亚迪公司不断优化生产工艺、引进人才，并购进大批先进设备，集中精力搞研发，使电池品质稳步提升。王传福还经常出国参加国际电池展示会，直接与摩托罗拉等大客户接触。获得了客户的认可后，公司的订单源源不断。

此后，王传福将目光放到了欧美和日本市场。1998年至2000年，比亚迪欧洲分公司、美国分公司先后成立。比亚迪公司在这些市场势如破竹，大客户名单上出现了松下、索尼、通用电气、美国电话电报公司和 TTI 等。

2000 年，王传福投入大量资金开始锂电池的研发，公司很快拥有了核心技术，并成为摩托罗拉的第一个中国锂电池供应商。2001 年，比亚迪公司的锂电池市场份额上升到世界第四位，而镍镉和镍氢电池分别上升至第二位和第三位，实现了 13.65 亿元的销售额，纯利润高达 2.56 亿元。

如今，比亚迪公司以近 15%的全球市场占有率成为中国最大的手机电池生产企业之一，在国际市场上正与日本三洋一决雌雄。在镍镉电池、镍氢电池以及锂电池领域，比亚迪均位居全球前列。

资料来源：MBA 智库百科，https://wiki.mbalib.com/wiki/%E7%8E%8B%E4%BC%A0%E7%A6%8F.

分析：“企业如何生产”这一问题是由什么因素决定的？

（三）为谁生产（for whom）

为谁生产即分配问题，包括生产的产品怎样在社会成员之间进行分配，根据什么原则、采取什么机制进行分配，分配数量界限如何把握等。根据投入要素的不同，分配结果也不同。

小思考

当前，社会贫富差距较大，公务员、教师、运动员、电力公司职员、汽车工人、互联网企业家等不同职业者，谁应当得到高的收入？社会应该对穷人提供财政补助、贫困救济、失业救济等，还是严格遵循不劳动者不得食的原则？

“生产什么产品或劳务以及各生产多少”“如何生产”“为谁生产”这三个问题，是每个社会必须抉择的最基本问题，也是一切经济制度所共有的。但是，不同的经济制度却是以不同的方式来解决这些问题的，这三个问题被称为资源配置问题。有些经济学家还进一步提出“何时生产”“如何分配生产出来的产品”以及“如何才能保持经济的稳定增长和提高生产水平”等问题。

小思考

为什么要学习经济学？这个问题有很多不同的答案。我们认为，在市场经济环境下，无论是政府官员、企业决策者、企业员工还是农民，谁的生活都离不开经济。例如：银行存款利率下调，房屋价格上涨，人民币升值，招工信息中各类岗位人员的工资比上年普遍降低等等。如果没有一定的经济知识，人们就会茫然失措。选择职业也许是你的一项重大决策。你的前途不仅取决于你的能力，而且取决于你所不能控制的经济环境。经济学能帮助你在面临多种选择时做出最佳选择。学习经济学不一定能使你变得富有，但不学经济学，机会就可能与你擦肩而过。

实际上，我们学习经济学，更重要的是从中受到启发，从经济学的角度对社会生活、经济现象进行观察、分析和判断，像经济学家那样思考问题。当然，不同的人学习经济学所关注的层面不同：经济学家关注整个社会经济制度与国家的经济政策；企业决策者关注企业的生产经营目标、购买者的行为、经济环境和法律环境；作为个人，应从中领悟和运用经济理论，具备分析和解决实际问题的能力。

英国经济学家约翰·梅纳德·凯恩斯说，“经济学理论并没有提供一套立即可用的完整结论。它不是一种教条，只是一种方法、一种心灵的器官、一种思维的技巧，帮助拥有它的人得出正确结论”。

知识拓展

机会成本、生产可能性边界和经济体制

1. 机会成本

经济资源的稀缺性决定了一个社会的经济物品在某一时期内是一个定量，这就意味着，为了生产某种产品就必须放弃其他产品的生产。当把一定的经济资源用于生产某种产品时所放弃的生产另一些产品所能获得的最大收益，就是生产这种产品的机会成本。关于机会成本的概念，在模块三创造财富中将进行详细的介绍。

2. 生产可能性边界

人的无限需要有轻重缓急之分，同样，经济资源也有多种用途，但由于资源具有稀缺性，用于生产某一种物品的资源多了，用于生产其他物品的资源就会减少。假定一国将全部资源只用于生产两种物品——食品和衣服。由于社会用于生产的资源是有限的，因此该国生产食品和衣服的数量也是有限的。多生产了食品，就少生产了衣服，反之亦然。如表 1-1 所示，如果该国的全部资源都用于生产食品，可以产出 800 万单位的食品，但没有任何单位的衣服生产出来。或者，如果生产 700 万单位的食品，就能释放出部分资源（土地、劳动和资本）生产出 220 万单位的衣服。从另一个极端来看，该国可以生产出 700 万单位的衣服，而没有任何资源用于生产食品。

表 1-1　社会生产的组合方式

食品单位（百万）	衣服单位（百万）	食品单位（百万）	衣服单位（百万）
8.0	0.0	5.0	5.0
7.0	2.2	4.0	5.6
6.0	4.0	3.0	6.0

续前表

食品单位（百万）	衣服单位（百万）	食品单位（百万）	衣服单位（百万）
2.0	6.4	0.0	7.0
1.0	6.7		

将表1-1所列数据描绘在平面坐标图上，就可以得到图1-1所示的生产可能性曲线。生产可能性曲线是指一个社会用其全部资源和技术所能生产的各种产品和劳务的最大产量组合点的曲线。用横轴表示衣服的单位，用纵轴表示食品的单位，该曲线就显示出充分和有效地利用该国全部资源所能生产出来的这两种商品的所有组合。例如：生产有可能发生在X点，即生产600万单位的食品和400万单位的衣服。从图1-1中还可以看出，在生产可能性曲线内的任何一点（如G点）上，食品和衣服的组合（300万单位食品和400万单位衣服）也是在既定资源条件下所能达到的，但并不是最大数量的组合，即资源没有得到充分利用。在生产可能性曲线外的任何一点（如H点）上，食品和衣服的组合（500万单位食品和600万单位衣服）是食品和衣服更大数量的组合，但在现有资源条件下无法实现。

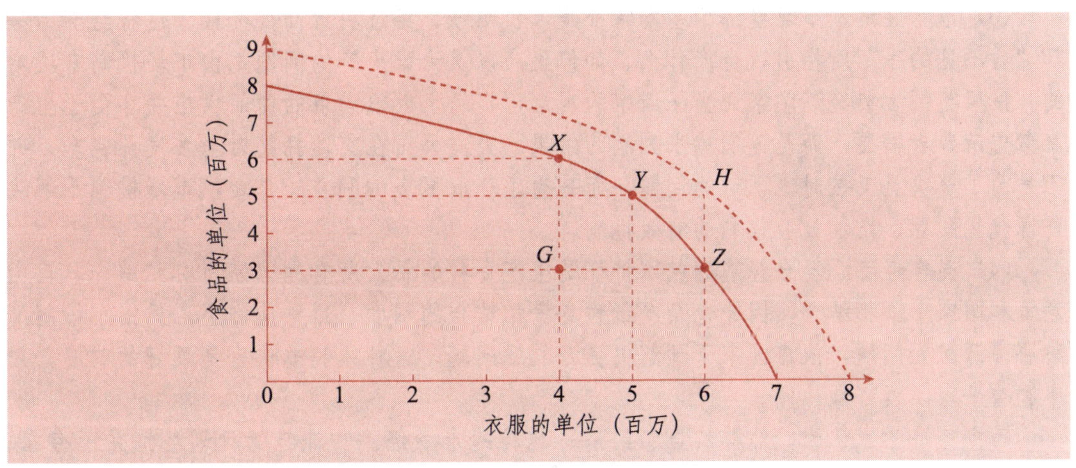

图1-1　生产可能性曲线

如果一个社会的经济资源由于各种原因增加了，就意味着使用全部资源可以生产出更多的食品和衣服，生产可能性曲线就会向外扩张，见图1-1中的虚线。

3. 经济体制

前面所说的经济社会的几个基本问题，都是研究稀缺的经济资源（劳动、土地、资本、企业家才能）如何分配给各种不同用途的，所以，它实质上考察的是经济资源的合理配置问题。但实际上，在现实的经济社会中，还有另一方面的问题，那就是劳动者失业、生产设备和自然资源闲置是否经常存在的状态，图1-1中处于生产可能性边界以内的点就是这种情况。因此，经济学应该研究的，除了生产什么、如何生产、为谁生产这些问题外，还要研究一国资源是否充分利用这一问题。

尽管各种社会都存在稀缺性、选择、配置的问题，但解决的方法并不相同，换句话说，在不同的经济体制下，资源配置和资源利用的解决方法是不同的，经济资源配置和利用方式就是所谓经济体制问题。按照西方经济学家的划分，经济体制分为下列四种类型：自给经济、计划经济、市场经济和混合经济。

（1）自给经济。自给经济的特征是每个家庭生产自身消费的大部分物品，扩大范围说，是每个村落生产其消费的大部分物品，只有极少数消费品是与外界交换来的。在这种体制下，资源配置和利用由居民直接消费所决定，经济效率低下。如今，非洲的某些国家还保留着某些自给经济的特征。

（2）计划经济。计划经济的基本特征是生产资料归政府所有，政府实际上像一个单一的大公司对经济进行管理。在这种体制下，政府运用计划手段来解决资源配置和利用问题。产品的数量、品种、价格、消费和投资的比例、投资方向、就业及工资水平、经济增长速度等均由政府的指令性计划来决定。生产的产品也由国家统一分配。这种体制，从理论上也可以证明，资源能够达到最优配置和有效利用。但实践证明，这种体制不能解决资源配置问题，效率较低，由此产生了社会主义国家经济体制改革。

（3）市场经济。市场经济的基本特征是产权明晰、经济决策高度分散。这种经济为一只“看不见的手”所指引，生产什么、如何生产以及为谁生产的问题是由市场机制来决定的。按照英国古典经济学家亚当·斯密的观点，市场上琳琅满目的商品供应并非由于生产者考虑消费者需要，而是他们追求利润的结果。公交公司在交通拥挤时会多发几辆车，并不是为了解决员工按时上下班的问题，而是为了获取更多的利益。总之，市场机制是解决资源优化配置、增加社会福利的有效机制。

（4）混合经济。混合经济的基本特征是生产资料的私人所有和国家所有相结合，自由竞争和国家干预相结合，因此也是垄断和竞争相结合的制度。这种体制下，凭借市场制度解决资源配置问题，依靠国家干预解决资源利用问题。这种体制被认为是最好的制度，效率和公平可以较好地协调。

西方经济学家认为，纯粹的自给经济、纯粹的市场经济和纯粹的计划经济并不存在。非洲和拉丁美洲的一些国家偏向于自给经济，北美、西欧的一些国家以及澳大利亚和日本等偏向于市场经济，而社会主义国家在传统体制下则偏向于计划经济。但也有一些经济学家认为，由于过去资本主义国家的国有化运动和近年来社会主义国家的经济体制改革，使得两种制度相互渗透、趋同，从而都具有混合经济的特征，因而在解决资源配置和利用问题时，方式和方法也逐渐趋同。

四、经济活动有哪些要素？

在一项典型的经济活动中，有四个必备要素：

（1）消费者：指商品和劳务的买方。

(2) 生产者：指提供商品和劳务的主体，这里的生产者既包括生产商品或劳务的厂商，也包括销售商品或劳务的零售商、代理商等。

(3) 市场：指商品或劳务交换的场所。但是随着网购的兴起，这种场所也有可能是虚拟的场所。

(4) 政府：在消费者与生产者进行交换的过程中，有可能一方会损害另一方的利益。这时政府就会扮演一个中立的角色来维护受害方的利益。除此之外，政府还可以扮演消费者的角色消费商品或劳务（如购买办公用品），或扮演生产者的角色生产商品或劳务（如国有企业的生产经营活动）。

五、经济学如何分类？

经济学研究的对象是资源配置和利用，在这个内容广泛的学科中，必然会产生许多分支学科。根据研究的对象、范围以及所采取的研究方法和出发点不同，可以将经济学划分为微观经济学和宏观经济学两大部分。

（一）微观经济学

微观经济学（microeconomics）以单个经济单位（居民户、厂商以及单个产品市场）为考察对象，研究单个经济单位的经济行为，以及相应的经济变量的单项值如何决定。

经济行为包括：家庭（即消费者）如何支配收入，怎样以有限的收入获得最大的效用和满足；单个企业（即生产者）如何把有限的资源分配在各种商品的生产上以取得最大利润。单个经济变量包括：单个商品的产量、成本、利润、要素数量；单个商品（包括生产要素）的效用、供给量、需求量、价格等。微观经济学通过对这些单个经济行为和经济变量的分析，阐明它们之间的各种内在联系，从而确定和实现最优的经济目标。归纳起来，微观经济学实际上是要解决两个问题：一是消费者对各种产品的需求与生产者对产品的供给怎样决定每种产品的产销量和价格；二是消费者作为生产要素的供给者与生产者作为生产要素的需求者怎样决定生产要素的使用量及价格（工资、利息、地租、正常利润）。它涉及的是市场经济中的价格机制运行问题。所以，微观经济学又称为市场均衡理论或价格理论。

（二）宏观经济学

宏观经济学（macroeconomics）以整个国民经济活动作为考察对象，研究社会总体经济问题以及相应的经济变量和经济总量是如何决定的及其相互关系。总体经济问题包括经济波动、经济增长、就业、通货膨胀、国家财政、进出口贸易和国际收支等。经济总量包括国民收入、消费、投资、物价水平、利息率、汇率及这些变量的变动率等。宏观经济学通过对这些总体经济问题及其经济总量的研究，来分析国民经济中的几个基本问题：一是已经配置到各个生产部门和企业的经济资源总量的使用情况如何决定一国的总产量（国民收入）或就业量；二是商品市场和货币市场的总供求如何决定一国的国民收入水平和一般物价水平；三是国民收入水平和一般物价水平的变动与经济周期与经济增长的关系。其中，国民收入（就业量）的决定和变动是一条主线，所以，宏观经济学又称为国民收入决定论或收入分析。

（三）微观经济学与宏观经济学的关系

微观经济学和宏观经济学是西方经济学中互为前提、彼此补充的两个分支学科。微观经济学以经济资源的最佳配置为目标，采取个量分析法，而假定资源利用已经解决；宏观经济学以经济资源的有效利用为目标，采取总量分析法，而假定资源配置已经解决。

微观经济学和宏观经济学好比树木和森林的关系，但微观经济学之和并不等于宏观经济学。从表面看，宏观经济活动是由微观经济活动总和形成的，但经济规律却不是简单的综合。许多结论在微观看来是正确的，但放在宏观分析中可能得出相反的结论。例如：个别厂商如果降低工人工资，那么其生产成本会因此而下降，从而导致厂商利润的增加。可是从宏观分析角度看，假如一个经济社会中所有的厂商都降低工人的工资，那么整个社会的购买力会因工人收入的下降而下降，造成社会产品过剩，于是企业不得不减产甚至关闭，这样导致的结果是厂商利润下降。再如：从个人角度看，节俭是一种美德，但从宏观经济学效果看，如果整个经济处于萧条时期，主张节俭只能加速萧条，使失业率继续上升。这就是所谓的节俭是非论。

还有一点值得注意，即微观经济学和宏观经济学不是仅从概念上就可简单加以区分的。价格、产出、消费、投资、供给、需求等概念在微观经济学和宏观经济学中都会出现，但含义不一样。例如：价格这个概念，在微观经济学中指单个产品的价格（猪肉 500 克 18 元、大米 500 克 4 元、服装一套 300 元等），而在宏观经济学中，指价格水平或物价指数。若某国以 2018 年为基期，价格指数为 1，2019 年价格指数若为 1.3 或 130%，则表示与 2018 年相比，2019 年物价总水平上升了 30%。其他概念同样如此。在微观经济学中，这些概念都指个量，而在宏观经济学中，这些概念都指总量。

案例分析

聚焦“中国南海争端”

外界普遍称中国南海为南中国海，由东沙群岛、西沙群岛、中沙群岛和南沙群岛构成，总面积约为 350 万平方千米，最南端为南沙群岛的曾母暗沙。目前，中国台湾控制全部东沙群岛，中国大陆控制全部西沙群岛。中沙群岛和南沙群岛争议最大，越南、菲律宾、马来西亚、文莱、印度尼西亚都对这些岛礁争夺主权诉求。到目前为止，越南占据 29

个岛礁、菲律宾占据 8 个、马来西亚占据 3 个、文莱占据 1 个、印度尼西亚占据 2 个、中国大陆和中国台湾占据 9 个。其中，太平岛由中国台湾派军驻守。无论是越南还是菲律宾，从 20 世纪 70 年代末期开始就不断采取各种方式，侵犯我国南海的主权和管辖权。“在与中国有南海主权争端的国家中，越南非法占据的南沙岛礁数量最多，越南在南沙占据了 29 个岛屿，并在岛上建造了码头、机场跑道、发电站、防护堤及军事碉堡。”中国能源网首席信息官韩晓平接受记者采访时表示。在越南的带动下，菲律宾紧随其后，也在南海问题上向中国发难。

长期以来，我国奉行和平外交政策，对南海周边国家实行睦邻友好政策，提出了“主权在我，搁置争议，共同开发”的原则和方针。然而，迄今为止，中国的和平善意没有得到应有的回应，相关周边国家反而趁此机会加速抢占中国的岛屿，肆意分割中国的海域，公然掠夺中国的资源。

南海剑拔弩张的背后，储量庞大的油气资源更是各方争夺的焦点。南沙拥有难以计数的珍贵海洋生物，蕴藏着极为丰富的矿产资源，储存着用之不竭的海洋能源，有“第二个波斯湾”之称。在我国南海传统疆界线内 200 多万平方千米的海域，已探明石油地质储量为 230 亿吨～300 亿吨，天然气储量达 16 万亿立方米，占我国油气总资源量的 1/3。此外，南海拥有可燃冰储量约为 194 亿立方米。

除了拥有海量的油气资源外，南海也是一个重要的军事战略基地。南海是联系我国与世界各地非常重要的海上通道，同时也是太平洋和印度洋之间的“海上走廊”。有学者表示，“从军事战略上而言，控制了南海岛礁，就意味着直接或间接地控制了从马六甲海峡到日本、从新加坡到香港、从我国广东到菲律宾马尼拉，甚至从东亚到西亚、非洲和欧洲的多数海上通道。”

资料来源：栗清振．南海油气资源争夺烽火再起．中国电力报，2011-07-26.

分析：资源稀缺性对经济的影响，并阐释南海周边各国政府对南海及相关岛屿展开主权之争的原因。

超链接

新经济

“新经济”一词最早出现于美国《商业周刊》1996 年 12 月 30 日发表的一组文章中。新经济是指在经济全球化背景下，信息技术（IT）革命以及由信息技术革命带动的、以高新科技产业为龙头的经济。它是建立在信息技术革命和制度创新基础上的经济持续增长与低通货膨胀率、低失业率并存，经济周期的阶段性特征明显淡化的一种新的经济现象。

新经济是信息化带来的经济成果。新经济具有低失业、低通货膨胀、低财政赤字、高增长的特点。通俗地讲，新经济就是各国政府一直追求的“持续、快速、健康”发展的经济。

20世纪90年代以来，美国经济出现了第二次世界大战后罕见的持续性的高速度增长。在信息技术部门的带领下，美国自1991年4月以来，经济增长幅度达到了4%，而失业率却从6%降到了4%，通胀率也在不断下降。如果食品和能源不统计在内的话，美国1999年的消费品通胀率只有1.9%，增幅为34年来的最小值。

新经济的特征主要有三点。

首先，企业越来越注重将价值从有形资产转移到无形资产上。企业扩张的活动越来越频繁，与旧经济时代相比，在新经济时代，企业更加注重对无形资产的利用和控制，同时也更加关注无形资产所带来的价值。例如：万豪是世界著名的酒店管理集团，它从不自己建造酒店或拥有任何酒店实体，而只负责对酒店进行管理。像莎莉（Sara Lee）这样的公司不仅创造品牌，更想拥有品牌，它们是品牌持有人。这类公司不组织生产，也很少将资本投入固定资产上，它们更加重视对品牌的管理。

其次，价值从提供普通产品的企业转移到提供低价且高度个性化产品的企业，或者能够提供问题解决方案的企业。例如：戴尔公司出售的电脑可以根据每个客户的要求组装，实现高度的个性化，而售价相对低廉；IBM为客户提供问题的解决方案，它有一整套流程，可随时为客户解决各种在产品使用过程中遇到的疑难问题，并且接受客户的各类咨询。

最后，企业可以方便地通过数据管理来降低成本，这也是新经济的另一个重要特征。杰克·韦尔奇过去常常在营销人员会议上讲“改变或者灭亡”，对于每位通用电气员工来说，这不是个令人愉快的做法，但是确实行之有效。现在他常说的则是“拥抱网络，不只是一个网页”。要拥抱网络，而不只是给出一个网页，意味着拥有一个网页并不表示已经实现了网络化，网页只是网络营销的基础。

不仅美国如此，一些西欧国家也呈现出类似的迹象。长期以来，增长停滞、劳动力使用受限以及难以操纵的政府预算一直困扰着欧洲各国政府。令人欣喜的是，如今这里开始展现出经济活力。多年的经济发展停滞之后，1999年欧元区的增长率超过3%。失业曾是困扰着欧洲大陆的一大社会问题，如今其失业率也降至10%以下。欧元区第二大经济体法国私营部门创造的就业机会也达到30年来的最佳水平。从赫尔辛基到里斯本，各地企业都在新信息技术方面进行大力投资。

新经济在亚洲也露出曙光。虽然近些年来，东亚与东南亚各国与地区普遍爆发了金融危机，但是现在已经从危机中摆脱了出来。无论是政府还是民间，无不对新经济充满了乐观的希冀。在经济危机之后，大型企业的管理者和决策者都急切地期待信息技术的扩展、互联网的发展和全球化的商务行为能带来巨大的回报。董事会上讨论最多的话题就是集个人电脑、智能电话和电子商务为一体的新经济模式及其对本地区的生产力和消费所产生的巨大影响。没有人会认为这些国家的经济能在一夜之间脱胎换骨，但是亚洲国家享受了后来者的优势，那就是只需从美国引进那些证明行之有效的新经济模式并加以运用，从而大大推动经济的持续发展。总之，新经济源于美国，但新经济的浪潮已经席卷全球。

关于新经济内涵与实质的探讨，目前众说纷纭，可谓仁者见仁，智者见智。综合各家所言，我们可以达成这样的共识：新经济主要是持续高增长、低通胀、高科技应用、经济效率高、全球配置资源的一种经济状态。新经济虽然是以美国近年来经济发展状况为基础而引申出来的一个全新概念，但其赖以依存和发展的两块基石——信息领域的技术革命所带来的全球信息化以及导致各国的经济边界日益弱化的全球经济一体化的作用及影响早已远远超出美国的国界。因此，新经济已并非是美国经济的专利，其深远影响及发展趋势有可能成为未来全球经济发展的主流形态和运行模式。

新经济之所以“新”，源于推动其产生与发展的原动力——信息、技术革命所具有的全新的革命意义。与以往任何一次技术革命不同，信息技术革命改变的不是人类对自然资源的利用方式。虽然其影响所及必然导致人类对自然资源利用率的提高，但它是通过改变人类信息的传输、储存方式来实现的。长久以来，在低下的劳动生产力的掩饰下，信息的不充分对于人类经济活动的制约作用被忽略了，自工业革命以来的数次技术革命，大大提高了人类社会生产力，信息瓶颈也逐渐拓展扩宽。

20 世纪最有影响的哲学家卡尔·波普尔以超前的眼光，最先将信息从现实世界中分离出来，作为与物质和意识并列的世界构成的第三要素，这从哲学的高度证实了信息技术革命所具有的深远而重大的影响。

信息技术的快速发展不仅是人类信息的传输与储存方式的革命，也对人类的经济和社会的组织方式提出了创新要求。电子商务、信息高速公路这些信息时代的产物，正在全方位影响人类的生产和生活。如今，信息时代刚刚来临，信息技术革命对人类的影响也才露出端倪，新经济刚刚露出曙光。一个更新、更美、更快的信息世界在不久的将来必会展现在人们的面前。

因此，可以这样认为，新经济的实质就是信息化与全球化，新经济的核心是高科技创新及由此带动的一系列其他领域的创新。促成新经济出现的现实环境是全球经济一体化。信息技术革命的推进及新经济的发展必然导致全球一体化进程的加快。新经济是人类经济发展史上前所未有的科技型、创新型经济。

我们正处于世纪更替的关头，旧经济终将被更加适应新时代需要的新经济所取代。那么，新旧经济之间究竟有什么具体的区别呢？显而易见，它们之间最根本的区别是建立在制造业基础之上的旧经济，以标准化、规模化、模式化、讲求效率和层次化为其特点，而新经济则是建立在信息技术基础之上，追求的是差异化、个性化、网络化和速度化。

资料来源：百度百科，https://baike.baidu.com/item/%E6%96%B0%E7%BB%8F%E6%B5%8E/16 600?fr=aladdin.

第二单元
如何研究

一、经济学的研究方法有哪些?

（一）实证经济学分析和规范经济学分析

人们在研究经济学时，会有两种态度和方法。一种是只考察经济现象是什么（what is），即经济现状如何、为何如此、其发展趋势如何，至于这种现象好不好，该不该如此，则不做评价。这种研究称为实证经济学（positive economics）分析。另一种则是对经济现状及变化要做出好与不好的评价，或该不该如此的判断。这种研究称为规范经济学（normative economics）分析。例如：我国改革开放以来，人们收入差距有所扩大，对此问题的研究有两种不同的分析方法：一是分析收入差距现状如何、变动趋势如何、造成差距扩大的原因是什么等，这就是实证分析；二是研究收入差距大好不好、该不该、公平不公平，这就是规范分析。

微观经济学和宏观经济学基本属于实证分析，但是也包含不少规范分析的因素。例如：在微观经济学中，涉及消费者的偏好和收入再分配的研究都具有较强的规范色彩。在宏观经济学中，关于充分就业的含义、经济增长的后果等，就是一种规范分析。至于制度经济学和福利经济学，则主要是一种规范经济学。一般来说，越是具体的问题，实证的成分越多；而越是高层次、带有决策性的问题，越具有规范性。近年来的西方经济学，特别是其中的宏观经济学的规范化分析有所加强。

（二）个量分析和总量分析

宏观经济学和微观经济学在对象上以资源利用与资源配置相区别，在方法上则以总量分析（aggregate analysis）与个量分析（individual analysis）相区别。总量分析称为宏观经济学分析方法，个量分析称为微观经济学分析方法。

微观经济学以个体的经济活动为对象，它就必须分析单个厂商如何在生产经营中获得最大利润，单个居民如何在消费中得到最大满足。与此相应，在数量分析上，它还必须研究单个产品的效用、供求量、价格等如何决定；单个企业的各种生产要素的投入量、产出量、成本、收益和利润等如何决定以及这些个量之间的相互关系。总量分析研究社会总供求、均衡的国民收入、总就业量、物价水平、经济增长率等如何决定；总消费、总投资、总储蓄、货币供求量、利息率、汇率等如何决定以及它们之间的相互依存关系。

个量和总量分析，作为数量分析的具体形式，都广泛地采用边际增量分析法。所谓边际增量分析（marginal adding analysis），是指分析自变量每增加一单位或增加最后一单位的量值会如何影响和决定因变量的量值。例如：微观经济学中的边际收益、边际成本、边际产量等，宏观经济学中的边际消费倾向、资本边际效率等，都属于边际增量分析。

对于一个函数来说，边际量表示一定自变量变化的比例所引起的因变量变化的比例，即：

$$\text{边际量}=\frac{\text{因变量变化的比例}}{\text{自变量变化的比例}}$$

理性人通常会通过比较边际收益（marginal benefit）与边际成本（marginal cost）来做出决策。

（三）局部均衡分析和一般均衡分析

均衡（equilibrium）原来是物理学中的概念，它描述的是一种物体的运动状态。当一种物体同时受到几个方向不同的外力作用时，若合力为零，则该物体将处于静止或匀速直线运动状态，这种状态就是均衡。英国经济学家马歇尔将这一概念引入经济学研究，主要指经济中各种相反的变化力量处于一种力量相当、相对静止、不再变动的状态。均衡分析是分析各种经济变量之间的关系，说明均衡的实现及其变动。

均衡分析可以分为局部均衡分析（partial equilibrium）与一般均衡分析（general equilibrium）。局部均衡分析考察在其他条件不变的情况下，单个市场均衡的建立及其变动。例如：马歇尔的均衡价格理论就是假定某一商品或生产要素的价格只取决于该商品或生产要素本身的供求情况，而不受其他商品价格和供求关系等因素的影响。这就是典型的局部均衡分析。一般均衡分析把整个经济体系视为一个状态，认为市场上所有商品的价格、供给和需求是互相影响的，在此基础上考察各种商品的价格，供给和需求同时达到均衡时的价格决定。

（四）定性分析和定量分析

定性分析说明经济现象的性质及其内在规定性。定性分析主要运用经济理论来分析经济现象的内在机理，从而揭示其内在的本质特征。这个过程中一般不进行具体的变量之间关系的研究。

定量分析是分析经济现象中变量之间的关系。定量分析主要借助于数学公式或数学模型来具体研究经济现象中各个变量之间的关系，这种研究主要集中于数量之间的关系。定性分析与定量分析是经济研究的两种不同方法，虽然两者之间存在差异，但也有着密切的联系。定量分析是基础，定性分析则是在定量分析基础上的进一步深化，两者互相补充，构成经济研究的统一整体。

（五）模型分析和统计方法

无论是宏观经济分析还是微观经济分析，西方经济学家一般都用模型分析或统计方法两种不用的研究方法。对同一个社会经济问题采用两种方法进行研究的过程可以用图 1－2 来表示。

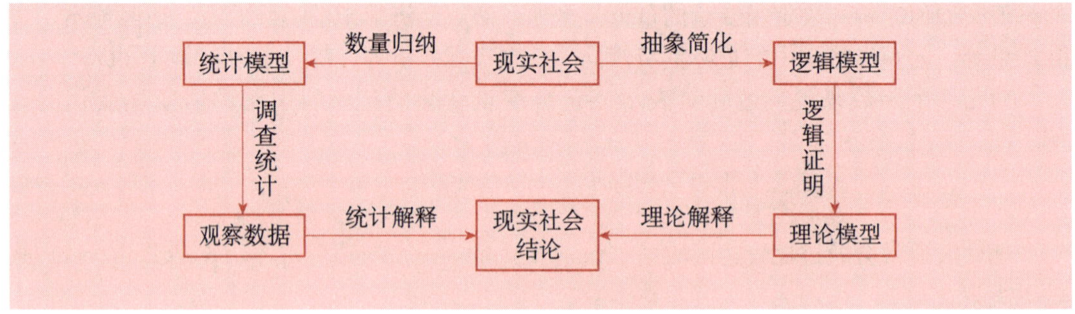

图 1－2　模型分析和统计方法

在图 1－2 中，“现实社会”一般是出发点，左右两边分别表示两种不同的研究方法的过程。

图 1－2 的右半边是模型分析的过程，可分为三步。如果要研究某一个现实社会问题，那么，第一步是通过抽象的方法，把复杂的现实社会现象概括简化到易于解决的程度，即可反映所研究问题基本性质的逻辑模型。第二步是采用逻辑证明（即演绎法）得出抽象的理论模型。第三步是经过理论解释，再把抽象的理论模型应用于社会现实，从而得出现实社会中一个个具体的结论。

图 1－2 的左半边是统计方法的过程，它完全可以得出模型分析所获得的同样结果。具体过程也可分为三步。第一步是从现实社会出发，对所要研究的问题经过数量归纳，采用科学的简化方法设计出一种对分析现实社会有用的统计模型。第二步是调查统计，获得现实社会资料的各种观察数据。第三步是经过适当的解释，得出适用于现实社会的结论。

上述两种方法互相补充，但不可以互相替代。

二、经济学如何表述?

西方经济学家在阐述经济学理论时，根据不同的对象及其特征，采用不同的表述方法，一般来说，经济理论有四种表述方法。

（一）文字叙述法

用文字来表述经济理论，主要用文字分析、推理，虽然偶然也用简单数字来说明。这是西方经济学最初普遍采用的基本形式，但是随着经济研究的不断深入，对复杂的经济现象的说明会显得复杂烦冗，而且也不直观。

（二）列表法

列表法是指用表格来表述经济理论。

（三）图形法

图形法是指用几何图形来表述经济理论。几何图形可以使深奥的理论直观化和形象化，其缺点是当研究的经济变量超过 3 个时，就无法用几何图形来表现了。

（四）代数表达法

代数表达法也称模型法，就是用函数关系来表述经济理论。在经济分析中运用数学符号和公式进行推演，可以使经济现象和过程的表述较为简洁、清晰，与文字说明相比，数学模型更方便、更准确，与几何方法相比，其分析方法不受变量个数的限制。

小思考

亚当·斯密在《国富论》中说："我们的晚餐并非来自屠宰商、酿酒师和面包师的恩惠，而是来自他们对自身利益的关切。"世界著名实业家、哲学家稻盛和夫先生也提出"敬天爱人"的思想。所谓敬天，就是依循自然之理、人间之正道，亦即天道，与人为善；所谓爱人，就是摈弃一己私欲，体恤他人，持利他之心。稻盛和夫将仁爱、利他和回报社会的经营哲学进行到底。经济学是一门选择的学问，我们在选择的过程中，到底应该选择利己还是选择利他？

知识拓展

经济学的前世今生

经济学作为一门独立的学科，已经诞生 200 多年了。"经济学"一词最早出现在公元前 469—399 年间的古希腊，希腊文表示为"oikonomia"，最初是"家计管理"之义。为什么古希腊人热衷于研究家庭管理而非"宏观经济"呢？这是因为古希腊实行奴隶制，经济活动是以家庭为单位进行的，研究家庭已经足够了。

色诺芬（Xenophon，公元前 430—前 355），是古希腊伟大哲学家苏格拉底的弟子，撰写了世界上第一本以"经济"为名的著作——《经济论》，后来英文的"经济"即"economy"一词就是逐步从希腊文演变而成的。所以，色诺芬是"经济"（希腊文）这个词语的原始发明者。

最早使用"经济学"（法文）这个词的是法国人蒙克莱田（1575—1621），1615 年他写了《献给国王和王后的政治经济学》一书。1867年，日本人神田孝平把英文的“economics”翻译成三个汉字“经济学”。

中国有几千年的文明史，不乏杰出的理财专家。例如：西汉的财政大臣桑弘羊就向汉武帝建议，煮盐和制铁由政府专营，为西汉对匈奴战争的胜利奠定了财力基础，他还提出了“均输”和“平准”执法；唐朝的宰相杨炎最早提出“两税法”；明朝的张居正提出了“一条鞭法”等。

然而，所有这些都是经济政策，而不是经济科学。经济政策和经济科学是“形而下”和“形而上”的关系。而科学不是具体事务，是抽象学问。作为一门科学，必须有一套自己的概念和体系，有自己独特的方法。古代大臣们对经济问题的真知灼见也许有不世之功，但是都不系统、不规范，都不能称之为经济学。

现代意义上经济学的产生标志是1776年英国人亚当·斯密出版了《国民财富的性质和原因的研究》一书，即《国富论》。1901年严复先生将其译为中文。

经济学产生之后，经历了几个阶段，到今天成为一座雄伟大厦。

经济学的第一阶段是古典经济学。

所谓古典经济学，核心是强调劳动决定商品的价值。古典经济学体系的创立者是亚当·斯密。亚当·斯密之后，1817年，英国人大卫·李嘉图（1772—1823）出版了《政治经济学及赋税原理》一书，开创了经济学的演绎法，把经济学的分析引领到科学轨道。他在书中提出了影响深远的“比较优势原理”。

经济学的第二阶段是新古典经济学。

19世纪70年代，经济学发生了一场革命，史称“边际革命”，微积分方法被引入经济学。边际革命论者强调，决定商品价值的不是客观劳动，而是主观的边际效用。有关边际革命的代表作有《纯粹经济学要义》《政治经济学理论》《国民经济学原理》。

价值到底是古典经济学所说的由劳动决定，还是边际革命者所强调的由边际效用决定？经济学处于分裂状态。

1890年，英国经济学大师马歇尔出版了《经济学原理》一书，在他看来，商品的价格（价值）既取决于劳动的客观因素，即供给；又取决于效用等主观因素，即需求。需求和供给共同决定价格。这是新古典经济学，也就是大家现在知道的“微观经济系”。《经济学原理》是那个时代最流行的经济学教科书。

经济学的第三阶段是凯恩斯经济学。

1936年，马歇尔的嫡传弟子约翰·梅纳德·凯恩斯出版了《就业、利息和货币通论》一书，建立了现代宏观经济学，解释了资本主义世界1929—1933年“大萧条”的原因。此后，经济学就是微观经济系和宏观经济学之和。从其产生到20世纪60年代，凯恩斯经济学一直是经济学的主流，20世纪60年代的滞涨（即通货膨胀和经济停滞共存），宣告了凯恩斯主义的破产。

经济学的第四阶段是现代西方经济学最终确立。

这一阶段，经济学流派纷呈，百家争鸣，不过大体可以分为凯恩斯主义的支持者和反对者两派。

支持凯恩斯主义的流派主要有新凯恩斯主义经济学和新剑桥学派。

(1) 新凯恩斯主义经济学，即新古典综合派。他们既认为市场是有效的，市场的作用是基本的，又承认市场有时候存在缺陷，政府干预也是必要的。这一派的代表人物很多，最杰出的是保罗·萨缪尔森，他是第一个获得诺贝尔经济学奖（1970 年）的美国人，构建了现代经济学的分析框架，他的《经济学》从 1948 年第一版到今天，都是全球流行的教材。

(2) 新剑桥学派。其主要人物在剑桥大学，基本观点和新古典综合派大同小异，主要代表人物是琼·罗宾逊夫人，她的代表作是《不完全竞争经济学》。

反对凯恩斯主义的流派主要有货币主义和新奥地利学派。

(1) 货币主义。领袖是弗里德曼，他是 1976 年诺贝尔经济学奖得主、自由主义大师，强烈反对国家干预。弗里德曼的名著包括《自由选择》《资本主义与自由》等。

(2) 新奥地利学派。以哈耶克等为代表，反对国家干预，竭力鼓吹自由主义，崇拜市场自发势力，反对计划经济。哈耶克曾经在 20 世纪 30 年代的论战中输给凯恩斯。哈耶克是 1974 年诺贝尔经济学奖得主，是享誉世界的自由主义大师。除了经济学，他在法学和政治学领域也有突出成就。哈耶克的代表作有《通往奴役之路》《致命的自负》《自由秩序原理》等。

美国金融危机之后，很多人指责说，危机是由于政府对自由市场过度迷信，缺少监管的结果。美国和中国、欧洲国家纷纷通过扩大政府财政支出，刺激需求，以图摆脱危机的影响，这是典型的凯恩斯主义政策。但是也有不少经济学家指出，危机并非市场之过，而是市场作用的方式，是正常的周期性调整，现在需要的不过是要完善市场，而非政府干预，干预只会让衰退延迟，需要彻底埋葬凯恩斯主义，更加信任市场机制。

有人开玩笑说，10 个经济学家可能有 11 种意见，根本统一不起来。但是，经济学家们对于市场的作用的观点是高度一致的。例如：所有的经济学家都主张自由贸易，他们的分歧只在于对宏观问题的视角有差异罢了。

资料来源：王福重．写给中国人的经济学．北京：机械工业出版社，2010.

正确认识和对待西方经济学

目前，我国大多数教材中讲的经济学原理都来自西方经济学，因此，我们有必要讲一下如何正确认识和对待西方经济学的问题。

一、西方经济学的意识形态问题

马克思主义公开承认，政治经济学具有阶级性，从而带有意识形态色彩，事实也如此。亚当·斯密以来，没有一个经济学家对此提出过明确的反对意见。尽管如此，西方学者对意识形态问题还是持隐晦的态度，特别是在教科书中，往往以科学著作自居，很少甚至根本不谈意识形态问题，这往往会使初学者产生误解，以为西方经济学只从事经济变量之间关系的实证研究，并不涉及意识形态，但实际上并非如此。

首先，实证研究本身并不能摆脱意识形态的影响，因为实证研究涉及对资料、数据和事实的选择，而这种选择又取决于研究者的目的、价值判断和意识形态。其次，即使对于同样的事实，也可以做出不同解释。最后，西方经济学并不完全进行实证研究，福利经济学就是一个显著例子。此外，西方经济学不可避免地要涉及政策建议，而政策建议就与意识形态有关。

二、现行西方经济学面临的挑战

西方经济学理论是西方经济学家对西方资本主义市场经济的运行、发展历史和现实情况的经验总结。如果实际情况发生变化，现行的理论就会受到挑战。目前，西方主流经济学理论就遇到了这种情况。

例如：传统的西方经济学理论总告诉我们，由理性的投资者构成的有效市场发出的价格信号通常是正确的。然而，2008年由美国次贷危机引发的严重金融危机告诉人们，事实并不是这样。这次危机就是在过分金融自由化环境下，由于美国金融生态中的社会信用恶化、监管缺失、市场秩序混乱、信息不对称、道德风险等一系列问题爆发而产生的。它告诉人们，经济自由是必要的，但必须和有效的监管相结合，否则经济学关于经济人具有完全理性的假定就会脱离实际，产生像次贷危机一样的大问题。这场金融危机还告诉我们，虚拟经济不能离开实体经济发展。虚拟经济是指资本脱离实体经济的价值形态，以票据方式持有权益，按特定规律运动以获取价值增值所形成的经济活动；而实体经济则是指物质产品和精神产品的生产、销售以及提供相关服务的经济活动，既包括工、农、交通运输、邮电、建筑等生产活动，也包括商业、教育、文化、艺术等产品生产和服务。虚拟经济产生于实体经济发展的内在需要，为实体经济服务，可提高实体经济运行的效率，为企业分散风险，降低实体经济波动导致的不确定性。但是虚拟经济发展与投机活动共存，因此虚拟经济比实体经济更容易形成泡沫。这次金融危机告诉人们，虚拟经济的发展必须以实体经济发展作为基础，不能过分脱离实体经济发展的实际需要。

又如：现代信息技术的发展，对现有的传统西方经济学的一些理论也形成了挑战。包括互联网技术的发展使原有的一些生产理论和成本理论对部分经济现象失去了说服力，说明GDP增长和失业率关系的奥肯法则似乎也出现问题（因为失业率没有变化时GDP也会增加）。智能技术的发展和应用可能对原有的失业理论和经济周期理论发展产生多大影响，也有待观察。总之，新技术革命带来的社会经济新变化，必然要求现有经济学理论有相应的变化和发展。更值得重视的是，大数据技术的兴起将对经济学研究和发展带来巨大影响。大数据的规模性、多样性将会使经济学研究不再只根据与经济现象相关的样本数据，而是所有数据；不在于探索难以捉摸的因果关系，而更注重相关关系；不再注重静态分析，而注重动态的及时分析与预测，从而对基于统计检验的计量经济学和经济模型形成很大挑战。

三、正确对待西方经济学

一方面，资本主义经济制度是一种资本剥削雇佣劳动的制度，但这种剥削是通过发展现代商品经济来实现的。资本主义生产是资本价值增值和商品生产的统一。同样，西方经济学一方面是资本主义的意识形态，作为西方社会上层建筑的一部分，必然要在意识形态上宣传资本主义经济制度的合理性、优越性和永恒性，宣传资本主义所有制度才是符合人性的、最有活力的。另一方面，它又是西方经济学家对现代商品经济运行经验的总结，也是社会化大生产规律的反映。这些都是人类文明成果的一部分。对于这些，应当加以借鉴，因为我国社会主义经济制度和资本主义经济制度尽管有所区别，但都实行市场经济，都是社会化大生产，都需要市场对资源配置起决定作用，都需要政府的政策调节。因此，西方经济学中那些对市场经济运行经验的总结和国家调节经济的政策建议、经验教训对我们都有参考价值。

因此，我们对待西方经济学应当持有的正确态度是：对于那些为资本主义私有制辩护的意识形态的内容以及那些宣传资本主义制度才是符合人性的、合理的、最有活力的内容，必须加以揭露和批判，而对于现代商品经济运行经验的总结以及反映社会化大生产规律的内容，应当加以吸收和借鉴。当然，对于西方经济学中那些与社会主义相对立的资本主义意识形态以及对于发展社会主义市场经济有用的经验总结和管理方法，西方经济学文献并不会直接标明，需要我们通过认真研究才能做出判断。为此，我们必须认真学习这些理论，弄清其精神实质，根本否定或者全盘照搬的方法和态度都是不可行的。

模块小结

(1) 经济学是一门研究如何有效地分配和利用有限的资源，以满足人们无限需要的科学。

(2) 经济活动的定义有广义和狭义之分。广义的经济活动指的是所有与选择（choose）有关的活动。狭义的经济活动，指的是典型的交换活动。

(3) 研究经济学的两个基本前提是资源的稀缺性和经济个体是理性的。

(4) 经济学主要解决三大问题：生产什么产品或劳务（what）以及各生产多少、如何生产（how）和为谁生产（for whom）。

(5) 经济体制有自给经济、计划经济、市场经济和混合经济四大类。纯粹的自给经济、纯粹的市场经济和纯粹的计划经济并不存在。

(6) 经济活动有四大要素：消费者、生产者、市场和政府。

(7) 微观经济学（microeconomics）以单个经济单位（居民户、厂商以及单个产品市场）为考察对象，研究单个经济单位的经济学行为，以及相应的经济变量的单项值如何决定。宏观经济学（macroeconomics）以整个国民经济活动作为考察对象，研究社会总体经济问题以及相应的经济变量和总量是如何决定的及其相互关系。两者是树木和森林的关系，但是宏观经济学并不是微观经济学的简单加和。

(8) 经济学的研究方法有实证经济学分析和规范经济学分析、个量分析和总量分析、局部均衡分析和一般均衡分析、定性分析和定量分析、规模分析法和统计方法等。

(9) 经济学的表达方式有：文字叙述法、列表法、图形法、代数表达法。

思考与训练

一、思考题

1. 为什么说经济学是关于选择的学科？

2. 微观经济学与宏观经济学有什么区别和联系？

二、训练营

1. 小组课后讨论后，推选代表阐述：

(1) 运用经济学知识，举例说明你是如何面对人生中的某次重要选择的？你当初的选择是否理性？

(2) 你将如何运用经济学的相关理念指导以后人生中的重要选择？

2. 课后登录中国环境网（http://www.cenews.com.cn）、生态环境部信息中心（www.chinaeic.net）等网站，小组讨论完成以下问题：

（1）认真阅读网页资料，小组讨论全球资源的稀缺状况，并对发展趋势进行预测。

（2）小组代表利用一节课的时间陈述小组观点：经济学需要解决的问题是什么？如何从我做起，做到节约资源、资源有效配置？

3. 时间是一种稀缺性资源，请运用经济学的理念分析你大学几年的时间规划，并提交一份书面报告。

项目要求：

（1）分析、检查自己时间利用的情况。

（2）制定时间利用的改进计划。

模块二

学会消费

知识目标与要求

- 理解欲望、偏好、效用的含义
- 理解边际效用递减规律
- 掌握消费者均衡的条件
- 掌握消费者剩余的含义及应用

能力目标与要求

- 运用效用特点、边际效用递减规律、消费者均衡、消费者剩余的内涵来指导消费者进行理性消费决策
- 运用效用特点、边际效用递减规律、消费者均衡、消费者剩余的内涵来指导生产者进行理性生产决策

学习任务

- 理解效用的含义、特点
- 理解边际效用递减规律的内涵
- 指导消费者进行理性消费决策
- 指导生产者进行理性生产决策

【轶闻趣谈】

最好吃的东西

兔子和猫争论，世界上什么东西最好吃。兔子说：“世界上胡萝卜最好吃。胡萝卜又甜又脆又解渴，我一想起胡萝卜就要流口水。”

猫不同意，说：“世界上最好吃的东西是老鼠。老鼠的肉非常嫩，嚼起来又酥又软，味道美极了！”

兔子和猫争论不休、相持不下，跑去请猴子评理。猴子听了，不由得大笑起来：“瞧你们两个傻瓜，连这点儿常识都不懂！世界上最好吃的东西是什么？是桃子！桃子不但美味可口，而且长得漂亮。我每天做梦都在吃桃子。”

兔子和猫听了，全都直摇头。那么，世界上到底什么东西最好吃？

【任务分解】

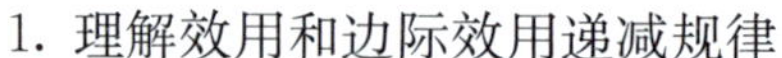

1. 理解效用和边际效用递减规律

2. 利用消费规律进行消费者效用最大化决策

3. 利用消费规律进行生产者利润最大化决策

第一单元
效用递减

一、认识效用

（1）一对龙凤胎报名了某乐高机器人兴趣班，妹妹每上完一次课就会问妈妈："妈妈，还有几次课？"而哥哥则会问："妈妈，我下学期还可以报名机器人兴趣班吗？"小朋友的表现截然相反的经济学原因是什么？

（2）为什么同种颜色、款式、面料的服装你不会购买两件或者两件以上？为什么大家会因为非质量问题而经常更换手机？

（3）购买每种商品时，你是否都买至满足程度最大的时候才停止购买？

分组讨论

每位同学都穿上自己认为最漂亮的衣服来上课，推选一位代表供大家"评头论足"。

（1）这位同学先谈谈自己喜欢该衣服的理由；

（2）其他同学谈论该衣服的优点、缺点；

（3）每个小组选取一名代表说明会不会购买该衣服，以及买或不买的理由。

（一）什么是欲望？

同学们为什么要购买衣服？就是因为衣服能够御寒、保暖，同时还能够使我们看起来更加漂亮、优雅、有气质。现实生活中，我们常说"人有七情六欲"，这"六欲"就是指欲望（desire）或者需要。其实，自然界并非只有人才有欲望，除了人以外，任何有机个体或群体对客观事物（或存在与发展条件）都有欲求。就人类而言，欲望是指人们为了延续和发展生命，以一定的方式适应生存环境而对客观事物产生的要求。因此，人的欲望实质上是一种缺乏的感觉和求得满足的愿望。它是一种心理感觉，是人们内心的不足之感与求足之愿的统一。

欲望尽管是无穷的，但也有轻重缓急之分，有不同的层次。模块一中提到的马斯洛的需要层次理论就说明了这一点。

可是，人类的欲望或需要不可能得到无限度的满足。因为任何社会的资源都是有限的，所以能够提供的产品也有限。而欲望或需要的满足必须依靠他人提供的劳动，一个人的生命有限，他所能提供的劳动也是有限的，因而不能满足他人无限度的欲望或需要。正因为一个人的欲望或需要无法全部得到满足，所以人们必须学会消费，只有这样才能在资源、产品和时间中获取最优选择。

（二）如何理解偏好？

人们购买服饰时，在款式、颜色和面料的选择上经常会出现很大的差异。为什么会出现这样的现象？这和大家的偏好（preference）不无关系。

案例分析

渔夫为何只要小鱼不要大鱼？

有一天，一个渔夫到河边钓鱼，看样子他的运气很好，没多久便钓上来好几条鱼。可十分奇怪的是，每逢钓到大鱼，这个渔夫就会将鱼放回河里，只有钓到小鱼，才放进鱼篓中。在一旁看他垂钓很久的人感到很困惑，于是就问："你为何要放掉大鱼，而只留小鱼呢？"

渔夫答道："我只有一个小锅，煮不下大鱼，而且小鱼味道更鲜美啊！"

渔夫偏好的是能够放进锅内的小鱼，若鱼的尺寸超出锅子能容纳的大小，他就会把鱼放回河里。

资料来源：唐华山，冯怿莎．一口气读懂经济学．北京：人民邮电出版社，2010.

分析：如何从经济学角度理解渔夫的选择？

所谓偏好，是指人们通常在产生某种欲望的紧迫后，通过购买或消费某一种或多种商品或服务而表现出来的一种内在的心理倾向。偏好具有一定的趋向性和规律性，它存在于个体自身内部，是难以直接观察到的，且受社会、心理状况、文化、职业、民族、收入等其他条件的影响。享用食品能满足充饥的欲望，多穿衣服能满足御寒的欲望，看电影能满足精神享受的欲望，那到底是购买红薯还是汉堡、棉衣还是羊毛衫，这就取决于不同消费者的偏好。现实的观察告诉我们：有些人爱喝啤酒，有些人爱喝可乐；有些人总是西装革履，有些人则爱穿 T 恤、球鞋。正所谓"萝卜青菜，各有所爱"，也如一句谚语所说"甲之砒霜，乙之佳肴"。消费偏好是指消费者对于所购买或消费的商品或服务的爱好胜过其他商品或服务，又称"消费者嗜好"。它是对商品或服务优劣性所产生的主观感受或评价。作为个人，偏好常常受到以下因素的影响：

（1）习惯。由于个人行为方式的定型化，如经常消费某种商品或经常采取某种消费方式，就会使消费者心理产生一种定向的结果。这种动机几乎每个人都有，只是习惯的内容及稳定程度不同。

（2）方便。很多人把方便与否作为选择消费品、服务及消费方式的首要标准，以求在消费活动中尽可能地节约时间。

（3）求名。有的人把消费品的名气作为选择与否的前提条件，在购买活动中，首先要求商品是名牌，只要是名牌，投入再多的金钱也愿意。

（三）效用有哪些内涵？

同学们每天穿着的衣服都会不一样，一位同学的衣服给他（她）自己和给其他同学带来的满足程度和心理感觉也不尽相同。花 50 元钱可以买 1 件衣服，也可以买 1 箱饮料，这两种花费哪种更好呢？当人们购买不同的产品时，就应该有一种有效的比较方法。比较不同产品的成本很容易，因为比较它们的价格就可以了，但是该如何比较它们带来的收益或满足程度呢？经济学家认为可以用一个通用的标准来比较，这个衡量标准称为效用（utility）。

效用是指人们通过消费某种商品或服务所产生的满足程度。商品或服务效用的大小，取决于它能够在多大程度上满足人们的欲望或需要。满足程度大，效用就大；满足程度小，效用就小。

效用具有主观性。同一物品对偏好不同的两个人而言，效用是不相同的。例如：大部分女生阅读《红楼梦》时感觉特别享受，而大部分男生感觉一般。经济学家认为，效用是消费者对商品或服务的主观评价，是一种主观的心理感觉。效用本身并不包括有关是非的价值判断。这就是说，一种商品或服务效用的大小，仅仅看它能满足多少人的欲望或需要，以及在多大程度上满足人们的欲望或需要，而不考虑这一欲望或需要的好坏。例如：吸毒是一种违法行为，但毒品能满足成瘾者的某种欲望，因此它也就具有效用。同样，一个人爱喝酒，另一个人根本不喝酒，于是一瓶酒对于这两个人的效用就不一样：对嗜酒者有效用，对不喝酒的人就没有效用，甚至是负效用。负效用是指商品或服务给人们带来的不舒适、不愉快或痛苦的感觉。

效用还具有相对性。效用因人、因时、因地而不同。冰块在夏天是有效用的，在冬天，冰块对于正常人没什么效用，但对于发高烧的病人却可能有效用；在河边，一杯水对于普通人没什么效用，但对于沙漠中的旅行者来说效用就很大。

案例分析

钻石和木碗

有一个穷人家徒四壁，只得头顶一只旧木碗四处流浪。有一天，穷人上了一只渔船去帮工。不幸的是，渔船在航行中遇到了特大风浪，船上的人几乎都被淹死了，穷人抱着一根大木头才幸免于难。穷人被海水冲到一个小岛上，岛上的酋长看见穷人头顶的木碗，感到非常新奇，便用一大口袋的珍珠、宝石换走了木碗，并派人把穷人送回了家。

一个富翁听说了穷人的奇遇，心中暗想："一只木碗都能换回这么多宝贝，如果我送去很多可口的食物，该换回多少宝贝呀！"于是，富翁装了满满一船山珍海味和美酒，找到了穷人去过的小岛。

酋长接受了富人送来的礼物，品尝之后赞不绝口，声称要送给他最珍贵的东西。富人心中暗自得意。一抬头，富人猛然看见酋长双手捧着的"珍贵礼物"竟是一只旧木碗，不由得愣住了。

资料来源：黄典波．趣味经济学100问．北京：机械工业出版社，2009.

分析：从经济学角度分析上述案例。

由此可见，效用完全是个人的心理感觉，不同的个人偏好决定了对同一种商品或服务效用大小的不同评价。同一物品对同一人而言，效用大小也不一定始终相同。这也说明了物以稀为贵的道理。

小思考

为什么无论何种款式的手机都有它相应的市场？同学们的手机几乎各不相同，其他同学对你的手机的评价如何？其他同学的手机你喜欢吗？试着应用效用理论加以分析。

案例分析

穷人幸福还是富人幸福?

对于什么是幸福，美国经济学家萨缪尔森用幸福方程式来概括。这个幸福方程式就是：幸福＝效用/欲望。从这个方程式我们可以看到，欲望与幸福成反比。也就是说，人的欲望越大，越不幸福。但我们知道人的欲望是无限的，那么多大的效用不也等于零吗？因此，我们在分析消费者行为理论时，假定人的欲望是一定的。

在社会生活中，对于幸福，不同的人有不同的理解。政治家把实现自己的理想和抱负作为最大的幸福，企业家把赚到更多的钱作为最大的幸福，教师把学生喜欢听自己的课作为最大的幸福，老百姓往往觉得平平淡淡、衣食无忧是最大的幸福。幸福是一种感觉，个体认为幸福就是幸福。但无论是什么人，一般把拥有的财富多少看作衡量幸福的标准。一个人的欲望水平与实际水平之间的差距越大，他就越痛苦；反之，就越幸福。

幸福方程式使人想起了阿Q精神。鲁迅笔下的阿Q形象是用来唤醒中国老百姓那种逆来顺受的劣根性的。但是，人生如果没有一点阿Q精神，就会感到不幸福，因此阿Q

精神在一定条件下是获取幸福的手段。市场经济发展到今天，导致贫富差距越来越大。如果穷人的欲望过高，只会给自己增加痛苦，倒不如用知足常乐、阿Q精神来减少自己的欲望，虽物质贫乏，却感到幸福、自在。富人比穷人更看重财富，他以追求更多财富为目标，如果达不成目标，他也会感到不幸福。是穷人幸福还是富人幸福完全是主观感觉。

分析：

（1）什么是欲望？

（2）如何提升自己的幸福感？

知识拓展

比较消费者对产品效用的大小

经济学中，消费者对所消费产品的效用大小是利用基数效用和序数效用来衡量和分析的。

1. 基数效用论

基数效用是指对不同产品或不同事件指定一个特别的效用值，如喝1杯豆浆带来的快乐有10个效用单位，看演出带来的快乐有30个效用单位，这种衡量指标就是基数效用。基数效用论的基本观点是：效用的大小可以用基数（1，2，3…）来表示，效用是可以计量并加总求和的。

你认为苹果手机、小米手机、三星手机哪个效用更大呢？基数效用的做法是：假设你认为苹果手机有100个效用单位，小米手机有88个效用单位，三星手机有68个效用单位，这说明你最喜欢苹果手机，其次是小米手机，最后是三星手机。

人们反对基数效用论的原因是认为指定的这些效用值不够清晰，当某人认为苹果手机有100个效用单位，三星手机有68个效用单位时，效用仅仅是对评论者而言的。

2. 序数效用论

序数效用论是指对不同产品简单地进行效用大小的排列，如看演出比喝豆浆好，这种描述就是序数效用。序数效用论的基本观点是：效用大小无法具体衡量，效用之间的比较只能通过顺序或等级来表示。

序数效用论认为，对于你来说，苹果手机的效用大于小米手机的效用，小米手机的效用大于三星手机的效用，但这并不能说明或不必说明在这三种手机中，苹果手机的效用究竟比小米手机的效用大多少，小米手机的效用又比三星手机的效用大多少。因为无论这三种手机的效用值分别是100、80、60，还是50、30、10，对你都是一样的，无非说明苹果手机第一、小米手机第二、三星手机第三。

序数效用衡量体系更能反映大多数人的直觉，事实上，在现实生活中没有必要再用想象中的效用值去比较效用大小。

二、认识边际效用递减规律

（1）为什么女人的衣柜里总是少一件衣服？其经济学原因是什么？

（2）为什么人们饮用可乐或享用其他美食时通常无形中会剩下一些（无关乎美德）？

分组讨论

对于一个喜欢吃橘子的人：

（1）他是如何评价吃第1个橘子到吃第7个橘子的感受的？

（2）为什么他也许最多一次只能吃6个橘子？

（3）不再想吃的经济学原因是什么？

（一）什么是总效用和边际效用？

总效用（total utility）是指消费者通过消费一定量的商品或服务所产生的总满足程度。基数效用理论认为，总效用与商品消费量之间的关系可以用效用函数来表示，即：

$$TU=f(Q)$$

式中，TU 表示总效用，Q 表示消费量。总效用是消费量的函数，它随着消费量的变化而变化。

边际效用（marginal utility）是指消费最后一个单位商品或服务所带来的满足感的增量。边际效用可以表示为总效用增量与消费量增量之比，即：

$$MU=\frac{\Delta TU}{\Delta Q}$$

式中，MU 表示边际效用，ΔTU 表示总效用增量，ΔQ 表示消费量增量。如果消费量增量非常小（趋于零），边际效用就是总效用对消费量的一阶导数，即：

$$MU=\lim_{\Delta Q\to 0}\frac{\Delta TU}{\Delta Q}=\frac{\mathrm{d}TU}{\mathrm{d}Q}$$

从图形上看，边际效用就是总效用曲线的斜率。

现在举例说明总效用和边际效用及两者之间的关系。某位消费者只消费橘子这种商品，他吃第1个橘子的感觉是味道非常好，吃第2个橘子的感觉是味道很好，吃第3个橘子的感觉是味道好，吃第4个橘子的感觉是味道不错，吃第5个橘子的感觉是味道可以，吃第6个橘子的感觉是不想吃了。使用基数效用来表示该消费者连续消费橘子时的满足程度，如表2-1所示。

表2-1　一定消费数量对应的总效用和边际效用

消费数量	边际效用（MU）	总效用（TU）
第1个橘子	10	10
第2个橘子	8	18
第3个橘子	6	24

续前表

消费数量	边际效用（MU）	总效用（TU）
第 4 个橘子	4	28
第 5 个橘子	2	30
第 6 个橘子	0	30
第 7 个橘子	−2	28

表 2-1 给出了与一定消费数量对应的总效用和边际效用。假定消费了 3 个橘子，总效用即为消费前 3 个橘子带给他的效用的总和，即 24 个效用单位；边际效用则是指消费最后一个橘子，即第 3 个橘子带来的效用，即 6 个效用单位。可以看出，随着消费者消费橘子数量的增加，总效用最初是递增的，但是总效用增加的幅度却随着橘子数量的增加而递减。当这位消费者消费第 5 个橘子时，此时总效用达到最大（30）；当他消费第 6 个橘子时，边际效用为 0，此时的总效用依然是 30；消费第 7 个橘子的边际效用为−2，此时的总效用不但没有增加，反而由 30 减少到 28。

（二）总效用与边际效用之间有什么关系？

从上述例子可以看出，边际效用和总效用之间存在如图 2-1 所示的关系：

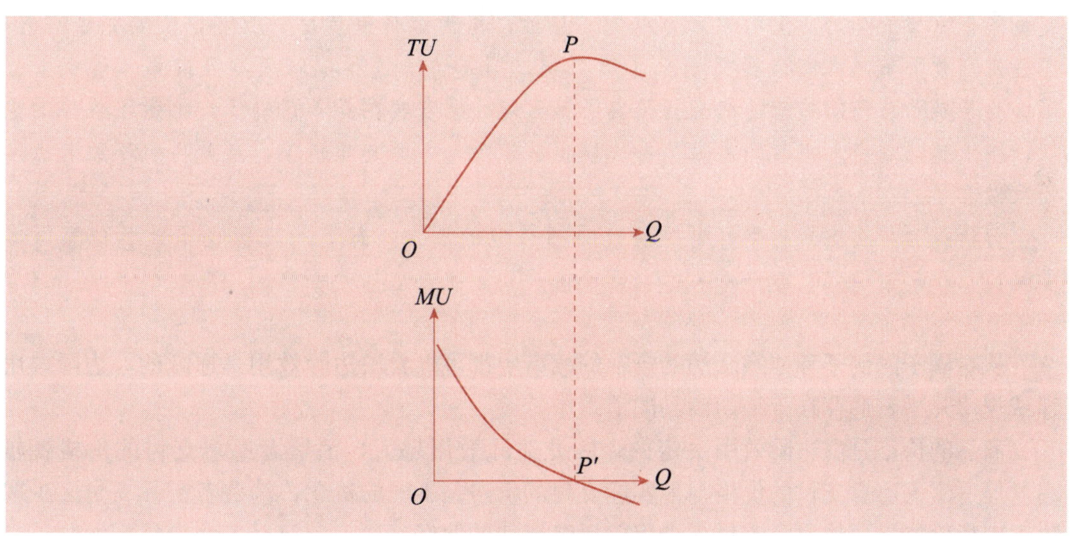

图 2-1　总效用与边际效用曲线

当 $MU>0$ 时，TU 上升，此时总效用曲线的斜率大于 0；

当 $MU=0$ 时，TU 最大，此时总效用曲线的斜率等于 0；

当 $MU<0$ 时，TU 下降，此时总效用曲线的斜率小于 0。

从图 2-1 中可以看出，从原点开始，随着商品消费量的增加，总效用不断增加，但增加到一定程度又会出现下降的趋势。而在整个消费过程中，边际效用一直呈现递减的趋势。

（三）如何理解边际效用递减规律？

即使非常喜欢吃橘子的人也不会在同一时间内无限量地吃下去，因为他发现，第2个橘子总不如第1个橘子的味道好，而第3个橘子又不如第2个橘子的味道好，最后1个橘子的味道总是最差的。这种现象在经济学中被称为“边际效用递减规律”。它是指：在其他条件不变的情况下，在一定时间内消费者消费特定商品或服务，随着商品或服务数量不断增加，对消费者产生的满足程度的增量不断减少。也就是说，同一时间持续消费某种商品，随着消费该商品数量的增加，人们从消费最后一单位商品中获得的满足感是逐渐降低的，这就是边际效用递减规律。

案例分析

杰米扬的汤

杰米扬做的鱼汤非常鲜美，他本人也以此为荣。有一次，一位朋友来拜访他，他给朋友做了香喷喷的鱼汤，上面漂着厚厚的一层油，里面都是鲟鱼片。朋友很快喝完了一碗，在朋友刚放下碗时，杰米扬又端来了第二碗。朋友边喝边和他聊天，很快第二碗也下肚了。为了显示自己的热情，杰米扬又盛了第三碗，朋友实在是不想喝了，但耐不住他的热情，终于勉强喝完。当看到杰米扬再次端出一碗汤时，朋友吓跑了，从此再也不敢来杰米扬家做客了。

分析：为什么杰米扬用好喝的鲟鱼汤招待他的朋友，却让朋友再也不敢到他家做客了呢？

从吃橘子的例子和“杰米扬的汤”的故事中都可以看出边际效用是递减的，边际效用递减规律几乎普遍存在于一切商品的消费中。

商品的价格是由边际效用决定的，因此边际效用越大，消费者愿意支付的价格就越高。但一个人愿意支付的价格与他实际支付的价格是不同的概念，消费者实际支付多少取决于市场价格，而他愿意支付多少仅仅反映了他的偏好。

边际效用递减规律可以用以下两个原因来解释：

（1）生理或心理的原因。消费一种商品的数量越多，即反复接受某种刺激，会使人生理上的满足或心理上的反应减少，从而满足程度降低。

（2）商品本身用途的多样性。每一种商品都有多种用途，这些用途的重要性各不相同。消费者总是先把商品用于最重要的用途，然后用于次要的用途。当他有若干这种商品时，把第一单位用于最重要的用途，其边际效用就大，把第二单位用于次要的用途，其边际效用就小了。如此下去，用途越来越不重要，边际效用就越来越小。需要说明的是，时间也很重要，如果第 1 个橘子是去年吃的，而第 2 个橘子是现在吃的，那么它们的味道可能一样棒。所以边际效用递减规律适用于较短的时间周期内持续消费某种商品。

（四）边际效用递减规律的应用

对于符合边际效用递减规律的商品，企业可以通过开发新产品、新功能、新包装、限量版等方式削减边际效用递减规律对企业的负面影响。另外，开发成套商品、培养顾客忠诚度等也可以削减边际效用递减规律对企业的负面影响。

小 思 考

请列举一些企业开发成套商品、培养顾客忠诚度的例子，并说明其背后所隐含的经济原理。

有的商品是不符合边际效用递减规律的，如烟、酒、网络游戏等容易让消费者成瘾的商品，企业可以通过试吃、试用等方式吸引消费者。

小 思 考

通过分析身边的经济现象，请思考对既容易成瘾，又对消费者身心健康有害的商品，消费者和政府分别应该如何抵制？

第二单元
最大满足

一、消费一种商品时如何进行消费决策？

请问吃七分饱有没有达到效用最大？

分组讨论

贝塔的妈妈要带他去欢乐谷游玩，一张门票90元（只能游玩一次），年卡300元（一年内不限游玩次数）。贝塔的妈妈应该如何决定？

由于每个人的偏好并不相同，因此每个人的行为选择也不同。经济学认为，每个人根据自己的偏好，形成在一定约束条件下能够反映自身愿望的需求，并在此基础上做出自己的决策，就能获得效用的最大化。实际上，偏好是每个人自己的心理感受，如果有人一定要用自己的偏好代替他人的偏好，即使是一番好意也难免会减小他人的效用。倘若人家不买账，就是吃力不讨好。承认并尊重每个人的偏好，可以达到效用的最大化。

走进商店时，你会见到成千上万种可以购买的商品。然而，由于财力有限，你不可能购买所有想买的商品，这种现象称为预算约束（budget constraint）。

人们的需求一般取决于两个因素：主观偏好和客观购买力。其中，偏好是指对于物品的喜好程度，属于主观评价，是欲望的直接体现。它的扩张率非常大，具有无限可延伸性。物品价格和手中的钱是客观因素，是对于人们无穷欲望的限制。这就形成了一个人必须面对的事实：欲望无边与囊中羞涩的矛盾。理性的消费者必须在有限的客观条件下实现效用的最大化，此时消费者能获得最大程度的满足，这就是常讲的消费者均衡。

货币如同商品一样具有效用，消费者用货币购买一种商品，就是用货币的效用去交换这种商品的效用。假设1元钱的边际效用是1个效用单位，消费1个茶叶蛋的边际效用是2个效用单位，你愿意用2元钱去购买1个茶叶蛋，这时，你花在这个茶叶蛋上的每1元钱得到的边际效用也是1个效用单位，与1元钱的边际效用相等，此时便实现了消费者效用的最大化。

商品的连续消费会使边际效用递减，其实货币的边际效用也是递减的。在收入既定的情况下，存的货币多，购买的商品少，导致货币的边际效用小，商品的边际效用大。如花在 1 个茶叶蛋上的每 1 元钱得到的边际效用大于 1 元货币的边际效用，作为理性的消费者，应该增加茶叶蛋的购买量，减少货币的持有量，使茶叶蛋和货币的总效用增加，从而达到效用最大化；如果花在 1 个茶叶蛋上的每 1 元钱得到的边际效用小于 1 元货币的边际效用，则应该停止购买行为。

二、消费两种商品时如何进行消费决策？

对于每件商品，你是否都购买到边际效用为 0，也就是总效用最大的时候才停止购买？

分组讨论

如果已经明确要购买香蕉和苹果，你可支配的收入只有 100 元，在香蕉和苹果价格既定和花完 100 元钱的情况下，你将购买多少香蕉、多少苹果才能够实现效用最大化？

前面讲到边际效用递减规律时可以看出，边际效用为 0 时，总效用最大。但是，我们是否在购买每件商品时，都买到边际效用为 0，也就是总效用最大时才停止消费呢？事实并非如此。因为在现实生活中，每个人的收入都是有限的，但想购买的东西却很多，所以，只能寻求一种在有限的收入下，购买各种商品的效用之和达到最大的方式。我们称这种状态为消费者均衡。现在举例说明如何实现消费者均衡。

如果你有 100 元可供支出，将要购买的只有香蕉和苹果两种商品，香蕉的价格为 10 元/千克，苹果的价格为 20 元/千克。那么，你应该购买香蕉和苹果各多少千克才可以实现效用最大化？

香蕉和苹果都能给人带来满足感，在有限的预算下要获得最大的满足感，就要保证花出的每 1 元钱都能够带来最大的效用。香蕉和苹果带来的边际效用如表 2-2 所示。

表 2-2　香蕉和苹果带来的边际效用

数量（千克）	1	2	3	4	5	6	7	8	9	10
香蕉的边际效用	100	88	80	70	55	40	30	25	12	5
苹果的边际效用	200	170	140	110	80					

（一）极端选择时的效用分析

极端选择：将所有钱都用来购买苹果，或者将所有钱都用来购买香蕉。如果将 100 元都用来购买苹果，则能买到 5 千克，它们能带来 700 个效用单位的总效用（700＝200＋170＋140＋110＋80）。如果将 100 元都用来购买香蕉，则能买到 10 千克，它们能带来 505 个效用单位的总效用（505＝100＋88＋80＋70＋55＋40＋30＋25＋12＋5）。由于边际效用递减规律产生作用，在其他条件不变的情况下，随着一种物品消费量的增加，边际效用越来越小。因此，购买过多的苹果和过多的香蕉都不能产生效用最大化。

（二）两种商品组合消费时的效用分析

用一部分钱买苹果，另一部分钱买香蕉，人们能得到更大的总效用。从 100 元中得到最大总效用的方法其实很简单：可以依次将每 20 元用来购买能带给人更多效用的那些商品。

第 1 个 20 元：购买第 1 千克苹果，得到 200 个效用单位；

第 2 个 20 元：购买第 1 千克和第 2 千克香蕉，得到 188（=100+88）个效用单位；

第 3 个 20 元：购买第 2 千克苹果，得到 170 个效用单位；

第 4 个 20 元：购买第 3 千克和第 4 千克香蕉，得到 150（=80+70）个效用单位；

第 5 个 20 元：购买第 3 千克苹果，得到 140 个效用单位。

这样，总共购买了 3 千克苹果、4 千克香蕉，得到最大的总效用是 848（=200+188+170+150+140）个效用单位。

消费者获得效用最大即消费者均衡时，存在下列代数式：

$$\frac{\text{产品 A 的边际效用}}{\text{A 的价格}}=\frac{\text{产品 B 的边际效用}}{\text{B 的价格}}$$

同时，消费者的收入必须恰好用完。表 2-2 正好向我们显示了 3 千克苹果和 4 千克香蕉的组合满足这些条件：

$$\frac{140}{20}=\frac{70}{10}$$

且

$$3\times20+4\times10=100\text{（元）}$$

如果消费的不是两种商品，而是多种商品，假设各种商品的价格为 P_1，P_2，P_3，…，P_n，购买量为 Q_1，Q_2，Q_3，…，Q_n，各种商品的边际效用为 MU_1，MU_2，MU_3，…，MU_n，则可把消费者均衡的条件写为：

$$MU_1/P_1=MU_2/P_2=MU_3/P_3=\cdots=MU_n/P_n$$

且

$$P_1\cdot Q_1+P_2\cdot Q_2+P_3\cdot Q_3+\cdots+P_n\cdot Q_n=M$$

当消费者收入一定，多购买某种商品时，他只能少购买其他商品。当他把更多时间用于休闲并用更少的时间工作，他的收入就会减少，就只能减少消费。当他把收入更多地用于现在并减少储蓄时，他就必须接受未来的低消费水平。消费者均衡理论考察的是面对这些取舍时消费者如何做出选择，以及如何对环境的变化做出反应。

人的欲望是无穷的，但用于满足欲望的资源是有限的，所以，要决定用什么资源去满足哪些欲望，这就是资源配置的问题。资源配置的实质是权衡取舍，即在取舍之间实现利益的最大化。

权衡取舍的情况随处可见，与人们的生活息息相关。每个人都会面临各种各样的选择，生活就是在不断地权衡取舍。你只有买一套衣服的预算，但同时看中了两套各具特色的衣服，究竟选择哪一套？你攒了一笔钱，准备添置新的家电，是买一台液晶电视机还是买一台录像机？你大学快毕业了，是继续升学深造还是参加工作？两位男士都对你有好感，你是选择有钱的还是选择有才的……作这些决策的过程其实就是权衡取舍的过程。

现代社会可供选择的对象太多，该如何选择也是在考验我们权衡取舍的智慧。商业社会有很多人患有选择恐惧症，就是因为自己的选择一再失误，从而不敢再去选择了。因此，权衡取舍是一门高深的学问，以消费规律来指导我们取舍，对于我们的选择必将有所裨益。

小思考

（1）小新手中有100元，可乐价格为10元/瓶，丝袜价格为10元/双，假设可乐和丝袜的价格不变，花光100元同时购买以上两种商品，请思考小新如何达到均衡。

（2）吃自助餐时要想让自己吃得值，达到最大的满足，应该怎么做？

知识拓展

序数效用论

序数效用论认为，商品的效用只能用次序或等级来表示，即消费者根据偏好程度将商品排列第一、第二、第三，而不能说有1、2、3个效用单位。或者说，能够判断的只是某人对某种商品的偏好超过对另一种商品的偏好，而不能说某种商品的效用是另一种商品效用的若干倍。

效用反映消费者的个人偏好，不同的消费者有不同的偏好。同样的商品在不同的消费者那里会有不同的效用，所以不同的商品的效用水平是不可比较的。穷人与富人的消费水平虽然有很大的差距，但穷人在消费中得到的满足感和愉悦感，即效用水平并不一定比富人低，因为效用水平的高低完全取决于消费者自己的主观评价。

序数效用论认为，消费者对于效用，可以按照自己的偏好去主观认定或排列他所消费的各种商品的效用高低，却无法确切地知道每种商品究竟有多少效用单位。例如：一个人在选择食品时，喜欢按照蔬菜、奶制品、肉类等顺序来排列，因为他感到蔬菜给他带来的满足感要大于其他商品。虽然他并不知道蔬菜的效用究竟比肉类高出多少，但他清楚地知道自己的偏好并选择次序，从而实现效用最大化。

序数效用论者在阐述自己的观点时，采用的是无差异曲线的分析方法。

1. 无差异曲线

无差异曲线（indifference curve）是用来表示能够给消费者带来同等效用水平或满足程度的两种商品的不同数量的各种组合。

例如：一个消费者按照既定的价格购买面包和饮料两种商品，如果3个效用单位的面包与2个效用单位的饮料或2个效用单位的面包与3个效用单位的饮料给他带来的满足程度不相上下，那么，这两种组合中的任何一种组合对于消费者来说，满足程度都是无差异的，区别只在于两种商品的不同比例。

无差异曲线既可以反映不同消费者的不同偏好，又可以描述他们如何追求效用最大化。在同一平面中可以有无数条无差异曲线，不同的无差异曲线反映不同的效用水平，其中离原点远的无差异曲线代表较高的效用水平或满足程度，离原点近的无差异曲线代表较低的效用水平或满足程度。因为离原点远的曲线上的两种商品的组合在数量上要比其左边曲线上的商品数量多一些，从而带来的满足感要强一些。从一条无差异曲线向另一条无差异曲线的移动，表示效用水平的增加或减少。

2. 边际替代率

一条无差异曲线上的各点，表示提供同等满足感的两种商品的不同组合。如图2-2所示，从曲线上的任何一点开始，如果向右下方移动，就意味着Y商品的减少和X商品的增加；如果向左上方移动，就意味着Y商品的增加和X商品的减少。这就是说，为了维持同等水平的满足感，两种商品必须一增一减，互相有一个替代的比率。所以，边际替代率（marginal rate of substitution）是指消费者在保持相同的效用时，减少的一种商品的消费量与增加的另一种商品的消费量之比。应该注意的是，在保持效用相同时，增加一种商品就要减少另外一种商品，因此边际替代率应该是负值。为了分析方便，一般取其绝对值。

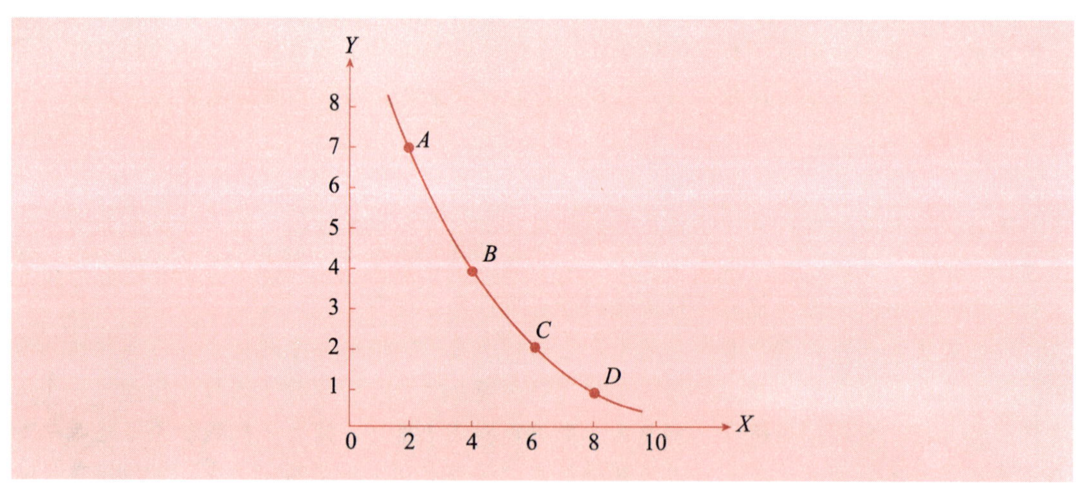

图2-2　无差异曲线

以 ΔX 代表X商品的增加量，ΔY 代表Y商品的减少量，MRS_{XY}代表以X商品代替Y商品的边际替代率，则边际替代率的公式为：

$$MRS_{XY} = |\Delta Y/\Delta X|$$

例如：在表2-3所示的3种组合中，增加2个单位的X商品，减少1个单位的Y商品，则以 X 商品代替 Y 商品的边际替代率为 0.5。表 2-3 中，每一种组合给消费者带来的满足程度都相等，把各种不同组合的点连接起来，就形成了一条无差异曲线。

表 2-3　　边际替代率

变动情况	ΔX	ΔY	MRS_{XY}
$A \to B$	2	3	1.5
$B \to C$	2	2	1
$C \to D$	2	1	0.5

序数效用论者在分析消费者行为时提出了边际替代率递减的假设。商品的边际替代率递减规律是指在维持两种商品总效用不变的前提下，随着一种商品消费数量的连续增加，消费者为得到每一单位的这种商品所需要放弃的另一种商品的消费量是递减的，这种情况存在于任何两种商品的替代中。

边际替代率递减的原因是，随着 X 商品的增加，它的边际效用在递减；随着 Y 商品的减少，它的边际效用在递增。于是，增加一定数量的 X 商品所能代替的 Y 商品的数量就越来越少，即商品的边际替代率是递减的。

3. 预算线

无差异曲线表明各种商品为消费者提供的各种满足水平。但在现实生活中，消费者在购买商品时总要受到收入水平和价格水平的限制。由此，序数效用论者在分析消费者行为时，又建立了消费者的预算线（budget line）。

预算线用来表示消费者在收入和商品价格一定的条件下，用其全部收入所能购买的两种商品的不同数量组合。预算线又称消费可能线或价格线（见图 2-3）。

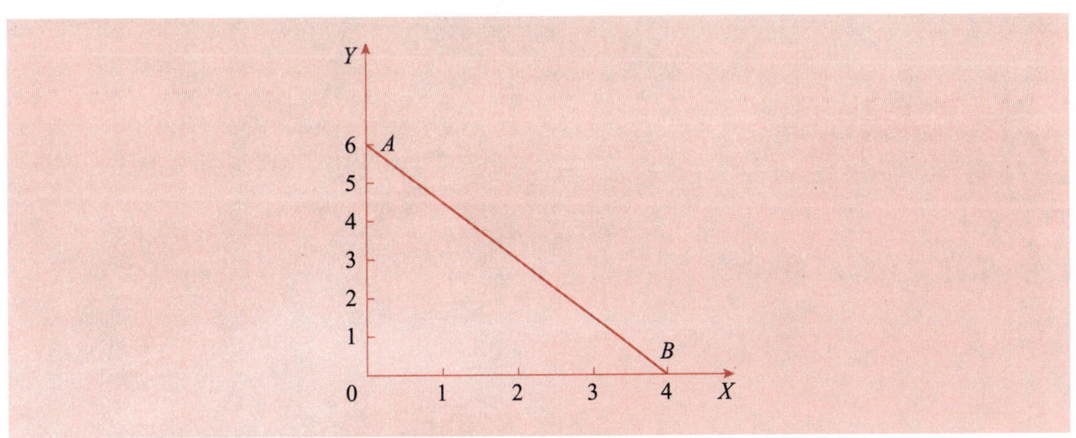

图 2-3　预算线

预算线的概念说明，消费者只有在预算线上或预算线之内进行决策才具有实际意义，如果超过预算线范围，就意味着超出了消费者的承受能力，这在现实中是没有实际意义的。

4. 消费者均衡

通过前文的分析可以知道，无差异曲线反映了消费者主观上对两种商品效用大小的评价，而预算线是对消费者现实消费的客观约束，把二者结合起来说明消费者均衡，则无差异曲线与预算线的切点就是消费者实现效用最大化的满足点。满足了这个切点的要求，就是满足了消费者效用最大化的条件，也就是消费者均衡的条件。如图2－4所示，预算线AB与无差异曲线I的切点E，对应的X、Y的消费量即为消费者效用最大化时的消费量。

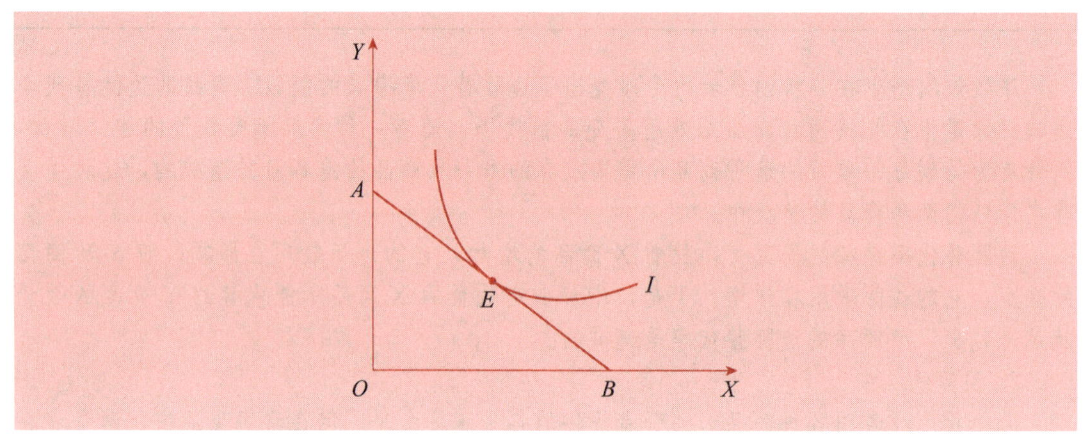

图2－4　消费者均衡

第三单元
理性消费

一、理性消费决策

哪些网购行为可视为理性消费？

分组讨论

我们每次为手机充话费时，总会看到有许多充值优惠活动，典型的有：充 100 元送 100 元，40 元立刻到账、剩余 160 元分 8 个月返还、每月返 20 元。参加该活动属于理性消费吗？

（一）如何权衡消费与储蓄决策？

家庭在获得收入之后，会把收入分为消费和储蓄两部分。将多少收入用于消费、多少收入用于储蓄，取决于目标效用的最大化。

如果家庭将收入用于现在购买商品以获得效用，就是现期消费。如果家庭将收入用于储蓄，以便将来消费，则是未来消费。未来消费是为了将来获得效用。所以，消费与储蓄决策将决定消费者一生的效用最大化。

决定消费者储蓄决策的是利率。消费者面对消费 1 元钱还是储存 1 元钱时，所要考虑的一个问题是：现在消费 1 元钱带来的效用与现在储存 1 元钱加上利息在未来所带来的效用哪个大？若后者大，他就会放弃消费，进行储蓄。因此，最终决定因素在于利率的大小。

（二）投资决策如何把握？

如果消费者将收入中消费之后剩余的钱存入银行，我们称之为储蓄；如果用于购买股票或债券，则称之为投资。家庭的投资可以采取多种形式，包括购买股票与债券的金融资产投资，购买房地产、艺术品等的实物资产投资，以及用于教育等支出的人力资本投资。消费者如何决定以什么形式进行投资也是消费者的重要决策之一。

（三）如何进行劳动供给决策？

劳动供给决策就是决定多少时间用于劳动。一个人将多少时间用于工作、多少时间用于闲暇取决于工资，工资的变动通过替代效应和收入效应来影响劳动供给。替代效应是指工资增加引起的工作对闲暇的替代。因此，随着工资的增加，替代效应使劳动供给增加。同时，随着工资的增加，人们的收入增加，收入增加引起人们对闲暇的需求增加。增加闲暇必定减少劳动时间，这就是工资增加引起的收入效应，收入效应使劳动供给随工资的增加而减少。

工资增加引起的替代效应和收入效应对劳动供给起反作用。如果替代效应大于收入效应，则随着工资的增加，劳动供给增加；如果收入效应大于替代效应，则随着工资的增加，劳动供给减少。工资作为劳动的价格决定了劳动供给决策。

（四）现金礼物与非现金礼物有何不同？

为什么人们普遍偏好现金礼物，而不是同等金额的非现金礼物？理由很简单，因为非现金礼物可能并不符合接受者的偏好，所以它带来的效用可能没有现金礼物那么多。接受者要比送礼者更清楚自己的偏好，现金礼物可以给他们提供更多的选择。

生活中送非现金礼物的情形很普遍，但礼物其实并不完全符合接受者的偏好，所以这些礼物的相当一部分价值潜在地损失了。假如小明的妈妈花 500 元购买了一辆自行车送给小明作为生日礼物，但小明也许只愿意花 450 元来购买它，这样就产生了 50 元的价值损失。把每年花在礼物上的数十元损失加在一起，潜在的价值损失也是巨大的。

（五）闲暇时间怎样达到最优配置？

我们必须合理做好自己的时间预算，正如对货币要进行预算一样。假定在完成所有的学业和工作之后，你一天有 3 个小时的自由时间，那么，你分配时间的最佳方法应该是怎样的呢？消费者选择的一般法则是：当花费在每一种活动上的最后一分钟的边际效用相等时，就能最佳地利用时间。

假如你想在有限的时间内最大限度地提高各门功课的成绩，你应该在每一门功课上花费相同的学习时间吗？当然不是。如果花费在英语上的最后一分钟产生的边际知识量大于花费在经济学上的最后一分钟产生的边际知识量，那么，应该把学习时间从经济学转移到英语上，直到花费在每门功课上的最后一分钟所产生的知识增量相等为止。只有这样，才能在有限的时间内最大限度地提高各门功课的成绩。

（六）怎样理解价值悖论？

什么决定一种商品的市场价值？我们已经知道答案了，那就是供给和需求。有些经济学家，如马克思和大卫·李嘉图主要关注供给方面。在他们看来，价值取决于商品包含的必要劳动时间。劳动价值论的本质是成本决定论，即以供给为中心。有些经济学家则从需求的角度考虑这个问题，但是他们遇到了一个难题。

200 多年前，亚当·斯密在《国富论》中提出了钻石与水的悖论：人生存需要水，没有什么比水更有价值了，但是我们很难用水购买或交换其他东西；钻石虽无多大使用价值可言，可是它的市场价值却很高。

直到 19 世纪 70 年代发生了边际效用革命，人们才知道原因在于商品的价值或价格是由边际效用而不是总效用决定的。水是一种必需品，具有很高的总效用，即使用价值很大。但在世界上大部分地方，水很容易得到，巨额数量的水使其边际效用大大减少，因而只能在很低的价格上大量供给。钻石虽然总效用很低，但具有很高的边际效用。如果我们发明某种技术可以大量生产钻石，人们可以拥有很多钻石，那么钻石的市场价值会很快下降，其边际效用会很快递减。

西方经济学关于商品价格的理论是以需求为中心的效用决定理论，即价格由边际效用决定。商品的需求曲线朝下说明边际效用在下降，供给曲线的移动说明商品的稀缺性程度。

二、消费者剩余

（1）为什么一些女性消费者热衷于在打折时购买心仪的服装？

（2）在以春节、国庆、“双 11”为代表的许多节假日，无论是电商还是实体店，促销时总是把原价、现价一起标出，此举背后暗藏怎样的经济学规律？

（3）你认为货比三家究竟比的是什么？

分组讨论

某顾客到市场买西红柿。她走到一个摊位前，看见该摊位的西红柿又红又新鲜，便情不自禁地说：“这个西红柿真好，我今天特别想吃西红柿！”卖西红柿的摊主心想：“这个人看中了我的西红柿，我可以贵一点卖给她。”所以当这个顾客问“西红柿多少钱一斤”时，本来只卖两块一斤，摊主却回答“两块五一斤”。这个顾客毫不犹豫地把西红柿买了下来。该顾客的行为说明了什么经济学道理？

（一）什么是消费者剩余？

上面这位顾客的经历我们都感同身受，毕竟现实生活中我们喜欢的东西太多了。当你在购物中心逛街时，突然看到一支精美的口红，你非常喜欢它，看了价格标签后会想：“才 200 元，哇！太实惠了！”你的意思是：“我喜欢这支口红，而且不到我预期价格的最大承受度，只要 200 元而不是 280 元。”你会欣然购买口红，心里觉得省了 80 元，站在经济学角度是得到了 80 元的消费者剩余。

消费者剩余这一概念是英国经济学家马歇尔在 19 世纪末 20 世纪初提出的。他认为，消费者在购物时，往往会出现愿意付出的价格超过他实际付出的价格的情况，超出的这部分称为消费者剩余。消费者剩余是指消费者在购买一定数量的某种商品时愿意支付的货币额和实际支付的货币额之间的差额。消费者剩余既可以用货币来衡量，也可以用效用来衡量。

消费者剩余并不是消费者实际收入的增加，而是一种心理感觉，现实中常常被用来研究消费者福利状况的变化以及评价政府的公共支出与税收政策。

不同的消费者对同一种商品的消费者剩余是不同的，消费者剩余具有主观性。

案例分析

如何获得消费者剩余？

你在商场里看中了一件上衣，标价100元，购买时你肯定要向销售员砍价，问80元卖不卖。销售员理解你的这种心理，往往会同意让利，促使你尽快做出决策，否则你就会产生到其他柜台看看的念头。一番讨价还价后可能以90元成交。在这个过程中，消费者追求的是效用最大化吗？显然不是，这实际是你对这件衣服的主观评价而已，就是为所购买商品支付的最高价格。如果市场价格低于你愿意支付的价格，这时就有了消费者剩余，你就会购买，觉得很值；如果市场价格高于你愿意支付的价格，你就会觉得不值，这时的消费者剩余是负数，你就会放弃购买。

在现实生活中，消费者并不总是能够得到消费者剩余的。在竞争不充分的情形下，厂商可以对某些商品提价，使利益归厂商所有。更有甚者，有些商家对所卖商品并不明码标价，在消费者购买商品时漫天要价，然后与消费者讨价还价。消费者要想在讨价还价中获得消费者剩余，就必须在平时注意浏览和观察各种商品的价格和供求情况，在购买重要商品时至少要货比三家并与其卖主讨价还价，最终恰到好处地拍板成交，以获得消费者剩余。

分析：为什么消费者并不总是能够得到消费者剩余？

（二）消费者剩余如何计算？

例如：李女士看中1件标价为150元的衣服，准备讨价还价。李女士想："这件衣服如果卖100元，我就买下来。"实际上她支付80元就买回来了，李女士感觉赚了20元。这20元就是消费者剩余。

请注意，消费者剩余并不是实际剩余，消费者剩余是20（=100－80）元，而实际剩余是70（=150－80）元。由此可见，消费者剩余是一种主观感受。

对于同一种商品，消费者愿意支付的价格随着消费该商品数量的增多会逐渐减少，如果该商品的市场价格不变，则消费者获得的消费者剩余会随之逐渐减少，甚至可能是负数（见表2-4）。

表 2-4　　消费者剩余计算

豆浆的消费量	消费者愿意支付的价格（元）	市场价格（元）	消费者剩余（元）
第 1 杯	6	2	4
第 2 杯	5	2	3
第 3 杯	4	2	2
第 4 杯	3	2	1
第 5 杯	2	2	0
第 6 杯	1	2	−1

图 2-5 为消费者剩余示意图。

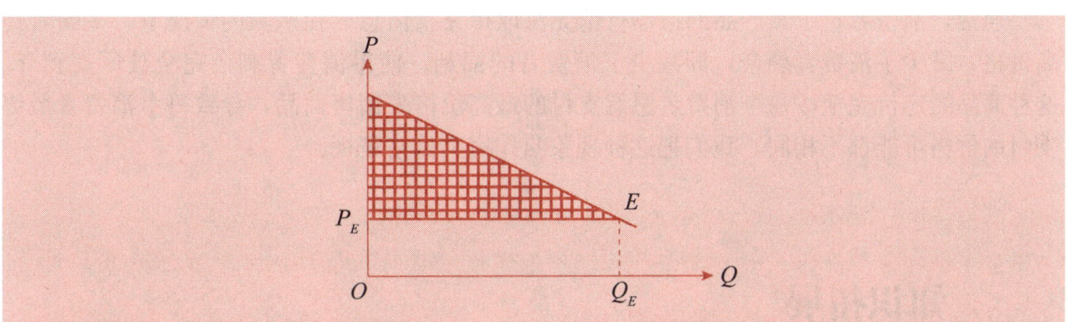

注：水平线表示价格（单位货币效用），即实际支付的价格，斜线表示愿意支付的价格。三角形面积的大小就是消费者剩余。

图 2-5　消费者剩余示意图

（三）企业如何利用消费者剩余进行理性生产决策？

1. 企业利用消费者剩余获得利润

过去在我国，奶粉这种产品一直是低价销售的，每袋奶粉价格大约 10 元，全国的奶粉基本上都是这个价格。近年来，因我国食品安全事件频出，外资品牌奶粉大举进入中国市场，抢占国内奶粉厂商市场。这些国外厂商充分利用了消费者剩余这个概念，在产品包装、质量上稍下功夫，价格就可能翻了 10 倍。中国年轻的母亲为了让婴儿健康成长，愿意花较多的钱去买质量较好的婴儿奶粉。从原奶基地到乳品生产加工再到销售网络，整个奶业产业链上都有国外奶粉品牌“攻城略地”的身影。近年来，国外奶粉品牌呈现量价齐升的态势，市场调查报告显示，外资品牌占据了中国（不含港澳台）奶粉一半以上的市场份额。

2. 将消费者剩余用于日常经营活动

市场上经常可以看到大跌价、大甩卖的促销手段。例如：在服装市场上，厂商会写“原价 500 元，现价 200 元”；某品牌服饰进行季节性促销，一律打对折销售。其实打完折一件衣服还是要 500～600 元，但这样的促销手段往往具有很好的效果。在绝大多数情况下，销售活动并不只是依靠跌价。当顾客购买衣服时，营业员会说："这件衣服穿在您身上非常合适，颜色非常漂亮，款式也好。"在营业员的鼓动下，顾客就会高兴地买下衣服，即使价格没有什么优惠也不觉得贵。

其原因在于增加消费者剩余有两种方式：一种方式是让消费者实际支付的货币减少，从而使消费者剩余增加；另一种方式是让消费者愿意支付的价格提升，从而使消费者剩余增加。

3. 将消费者剩余用于特殊商品

购买古董、陶瓷、字画等特殊商品时，消费者对这类商品的市场行情不了解，商品的市场价格不固定，因个人偏好不同，消费者出价也不同。卖家自然可以按照买家心中愿意支付的最高价格出售，不会产生消费者剩余。

通常，消费者对于某产品的市场行情无法取得完整信息，在垄断的情况下，垄断者提高价格，减少了消费者剩余，即减少了消费者的福利，使得消费者剩余完全被厂商剥夺。这种商品的定价完全按每个消费者愿意支付的最高价格来销售商品，导致每个消费者最终支付的价格可能都不相同，我们把这种现象叫作完全价格歧视。

知识拓展

消费者剩余与生产者剩余

生产者剩余是指生产者出售一种商品得到的收入减去成本的剩余部分。它其实就是企业赚取的利润，与消费者剩余是一个相对概念。生产者剩余的增加，意味着消费者剩余的减少，生产者剩余是实实在在的收入，而消费者剩余则是主观感受。

消费者剩余给企业的启示有：

（1）要进行市场调查，根据消费者偏好来开发产品；

（2）可以根据消费者的偏好来细分市场；

（3）可利用广告培育偏好，利用品牌维持偏好；

（4）可利用产品包装、性能等变化提高效用；

（5）企业赖以生存的基础是持续为顾客创造更多的价值，创造价值就是提供消费者剩余，更多价值意味着比别的竞争性（替代性）商品提供的消费者剩余更多。

但要注意：

（1）新产品开发能够激发顾客偏好，但是又具有不能形成稳定偏好的风险。

（2）营销固然重要，但根本的还是诚信。

（3）年轻人消费往往是非理性的（所以还不是经济人），年轻人因赶时髦、穿名牌等导致经常性突破预算约束，从父母那里增加预算。这种行为可以叫搭便车（free ride），这将削弱责任心。有相当一部分大学生将父母的血汗钱花费在个人享乐上。

（4）应学会节约成本，学会理财，尤其是商科专业学生。

超链接

消费结构演变规律、实现消费结构合理化的途径及2019年中国市场消费趋势

一、消费结构演变规律

在消费过程中，对不同消费资料的消费所形成的组合和比例关系构成一定的消费结构。消费结构是指人们在消费过程中所消费的各种消费资料的组合和比例关系。虽然不同国家、地区、收入、年龄的居民的消费结构千差万别，但总体而言，消费结构有着共同的发展规律和趋势。随着社会的进步、经济的发展、居民收入的增加，消费结构的演变大体呈现以下规律：

1. 生存资料、享受资料、发展资料的消费结构升级规律

从发展趋势来看，生存资料的消费总量虽会有所增长，但它在消费结构中的相对比重却呈下降趋势，而享受资料和发展资料不仅总量会上升，而且在消费结构中的比重也会逐步上升。其主要原因是：生存资料的需求弹性小，而享受资料、发展资料的需求弹性较大。收入增加引起消费水平提高后，享受资料和发展资料的需求弹性会很明显地反映出来。

2. 实物、生活服务、精神文化等的消费结构升级规律

尽管从总体看，实物消费的绝对量有一定的增加趋势，但在人们的消费支出中实物消费的比重呈下降趋势，而与人们日常基本生活相关的诸如维修服务、购物服务等生活服务的服务消费，将会随着人们追求生活的方便、舒适而比重逐步上升。另外，随着人们自身素质的提高，消费者对知识、精神文化、科技、信息在社会发展和自身全面发展中的作用越来越重视，在这些方面为增加技能、提高技术熟练程度的需求越来越多，投入会增多，因而对高层次的精神文化消费需求会大大增加。

3. 吃、穿、用、住、行、教育的消费结构升级规律

根据前文对消费结构升级的分析，从长期看，吃、穿、用、住、行、教育等消费形成了潮流。首先，随着人们收入的增加，食物消费普遍遵循恩格尔定律，即在消费总量中的比重会逐步下降。在人们的生活消费中，吃的方面总要受到生理界限的制约，因而食物支出在消费总支出中的比重会逐步下降。这是消费结构变化的必然趋势。其次，继食物消费满足后，穿着的比重会上升，然后趋于稳定，甚至略有下降。这是因为穿着方面虽日益丰富多彩，但一般有数量限制，即增加不是无限的。当穿着需求基本满足后，其支出比重就会呈稳定或下降趋势。再次，随着人们吃和穿的满足，用的支出比重会有所上升，然后趋

于相对稳定。这是因为用的范围很广，产品种类不断增多，档次不断提高，而人们对用的需求是无限的。随着科技发展，一些高档用品、耐用品的种类越来越多，而其价格一般较高，因此支出比重会有所提高。最后，在满足或基本满足了以上消费后，住、行和接受良好教育等需求作为支出性大的消费，在消费支出中的比重呈上升趋势。我国自1998年住房分配制度改革以来，住房早已走向了商品化和货币化。随着人民生活水平的提高，汽车消费不断升温，目前我国汽车保有量达3.25亿辆，尤其是居民个人消费已占据汽车市场的主导地位。教育消费支出也大幅度上升，成为长期的消费热点。

二、实现消费结构合理化的主要途径

习近平总书记在十九大报告中指出，倡导简约适度、绿色低碳的生活方式，反对奢侈浪费和不合理消费，开展创建节约型机关、绿色家庭、绿色学校、绿色社区和绿色出行等行动。合理消费离不开消费结构的合理，实现消费结构合理是一项系统工程，既要提高消费者素质，倡导科学、合理的消费观，又要从发展经济上创造一系列条件。这里重点分析实现我国消费结构合理化的主要途径。

1. 改革分配制度，提高收入水平，促进消费结构升级

消费结构的合理化相当程度上取决于收入分配的合理化。在消费倾向既定的情况下，居民实际收入水平直接决定其消费支出水平，而广大居民的消费支出水平又直接决定消费结构。人们有支付能力的需求是不能超越其收入总额界限的。只有当收入水平提高，才能突破原来的界限，提高消费水平，实现消费结构升级和消费结构的合理化。我国应调整收入分配结构，改革分配体制，提高广大居民的收入水平，尤其是提高农民和城镇低收入阶层的收入。对劳动者的报酬分配应坚持多劳多得、少劳少得、不劳动不得的原则，实现生产要素、经济要素和国家税收调节、转移支付调节相结合，鼓励和引导合理的超前借贷消费。在适当拉开收入差距的同时，应尽量减少行业区域、城乡间收入分配不公的现象，对收入过高的行业和人群采取多种措施加以遏制，避免居民收入差距的扩大对消费结构的逆向效应。同时，由于高收入阶层能对其他收入阶层产生较强的示范效应，因此，应引导高收入阶层的消费结构合理化，使他们能更文明、科学地消费，有利于促进消费结构的良性运动，更好地调整消费结构。

2. 增加有效供求

有效供求是实现消费结构合理化的基本保证。追踪消费者偏好的消费需求，有效地满足他们的需要，有利于调节消费结构。首先，应按城乡、收入等不同标准进行市场细分，优化供求结构，调查并预测不同群体的现实需求和潜在需求，以此组织生产和经营，创造有效的供求，逐步改变目前产品的结构性过剩与结构性短缺并存的现状。重点应紧紧抓住农村消费市场这一容易被忽视的关键点，提高供求结构中适合农村居民消费的商品比重，增加供求的针对性。其次，应积极调整产业结构，依靠科技进步、创新供求，以引导消费结构合理化。不断开发和创新产品品种，尤其是差异化、个性化产品，使低水平、低档次的消费品逐渐淡出市场，引导居民的消费向个性化、合理化发展。最后，应提高供求质量，规范供求价格。全球化市场竞争日益激烈，商品和服务的质量成为各国竞争的焦点，

增强质量观念、严格质量标准变得尤为重要。我们应抓紧改变目前的供求状况，否则因质量问题造成产品过剩将更加严重。

3. 加大消费的精神文化含量，提高精神文化消费力

精神文化消费属于满足发展资料和享受资料的高层次消费，精神文化消费的不断增加，是消费结构合理化的重要标志。改革开放以来，我国城乡居民用于精神文化消费方面的支出不断提高，但目前我国精神文化消费领域仍存在消费结构不合理、产品质量参差不齐等诸多不尽如人意之处。因此，不断增加精神文化消费产品的数量，提高精神文化消费产品的质量，是优化消费结构的需要。为此，一是应增加教育消费，努力提高消费者的消费能力和层次。教育消费支出的增加，不仅使消费者的知识文化水平得到提高，而且使消费者的消费能力得到提高，进而增加对精神文化消费的更高层次需求，增加消费结构中精神文化消费的含量。二是应加快精神文化消费，特别是公益性精神文化消费硬件建设，主要包括博物馆、科技馆、文化广场等面向广大消费者文化娱乐设施和场馆的建设。三是应加快推进精神文化产业发展，增加精神文化产品的品种和数量，提高精神文化产品的档次和质量，不断优化精神文化产品的供求结构，满足消费者多层次、多样化的精神文化消费需求。四是应强化精神文化市场管理，建立一套自上而下的精神文化发展和消费调控的监督机制，改善精神文化市场环境。良好的精神文化市场环境是提高精神文化消费质量、增加精神文化消费总量的必要条件。相关部门应进行经常性检查、监督和指导，避免盲目性和短期行为，坚决禁止制造和传播精神文化垃圾的行为。

4. 树立科学合理的消费观

人们消费结构合理化还与人的消费习惯和消费习俗相关，因此应教育帮助人们树立科学合理的消费观。通过教育体制改革，倡导全面终身消费观教育，进一步提高全民消费素质，不仅要在全国范围内组织精神文化教育，而且要开展多种形式的培训与普及活动，激发人们树立科学合理消费观的自觉性和积极性。树立科学合理的消费观主要表现为：一是确立崇尚俭朴、享受适度消费、合理消费的观念。改革开放后，一些人们的消费观念没有随着收入增加而相应提高，精神文化消费、发展消费等精神性消费层次、质量不高，致使“黄赌毒”等丑恶性消费泛滥。一些不良消费对社会产生了不良影响，致使盲目过度消费风气有所抬头，而俭朴的美德被人冷落，尤其是一些炫富攀比性消费容易使人造成仇富心理以及导致社会的不稳定。同时，城乡居民的消费行为仍受一些陈旧落后的消费观念和消费习惯支配，吃喝消费、婚丧消费、人情消费支出过多，使得居民消费结构长期处于失衡的低层次状态。因此，需要各级政府、新闻媒体、教育机构及相关社会团体承担起引导居民确立适度消费、合理消费的消费观念的责任，倡导可持续的消费习惯和文明、健康的消费方式，摒弃不良的消费观念和落后的消费方式，倡导节俭和发展型消费相结合以促进社会和谐发展。二是树立绿色消费、生态消费观念。倡导和发展绿色消费是促进消费结构合理化的重要举措，应广泛开展绿色消费的宣传活动，增强全社会的绿色消费和环境保护意识。绿色、生态消费观念要求人与自然环境的和谐统一，消费方式符合生态系统的要求，有利于生态平衡与环境保护，有益于人的身心健康，促进经济社会的可持续发展。

5. 制定合理的消费政策，进一步改善消费环境

首先是稳定居民心理预期的政策。要积极、慎重地推进社会保障制度的改革，注意把握居民的承受力，引导居民形成对未来收入、生活福利水平增长的正常预期，解决好城市下岗职工的生活保障和再就业工作。通过这些政策的制定，使居民处理好当前消费与未来消费的关系。其次是在现有基础上制定更进一步增加农民实际收入的政策；制定合理的采购价格政策和价格补贴政策，稳定农业生产；进一步发展乡镇企业，引导农民进行产业化经营，鼓励农村剩余劳动力进城务工，增加非农业收入；切实减轻农民负担，制止乱收费和乱摊派。通过各种政策的实施，使农民的收入能够稳定增加，逐步弥合城乡的消费结构断层。最后是引导消费政策。按照消费结构升级的状况，对不同地区的不同消费者群体进行不同程度的引导，通过改变消费观念、进行消费示范和实施消费信贷等办法，对不同的消费品消费进行引导。还要制定扩展农村消费市场的政策，制定调节社会集团购买力的政策，实施消费可持续性增长的环境保护政策等。通过这些政策的制定，合理引导居民追求吃与穿的质量，合理引导居民对精神文化教育、工业消费品、交通通信等的消费需求。

另外，应彻底清理和废除一些限制消费的政策、措施，打破行业垄断，培育平等竞争的市场环境，还要进一步整顿市场经济秩序，营造放心的消费环境。要进一步打击伪劣假冒，净化消费市场，保护消费者权益，使消费者放心消费。在精神文化领域，加强“扫黄打非”力度，进一步整治、规范网络消费、净化精神文化消费领域。对生产经营者，除了要不断提高商品和服务质量外，还要强调公平竞争、诚实守信，强调商业道德。要营造良好的社会文化环境，文明生产，文明经商，文明消费，这正是优化消费结构、提高消费质量、全面建设小康社会的重要条件。

三、2019年中国市场消费趋势

2018年12月，全球领先市场研究咨询公司英敏特发布了影响中国消费者市场趋势，并预测其将如何于接下来几年在不同行业中发挥作用。展望2019年及未来，英敏特认为，包括隐私、个性、身心健康、便利性和连接性在内的几大主题将推动消费者市场格局发生前所未有的变化。

1. 更健康的消费选择

由于工作和生活压力较大，中国消费者更愿意采用具有均衡、健康的解决方案的生活方式和产品。“亚洲传统药用成分和治疗方法日益流行，未来几年，我们预计会看到具有科学实证的新产品和身体监测技术，以消费者个体需求为基础，提供定制化解决方案。”英敏特分析师称。

根据该机构调研，32%的中国消费者表示与6个月前相比，他们在改善健康的保健品上的支出有所增加；49%的中国消费者认为做成食物形态的保健品功效更佳；24%的消费者曾使用实时监测和跟踪设备监测诊断自身健康状况。

食品、化妆品等行业的品牌开始尝试推出结合健康概念的产品。例如：养乐多在韩国推出一款新产品Beauty Plus，号称其含有的专利乳酸和大量益生菌能让皮肤更健康；雀巢人工智能项目能通过消费者分享的食物照片推荐保健产品；美容护肤市场上出现了不少

益生元、益生菌发酵提取疗法的产品。此外，英敏特以为，食品中的微型传感器可能是下一代新技术，帮助消费者了解身体对所吃食物的反应。

2. 与购买实物相比，更重视消费体验感

从商场的体验式消费场景，到消费品牌更具体验感的营销方式，消费者越来越热衷体验式消费。"更多元的目标、全球知识以及通过社交媒体等平台分享信息，意味着消费者正在寻找新方式满足自己的好奇心，并沉迷于新鲜、挑战的活动。"英敏特分析师说。

据该机构调研，80%的中国消费者认为休闲活动应为自己的生活增添"奇遇"色彩。49%的中国消费者对奢华体验（如高级餐厅和旅行）更感兴趣，而不是购买奢侈品牌产品。

社交媒体是体验式消费的一个主要推动力，因为体验式场景更容易成为个人社交媒体呈现的素材。此外，"'一人户'家庭增多意味着单人活动也会变多，消费者在这些活动中独自迎来令人兴奋的挑战和体验。"英敏特调研数据显示，25%的中国旅行者曾独自在国内旅游。

不少品牌已经在增强自身体验感上做文章。在食品领域，为增加消费者的特别体验，奥利奥在中国市场推出了辣鸡翅味和芥末味饼干；餐饮界，全国陆续开设的 Spacelab 失重餐厅吸引了不少消费者的兴趣；而美妆行业里，品牌线下体验营销的创新形式愈发丰富，香奈儿红色工厂、YSL 快闪游艇派对、美宝莲星钻游乐园等都颇具热度。

此外，零售与其他品类不断融合能带来更强烈的体验。例如，休闲娱乐设施（如主题乐园和电玩城）可以与服装或个人护理品牌合作，多面植入零售。也可考虑将旅游和零售相结合，如美容游或旅行科技。

3. 多元化价值观提醒品牌避免刻板印象式营销

新兴年轻消费者价值观念的转变为当今品牌的营销宣传带来挑战。英敏特认为，受动荡的社会经济环境影响，如不断上涨的房价、高通货膨胀和竞争激烈的就业市场，年轻人正在调整生活目标的期待，新的价值观正在引导他们寻求工作生活平衡，做更热爱的事情。

据其调研数据显示，38%的中国消费者表示与其做房奴，不如享受当下；63%的中国职业女性认为生儿育女将对个人职业发展造成很大影响，40%没有孩子的女性不愿生育。

英敏特分析师认为，"品牌必须调整自己以适应这些重大改变，如在市场宣传中避免过时的刻板印象，应对灵活家庭结构带来的独特挑战"。

据这家分析机构预测，"着装与年龄相符"会逐渐丧失意义，运动休闲风结合商务休闲和运动服装可能会占据现代衣柜的一席之地。此外，不同年龄群体和人生阶段之间的差距将缩小，成人和儿童会消费同样的娱乐产品、参加相同的休闲活动并购买一样的时尚物品。

4. 社交媒体影响了消费行为，也制造了"孤独患者"

在数字媒体时代，社交媒体评论及品牌形象会影响消费者的购买决策，同时数字连接也在不间断地加剧人们的"孤独感"。英敏特认为，社交媒体和各种滤镜使中国消费者对精心打造自己的线上数字形象越来越上心。互联网的触手可及也鼓励线上投诉以及对组织机构的各种问题均予以反馈的文化。“品牌着手回应这些评论，将其视为有可能改善消费者关系的反馈，或针对需求展开行动。”

线上评论也会影响消费者购买决策。其调研数据显示，65%的中国汽车购买者会在汽车垂直论坛翻阅用户评论；46%的中国消费者希望关键意见领袖（KOL）推荐更多值得购买的产品。这也是为什么越来越多品牌开始与网红、KOL合作推广产品。

不过，数字媒体时代的“孤独患者”类型的消费者也在增多。英敏特指出，“一人户”家庭越来越多，社交媒体平台开始取代各种实体互动形式，新服务能让人们随时从智能手机订购任何东西，这些都增加了人们独处的时间。品牌也在为“孤独患者”提供更多缓解孤独的消费选择。例如：日本TDK公司发明了Bonsai人工智能盆景，它可以倾听问题并能够与人沟通给出应对建议。日本科技公司Vinclu推出了Gatebox家用虚拟机器人，内置的智能助手可满足单身男性用户的情感需求。

此外，中国及亚洲其他国家消费者也开始意识到不能忽视塑料污染的问题，各大品牌也开始考虑替代塑料的环保创新举措。在香港，星巴克门店的自助吧台已停止提供一次性塑料吸管；雀巢已经逐渐在包装中增加可回收塑料瓶的比例。

你学会消费了吗——“新抠门男女”如何“抠”

李先生是一家大公司的部门主管，住着公司配备的酒店式公寓，以商务车代步，领着每月8万元的薪水……这些情况都向人们表示，李先生是个不折不扣的“黄金单身汉”。上班时间与应酬客户时，李先生西装笔挺、出手阔绰，用他的话来说是用公司的钱给公司挣面子，但是，平时生活中的他则是粗茶淡饭加普通T恤、牛仔，偶尔给女朋友买化妆品，还难免心疼。他说自己的钱还是悠着点花才好。

说来说去，李先生还真是“抠”，他的开支如下：因为公司为其配房，所以房租为0元；因为公司为其配车，所以交通费为0元；因为公司为其报销话费，所以手机费也是0元；因为平时应酬，花的是公司的钱，因此李先生每月的伙食费在1 000元以下，他表示，平时大鱼大肉惯了，周末和假日吃些粗茶淡饭正好清理肠胃；虽然平时穿着随意，但李先生出席正式的场合比较多，所以必须有几套名牌西装来撑场面，因此，平均一个月的置装费要1 000元；一个月中，随意动用的金额不会超过1 000元，这1 000元是应付亲朋好友的开销。就这样，月收入8万元的李先生每月开支不到5 000元。剩余的钱，李先生除了做一些比较稳定的投资，都全部存入银行了。几年下来，银行存款早已突破百万元，他也越发心满意足。

其实，在现代都市中，涌现出了很多像李先生一样的人，这群人被称为“新抠门男女”。这些“新抠门男女”绝不是没有消费能力，而是不愿追随失去理性的消费浪潮，他们也绝不是不舍得花钱，而是比以前更明白应把钱花在该花的地方。他们带来了新的花钱观念、新的省钱绝招和新的“抠门”理由。

“新抠门男女”认为，房价不断上涨，物价也紧随其后，而工资的涨幅却小之又小，所以不“抠”心里不安；银行虽然上调了利率，但距离期望的幅度差距还是很大，只有多存点钱进去才能拿到期望的利息；LV、PRADA再漂亮，摄像头百万像素再先进，提高的只是面子而不是生活质量，所以把钱花在那上面才叫傻瓜；现在，“新贫族”早已过时，“饮食男女”也不再吃香，到了该成家立业、赡养父母、养育下一代的年龄，如果再大手大脚就是不负责任；从“一人吃饱、全家不饿”，到考虑一个家庭的将来，从只知道吃喝玩乐，到要买房，要结婚，要投资，要充电，要留学，要抚养小孩、赡养父母……所以，成熟的标志是从“只会花钱”到“学会怎样更好地花钱”，因此，我们必须学会“抠门”。

要学会“抠门”，首先必须知道“新抠门男女”是如何“抠”的：

(1) 银行的利率再低，也要坚持存款，要不断地从薪水中拨出一部分存款。存款的数额可以是薪水的5%、10%，不管多少，每个月一定要存。如果要进行股票、外汇等风险较高的投资，一定要量力而行。

(2) 学会理财，即使你的专业与理财毫无关系。如果实在没有自己的一套理财经，那么就上书店学习，或者求助朋友，还可以考虑从网上下载功能齐全的理财软件，它会帮助你计算钱每天、每周、每月流向哪里，并列出详细的预算与支出。

(3) 谨慎使用信用卡。如果想成为“新抠门男女”，就把多余的信用卡全注销，只留一张足够，并保证每月绝对还清欠款。

(4) 去超市购买大件物品时，要有每月研究超市特价海报的习惯，如果正好符合你的需要，那么海报上的特价品往往是值得购买的。消费后，要养成索要发票、保留发票的习惯，并检查、核对所有收据，看看商家有没有多收费，在就餐或在超市大批量购物时尤其要注意。

(5) 把家中的普通灯泡换成节能灯泡，一年下来就能节省不少电费；把普通电池换成充电电池，既环保又省钱；看病时，如果医生开了处方，可到平价药房去买药，也可以节省一些钱；旅游时，选择淡季也能为家庭减少很大一笔开支；逢年过节时提前把探亲访友的礼品准备好，就不会在超市和商场购物狂潮中当“冤大头”。

等你把“抠门”当作一门学问，而不是一种负担，真正做到“抠门”时，你就会觉得“抠门”本身就是一种时尚。如果你能勤俭持家，你会发现，原来节约与清贫无关。

案例分析

为什么春节大家都不花钱了

据媒体报道，商务部发布的数据显示，2019年的春节黄金周消费增速首次跌破两位数，而过去的5年中，这一数字从未低于11%。微信群里有人戏称，今年的微信红包数量和大小都明显不如往年。有券商指出，2019年春节的消费情况一定程度上反映了2018年下半年以来零售业的低迷态势。

2004年以来，伴随着经济增长、消费爆发，一方面消费量增加，社会零售品总额快速增长，甚至在近年超过了美国；另一方面恩格尔系数下降，消费升级，家庭消费中发展型、品质型消费占比上升，据上海金融与法律研究院的《2019新租赁经济报告》，品质型消费支出占比在2000年以后明显上升，从1985年的13%上升至2016年的37%。但这种势头在2018年开始放缓，2018年的社会消费品零售总额名义同比增速仅有9%，是1999年以来最低的表现，也是2004年以来首次跌破两位数。

为什么人们不愿意花钱了？从消费函数来看，消费取决于两个因素：一是收入，二是消费倾向。2015年开始，职工工资的增速就开始放缓，尤其是民营单位和农民工；2016年和2017年，农民工的平均工资同比增速仅有6.6%和6.4%。持续的收入增长停滞以及不明朗的经济前景，还会影响消费倾向，进一步降低居民的实际消费。

具体来看，消费在地域和人群间呈现差异。地域上，三四线城市和县镇的消费增长表现要好于一二线城市。京东大数据显示，京东的销售额增速依城市规模呈相反方向，越是大的城市，消费增速越低，四线及以下（京东分类）的城市增速超过50%，而一线城市不到30%。京东的报告认为，一方面，在大城市打工的年轻人返乡过年，拉低了大城市的消费，带动了家乡的消费；另一方面，大城市的电商渠道完善，增长空间有限，电商渠道下沉，抬高了中小城市的消费增速。

京东的报告揭示了中国总体消费低迷的一个重要维度：户籍制度与城市规模分级管理。中国的城市化是不完全的城市化，人口可以在城市里工作，但享受公共服务存在一定的障碍，这限制了人口的流动性。现阶段，人口流动的主因——地区间的收入差距背后是人均GDP和劳动生产率的差异，所以人口从不发达地区流向发达地区有两点好处。一是不发达地区的劳动力流入发达地区，生产率增长、收入增长，总体上提高了效率，增大了消费潜力；二是流入发达地区的劳动力与不发达地区的联系，会增加不发达地区的现金回流，自然禀赋好的地区还会因为人均资本和资源的增长而提高劳动生产率，弥补区域间的收入差距。

现有研究发现，规模越大的城市，越容易提高劳动生产率和劳动力工资收入，职工的就业概率和教育回报也越高，这尤其有利于低技能劳动力的就业。但2013年底至2014年的户籍制度与新型城镇化战略要求严控特大城市的规模，鼓励就地和就近城镇化，并辅以户籍、义务教育入学等政策，抬高了外来人口在大城市长期居住的门槛，抑制了人口的流动。最近的研究还发现，农民工市民化选择的城市不同，产生的影响不同。当农民工市民化发生在人口300万以下的城市时，整体的实际GDP和城乡劳动力实际工资是下降的，而且城市劳动力的福利也会降低。中小城市偏向的城市化发展战略最终会拖累中国整体的经济增长，进而影响居民整体的福利。

户籍制度的存在使得中国的人口流动呈现非家庭式迁移的模式，长期居留意愿很弱（他们想留但留不下，所以流动的预期就是返乡）。2010年以来，流动人口规模趋于稳定，截至2016年，我国共有2.45亿流动人口，这意味着大约每6个人中，就有一个流动人口。但这些流动人口的迁移并不是举家迁移，这一现象近年有所改善，配偶随迁的比重大大增加，但未成年子女和达到退休年龄的父母不随迁的比重依旧非常高，前者是因为义务教育入学门槛的限制，后者是因为医保异地转移、家庭随迁等因素的限制。

非家庭式流动严重抑制了流动人口在居住地的消费，尤其是当他意识到自己未来必须要返乡的时候。原卫计委主持的流动人口动态监测调查的数据显示，2016 年，流动人口的平均家庭月收入为 6 831 元，月支出为 3 425 元，支出仅占总收入 50%。结构上看，2015 年，流动人口月支出为 3 201 元，其中食品支出 1 335 元，住房支出 721 元，其他支出 1 145 元，流动人口这三方面的支出均低于全国城镇家庭月平均水平，尤其是其他消费支出，仅为全国城镇家庭同类型支出的 43.02%。其他类型的消费主要是指衣着服饰、家用用品、家用设备及耐用品等消费支出，以及文教娱乐、医疗保健等发展性支出。这些收支结余最终在家乡释放，举世无双的春运和过年返乡的消费，是户籍制度下的非家庭式流动的一个结果。

非家庭式流动的另一个结果就是农村、县镇的自建房和中小城市的商品房热潮，其中相当高的比例由在大城市就业的劳动力贡献，这并非好事。由于中小城市缺乏就业机会，这些劳动力最终还是要在大城市就业，他们因为结婚等消费驱动在县镇和中小城镇购置的房地产最终因无人居住而浪费，短期返乡的脉冲式消费无法持续拉动家乡的消费市场，他们又不愿意在大城市释放这些消费，最终会拖累中国消费结构的调整。

资料来源：聂日明，高利民．为什么春节大家都不花钱了．21 世纪经济报道，2019－2－14.

分析：春节消费增速放缓的原因是什么？

模块小结

（1）效用是指消费者消费某种商品所获得的满足程度。效用具有主观性和相对性两个特点。

（2）在其他条件不变的情况下，在一定时间内消费者消费某特定商品或服务，随着商品或服务数量不断增加，对消费者产生的满足程度增量不断减少，这一规律称为边际效用递减规律。

（3）消费者剩余是指消费者在购买一定数量的某种商品时愿意支付的货币额和实际支付的货币额之间的差额。消费者剩余并不是消费者真正获得的收入，只是消费者的一种主观感受。

（4）消费者在收入一定的情况下，消费两种商品获得最大满足的条件是：单位货币购买两种商品产生的边际效用相等。此时称为消费者均衡状态。

思考与训练

一、思考题

1. 如果消费者消费15个面包获得的总效用是100个效用单位，消费16个面包获得的总效用是106个效用单位，则第16个面包的边际效用是多少？

2. 某人愿意花20元购买1件衬衫，愿意花35元购买2件衬衫，愿意花45元购买3件衬衫，那么第3件衬衫的边际效用是多少？

3. 某消费者愿意为第1杯啤酒支付11元，为第2杯支付7元，为第3杯支付4元，为第4杯支付2元，为第5杯支付1元。如果每杯啤酒的价格为2元，则此消费者消费这5杯啤酒得到的消费者剩余是多少？

4. 假定某人决定购买啤酒（B）、葡萄酒（W）和苏打水（S）3种饮料，它们的价格分别为每瓶2元、4元和1元。这些饮料给他带来的边际效用如表2－5所示。如果此人共有17元钱可以用来购买这些饮料，为了使总效用最大化，他应该怎样购买？

表2－5　　啤酒、葡萄酒和苏打水的边际效用

数量	1	2	3	4	5	6
MU_B	50	40	30	20	16	12
MU_W	60	40	32	24	20	16
MU_S	10	9	8	7	6	5

5. 马克喜欢冲浪和潜水。冲浪和潜水带给他的总效用如表 2－6 所示。马克总支出 35 美元，而且他有充足的闲暇时间。冲浪设备的租金为 10 美元/小时，潜水设备的租金为 5 美元/小时。马克每天应将多少时间用于冲浪、多少时间用于潜水才能达到消费者均衡？

表 2－6　　马克从两项运动中得到的总效用

时间（小时/天）	冲浪的效用（TU_S）	潜水的效用（TU_D）
1	120	40
2	220	76
3	300	106
4	360	128
5	400	140
6	412	150
7	422	158

6. 小王准备花 9 000 元买一把特定型号的电吉他，到了琴行才发现此型号的电吉他没有货，于是花 6 000 元买下一把其他型号的电吉他。请问其中的 3 000 元差价是消费者剩余吗？如果是，请说出理由；如果不是，请指出怎样才算是消费者剩余。

7. 某同学购物很会砍价，经常能买到较低价格的商品，省下了不少钱。他是不是获得了更多的消费者剩余？为什么？

8. “老大亲老幺娇，不会投胎半拉腰”，请试着用经济学规律解释这一民间俗语。

二、训练营

实训项目一

1. 分析需求曲线向右下方倾斜的原因。

2. 200 多年前，亚当·斯密在《国民财富的性质和原因的研究》中提出“价值悖论”：许多生活必需品（水）的市场价值很低，很少能交换到其他东西；许多奢侈品（钻石）的使用价值很小，但市场价格很高，经常可以交换到大量的其他物品。如何理解价值悖论？

3. 结合“富人的钱不值钱，穷人的时间不值钱”这句话来阐述征税的作用。

实训项目二

1. 如何运用效用理论指导自己的消费？

2. 如何运用效用、边际效用递减规律等来指导企业的生产决策？（从了解消费者心理、企业预算约束、市场定位、广告投放等方面分析）

3. 请从珠宝、服装、餐饮 3 个行业中选择一个行业，分析如何运用效用、边际效用递减规律等来指导该行业企业从产品研发、生产到销售环节的运营管理。

实训项目三

1982 年，我国的娱乐事业还未起步，娱乐节目几乎没有。中央电视台在那年举办了第一届春节联欢晚会，引起了极大的轰动。晚会的节目成为人们茶余饭后津津乐道的话题，也成为全国老百姓过年的一道“大餐”，吃过年夜饭，家家户户一定会坐在电视机前收看“春晚”。就这样，“春晚”一年年地办了下来，人力、物力、财力投入越来越大，场面设计越来越恢宏，节目类型也越来越多样化，可是人们对“春晚”的评价却越来越差。“春晚”由一道美味可口、众人称道的“大餐”变成了“鸡肋”，不办老百姓会觉得少了一点什么，办又逃不过被骂的命运，于是，“春晚”陷入了“年年办，年年骂；年年骂，年年办”的怪圈。

另外，常常听到一些过来人告诫初涉爱河的年轻小伙子：“对你的女朋友不要太好，小心把她宠坏了。”

（1）分别谈谈你对以上两种现象的看法，并运用本模块所学内容分析其内在原因。

（2）如果要解决以上两个问题，请问你有何妙招？

模块三

创造财富

知识目标与要求

- 了解生产要素和企业成本相关的概念
- 掌握生产中的规律（短期）：边际收益递减规律
- 掌握生产中的规律（长期）：规模报酬变化规律
- 掌握短期成本和长期成本的变化规律
- 掌握企业实现利润最大化的条件及最佳规模的确定
- 掌握经济增长的内涵、国内生产总值的核算及经济增长的方式

能力目标与要求

- 学会分析企业各种生产要素的类别和成本构成
- 学会对企业短期经营进行利润最大化决策
- 学会选择企业长期经营的最佳规模
- 学会运用经济增长指标分析经济发展状况
- 学会进行国内生产总值的核算
- 学会根据国内生产总值指标分析国家或地区的经济发展状况

学习任务

- 站在生产者的角度分析生产规律
- 站在生产者的角度对企业的短期生产和长期生产进行理性决策
- 分析国家或地区的经济发展状况

【轶闻趣谈】

田忌赛马为什么能赢?

《史记》中记载了“田忌赛马”的故事：田忌经常与齐王及诸公子赛马，设重金赌注。但每次田忌和齐王赛马都会输，原因是田忌的马比齐王的马稍逊一筹。孙膑通过观察发现，齐王和田忌的马大致可以分为上、中、下三等，于是，孙膑对田忌说：“您只管下大赌注，我能让您取胜。”田忌相信并答应了他，与齐王和诸公子用千金来下赌注。比赛即将开始，孙膑说：“现在用您的下等马对付他们的上等马，用您的上等马对付他们的中等马，用您的中等马对付他们的下等马。”三场比赛过后，田忌一场落败而两场取胜，最终赢得齐王和诸公子的千金赌注。

后来，田忌把孙膑推荐给齐王。齐王向他请教兵法后，就让他当自己的老师，孙膑的才学才有了更广阔的用武之地。

【任务分解】

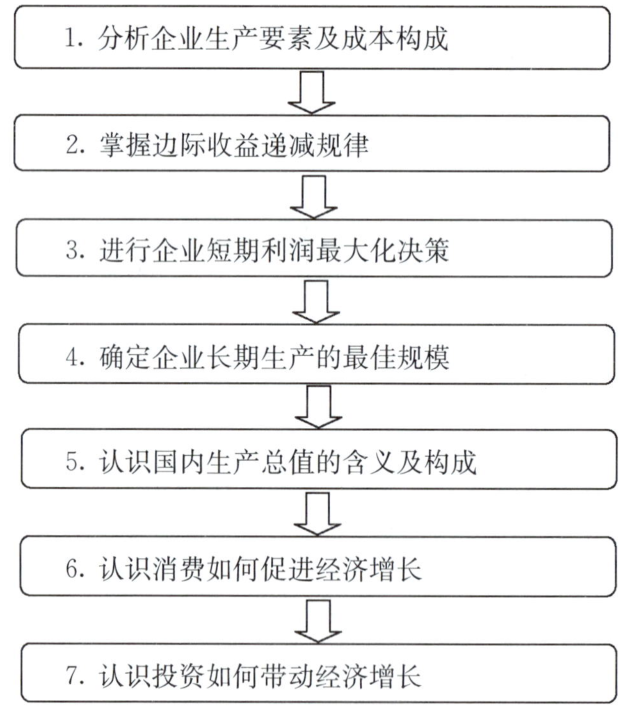

第一单元
企业生产

一、认识生产、成本及利润

今天你走进教室学习经济学知识，从个人支出来看，你上一堂课的成本有哪些？学校的成本又有哪些？

分组讨论

举例说明你知道的生产活动有哪些，这些生产活动需要投入哪些生产要素，企业投入这些生产要素的最终目的是什么。

（一）什么是生产？

人的需要和追求是多方面的，因而生产也按照满足需要的性质进行相应的分类。总的来看，我们通常理解的生产可以分为两大类：第一类是能够满足人们物质需要的生产活动，即商品的生产。例如：生产粮食可以供人们充饥，生产衣服可以供人们御寒。同时，面粉可以加工成各种食品，可以提供给消费者更大的满足感。总之，凡是从原始产品到最终产品之间的所有物质创造都是生产活动。第二类是满足人们非物质需要的生产活动，即劳务的生产。劳务的生产是无形的。例如：车船运输能满足把货物或人从一个地方运往另一个地方（位置变化）的需要；公园、影剧院和文化娱乐场所能够满足享受的需要。所有诸如此类活动，如理发、看病、受教育、演奏音乐、清扫街道、警察确保安全等，都是生产活动。

但是，经济学中理解的生产活动与我们通常的理解有所不同。经济学中判断生产活动的唯一标准是：是否以盈利为目的。同一形式的活动，由于目的不同，可能是生产活动，也可能不是生产活动。例如：人们休息时打球锻炼身体不是生产活动，而美国篮球协会为了出售门票而举行的美国职业篮球联赛则是生产活动。某人拉小提琴是为了消遣，不是生产活动；如果他在街头演奏，以此谋生，则是生产活动。因此，生产活动要从支付体力和脑力活动的目的出发，而不能从支付体力和脑力活动的形式出发。

由于劳务的生产计算起来比较抽象，因此在各种经济学理论的讨论中，一般以商品的生产为例，但是其原理同样适用于劳务的生产。

经济学中把生产活动的主体称为厂商或企业。厂商被认为具有经济理性，它们具备有用的信息，精于计算，孜孜不倦地追求利润最大化的目标。

（二）企业投入的生产要素有哪些？

任何生产都需要投入各种不同的生产要素。生产要素是指进行社会生产活动时所需要的各种社会资源。现代经济学认为生产要素包括劳动、资本、土地、企业家才能四种，随着科技的发展和知识产权制度的建立，技术、信息也作为相对独立的生产要素投入生产。

1. 劳动

劳动不是指劳动者本身，而是指劳动者提供的服务，包括脑力劳动和体力劳动。劳动的价格是工资。

2. 资本

资本并不是专指货币，可以表现为实物形态或货币形态。资本的实物形态又称为资本品或投资品，包括机器、厂房、设备、工具、仓库、原料、燃料等。资本的货币形态通常称为货币资本。货币本身并不能用于生产活动，但是有了货币就能购买机器、设备，所以经济学上对它们不加以区分。货币资本的价格是利息。

3. 土地

经济学所讲的土地是一个广义的概念，是指未经人类劳动改造过的各种自然资源的统称，既包括一般的可耕地和建筑用地，又包括河山、森林、能源、矿藏等一切自然资源。土地的价格是地租。土地是任何经济活动都必须依赖和利用的经济资源，与其他经济资源相比，其自然特征主要是数量有限，整个地球的土地面积是相对固定的；位置固定，土地是不可进行移动的；不可替代性，人类生存和生活所需的土地是其他资源不可替代的。特别是随着人口的增多、经济活动规模的扩大和社会经济发展的深入，土地的稀缺性具有明显加强的趋势。如何保护和利用好现有的各种土地资源、开发新的土地资源，始终是从事经济活动的重要问题。对于人口众多、人均可用土地资源严重不足的我国来说，土地资源的保护、利用和开发尤为重要，而使土地资源商品化、配置市场化，是提高土地资源配置和利用效率的重要途径。

以上是经济学传统的“生产三要素说”。后来，马歇尔在其《经济学原理》一书中又增加了一种生产要素——企业家才能，其价格就是利润。因此“生产三要素说”便发展成“生产四要素说”。

4. 企业家才能

企业家才能是指企业家经营企业的组织能力、管理能力与创新能力。企业家的基本职责是：组织生产、销售产品和承担风险。经济学家特别强调企业家才能，认为把劳动、土地、资本组织起来，使之演出有声有色的生产戏剧的关键正是企业家才能。微观经济学认为，在生产相同数量的产品时，可以多用资本少用劳动，也可以多用劳动少用资本。但是，劳动、土地和资本三要素必须予以合理组织，才能充分发挥生产效率，因此，为了进行生产，必须有企业家将这三种生产要素组织起来。企业家才能和这三种生产要素的关系不是互相替代的关系，而是互相补充的关系。

经济学家熊彼特是创新理论的提出者，他认为创新就是由企业家进行的生产要素新组合，如开辟新的市场、采用新的生产方法、利用新的组织形式、使用新的能源与材料都是具体的创新形式。但他十分清楚地指出创新的主体是企业家，创新其实就是企业家才能发挥的过程。

（三）企业成本有哪些？

要认识企业的成本，必须先了解经济学中所讲的企业的生产周期，即长期生产与短期生产。

假如我们自己创业或开办一个小公司，只考虑两种生产要素：劳动（招聘用工数）和资本（办公场所和计算机设备等）。我们会发现随着公司业务的增多，增加新员工比较容易，新员工可以在一周内得到迅速补充，但随之增加办公场所和相应的计算机设备则需要很长时间。经济学中，需要我们区分固定生产要素和可变生产要素，固定生产要素和可变生产要素的区分使我们可以区分短期（short-run）生产和长期（long-run）生产。

生产者在短期内无法进行数量调整的那部分生产要素投入是固定生产要素，通常为厂房、机器设备等；生产者在短期内可以进行数量调整的那部分生产要素投入是可变生产要素，通常为原材料、燃料、劳动等。生产函数中的短期和长期不是指一个具体的时间跨度，即长期并不意味着时间长，短期也不简单意味着时间短。长期是指企业可以调整一切生产要素的时期。如生产者可以根据企业的经营状况，缩小或扩大生产规模，也可以加入或退出一个行业的生产。由于长期内所有生产要素投入量都是可以改变的，因此没有固定生产要素和可变生产要素之分，所有投入都是可变生产要素。短期是指企业不能调整所有生产要素投入的时期。相应地，短期内生产要素可以分为固定生产要素和可变生产要素。

对于不同的产品生产，短期与长期的具体时间规定是不同的。如对一个冷饮摊而言所需资本设备少，技术要求低，变动生产规模比较容易，长期可能是两天；而钢铁厂所需资本设备数量多，技术要求高，变动生产规模不容易，则几年也许算是“短期”。可见，经济学中长期与短期的划分标准，仅仅看生产要素中是否存在固定生产要素，如果存在就是短期，否则就是长期。

1. 固定成本与可变成本

在短期生产中，企业的投入要素有一部分是固定不变的，有一部分是可变的，因此，企业的成本也相应地分为固定成本和可变成本。

固定成本是指不随产量变动而变动的成本，一般包括厂房和机器设备的折旧、管理人员的工资等。企业在产量为0时，仍然存在固定成本。在开设的咖啡屋中，房租及一些必要的机器设备等往往是固定成本，这些都不会随着咖啡屋的经营状况改变而发生变化。

可变成本是指随产量变动而变动的成本，一般包括原材料及燃料的支出、生产工人的工资等。企业的产量越高，可变成本也越多。咖啡屋售出的咖啡份数的多少会影响原料的变化，这种变化与所服务的人数呈正相关。

小思考

假如你在获得家长5万元的创业资金支持后，决定留在母校开办一家咖啡休闲屋，请列举需要哪些生产要素，并指出哪些构成固定成本，哪些构成可变成本。

知识拓展

短期成本的相关概念及应用

1. 短期成本相关的概念

在短期内，对应于固定生产要素和可变生产要素的划分，短期成本又可分为固定成本和可变成本。

(1) 固定成本（SFC）、可变成本（SVC）和总成本（STC）。

固定成本是指总成本中不随产量变动而变动的成本，一般指厂房、机器设备、租金等成本。校园中的固定成本一般有教室、图书馆、实验室的建设费用，管理费用和其他支出（与招生数量无关）。同样开设一个讲座，无论是50个学生来听还是300个学生来听，其成本支出是一样的。

可变成本是指总成本中随产量变动而变动的成本，如劳动力等可变生产要素的支出。如大学中的水电费是随着学生人数的增加而上升的，因此，水电费即构成可变成本。

总成本是指一定产量水平下的总支出，即固定成本与可变成本之和。短期各种成本之间的关系如图3-1所示。

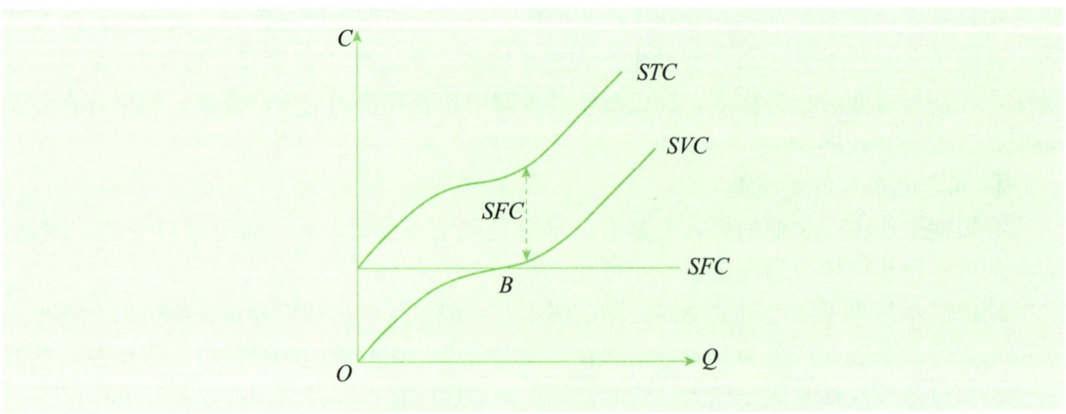

图3-1　短期固定成本、短期可变成本和短期总成本曲线

从图 3-1 中可以看出，固定成本 SFC 是一条水平线，表明固定成本是一个既定的数量，它不随产量的增减而改变。可变成本 SVC 是产量的函数，它从原点出发，表明产量为零时，可变成本为零，随着产量的增加，可变成本也相应增加。可变成本曲线的形状主要取决于投入要素的边际生产率。从原点到 B 点的区间，可变投入要素的边际生产率递增，因此，可变成本 SVC 虽然增加但渐趋缓慢，B 点以后，可变投入要素的边际生产率递减，因此可变成本增加渐趋加快。

短期总成本 STC 是固定成本与可变成本之和，其形状与可变成本曲线一样，它只不过是可变成本曲线向上平移一段相当于 SFC 大小的距离，即总成本曲线与可变成本曲线在任一产量上的垂直距离等于固定成本 SFC。

(2) 平均固定成本（AFC）、平均可变成本（AVC）和平均成本（AC）。

（注意：以下为了简便，将 SFC、SVC、SAC 和 SMC 简写为 FC、VC、AC 和 MC。）

平均固定成本是指固定成本除以相应的产量，即：

$$AFC=FC/Q$$

平均可变成本是指可变成本除以相应的产量，即：

$$AVC=VC/Q$$

平均成本是指总成本除以相应的产量，也就是平均固定成本和平均可变成本之和。其公式为：

$$AC=STC/Q=FC/Q+VC/Q=AFC+AVC$$

(3) 边际成本（MC）。

边际成本也称增量成本，是指增加单位产品生产所引起的总成本的增量，也是产量的函数，其公式为：

$$MC=\Delta STC/\Delta Q \xlongequal{(当\ \Delta Q\to 0\ 时)} dSTC/dQ$$

由于固定成本不随企业产出水平的变化而变化，因此，边际成本就是每增加单位产出所引起的可变成本的增量，故边际成本又可以表示为：

$$MC=\Delta VC/\Delta Q \xlongequal{(当\ \Delta Q\to 0\ 时)} dVC/dQ$$

边际成本告诉我们，企业要增加单位产出会增加多少成本，这是成本理论中一个重要的概念。

(4) 总成本、平均成本和边际成本的关系。

表 3-1 描述了一个固定成本为 100 美元的面包店，可变成本和总成本随产量的增加而增加。当已知可变成本后，其他成本变量均可依次算出：

总成本＝固定成本＋可变成本

平均固定成本＝固定成本/总产量

平均成本＝平均固定成本＋平均可变成本

边际成本可由可变成本或总成本计算得出。如总产量由 2 增至 3 时的边际成本是 70 美元，因为企业的可变成本由 170 美元增至 240 美元（总成本也由 270 美元增至 340 美元，增加了70美元）。

表3-1　　各类成本与产量之间的关系

总产量（Q）	成　本（美元）						边际成本（美元）（MC）
	固定成本（FC）	可变成本（VC）	总成本（STC）	平均固定成本（AFC）	平均可变成本（AVC）	平均成本（AC）	
0	100	0	100	—	—	—	—
1	100	90	190	100	90	190	90
2	100	170	270	50	85	135	80
3	100	240	340	33.33	80	113.33	70
4	100	300	400	25	75	100	60
5	100	370	470	20	74	94	70
6	100	450	550	16.67	75	91.67	80
7	100	540	640	14.29	77.14	91.43	90
8	100	650	750	12.5	81.25	93.75	110
9	100	780	880	11.11	86.67	97.78	130
10	100	930	1 030	10	93	103	150

成本函数的几何图形是成本曲线。短期内平均成本与边际成本之间的关系如图3-2所示。

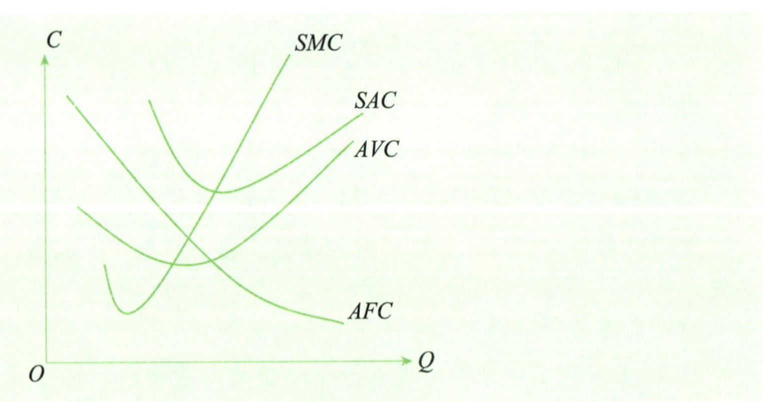

图3-2　各种成本之间的关系图

图3-2中，除平均固定成本曲线是向右下方倾斜的曲线外，其他3条曲线都是先降后升，呈“U”形。对边际成本曲线呈“U”形的解释一般是边际收益递减规律。在雇用数量较少的工人时，工人之间的劳动协作和配合可能会使劳动效率提高更快，从而使新增工人带来的产出增加大于此前每个工人能够创造出的平均产量。由于新增工人数量能够在

边际意义上提高劳动效率，生产效率提高即边际成本下降，结果表现为边际成本在产出总量较低阶段下降。然而，随着雇用工人人数的增加，更多的工人在一起干活会出现“窝工”现象，劳动边际收益递减规律发生作用，劳动边际产出下降，劳动边际产出下降意味着生产边际成本上升。所以边际成本曲线为先降后升的“U”形曲线。

需要指出的是，边际成本曲线总是穿过平均成本曲线和平均可变曲线的最低点，原因在于边际成本和平均成本之间的算术关系。举个例子：假如你过去几次经济学测试的平均成绩是 70 分，那么，下次测试成绩就是你的边际考试成绩。如果得分是 80 分，你的平均成绩就会上升；如果得分是 60 分，平均成绩就会下降。也就是说，如果边际成绩低于平均数，平均数就会下降；如果边际成绩高于平均数，平均数就会上升。所以说，边际成本曲线一定会穿过平均成本曲线的最低点。

平均固定成本曲线情况则不同，它总是随着产量的增加而下降。微软公司花费 10 亿美元来开发 Windows XP，并耗费 2.5 亿美元来推广该产品，也就是说，固定成本是 12.5 亿美元，而用于拷贝一张 CD 的花费（可变成本）不过 0.15 美元。如果微软公司预测在未来 5 年内 Windows XP 销售量是 5 亿份，则平均固定成本仅为每份 2.5（=12.5/5）美元，加上可变成本之后的总成本为每份 2.65 美元。

2. 短期成本在企业决策中的应用——停止营业点的确定

在理解了成本在短期生产中的作用后，我们来分析企业愿意生产多少以获得最大利润的问题。

用 P 表示价格，企业可以这样决策（见图 3-3）：

(1) 平均成本（AC）的最小值对应的产量是收支相抵点，也称盈亏平衡点。当 $P<AC$ 时，企业将发生亏损。

(2) 平均可变成本（AVC）的最小值对应的产量是停止营业点，也称“关门点”。当 $P<AVC$ 时，企业将停止营业。

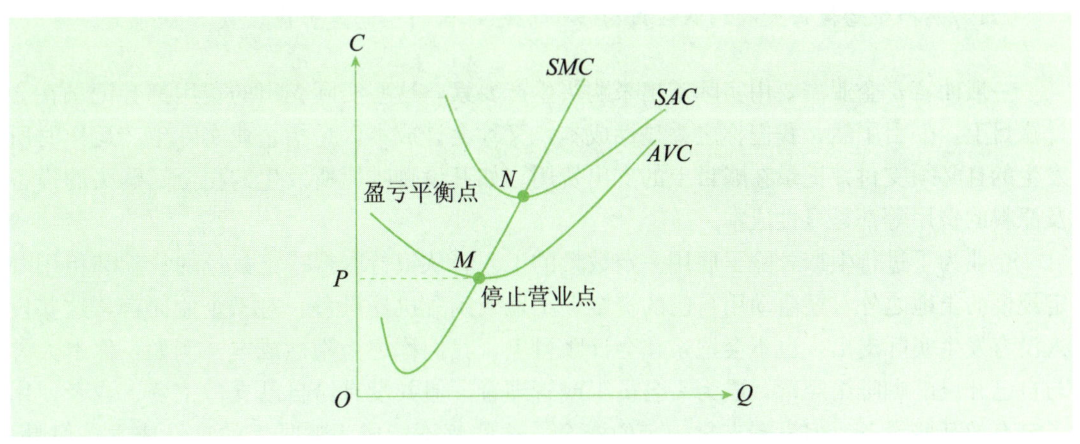

图 3-3　盈亏平衡点和停止营业点

问题在于，当 $P<AC$ 时，企业是亏损经营，此时，还要不要继续生产经营呢？例如：

当你走进一家餐馆吃午饭，发现你是唯一的顾客，为什么餐馆还要继续经营呢？答案是，在做出是否经营的决策时，餐馆老板要区分固定成本和可变成本。餐馆中的房屋租金、厨房设备、餐具等都是固定成本，餐馆停止营业并不能减少这些固定成本。相反，只要顾客点的菜的价格（P）大于平均可变成本（AVC），继续经营就可以用价格与平均可变成本的差额弥补一点亏损。只有当价格小于平均可变成本时，餐馆才会停止营业。

2. 显性成本与隐性成本

分组讨论

清华大学某教授让学生做一项关于成本的调查，以下是学生与一名烤鸭摊位老板的对话。

学生："老板，你生意不错啊，一天能赚多少啊？"

老板："挺好的，300 元。"

学生："那你的鸭子得花多少钱？"

老板："我老婆养的，不花钱。"（每天所用的鸭子如果卖给别人，可以卖 200 元）

学生："那鸭子的运送费用呢？"

老板："我自己踩三轮车，不花钱。"（同样的路程，如果雇他人运送要花费 50 元）

学生："在这里销售的摊位费总要的吧？"

老板："我还没付过，因为我是流动作战，运气也不错，从没被抓住过。"（同样的摊位如果出租，日租金 30 元）

学生："那你做生意期间的住宿费呢？"

老板："我住亲戚家，他对我挺好，不收租金。"（该亲戚的房子如果出租，月租金 600 元）

该烤鸭摊位老板每天的利润应该为多少？他目前的生意是否应该做下去？

一般而言，企业需要用实际支出来购买生产要素，这些实际支出的费用都会记录在会计账目上，一目了然，我们称之为显性成本，又称会计成本，是指企业实际生产运作时所发生的且必须支付并记录在账目上的支出费用。如开设咖啡屋所发生的租金、购买的设备及原料的费用等都是显性成本。

企业为了进行生产，除了雇用一定数量的工人、从银行取得一定数量的贷款和租用一定规模的土地之外，还会动用自己的资金、土地或闲置机器设备。对于企业而言，这些投入没有发生实际支出，也不会记录在会计账目上，我们称之为隐性成本。例如：你本人参与自己开设的咖啡馆经营，成为一名员工或管理者，但并没有给自己支付工资；或者使用了自有的某些设备，但没有支付一定的资金，这些都不能成为咖啡馆的显性成本。但是，如果你不选择自主经营而是另谋一份工作，必然得到劳动报酬，这些其实对于你的咖啡馆来说是有成本的，这些成本就是我们所说的隐性成本。

经济学思维之妙就在于利用所有投入的生产要素来计算成本，既包括显性成本，也包括隐性成本。

小思考

王先生在自己沿街房屋的一楼开了一家杂货店，店面面积为 30 平方米。他从银行贷款 10 万元，并将自己积蓄的 10 万元一并投入，进行了店面的设施配备、装修和进货等。另外，他雇用小李负责小店售货，并支付小李月薪 2 000 元。王先生自己主要负责进货和小店的管理。王先生经营杂货店的各种成本中，哪些是显性成本？哪些是隐性成本？

3. 机会成本与沉没成本

机会成本（opportunity cost）是指生产一单位的某种商品，生产者所放弃的利用相同生产要素在其他生产用途中所能得到的最高收入。正如前文所说的那样，如果你选择了自主经营咖啡馆，那你就放弃了可以另谋一份工作的机会，这种机会就是自主经营的代价，也就是机会成本。假如某人拥有 1 亩土地，投入一定量的劳动和资本用于生产小麦，带来的收入为 3 万元；如果用于生产棉花，带来的收入为 4 万元；如果用于生产土豆，带来的收入为 5 万元。那么，他生产小麦的机会成本为 5 万元，生产棉花的机会成本也是 5 万元，生产土豆的机会成本为 4 万元。显然，他选择生产土豆的机会成本最小，因此，理性的选择应该是种土豆。

上述成本中自有资源的使用应该得到相应的报酬，该报酬即隐性成本。因此，隐性成本必须从机会成本的角度，按照企业自有生产要素在其他最佳用途中所能得到的收入来支付，否则，企业会把自有生产要素转移出本企业，以获得更高的报酬。

沉没成本（sunk cost）是指由于过去的决策已经发生了的，而不能由现在或将来的任何决策改变的成本。例如：企业在撤销某个部门或停止生产某种产品时，沉没成本中通常既包括机器设备等固定成本，也包括原材料、零部件等变动成本。中途弃用的机器设备，如果能变卖出售获得部分价值，那么其账面价值不会全部沉没，只有变现价值低于账面价值的部分才属于沉没成本。人们在决定是否去做一件事情的时候，不仅要看这件事对自己有没有好处，而且要看过去是不是已经在这件事情上有过投入。我们把这些已经发生、不可收回的支出，如时间、金钱、精力等称为沉没成本。

经济学家斯蒂格利茨指出，做决策时不应考虑沉没成本。例如：你买票看电影，发现电影很糟糕而票已无法退回，此时你是继续观看还是退场去做其他事情？

（四）如何理解经济学中的利润？

1. 总收益、总成本与利润

总收益也称总收入，是指企业销售一定数量产品所得到的全部收入。它是产品价格与销售量的乘积。如果咖啡的售价为每份 20 元，每天售出 100 份，那么总收益就是 2 000 元。

总成本是指企业生产某种产品或提供某种劳务所发生的总耗费，即在一定时期内为生产和销售所有产品花费的全部费用。

利润是指企业的总收益扣除总成本后剩余的那部分。

利润、总收益和总成本之间存在下列关系：

利润＝总收益－总成本

总收益＝销售量×产品价格

总成本＝要素投入量×要素价格

2. 经济利润与会计利润

既然把成本分为显性成本和隐性成本，那么，总成本包括的内容不同也就形成了不同的利润。

经济利润（economic profit）是指企业的总收益减去生产所售物品与劳务的所有成本，即总收益减去显性成本与隐性成本。这是经济学家眼中的利润。

会计利润（accounting profit）是指企业的总收益减去显性成本，也就是账面利润，是公司在损益表中显示的利润。这是会计师眼中的利润。

经济学家认为，总成本包括显性成本和隐性成本，而会计师只考虑显性成本，因此，经济利润小于会计利润。

经济利润与会计利润的区别主要表现在以下两个方面：

第一，计算口径不同。会计利润是企业一段时期内收入、成本、费用的综合反映，而经济利润是企业的会计利润减去隐性成本。

第二，成本内涵不同。会计利润作为传统会计指标，主要考虑的是会计成本。会计成本是显性成本，是企业从事某项经济活动的花费，即企业购买或雇用生产要素的实际支出，可以从会计账上查到。经济利润作为现代公司制企业管理会计方法指标，考虑的是经济成本。经济学认为成本是从事某项经济活动的显性成本与隐性成本之和，后者是企业所有者自己提供资本、自然资源和劳动的机会成本，是企业在生产某种产品时将时间、资产、货币等用于其他用途所放弃的最大收益。

3. 利润最大化的实现

厂商生产的目的就是获得利润，进一步说，作为理性假设的厂商而言，应该是获得利润的最大化。我们已经知道，企业的利润等于企业总收益减去总成本。收益有 3 个重要概念，即总收益、平均收益和边际收益。

总收益是指厂商按一定价格销售一定数量的商品所得到的全部收益，以 TR 表示总收益，P 表示价格，Q 表示销售量，则有：

$$TR=Q\cdot P$$

平均收益是指厂商销售每一单位商品所得到的收入。平均收益等于总收益与销售量之比。以 AR 表示平均收益，则有：

$$AR=TR/Q$$

边际收益是指厂商每增加一单位商品销售所增加的收益。以 MR 表示边际收益，ΔTR 表示增加的总收益，ΔQ 表示增加的销售量，则有：

$$MR = \Delta TR/\Delta Q$$

同样，企业的总成本等于企业单位产品成本（AC）乘以数量（假设与销售量 Q 相同），总成本用公式来表示，即：

$$TC=AC \cdot Q$$

这样，我们可以得到利润（π）的计算公式，即：

$$\pi = TR - TC$$

总收益与总成本都是产量的函数，因此，利润也是产量的函数，可以表示为：

$$\pi(Q) = TR(Q) - TC(Q)$$

理性厂商要实现利润最大化，即要使得上述利润函数实现最大值。根据函数最大值的实现条件，当利润函数的一阶导数等于 0 时，即实现利润最大。根据边际收益与边际成本（指增加单位产品生产所引起的总成本的增量，用 MC 表示）的含义，企业实现利润最大化的条件可进一步表示为：

$$MR=MC$$

因此，只有当产销量的增加所带来的收益增加等于成本增量时，产量与价格的组合才能给厂商带来最大利润。

对于这一原则，也可以这样来理解：如果 $MR>MC$，表明厂商每多生产一单位产品所增加的收益大于所增加的成本，这时，企业可以通过增加产量来增加利润，显然此时利润并没有达到最大化；如果 $MR<MC$，表明厂商每多生产一单位产品所增加的收益小于所增加的成本，这时，企业可以通过减少产量来增加利润，显然此时利润也没有达到最大化；只有当 $MR=MC$ 时，厂商才不会调整产量，此时厂商实现了利润最大化。

案例分析

李明该怎么办?

李明在市区最繁华的街区租了一间店面卖衣服，一年的租金是 365 000 元，每天需支付 1 000 元的租金。因为他认为该地段的生意会火暴，所以他答应了房东的要求，一次性签了两年的合约。然而实际情况并非如他所想，每天的销售收入扣除进价、员工工资和管理费用等，只能剩余 800 元。在这种情况下，李明一直在考虑是关门大吉还是继续经营下去的问题。

分析： 假如你是李明，你会怎么做？为什么？

二、了解企业实现利润最大化的生产决策

为什么现阶段众多企业实行两班制或三班制?

分组讨论

动画片《三个和尚》可以总结为几句话：1个和尚挑水喝，2个和尚抬水喝，3个和尚没水喝。假设该动画片中的情景如下：有一座庙，庙里最初有1个和尚、2个水桶和1副扁担。该和尚每天到山下去挑水。请分别讨论庙里和尚增加至2个、3个直至50个时庙里用水的状况。该故事说明了什么经济规律？

（一）短期内企业如何实现利润最大化？

1. 短期生产中产量分析：边际收益递减规律

在短期生产中，我们把投入的生产要素分为固定生产要素和可变生产要素。在《三个和尚》的动画片中，庙、水桶、扁担都属于固定生产要素，而和尚属于唯一的可变生产要素。

除了投入要素，还需要了解总产量、平均产量和边际产量的概念及它们之间的相互关系。

总产量（total product）是指在一定的技术条件下，既定数量的生产要素投入所形成的最大产量［$TP=Q=f(L)$］。动画片中和尚所挑水的总量就是总产量，假设1个和尚时，山高路远，他只能挑2个半桶，加起来挑水的总量是1桶；2个和尚时，他们可以一起抬水，比1个人挑水轻松，可以下山挑水2次，每次2只桶都可以装满水，则水的总量是4桶；3个和尚时，两两组合，每人下山2趟，共挑水6桶……

平均产量（average product）是指每单位生产要素投入的产出（$AP=Q/L$）。动画片中的平均产量是指每一个和尚可以分得的水量，即1个和尚的平均产量是1桶水，2个和尚的平均产量是2桶水，3个和尚的平均产量是2桶水……

边际产量（marginal product）是指增加（减少）一个单位的生产要素投入所带来的产出变化量（$MP=\mathrm{d}Q/\mathrm{d}L$）。动画片中的边际产量是指新来的和尚所带来的水的增量，即新增加的第1个和尚带来的产量增加是1桶水，新增加的第2个和尚带来的产量增加是3桶水，新增加的第3个和尚带来的产量增加是2桶水……

根据表3-2我们可以看到，劳动的边际产量会随着和尚人数的增加而先增后减。先是边际产量递增，原因在于新来1个和尚后，2个和尚可以进行分工协作，提高劳动效率，2个水桶、1副扁担和2个和尚进行的生产要素组合，可以使各种生产要素组合达到最佳比例。

但是，和尚数量增加到一定程度，将出现边际产量递减的情况。在数值上，边际产量越来越小。可以直观地发现，随着和尚越来越多，庙里变得越来越拥挤，更多人需要共用仅有的2只水桶。假如山高路远，每天从早到晚最多只能下山10趟，则当和尚人数达到20个时，两两组合抬、挑水，下山10趟，一共可以挑20桶水；当和尚人数超过20个时，由于水桶的使用效率已经达到最大，产量也达到最大，即使和尚人数增加了，但水的总量不仅不再增加，甚至可能会减少。因为和尚人数在增加，但庙的大小不变，水桶的数量不变，更多的人争夺有限的资源必然导致内部矛盾产生，从而使效率更加低下，即总产量可能少于 20 桶，边际产量和平均产量也都会下降，具体情况如表 3－2 所示。

表 3－2　　生产要素投入的变化与总产量、平均产量和边际产量的关系

和尚人数（L）（唯一可变生产要素）	挑水次数（N）（次）	总产量（TP）（挑水总量）（桶）	平均产量（AP）（每人分得的平均水量）（桶）	边际产量（MP）（新增和尚带来水的增量）（桶）
0	0	0	0	
1	1	1	1	1
2	2	4	2	3
3	3	6	2	2
…	…	…	…	…
20	10	20	1	
21	10	20	<1	0
…	…	…	…	…
50	<10	<20	更少	<0

这一规律就是边际收益递减规律（又称边际报酬递减规律）：当把一种可变生产要素（如劳动）投入到固定生产要素上时，一开始总产量会增加，边际产量也是递增的；当达到一定程度时，边际产量开始递减，直到最后出现负值，从而使得总产量也减少。

边际收益递减规律假设劳动力都具有同样的工作效率、教育培训经历和工作经验，边际产量的递减并不是因为新增的工人素质差，而是因为相对资本而言，工人过多了。

上述关系可以用图 3－4 来表示。可以看出，总产量、平均产量、边际产量都是随着劳动人数的增加，呈现出先上升后下降的趋势，但是最高点出现的顺序不同。它们之间的关系可以归纳如下：

（1）总产量、平均产量和边际产量总的变化规律：随着劳动投入量（L）的增加，总产量、平均产量和边际产量开始都是趋于上升，达到最大值之后又趋于下降。

（2）边际产量和平均产量的关系：

当 $L<L_2$ 时，边际产量大于平均产量，平均产量递增；

当 $L>L_2$ 时，边际产量小于平均产量，平均产量递减；

当 $L=L_2$ 时，边际产量等于平均产量，平均产量达到最大（如图 3－4 中 B'点所示）。

（3）总产量和平均产量的关系：平均产量等于总产量曲线上的各点与原点的连线的斜率。当 $L=L_2$ 时，总产量曲线上的点（B 点）与原点的连线的斜率最大，此时，平均产量达到最大。

（4）总产量和边际产量之间的关系：边际产量等于总产量曲线上各点的斜率。

当 $L<L_3$ 时，边际产量大于 0，总产量递增；

当 $L>L_3$ 时，边际产量小于0，总产量递减；

当 $L=L_3$ 时，边际产量等于0，总产量达到最大（如图3-4中C点所示）。

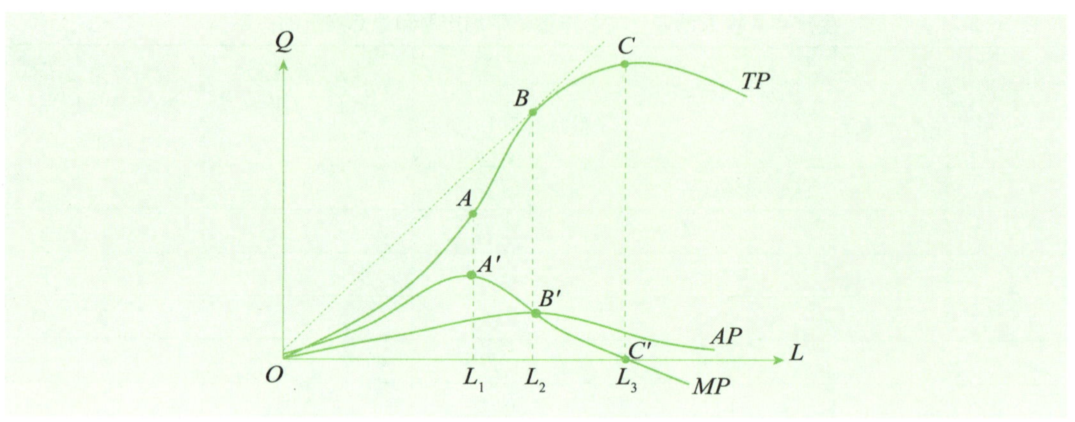

图3-4 平均产量、边际产量和总产量之间的关系图

边际收益递减规律能解释许多生产现象。与北方相比，我国南方农村的人口密度较高，耕作方式往往是精耕细作。在这种情况下，多一个农民在田里耕作，虽然可以增加产量，但其增量（劳动的边际产量）却微不足道。1958年“大跃进”曾提倡“合理密植”，但由于浮夸风、瞎指挥，弄到后来只有密植而没有合理，结果是田里只长青苗不结种子，颗粒无收，造成我国历史上最大规模的“人造灾害”。在工业部门，1个车间有5台机床和4个工人，若再增加1个工人，第5个工人可以操作那台闲置的机床，产量可以增加。此时若再增加1个人，第6个工人可做5个操作工人的助手，在他们休息时接替操作机床，这样也能增加产量，但不会太多。设想车间里继续增加第7个、第8个、第9个工人，第7个工人也许还可以帮些忙，第8个、第9个工人无疑是多余的。他们不但无事可干，而且会碍手碍脚，弄不好还会闹出纠纷来干扰生产，总产量可能会降低。这就是说，当车间里的工人不断增加时，劳动的边际产量越来越小，甚至可能为负值。

劳动作为可变生产要素遵循了边际收益递减规律，如果将资本作为可变生产要素，而其他生产要素保持不变，资本也会遵循边际收益递减规律。

案例分析

“三季稻不如两季稻”的经济学原理分析

边际效用递减规律在各部门都存在，但在农业中最突出。早在1771年，英国农学家阿瑟·杨格就在若干相同的地块上施用不同数量的肥料做试验，证明了肥料施用量与产量增加之间存在这种边际产量递减的关系。

然而，1958 年开始的“大跃进”运动提出的口号是“人有多大胆，地有多高产”，于是一些地方把传统的两季稻改为三季稻，结果总产量反而减少了。在农业生产仍采用传统生产技术的情况下，土地、设备、水利资源、肥料等都是固定生产要素。两季稻改为三季稻并没有改变这些固定生产要素，只是增加了可变生产要素——劳动与种子。两季稻是农民长期生产经验的总结，它行之有效，说明在传统农业技术条件下，固定生产要素已经得到了充分利用。改为三季稻之后，土地的过度利用引起肥力下降，设备、肥料、水利资源等由两次使用改为三次使用，每次使用的数量都不足。这样，三季稻的总产量就低于两季稻的总产量。四川省把三季稻改为两季稻之后，全省粮食产量反而增加了。

江苏省扬州市邗江区 1980 年的试验结果表明，两季稻的亩产量达 2 014 斤，而三季稻的亩产量只有 1 510 斤，更不用说两季稻还节省了生产成本。群众总结的经验是“三三进九，不如二五一十”。

资料来源：梁小民．微观经济学纵横谈．北京：生活·读书·新知三联书店，2011.

分析：为什么说“三季稻不如两季稻”？

在分析和理解边际收益递减规律时，必须明确以下几个问题：

（1）这一规律发生作用的前提是：1）技术水平不变。该规律不能预测在技术水平变动的情况下，增加单位生产要素投入对产量的影响。2）其他生产要素投入量不变。该规律并不适用于所有生产要素投入都变化的情况。

（2）在其他生产要素投入量不变时，随着一种生产要素投入量的增加，边际产量会经过先递增后递减的过程，甚至可能为负值。

（3）边际收益递减规律是从社会生产实践中总结出来的，对现实生活中的绝大多数生产过程都是适用的。

边际收益递减规律说明，在一定条件下，高投入未必带来高产出，因此必须注意合理的投入限度，寻找要素的最佳投入组合。

案例分析

马尔萨斯的预言及其破灭

经济学家马尔萨斯（1766—1834）曾经预言：随着人口的膨胀，越来越多的劳动力耕种土地，地球上有限的土地最终将无法提供足够的食物。这是因为：一方面，劳动的边际产量与平均产量下降；另一方面，更多的人口需要更多的食物。因此，人口增长比例最终会超过食物供给增长比例，必然产生大的饥荒。

幸运的是，人类历史并未按照马尔萨斯的预言发展。因为马尔萨斯的预言暗含了两个假设条件：农业技术不变和人均占有耕地面积下降。在马尔萨斯生活的时代，工业化进步尚未提供成熟的、可以替代耕地的农业技术来大幅度提高单位耕地面积的产量，以克服人多地少和边际收益递减带来的困难。如果没有现代农业技术的出现和推广，没有从外部输入食物或向外部输出人口，英国等欧洲一些工业化国家确实会面临马尔萨斯所预言的问题。事实上，时至今日，一些农业技术水平落后的非洲国家仍然是高出生率和收入停滞并存，陷入马尔萨斯的预言而无力自拔。在我国几千年的传统农业时期，农业技术不断改进，但没有取得突破性进展。在没有战乱和大范围饥荒的正常时期，人口增长率远高于耕地面积增加速度。由于越来越多的人口不得不在越来越小的耕地面积上劳作，劳动生产率和人均粮食产量难免下降，这被认为可能是我国几千年传统农业社会周期振荡的重要原因。然而，马尔萨斯没有想到的是，技术的飞速进步，如高产的良种、高效的化肥、先进的收割机械、电力和其他能源、生物技术等，改变了许多国家的农业生产方式，极大地提高了劳动生产率，使农业产量增长率显著超过人口增长率。

另外，由于战争、疾病、自然灾害、观念变化及政策（如我国的计划生育政策）等方面的原因，人口增长也没有呈现马尔萨斯所预言的爆炸式增长。对于中国来说，由于长期实施计划生育政策，“13亿人口日”的到来比预计时间推迟了整整4年；欧洲的一些国家甚至出现了人口负增长。

因此，从历史事实来看，马尔萨斯的理论建立在边际收益递减规律基础之上，对于观察工业化特定阶段的经济运行矛盾具有历史认识价值，但限于边际收益递减规律作用的条件及马尔萨斯的预言成立的假设条件，马尔萨斯的预言最终破灭是必然的。

分析：为什么马尔萨斯的预言会破灭？

小思考

用边际收益递减规律分析为什么不主张疲劳学习。

2. 运用边际收益递减规律指导企业生产决策——确定合理生产阶段

根据总产量曲线、平均产量曲线和边际产量曲线的形状（见图3-4），可以进一步分析生产的三阶段。

第一阶段：平均产量递增阶段，即平均产量从0增加到平均产量最高点（B'点）。这一阶段是从原点到曲线AP与MP的交点。

第二阶段：平均产量递减，但边际产量仍大于0的阶段。在这一阶段，总产量仍然递增，直到总产量达到最高点（C点）。这一阶段是从曲线AP与MP的交点（B'点）到曲线MP与横坐标的交点（C'点）。

第三阶段：边际产量小于0、总产量递减阶段。这一阶段是曲线MP与横坐标交点（C'点）以后的阶段。

上述三阶段的划分，不仅说明了由于边际收益递减规律的作用，总产量、平均产量、边际产量都是先递增后递减的，还可以帮助厂商进行生产要素投入的合理阶段的确定。

假如厂商不考虑单位产品成本，而希望得到最大总产量，那么某一生产要素的投入量以 L_3 最合适，因为此时总产量最大。

假如厂商考虑单位产品成本，不要求最大总产量，那么某一生产要素的投入量以 L_2 最合适，因为这时平均产量最大。

但无论如何，厂商肯定不会在第三阶段进行生产，因为这个阶段的边际产量为负值，生产不会带来任何好处。厂商也不会在第一阶段进行生产，因为总产量仍可能继续增加，投入的各种生产要素还没发挥最大作用，厂商没有获得最多的好处。因此，厂商只会在第二阶段进行生产，因为虽然在这一阶段平均产量和边际产量都在下降，但总产量还在不断增加，收入也会增加，只是增加的速度逐渐放缓，直到停止增加为止。

知识拓展

生产者均衡

前文讲的边际收益递减规律研究的是企业使用一种可变生产要素的生产规律，并分析如何根据边际收益递减规律来确定合理生产阶段。

如果企业的可变生产要素不止一种，而是两种，这两种要素又可以相互替代，那么这两种生产要素按照什么比例配合最好呢？这就是生产要素最佳组合要研究的问题。

生产要素最佳组合也称为生产者均衡，生产者均衡与消费者均衡很相似。消费者均衡研究的是消费者如何把既定的收入分配于两种不同的商品，以实现效用最大化；生产者均衡研究生产者如何把既定成本分配于两种不同的生产要素，以实现利润最大化。生产者均衡有两层含义：第一，在成本一定的情况下，产量最大；第二，在产量一定的情况下，成本最小。因此，研究生产者均衡的方法与研究消费者均衡的方法类似。

在此，假设企业两种可变生产要素分别为劳动 L 和资本 K。企业投入成本 C，购买劳动和资本两种生产要素生产某种商品，生产产品对应的边际产量为 MP。劳动和资本的数量分别为 L 和 K，劳动和资本的价格分别为 P_L 和 P_K，企业购买劳动和资本生产该产品带来的边际产量分别为 MP_L 和 MP_K，可见，该生产者要实现利润最大化，必须满足的第一个条件为：$C=P_L \cdot L+P_K \cdot K$，该公式表示的含义是：该生产者把成本 C 全部花完，既没有剩余，也没有举债。

我们再看生产者如何确定 L 和 K 两个生产要素的具体购买量。作为理性的生产者，生产者手中持有的单位货币到底用来购买劳动还是购买资本，这取决于劳动和资本哪个带来的边际产量大。如果 $MP_L>MP_K$，则生产者会增加劳动的购买，根据边际收益递减规律，增加了劳动，劳动的边际产量必然会下降，直至 $MP_L=MP_K$；反之，如果 $MP_K>$

MP_L，则生产者会增加资本的购买，根据边际收益递减规律，资本的边际产量会下降（在合理生产阶段，劳动和资本都符合边际收益递减规律），直至 $MP_L=MP_K$。因此，生产者必然在单位货币购买劳动和资本产生的边际产量相等时，停止两种生产要素购买量的调整，即在 $MP_L/P_L=MP_K/P_K$ 时，达到生产者均衡。

因此生产者均衡的条件为：

$$C=P_L \cdot L+P_K \cdot K \tag{1}$$

$$MP_L/P_L=MP_K/P_K \tag{2}$$

由以上两个条件就可以计算出成本一定、产量最大时对应的 L 和 K，或者产量一定、成本最小时对应的 L 和 K，此时生产者可以实现利润最大化。

关于生产者均衡的条件，还可以利用边际分析法和等产量分析法，或者用作图的方法进行推导，有兴趣者可以自己学习。另外，这里研究的仅仅是生产者使用两种可变生产要素的生产，对于使用 n 种可变生产要素的短期生产，生产者均衡的条件依然适用，在此不再赘述。

（二）长期内企业如何实现利润最大化？

1. 长期生产中产量分析：规模报酬

在短期内，一种生产要素（如劳动）可变，其他生产要素（如资本）不变，厂商仅通过增加可变生产要素的数量来增加产量。但当可变生产要素增加到一定程度后，生产就会出现边际收益递减。而在长期内，劳动和资本这两类生产要素都可以改变，厂商可以同时调整工人人数（劳动）和办公场地（资本）等，这时候投入和产出变动之间的关系不能用边际收益递减规律来解释，只能用规模报酬来解释。

规模报酬（return to scale）探讨的是这样一种投入产出关系，即当各种要素同时增加或减少一定比率时，生产规模变动所引起产量的变化情况。当生产规模发生变动，即两种生产要素同时增加或减少一定比例（如增加 100%或减少 100%）时，产量可能出现的变化。假如一个服装厂，日产服装 100 件，需要投入资本 10 个单位（如 10 台机器）、劳动 5 个单位，资本和劳动的比例为 2∶1。如果该厂商的服装销路看好，想扩大规模，将资本和劳动各扩大 1 倍，资本达到 20 个单位，劳动达到 10 个单位，这时，产量会出现 3 种可能：一是日产服装 200 件，二是日产服装大于 200 件，三是日产服装不足 200 件。

规模报酬有以下 3 种情况：

（1）规模报酬递增（increasing return to scale）。

要素投入增加 1 倍，产量增加幅度超过 1 倍，表明产量增加的速度大于要素增加的速度。生产函数可以表示为：

$$f(2L,2K)>2f(L,K)$$

其特征是产量变化比例大于投入变化比例。

规模报酬递增的典型例子是输油管。如把输油管直径扩大 1 倍时，所需材料增加 1

倍，但截面却比原来扩大 3 倍，输油量增加就会大于 1 倍。当今世界上很多经营规模较大的工厂都属于这种情况，也就是通常所说的规模经济（economics of scale）或规模效益。

规模报酬递增产生的原因在于内在经济与外在经济。

内在经济是指一个厂商在生产规模扩大时由自身内部引起的产量增加。引起内在经济的原因主要有以下几点：

第一，生产专业化程度提高。在大规模的生产中，专业可以分得更细，分工也会更细，这样就会提高工人的技术水平、提高生产效率。

第二，可以使用更加先进的机器设备。机器设备这类生产要素有其不可分割性。当生产规模小时，无法购置先进的大型设备，即使购买了也无法发挥效用。只有在大规模生产中，大型的先进设备才能充分发挥其作用，使产量大幅度增加。

第三，可以提高管理效率。各种规模的生产都要配备必要的管理人员，在生产规模较小时，这些管理人员无法得到充分利用，而生产规模扩大，可以在不增加管理人员的情况下增加生产，从而提高了管理效率。

第四，可以对副产品进行综合利用。在小规模生产中，许多副产品往往被当作废物处理，而在大规模生产中，就可以对这些副产品进行再加工。

第五，在生产要素的购买与产品销售中也会更加有利。大规模生产所需各种生产要素多、产品也多，这样，企业就会在生产要素与产品销售市场中具有垄断地位，从而可以压低生产要素收购价格或提高产品销售价格，从中获得好处。

外在经济是指整个行业生产规模的扩大给个别厂商所带来的产量与收益的增加。引起外在经济的原因是：随着整个行业的扩大，个别企业可以得到更加方便的交通辅助设施、更多的信息和更好的人才，从而使产量与收益增加。

大规模生产给企业带来的这些好处在经济学上又称为规模经济（economics of scale）。

（2）规模报酬不变（constant return to scale）。

要素投入增加 1 倍，产量幅度也增加 1 倍，表明产量增加的速度等于要素增加的速度。生产函数可以表示为：

$$f(2L,2K)=2f(L,K)$$

其特征是产量增加的比例等于投入增加的比例。

规模报酬不变的原因主要是规模报酬递增的因素完毕，某种生产要素组合的调整受到了技术上的限制。假定 1 个生产面包的工人，操作 2 台机器已经达到最大效率，这时要增加产量，除非改进机器，或采用新机器，否则，产量只会与投入同比例变化，规模报酬呈常数状态。许多手工业（如理发业、手工纺织业）就表现为规模报酬不变。

（3）规模报酬递减（diminishing return to scale）。

要素投入增加 1 倍，产量增加幅度小于 1 倍，表明产量增加的速度小于要素增加的速度。生产函数可以表示为：

$$f(2L,2K)<2f(L,K)$$

其特征是产量变化比例小于投入变化比例。

规模报酬递减又称为规模不经济（diseconomics of scale），规模不经济的原因在于内在不经济与外在不经济。

内在不经济是指一个企业由于本身生产规模过大而引起产量或收益减少。引起内在不经济的原因主要有以下几点：

第一，管理效率降低。生产规模过大会使管理机构因庞大而不灵活，在管理上表现为，内部机制难以协调，管理与指挥系统十分庞杂，一些重要问题只能一级一级反映给决策者，而重要的决定要由决策者一级一级传达给生产者，这样会贻误时机，造成规模报酬递减。

第二，生产要素价格与销售费用增加。生产要素的供给并不是无限的，生产规模过大必然大幅度增加生产要素的需求，从而引起生产要素的价格上升。同时，生产规模过大，产品大量增加，也增加了销售的困难，需要增加更多的销售机构与人员，从而增加了销售费用。

外在不经济是指整个行业生产规模的扩大给个别企业带来的产量与收益的减少。引起外在不经济的原因是：一个行业过大会使各个厂商之间竞争更加激烈，各个厂商为了争夺生产要素与产品销售市场，必须要付出更高的代价。此外，整个行业的扩大，也会使环境污染问题更加严重，个别厂商要为此承担更高的代价。

一般而言，随着企业规模的不断扩大，在开始时会出现规模报酬递增，然后会有一段较长的规模报酬不变阶段，最后会出现规模报酬递减。另外，不同行业的规模收益变化也会不同。

在电力行业、城市纯净饮用水行业中有这样的例子，当企业规模过大时，设备利用效率反而变低。

要强调的是，规模报酬递增现象与边际收益递减规律并不矛盾，一定生产技术条件下，既显示出规模报酬不变或递增的现象，又显示出每种生产要素的边际收益递减是完全可能的。规模报酬由工厂的规模决定，工厂规模一旦确定，如相对于某种技术而言，该工厂规模恰好处于规模报酬不变或递增的阶段（有一个产量区间），这时持续增加某种生产要素投入，开始产量可能是递增的，但达到一定程度后必然出现边际产量递减。

2. 长期成本分析：规模经济和规模不经济

（1）长期平均成本（*LAC*）的形成。

在短期生产中，由于生产设备这类投入要素往往固定不变，因此生产规模受到一定的限制。但是在长期生产中，由于所有生产要素都可以视情况而变，因此生产规模不受限制，可以根据市场需求加以变动。长期生产成本也包括总成本、平均成本和边际成本。由于所有投入要素均可以变动，表明在长期生产的成本概念中，没有固定成本和可变成本之分。长期成本理论重视的是长期生产的平均成本，长期平均成本是所有生产要素都可以变动时单位产品的最低成本。

长期生产和短期生产有着密切的联系。从实际情况来看，任何厂商在从事生产活动时，总是处于一个特定的短期。因为总会有某些生产要素无法随意变动，而且对固定成本追加投资时，往往需要经过一些决策程序。因此，在规定资本不变的这一时间内进行生产，具有短期生产的性质。进行长期生产时，可根据市场的状况改变生产计划和规模。长期生产的选择必定基于对短期经济行为的评价和选择。生产者正是从一个个短期生产的行为中，找出长期生产的最佳点。

既然长期生产成本是在所有生产要素都可以变动情况下的最低成本，而短期生产中有部分生产要素不能变动，因而短期生产成本一定不可能低于长期生产成本。在某一产量水平上，生产者还可以从某个短期生产规模状态下找出最低成本点，如果变动生产规模可以比这一产量水平点的成本更低，生产者一定会变动投入要素，追求长期生产中的最低成本点。因此，长期平均成本曲线与所有短期平均成本曲线相切，但是切点不一定是短期平均成本曲线的最低点（见图 3－5）。

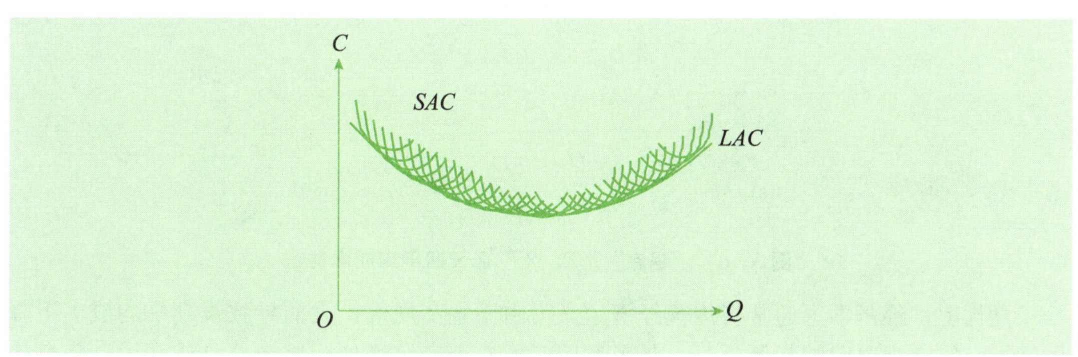

图 3－5　长期平均成本和短期平均成本之间的关系图

（2）长期平均成本与最小有效规模（minimum efficiency scale，MES）。

长期平均成本曲线是与规模经济状况相适应的。长期平均成本曲线的形状一般是先下降，达到最低点后再上升。经济学对这一现象的解释一般涉及规模经济和规模不经济的概念。具体而言，就是以规模经济来解释长期平均成本曲线下降的原因，以规模不经济来解释长期平均成本曲线上升的原因。

当企业处于规模经济时，长期平均成本随着生产规模扩大而下降，长期平均成本曲线是一条向右下方倾斜的曲线；当企业处于规模不经济时，长期平均成本随着生产规模扩大而上升，长期平均成本曲线是一条向右上方倾斜的曲线；当企业处于规模收益不变时，长期平均成本不随生产规模的扩大而变动，长期平均成本曲线是一条水平线。

通常，企业生产规模扩大，最初会出现规模经济，再出现规模报酬不变，最后出现规模不经济，因此，长期平均成本曲线是一条“U”形曲线。对于“U”形曲线，产量水平不同时的生产成本也不同，最佳企业规模是唯一的，只有选择最佳企业规模才能使长期平均成本最低。最佳企业规模或最小有效规模是指实现单位成本最低的生产规模。很多行业的长期平均成本曲线呈“锅底”形［见图 3－6（a）］，在这些行业中，随着生产规模的扩大，很快就能达到规模经济，而在生产规模继续扩大到一定程度之前，都不会出现规模不经济。有些行业（如通信、电话服务、网络、计算机软件等）在非常大的产量范围内存在规模经济，因此这些行业的长期平均成本曲线呈“L”形［见图 3－6（b）］。当长期平均成本曲线为“L”形时，最佳企业规模都不是单一的。由于存在一系列的最佳企业规模，因此它意味着在该行业中，产量水平不同的大、中、小企业可以并存，大企业无法利用规模经济的优势来降低长期平均成本，从而无法达到把中小企业排挤出该行业的目的。而在“U”形的 *LAC* 曲线中，产量水平不同，生产成本也不同，只有选择最佳工厂规模才能使长期平均成本最低，所以，对于具有“U”形 *LAC* 曲线的行业来说，竞争的结果必将导致垄断。

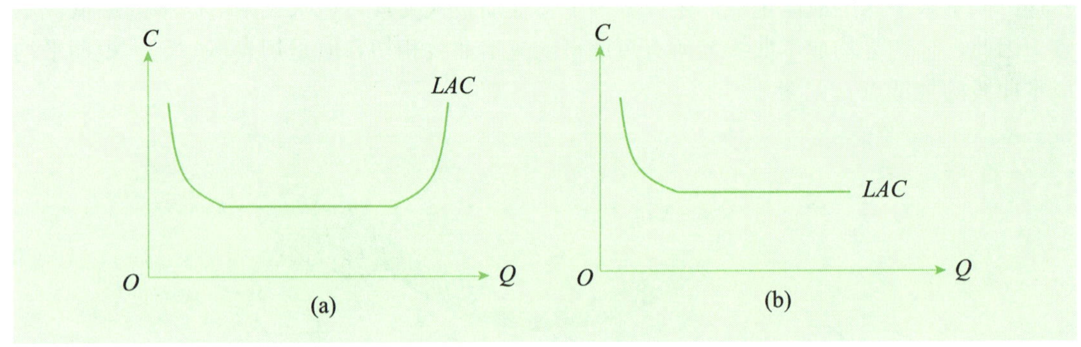

图 3-6　“锅底”形和“L”形长期平均成本曲线

理论上，经济学家通常将规模经济定义为由于生产规模扩大而导致长期平均成本下降的情形。原因可以归纳为两条：一是平均固定成本因产量增加而减小。具体来说，随着生产规模的扩大，厂商可以使劳动分工更合理、生产的专业化程度更高，大型机器和高科技设备的应用使各种生产要素得到充分利用，提高了劳动生产率，降低了固定成本。在这种情况下，大厂商比小厂商的生产成本更低廉，这在汽车制造业中非常典型。美国福特汽车公司日产量为 1 000 辆，而这是法拉利汽车公司的年产量。福特汽车公司采用了大规模汽车生产技术——1 人负责装胎、1 人负责排气……这样一来就提高了产量，降低了成本。而法拉利汽车公司没有采用大规模汽车生产技术，生产规模较小。二是平均可变成本随着产量增加而下降。例如：天然气管道的输送能力取决于管线的横截面积，这一横截面积随着横截面半径的增加呈平方式增加。

规模不经济是指企业由于扩大规模使得管理效率降低而导致长期平均成本增加的情形。如厂商在增加 1 倍的各种生产要素投入后，产量的增加却达不到 1 倍。规模不经济产生的原因主要是由于企业规模过大，造成管理人员沟通、协调不畅，从而导致管理成本上升、管理效率低下、内部官僚主义严重、职工士气低下、决策失误等，这些都使得长期平均成本上升。

如果只有规模经济，我们所能看到的是，每个行业只有一家公司；如果只有规模不经济，我们所能看到的则都是只有一个人的公司。实际上，我们看到的是既有规模经济又有规模不经济的不同情况。在过去的几十年里，美国出现了许多规模经济显著的初创企业，如英特尔（生产 CPU）、星巴克（经营咖啡）、微软（生产计算机软件）、戴尔（生产计算机）、雅虎（互联网搜索引擎）等公司。但是，美国通用汽车公司正在被规模不经济的现实困扰。与竞争对手相比，通用汽车公司规模过大，造成成本上升。目前，它正准备创立5个汽车分部，以减少决策制定过程中的管理审批层次，试图以此降低成本。

知识拓展

长期总成本

在长期生产中，由于厂商所有生产要素都可以改变，不存在固定生产要素，因此不存在固定成本。长期成本包括长期生产总成本（*LTC*）、依据长期总成本推导出的长期平均成本（*LAC*）及长期边际成本（*LMC*）。长期平均成本（*LAC*）在前文已经介绍过，此处只介绍长期总成本。

长期总成本（long-run total cost）是相对于短期总成本（short-run total cost）而言，它是厂商在长期特定产量所花费的成本总量。*LTC* 由产量水平和工厂规模决定。长期总成本和短期总成本曲线如图 3-7 所示。

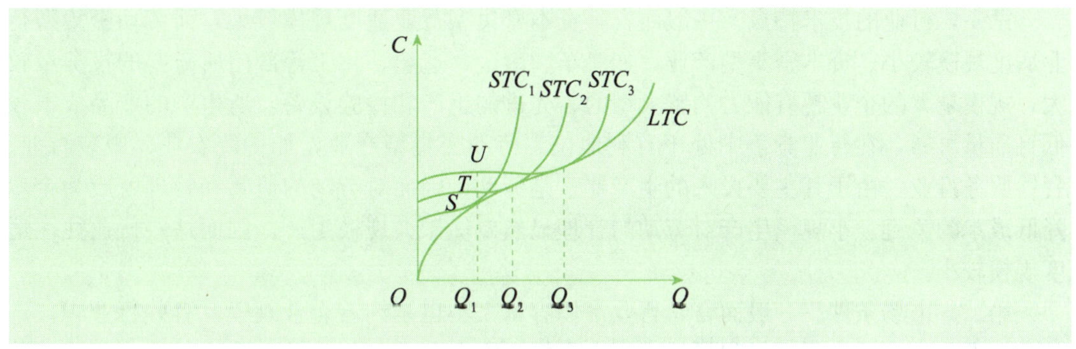

图 3-7 长期总成本和短期总成本曲线

长期总成本曲线是短期总成本曲线的包络线。包络线是指厂商的长期总成本曲线把无数条短期总成本曲线（每个短期总成本曲线对应一个可供选择的生产规模）包围起来，每条短期总成本曲线与长期总成本曲线不相交但相切。

若厂商可以任意选择生产规模，那么，对于某个事先确定的产量水平，厂商要计算在各种可供选择的工厂规模上的生产总成本，并选择总成本最小的那个规模。在图 3-7 中，假定厂商可以在三种不同的工厂规模中选择产量为 Q_1 的规模。如果选择工厂规模为 STC_1，厂商的总成本（注意，一旦确定了工厂规模，此处的总成本就是短期总成本）为 SQ_1；如果选择工厂规模为 STC_2，厂商的总成本为 TQ_1；如果选择工厂规模为 STC_3，则总成本为 UQ_1。厂商可用三种不同规模来生产同一产量 Q_1，但选择规模 STC_1 时成本最低，*S* 点位于 *LTC* 曲线上，是短期总成本曲线和长期总成本曲线的切点。从图形可见，

若产量为 Q_2，则应选择 STC_2 的生产规模；若产量为 Q_3，则应选择 STC_3 的规模，所以，长期总成本曲线是一系列最低成本点的轨迹。

LTC 曲线的形状与 *STC* 曲线的形状一样，但它们有两点区别。第一，*LTC* 曲线从原点出发而 *STC* 曲线不从原点出发。这是因为，长期生产不存在固定成本，所以，产量为零时，长期总成本也为零。第二，*STC* 曲线和 *LTC* 曲线的形状决定因素是不同的。*STC* 曲线的形状是由可变投入要素的边际收益率先递增后递减决定的，而在长期，由于所有投入要素都是可变的，因此，这里对应的不是要素边际收益率问题而是要素规模报酬问题，*LTC* 曲线的形状是由规模报酬先递增后递减决定的。

3. 适度规模的确定

从上文的分析来看，一个厂商和一个行业的生产规模不能过小，也不能过大，即要实现适度规模。

适度规模是指增加各种生产要素，即生产规模的扩大正好使收益增加至最大，当收益增加至最大时就不再增加生产要素，并使这一生产规模维持下去。

对于不同行业厂商来说，适度规模的大小是不相同的，确定适度规模时主要应考虑如下因素。

第一，行业的技术特点。一般而言，资本密集型行业适度规模较大，而劳动密集型行业适度规模较小。资本密集型产业，如汽车、冶金、造船、化工等部门所需要的投资量较大，规模越大的企业越有能力购置大型的、先进的生产和检验设备，所生产的产品成本较低且质量可靠，在行业竞争中处于有利地位。劳动密集型产业，如传统农业、服装行业、餐饮服务行业，由于其主要投入的生产要素是劳动，因而对劳动的监督和管理就成为企业降低成本的关键。小规模生产对劳动的管理显然要优于大规模生产，因而这些行业往往适度规模较小。

第二，市场条件。一般而言，行业市场容量大小也制约着企业规模。有些行业中，产品的标准化程度较高，市场容量较大，大规模生产有利。例如：重工业中的冶金、化工等行业的规模就较大。反之，标准化程度较低，市场容量较小的行业，适度规模就应该小些。例如：餐饮业、服装业、服务业，由于其产品和服务标准千差万别，每一标准的产品市场需求都很小，而且产品市场变化又很快，因此只有小规模企业才能适应这种瞬息万变的市场需求，这就是所谓的“船小好掉头”。

第三，生产力水平。随着技术进步、生产力水平提高，适度规模的标准也在变化。例如：20 世纪 50 年代汽车行业的适度规模是年产 30 万辆，但到了 70 年代，汽车行业的适度规模已经达到 200 万辆。因此，对适度规模的认识应该是动态的。

除此之外，适度规模还与企业定位有关，同一行业中的企业定位不同，适度规模差别也很大。例如：中国的鞋业适度规模普遍较大，以低价占领中低端市场，而澳大利亚鞋业则往往适度规模较小，以品质占领高端市场。

在确定适度规模时要考虑的因素还有很多。各国、各地由于经济发展水平、资源、市场条件的差异，即使同一行业，适度规模的大小也不完全相同。但对一些重要行业，国际上有通行的适度规模标准。我国大多数企业都没有达到适度规模要求。随着技术进步，许多行业的生产规模有扩大的趋势。因此，对我国来说，适当扩大企业规模是许多企业提高规模经济效益的客观需要。

案例分析

小的也是美好的

虽然行业特点和市场需求在一定程度上决定了适度规模的大小，但是值得注意的是，即使同一行业，由于企业定位不同，适度规模差别也可能很大。例如：香港有一家皮鞋作坊（还称不上工厂），由父子俩经营，厂店合一，手工定做皮鞋。该作坊根据每个人的脚型制作皮鞋，客户穿着极为舒适，价格和名气都远远超过不少世界名牌。李嘉诚、金庸等人都穿这家店定制的皮鞋。类似这样的皮鞋作坊，世界上还有不少，如伦敦的 Lobb。即使制鞋大国意大利，60%的名鞋也出自小工厂，80%的这种小工厂只有不到 20 人。这样的企业可以称为鞋业老大吗？

20 世纪 70 年代，英国经济学者和企业家舒马赫写了一本名为《小的是美好的》的书，批评了以大为好的思想。他主张发展中国家采用中间型技术并发展中小企业。他形象地把中间型技术称为“介于镰刀和拖拉机之间，或者介于非洲砍刀与联合收割机之间的技术”，这种技术使用的设备与知识简单易学，人员容易培训，市场适应性强，适合发展中国家采用。与这种中间型技术相对应的是，要重视中小企业的发展，因为这种技术最适合中小企业。这个观点现在对我们仍然是有意义的。

分析：如何确定企业的最佳规模？

知识拓展

规模报酬与规模经济

与规模报酬相关的另一个概念叫规模经济。规模经济是指随着生产规模的扩大，产品平均成本下降的情形。如果产品平均成本随着生产规模的扩大而上升，则称为规模不经济。事实上，规模经济的形成与规模报酬递增的原因基本是相同的，可以说规模报酬递增来自规模经济。当然，两者还不完全是一回事。规模报酬重点考察产量与投入量变化之间的关系，重在实物形态；规模经济重点考察产量变动过程中成本如何变动，重在价值形态。

与规模报酬和规模经济相关的还有一个经济规模的概念。经济规模通常是指生产能力大小或企业规模大小。不少产品生产需要具有一定的经济规模，才能取得规模经济，并实现规模报酬递增。然而，各个企业的生产究竟需要具备多大的规模才能取得规模经济，由产品本身的性质决定。一家钢铁厂中，几百名职工的规模不可能取得规模经济；一家理发店中，也许几十名职工就已经足够大了。可见，经济规模不等于规模经济。

规模经济与范围经济

大企业往往不仅具有规模经济，还具有一种称为范围经济（economy of scope）的优势。范围经济是指企业同时生产基本技术和设备相同或相关的多种产品时拥有的生产和成本优势，从而使联合生产超过个别生产。如果企业的联合生产低于独立企业所能达到的产量，那么就是范围不经济（diseconomy of scope）。在这种情况下，一种产品的生产与另一种产品的生产有冲突。

规模经济和范围经济之间并无直接联系，一家生产两种产品的企业可以在其生产过程中涉及规模不经济时获得范围经济。如联合生产长笛和短笛要比各自生产相对便宜。然而，该生产过程涉及高熟练度的劳动，并非比小规模生产更富效率。同样地，一家联合产品生产企业有可能在各个单独产品生产方面具有规模经济，但不拥有范围经济。例如：一个拥有多家企业的联合企业以大规模进行有效生产，但它并不拥有范围经济的优势，因为这些企业是各自单独管理的。

在过去的20多年中，范围经济问题在有关规则的讨论中起着重要的作用。美国电话电报公司（AT&T）曾经控制着市话和长途业务及通信领域的研究，在分拆和重组AT&T时，有些经济学家就持反对意见，他们认为，AT&T在这些活动中存在重要的范围经济。

学习效应

经济学家在解释长期平均成本下降的原因时，还经常利用学习效应的概念。

学习效应（learning effect）是指在长期的生产过程中，企业的工人、技术人员可以积累起有关商品的生产、技术设计和管理方面的有益经验，从而导致长期平均成本下降。由于管理者和工人在生产过程中掌握了经验，企业生产出既定产出的边际成本和平均成本下降，其原因表现在：

（1）工人们在起初几次完成一定的任务时需要较多的时间，当他们越来越熟练时，他们的速度会加快，生产力就会提高。

（2）经营者在生产实践中学会了如何将生产过程安排得更合理、更有效。

（3）产品设计师在设计过程中逐渐掌握了不降低产品质量而节约成本的方法。

（4）更专业化的工具使用。

（5）可能获得价格更低廉的材料。

正是因为上述原因，使得企业随产出的积累增加而不断学习，经营者以这种学习过程来帮助制定生产计划和预测未来成本。

第二单元
经济增长

一、认识国内生产总值

有人讲，车祸也能增加国内生产总值。这句话有道理吗？

分组讨论

据国家统计局2016年1月19日公布的经济数据显示，2018年世界GDP总量排名前5的国家分别为：美国、中国、日本、德国和法国。中国全年国内生产总值（GDP）为90.03万亿元，在世界排名第二，仅次于美国。然而人均GDP为6.46万元，约合9 195美元，与美国、日本、德国、英国等发达国家4万美元以上的水平仍有很大差距。也就是说，庞大的中国的经济总量虽然上去了，但每个家庭、每个人的经济并不富裕。请根据资料说明GDP的作用。

（一）如何衡量一个国家的收入？

不管是生产性企业还是非生产性企业都为社会提供了产品或劳务，最终构成了国民财富的一部分。对于一个国家或地区而言，财富的大小狭义上是指这个国家或地区生产的产品和劳务的总价值，通常用国内生产总值这个指标来衡量。它能帮助政策制定者据此判断经济发展是快了还是慢了，还可以据此判断是否会面临严重的经济衰退或通货膨胀的威胁。

国内生产总值（gross domestic product，GDP）是指一国或地区在一定时期（通常为一年）内生产的最终产品和劳务的市场价值的总和。

国内生产总值统计的最终产品不仅包括该国或地区物质生产部门在一定时期内生产出来的一切有形产品，而且包括无形服务，即服务部门、金融部门、文教保健等部门的服务所产生的一切无形产品——劳务报酬。

一国的国内生产总值大幅增长，反映出该国经济蓬勃发展，国民收入增加，消费能力增强。美国著名的经济学家萨缪尔森说："GDP是20世纪最伟大的发明之一。"没有国内生产总值这个发明，人们就无法对国与国之间的经济实力进行比较。有了国内生产总值这个指标，我们就知道2015年我国的国内生产总值居世界第2位，但是总量仅占美国的64.1%，人均国内生产总值仅占美国的14.6%。如果没有国内生产总值这个总量指标，我们就无法了解我国的经济增长速度是快还是慢，是需要刺激还是需要控制。因此，国内生产总值就像一把尺子与一面镜子，是衡量一国经济增长和社会富裕程度的重要指标。但国内生产总值本身也有不足与缺陷，需要矫正和完善。

在理解国内生产总值概念时应注意以下几点：

1. 所有的……

国内生产总值的核算对象包括经济中生产并在市场上出售的所有东西。国内生产总值不仅衡量物质产品的市场价值，而且衡量服务产品的市场价值，即要把旅游、服务、卫生、教育等行业提供的劳务，按其所获得的报酬计入国内生产总值中。

国内生产总值还包括经济中住房存量提供的住房服务的市场价值（住房被其所有者使用）。就租赁住房而言，这种价值很容易计算——租金既等于房客的支出，又等于房东的收入。但许多人对自己居住的房子有所有权，因此无须支付租金。政府通过估算租金而把这种自由房产价值包括在国内生产总值中。实际上，它是基于这样一个假设：房屋所有者将房屋出租给自己，隐含的租金既包括在“房东”的支出中，又包括在其收入中，因此将它们计入国内生产总值。

2. 最终产品……

国内生产总值是指最终产品总值，不包括中间产品产值。这一点非常重要，也是比较难把握的一点。

最终产品是指人们最终消费使用的产品，中间产品是指作为后续生产阶段投入的产品。例如：轿车就是最终产品，它是供消费者消费使用的；生产汽车的钢板就是中间产品，它是生产汽车时的一种投入品。但是，在现实生活中，许多产品既可以作为最终产品使用，也可以作为中间产品使用。例如：衣服在作为消费者的日常穿着时，就是最终产品；在人们工作时作为工作服，则为中间产品。可见，同一件产品，其用途不同，产品属性也不一样，有时很难加以区分。这就为国内生产总值的核算带来了困难。如何解决这一问题呢？这就需要在具体计算时采取增值法，即只计算在每一个生产过程中增加的价值。可以借助一个实例来说明增值法的应用，如表3-3所示。

表3-3　　运用增值法核算国内生产总值

生产过程	产品价值（元）	产品成本（元）	增值（元）
棉花	10		10
棉纱	15	10	5
棉布	22	15	7
衣服	40	22	18
合计	87	47	40

在表 3-3 中，衣服是最终产品，其产值为 40 元，按照增值法计算也是 40（=10+5+7+18）元。如果将所有生产过程同时加以计算，就会出现重复计算。如计算产值为：棉花+棉纱+棉布+衣服=10+15+22+40=87 元，显然存在重复计算，多计算中间产品 47 元。因此，运用增值法可以避免重复计算。

3. 市场价值……

你也许听过一句谚语："你不能比较苹果与橘子。"但是国内生产总值正是要这样做。国内生产总值需要把许多不同的物品加总为一项经济活动价值的衡量指标。为了这样做，它使用了市场价格。由于市场价格衡量了人们愿意为各种不同物品支付的货币量，因此市场价格反映了这些物品的价值。如果同样重量的苹果的市场价格是橘子价格的 2 倍，那么，苹果对国内生产总值的贡献就是橘子的 2 倍。

4. 生产的……

国内生产总值强调的是生产过程，以区别于销售过程，因此需要计算一定时期内生产出来的产品，而不管销售与否。例如：今年某国所售货物为 1 000 亿美元，但其中 50 亿美元的货物是去年生产的，则计算今年的国内生产总值时，这 50 亿美元货物不能计算在内，而应从 1 000 亿美元中扣除，因为这 50 亿美元已经作为去年的存货投资计算到去年的国内生产总值中去了。同样，假设今年生产了 1 000 亿美元的货物，只卖掉了 900 亿美元，则余下的 100 亿美元同样应计入今年的国内生产总值中。这 100 亿美元在经济学中叫作企业的存货投资。

由于国内生产总值等于所有产品和劳务价格乘以产量之和，因此，产量和价格的变动都会导致国内生产总值变动。但是，人们的物质福利只与生产产品和劳务的数量、质量有关。如果产品和劳务的数量、质量不变，而价格提高 1 倍，国内生产总值也会增加 1 倍，但人们的物质福利并未增加。为此，我们有必要把国内生产总值中的价格因素抽象出来，只研究产品和劳务的数量变化。这就需要区分"名义国内生产总值"和"实际国内生产总值"两个概念。

名义国内生产总值（nominal GDP）是指用生产产品和劳务那个时期的价格计算出来的价值。2018 年，美国的名义国内生产总值是用 2018 年生产的全部产品和劳务时的市场价格计算出来的市场价值。

实际国内生产总值（real GDP）是指以某一年作为基年的价格计算出来的市场价值。如果把 2017 年作为基年，那么 2018 年的实际国内生产总值是指将 2018 年生产出来的全部最终产品用 2017 年的价格计算出来的市场价值。

名义国内生产总值和实际国内生产总值的区别如表 3-4 所示。表中假定某国只生产香蕉和柑橘，香蕉和柑橘的价格在 2017 年分别是 0.20 美元/千克和 0.22 美元/千克，在 2018 年分别是 0.30 美元/千克和 0.25 美元/千克，我们可以分别计算出这两年的名义国内生产总值，并且可以看出名义国内生产总值和实际国内生产总值的区别。

表 3-4　实际国内生产总值与名义国内生产总值的计算（以 2017 年的价格计算）

产品名称	2017 年产量（千克）	2017 年名义 GDP（美元）	2018 年产量（千克）	2018 年名义 GDP（美元）	2018 年实际 GDP（美元）
香蕉	150	30	200	60	40
柑橘	500	110	600	150	132
合计		140		210	172

计算实际国内生产总值可以使我们了解到从一个时期到另一个时期产量变化的程度，如果使用的都是基年的价格，则这两个时期实际国内生产总值的差额可表现出这两个时期产量的变化。如果仅仅比较两个时期的名义国内生产总值，则我们无法得知这两个时期国内生产总值的差额究竟是由产量变化引起的，还是由价格变化引起的。

某个时期名义国内生产总值和实际国内生产总值之间的差别，可以反映出这一时期和基期相比的价格变动程度。因为通过计算名义国内生产总值和实际国内生产总值的比率，计算出价格变动的百分比。在表 3-4 中，210/172＝122.1%，这说明从 2017 年到 2018 年该国价格水平上升了 22.1%。122.1%称为国内生产总值价格指数，又称国内生产总值折算数。

显然，名义国内生产总值、实际国内生产总值和国内生产总值价格指数之间的关系为：

$$国内生产总值价格指数=\frac{名义国内生产总值}{实际国内生产总值}$$

由于将所选择的基年的价格指数定为 100%，因此，若某年与基年相比价格上升 25%，则该年国内生产总值价格指数为 125%。将名义国内生产总值除以 125%，就能得到该年实际国内生产总值。

国内生产总值还是一个含有时间内容的概念，即国内生产总值是一定时期内（通常指一年）新生产的最终产品价值。如果说国内生产总值为 3 000 亿美元，必须说明它是哪一年的国内生产总值。

5. 市场活动……

国内生产总值一般仅指市场活动的价值，不包括非市场活动。许多产品和劳务虽然对人们的经济福利也有很大的影响，但如果不是市场交换活动，就不包括在国内生产总值中，因为衡量这些非市场活动的价值十分困难。国内生产总值也不包括非法生产与销售的物品的价值（如毒品），还有诸如自给自足的生产、慈善机构的活动、在家中做饭或打扫卫生等都不计入国内生产总值。你在菜场里买的蔬菜是国内生产总值的一部分，但在自己菜园里种的供自己食用的蔬菜却不是；一个人花钱请保姆，则保姆的收入应计入国内生产总值，如果该保姆和雇主结婚了，这位妻子的生活费也许和她当保姆时的收入一样多，但由于不再是市场交易活动，因而不再计入国内生产总值。

6. 一个国家之内……

国内生产总值衡量的生产价值局限于一个国家的地理范围之内。当一位美国公民暂时在中国工作时，他的产出是中国国内生产总值的一部分；当一位中国公民在美国拥有一个工厂时，这个工厂的产出不是中国国内生产总值的一部分，而是美国国内生产总值的一部分。因此，如果某物是一国国内生产的，无论生产者的国籍如何，都包括在该国的国内生产总值之中。

超链接

绿色 GDP

绿色 GDP 是指一个国家或地区在考虑了自然资源（主要包括土地、森林、矿产、水和海洋）与环境因素（包括生态环境、自然环境、人文环境等）影响之后经济活动的最终成果，即将经济活动中所付出的资源耗减成本和环境降级成本从 GDP 中予以扣除。改革现行的国民经济核算体系，对环境资源进行核算，从现行 GDP 中扣除环境资源成本以及对环境资源的保护服务费用，其计算结果可称为“绿色 GDP”。绿色 GDP 这一指标实质上代表了国民经济增长的净正效应。绿色 GDP 占 GDP 的比重越高，表明国民经济增长的正面效应越高，负面效应越低，反之亦然。根据北京市哲学社会科学“九五”规划重点课题——“以 EPD 为核心指标的国民经济核算体系研究”中对北京市 1997 年绿色 GDP 进行核算的结果表明，按生产法计算的绿色 GDP 占 GDP 的 74.94%，按支出法计算的绿色 GDP 占 GDP 的 75.75%。

人类的经济活动包括两方面：一是为社会创造财富，即“正面效应”；二是以各种形式和手段对社会生产力的发展起阻碍作用，即“负面效应”。这种负面效应集中表现在两个方面：一是无休止地向生态环境索取资源，使生态资源从绝对量上逐年减少；二是人类通过各种生产活动向生态环境排泄废弃物或砍伐资源使生态环境从质量上日益恶化。现行的国民经济核算制度只反映了经济活动的正面效应，而没有反映负面效应的影响，因此是不完整的，具有局限性，是不符合可持续发展战略的。

知识拓展

其他收入衡量指标

当美国商务部每 3 个月计算一次本国的国内生产总值时，它还会计算其他收入衡量指标，以更全面地反映经济情况。这些衡量指标与国内生产总值的不同之处是不包括或包括某些收入范畴。以下从大到小简要描述了 5 种收入衡量指标。

（1）国民生产总值（Gross National Product，GNP）是指一国永久居民（即国民）所赚取的总收入。它与国内生产总值的不同之处在于：国民生产总值包括本国国民在国外赚取的收入，而不包括外国人在本国赚取的收入。例如：一个中国国民暂时在美国工作，他的产出是美国国内生产总值的一部分，但不是美国国民生产总值的一部分（是中国国民生产总值的一部分）。对包括美国在内的大部分国家来说，国内居民是大部分国内生产的承担者。因此，国内生产总值和国民生产总值是非常接近的。

（2）国内生产净值（Net Domestic Product，NDP）是指一个国家一年内国内生产总值减去折旧。折旧是指经济中设备和建筑物存量的磨损或损耗，如卡车报废和电脑过时等。在商务部提供的国民收入账户中，折旧被称为"固定资本的消费"。

NDP＝GDP－折旧

（3）国民收入（Net Income，NI）是指一个国家一年内各种生产要素所得实际报酬的总和，即工资、利息、利润和地租的总和。它与国内生产净值的不同之处在于：国民收入不包括间接的企业税（如销售税），但包括企业补贴。二者的不同还缘于数据收集问题引起的统计误差。

NI＝NDP－间接税

（4）个人收入（Personal Income，PI）是指一个国家一年内个人所得的实际收入总和。与国民收入不同，个人收入不包括留存收益。留存收益是指公司获得的但没有支付给其所有者的收入。个人收入还要减去公司所得税和对社会保障的支付（主要是社会保险税）。此外，个人收入还包括家庭从其持有的政府债券中取得的利息收入，以及家庭从政府转移支付项目中取得的收入，如福利和社会保障收入。

PI＝NI－企业未分配利润－企业所得税－社会保险税＋政府给居民的转移支付
＋政府向居民支付的利息

（5）个人可支配收入（Personal Disposable Income，PDI）是指一个国家一年内个人全部实际收入扣除个人缴纳的各种税收后剩下的部分，是家庭和非公司制企业在完成它们对政府的义务之后剩余的收入。它等于个人收入减去个人税收和某些非税收支付（如交通罚单）。个人可支配收入可作任意支配，既可用于储蓄，也可用于其他用途。

PDI＝PI－个人所得税

虽然各种收入衡量指标在细节上有所不同，但是它们几乎总是说明了相同的经济状况。当国内生产总值迅速增长时，这些收入衡量指标通常也会迅速增长。当国内生产总值减少时，这些衡量指标通常也会减少。就判断整体经济的波动而言，用哪一种收入衡量指标都无关紧要。

如何衡量人均社会财富？

人均国内生产总值（real GDP per capita），也称"人均GDP"，是衡量人均社会财富的重要指标，也是重要的宏观经济指标之一。它是人们了解和把握一个国家或地区宏观经济运行状况的有效工具。将一个国家计算期内实现的国内生产总值除以这个国家的常住人口（通常使用户籍人口），就可得到人均国内生产总值。人均国内生产总值是衡量各国人民生活水平的一个标准，为了更加客观地衡量，经常与购买力平价结合使用。

2017 年，我国 GDP 总量排名前 20 位的省份（自治区、直辖市）如表 3－5 所示。

表 3－5　　2017 年 GDP 排名前 20 位

排名	省份（自治区、直辖市）	2017 年 GDP 总量（亿元）	GDP 增速
1	广东	89 879.23	7.50%
2	江苏	85 900.94	7.20%
3	山东	72 678.18	7.40%
4	浙江	51 768	7.80%
5	河南	44 988.16	7.80%
6	四川	36 980.2	8.10%
7	湖北	36 522.95	7.80%
8	河北	35 964	6.70%
9	湖南	34 590.56	8.00%
10	福建	32 298.28	8.00%
11	上海	30 133.86	6.90%
12	北京	28 000.4	6.70%
13	安徽	27 518.7	8.50%
14	辽宁	23 942	4.20%
15	陕西	21 898.81	8.00%
16	江西	20 818.5	8.90%
17	广西	20 396.25	7.30%
18	重庆	19 500.27	9.30%
19	天津	18 595.38	3.60%
20	云南	16 531.34	9.50%

（二）国内生产总值如何核算？

经济学家如何统计国内生产总值？国内生产总值可用支出法和收入法两种方法来核算。

1. 支出法

用支出法核算国内生产总值，就是从产品的使用出发，把一年内购买的各项最终产品的支出加总，从而计算出该年内生产的最终产品的市场价值。这种方法又称最终产品法、产品流动法。

每年社会大众都要消费各种各样的最终产品和服务。这里，我们只计算最终产品，即最终由消费者购买和使用的物品。各个家庭用其收入购买这些消费品（见图 3－8），将所

有最终消费品的货币价值加总（如消费者购买 1 000 亿美元），就得到了一国的国内生产总值。

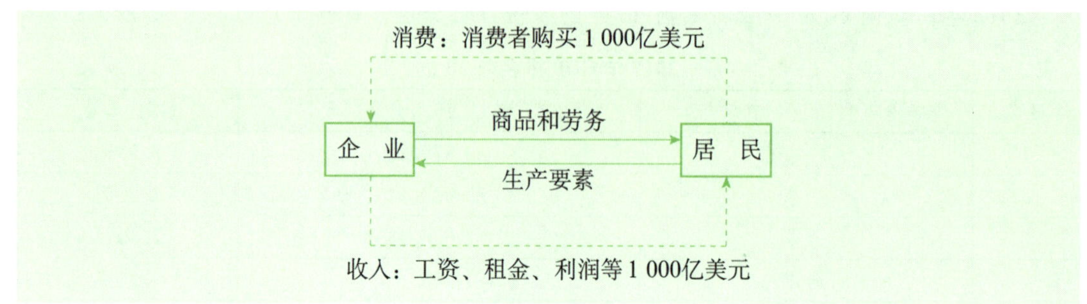

图 3－8　宏观经济行为的循环图

在现实生活中，产品和劳务的最后使用主要是消费、投资、政府购买和净出口。因此，用支出法核算国内生产总值，就是核算一个国家或地区在一定时期内消费、投资、政府购买和净出口的总和。

（1）消费（consumption）。消费是指居民的日常支出，一般用 C 来表示。消费具体包括：耐用品支出，如冰箱、彩电、洗衣机、小汽车等；非耐用品支出，如服装、食品等；劳务支出，如医疗保健、旅游、通信、理发等。（注意：居民住房支出不包含在消费中，建造住宅的支出不属于消费，它们应该如何定性下文将做介绍）

（2）投资（investment）。投资是指企业或个人从事生产活动时所需要的总支出，一般 I 来表示。投资主要包括固定投资和存货投资。固定投资是指长期发挥作用的投资品，如厂房、设备、居民住房等。存货投资是指企业拥有的存货数量的变化。当年存货投资的计算公式为：

当年存货投资＝当年年终存货数量－上年年终存货数量

因此，存货投资可能大于 0，也可能小于 0 或等于 0，这取决于存货数量的变化。

需要强调的是，经济学认为，居民住房是一种投资行为，而不是一种简单的消费行为。因此，居民住房支出应该计入投资，而不是消费。

（3）政府购买（government purchase）。政府购买是指各级政府购买各种物品和劳务的总和，如各级政府购买的办公设备、各级政府支付的员工工资等，一般用 G 来表示。

政府购买只是政府支出的一部分，政府支出的另一部分，如政府转移支付、公债利息等都不计入国内生产总值。政府转移支付是政府不以取得本年生产出的商品与劳务作为报偿的支出，包括政府在社会福利、社会保险、失业救济、贫困补助、老年保障、卫生保健、农业补贴等方面的支出。政府转移支付是指政府通过其职能将国民收入在不同的社会成员之间进行转移和重新分配，将一部分人的收入转移到另一部分人手中，其实质是国民财富的再分配。有政府转移支付发生时，并不相应得到什么商品与劳务。政府转移支付是一种货币性支出，整个社会的总收入并没有发生改变。因此，政府转移支付不计入国内生产总值。

消费、投资和政府购买之和通常称为“内需”，就是居民、企业和政府购买本国产品与服务的市场价值总和。

(4) 净出口 (net export)。出口是指一国向外国提供产品和劳务，一般用 X 表示。进口是指一国向外国购买产品和劳务，一般用 M 来表示。净出口是出口与进口数额之差，一般用 NX 来表示。其计算公式为：

$$NX=X-M$$

净出口的值可能大于 0，也可能小于 0 或等于 0。当出口额大于进口额时，净出口额大于 0；当出口额小于进口额时，净出口额小于 0；当出口额等于进口额时，净出口额等于 0。例如：甲国 2017 年的出口总额为 2 000 亿美元，进口总额为 1 500 亿美元，则净出口总额为 500（=2 000－1 500）亿美元；乙国 2017 年的出口总额为 1 000 亿美元，进口总额为 1 500 亿美元，则净出口总额为－500（=1 000－1 500）亿美元。在核算国内生产总值时，计算的是净出口。

把上述 4 个项目相加，就是用支出法计算国内生产总值的公式，即：

$$GDP=C+I+G+(X-M)=C+I+G+NX$$

超链接

我国 2017 年消费品零售现状

2017 年我国社会消费品零售总额为 366 262 亿元，比上年增长 10.2%，增速比上年回落 0.2 个百分点。其中，限额以上单位消费品零售额 160 613 亿元，增长 8.1%。按经营单位所在地分，城镇消费品零售额 314 290 亿元，增长 10.0%；乡村消费品零售额 51 972 亿元，增长 11.8%。按消费类型分，餐饮收入 39 644 亿元，增长 10.7%；商品零售 326 618 亿元，增长 10.2%，其中限额以上单位商品零售 150 861 亿元，增长 8.2%。消费升级类商品较快增长，通信器材、体育娱乐用品及化妆品类商品分别增长 11.7%、15.6%和 13.5%。12 月，社会消费品零售总额同比增长 9.4%，环比增长 0.7%。

全年全国网上零售额 71 751 亿元，比上年增长 32.2%，增速比上年加快 6.0 个百分点。其中，实物商品网上零售额 54 806 亿元，增长 28.0%，占社会消费品零售总额的比重为 15.0%，比上年提高 2.4 个百分点；非实物商品网上零售额 16 945 亿元，增长 48.1%。

全年全国固定资产投资（不含农户，下同）631 684 亿元，比上年增长 7.2%，增速比上年回落 0.9 个百分点。其中，国有控股投资 232 887 亿元，增长 10.1%；民间投资 381 510 亿元，增长 6.0%，比上年加快 2.8 个百分点，占全部投资的比重为 60.4%。分产业看，第一产业投资 20 892 亿元，增长 11.8%；第二产业投资 235 751 亿元，增长

3.2%，其中制造业投资193 616亿元，增长4.8%；第三产业投资375 040亿元，增长9.5%。基础设施投资140 005亿元，增长19.0%，比上年加快1.6个百分点。高技术制造业、装备制造业投资比上年分别增长17.0%和8.6%，分别加快2.8和4.2个百分点；高耗能制造业投资比上年下降1.8%。固定资产投资到位资金629 815亿元，比上年增长4.8%。新开工项目计划总投资519 093亿元，增长6.2%。1—12月固定资产投资与1—11月同比持平，12月固定资产投资与上月环比增长0.53%。

2. 收入法

收入法，又称要素收入法、要素成本法，是指从收入的角度，将生产要素在生产中所得的各种收入相加。一般情况下，企业从事生产活动，需要投入4种生产要素，这些生产要素也应取得相应的报酬，把这些报酬相加，就可以得到国内生产总值的数值，即把劳动所得的工资、土地所有者得到的租金、资本所得的利息及企业家得到的利润相加来计算国内生产总值。国内生产总值是在工资、租金、利息和利润之和的基础上进行适当的误差修正得来的。因此，国内生产总值的核算公式可表述为：

国内生产总值＝工资＋租金＋利息＋利润＋间接税＋误差调整

企业间接税是指企业和零售商在生产过程中被征收的税，已被加在产品价格中。当产品在循环图（见图3-8）的上半部分出售时，其价格已包括了这些间接税。因此，在统计生产要素的代价时必须计入间接税，否则循环图上、下两部分便不能平衡。

支出法与收入法是从不同角度来核算国内生产总值的，从理论上讲，这两种方法得到的结果应该是一致的。但是，在实际统计过程中还是会经常出现各种误差，使得两种计算结果不一致。国民经济核算体系以支出法为基本方法，即以支出法计算得到的国内生产总值为标准。其他方法计算得到的结果，需要进行必要的误差调整，以保证最终结果一致。

案例分析

孤岛经济

假设在鲁滨孙和“星期五”（一个土著奴隶的名字）所在的孤岛上，只存在一种市场交易行为，即“星期五”每月固定为鲁滨孙打扫一次山洞、清扫篱笆，鲁滨孙付给“星期五”1个金币（该金币可在鲁滨孙处兑换1瓶葡萄酒）作为报酬。一年内，“星期五”劳动所得（工资和利润）为12个金币，即该岛经济的GDP就为12个金币（注意：GDP只统计市场交易行为产生的价值）。在这里，无论用支出法（鲁滨孙支付12个金币的劳务费）还是收入法（“星期五”获得12个金币的工资和利润）来衡量，这个孤岛的

GDP 都是一样的。

分析：什么是“孤岛经济”？

（三）国内生产总值作为经济衡量指标有哪些局限性？

1. 国内生产总值不能全面反映一个国家的经济活动

国内生产总值是市场交易指标而非生产指标，不能反映出未经过市场交易的产出。下列经济活动不能用来交换：（1）家庭经济或家庭生产；（2）物物交易，它不存在以货币作为等价物的市场价格；（3）地下经济也是经济的一部分，它不光涉及赌博、毒品交易、色情交易、军火交易和走私、黑市交易等非法活动，也包括诸如服务消费、家庭教师在业余时间赚取额外收入等合法经济活动。

如果一个国家的物物交易和地下经济活动过多，则该国的真实国内生产总值较难统计。在美国，地下交易的价值估计占国内生产总值的 8%～15%。

2. 国内生产总值不能真实反映经济发展和国民福利

国内生产总值只能反映经济活动中的产出部分，体现了经济发展、繁荣的一面，不能反映经济增长的成本。人们的收入和社会福利不一定随着国内生产总值的高增长而有所提高。

（1）国内生产总值的增长也许以放弃休假为代价。国内生产总值高速增长，人们却忙于加班而放弃假日和休闲，说明国内生产总值增长的同时，人们的社会福利在减少。与美国相比，西欧国家的国内生产总值较低，但是人均休闲的时间较多，这可以说明西欧人的生活质量比美国人的生活质量高。

（2）国内生产总值不能反映社会进步。技术发展可能带来产品质量的提高和价格的下降，从而提高人们的社会福利和生活质量，但并不能带来国内生产总值的增长，在产量没有增长的情况下，有可能还会因价格的下降导致国内生产总值有所降低。例如：由于技术进步、成本降低，一台 2017 年 1 月市场价值为 5 000 元的计算机，在 2018 年 1 月价格降为 4 000 元。从国内生产总值数量上看，2018 年，同样的计算机创造的国内生产总值要比 2017 年少 1 000 元。如果仅仅用国内生产总值来反映人们生活质量的话，2018 年，人们的生活质量在下降。事实上，由于计算机价格的下降，人们的生活质量有所改善。

（3）国内生产总值不能反映社会分配制度。例如：A、B 两个国家国内生产总值相等，如果 A 国收入分配制度科学合理、社会平等，B 国收入分配制度不合理、贫富分化严重，那么 A 国的国民福利就好，而 B 国的国民福利就差些。又如：A、B 两个国内生产总值相等的国家，如果 A 国将国内生产总值主要用于战争上，而 B 国将国内生产总值主要用于卫生、文化教育和社会保障等方面，显然 B 国的居民生活福利状况比 A 国好。

3. 国内生产总值指标是个数量概念，不能反映经济增长方式和经济增长质量

国内生产总值仅仅记录和反映以市场价格为条件的市场交易活动，只能反映经济增长的数量，不能反映经济增长的质量和经济发展的水平、内容。例如：某国或某地区以高投入、高消耗为代价带动了国内生产总值的增长，并不能因此说明该国或该地区的国民福利提高了。一国战争或者自然灾害后的家园重建都会导致国内生产总值上升，但是不能说明老百姓生活质量在提高。此外，经济高速增长的背后往往存在对社会、环境的消极影响，如污染环境、交通拥挤等。同时，国内生产总值未能对经济活动的社会价值进行道德判断，如假冒伪劣商品、有毒有害商品同样可以增加国内生产总值，昂贵的医疗费使得患者成为拉动国内生产总值的动力，如此种种都是国内生产总值指标的缺陷。衡量一个国家或地区的财富应该有一个新标准。新标准将一个国家的经济产出减去机器折旧和生产过程中的自然资源消耗，计算出一个国家的财产净值，其内容是从人力资本、自然资源和生产资本3个方面计算国家财富的总量，然后按美元计算出国家财富的人均水平。显然，人均国家财富指标越高，国家越富；反之，国家越穷。新标准把经济增长、社会发展和环境保护融为一体，是一个综合性的、比较全面地衡量一个国家财富状况的总量指标。

知识拓展

经济增长与经济发展

经济学家经常使用两个概念来分析国民经济运行的长期过程，即经济增长（economic growth）和经济发展（economic development）。这是两个既联系紧密又不完全相同的概念。经济增长是指明确的产量（总产量、人均产量）增加，具体表现为国内生产总值的增加；经济发展是指社会从落后进入先进的状态，它不仅包括经济增长，还包括国民的生活质量、教育水平、健康卫生质量，以及整个社会经济结构和社会制度的总体进步。

经济增长是一个量的概念；经济发展是一个比较复杂的质的概念，是一个反映经济社会发展水平的综合性概念。由于各国的经济基础、历史背景、社会结构和政治体制各不相同，经济发展的结果也各不相同，因此在经济学中有一门专门研究经济发展的学科，叫作“发展经济学”。该学科集中分析了各国经济发展得失的具体原因。在宏观经济中，我们重点分析经济增长的规律。如果说经济发展讨论的是一个国家怎样发生质变，那么，经济增长则主要讨论引起这种质变的最重要因素——量变。

我们通过国内生产总值可以进行各国经济增长的比较，通过人均国内生产总值可以进行各国居民生活福利水平的比较。只要经济增长超过人口增长，就能实现人均国内生产总值的增长。经济发展是用来比较一个国家总体发展水平的总概念。根据经济发展水平的不同，可把世界上的国家大致分为3类：工业发达国家，包括北美、西欧国家和澳大利亚、日本等国家；发展中国家，包括中国、泰国、马来西亚、墨西哥等国家；不发达国家，包括许多以传统农业经济为主导的低纬度非洲国家。除此以外，联合国开发计划署自1990

年起，每年测算人类发展指数（HDI）。人类发展指数是对人类发展成就的概括衡量，主要衡量一个国家或地区在人类发展 3 个基本方面的平均成就，包括：

（1）识字率。用成人识字率（占 2/3 的权重）及小学、中学和大学综合毛入学率（占 1/3 的权重）来表示，反映一国国民接受教育的程度。

（2）预期寿命。用出生时预期寿命来表示，反映一国国民的健康长寿状况，以及居民的营养、卫生和环境状况。

（3）婴儿死亡率。反映母亲健康状况和国民医疗卫生水平。

超链接

2018 年人类发展指数

联合国开发计划署 2018 年 9 月 14 日发布的《2018 数据更新：人类发展指数和指标报告》显示，人类发展水平总体呈上升趋势，但不均衡发展仍是制约因素。根据这一覆盖 189 个国家和地区的统计数据，全球范围内人类发展水平向好趋势明显。1990 年至 2017 年，用来衡量健康、教育和收入水平的人类发展指数在全球范围内平均提升 22%，在最不发达国家和地区提升 51%。其中，有 59 个国家和地区属于人类发展指数“非常高水平”组别，38 个国家和地区属于“低水平”组别。

具体来说，在人类发展指数榜单上，挪威、瑞士、澳大利亚、爱尔兰和德国名列前茅，尼日尔、中非共和国、南苏丹、乍得和布隆迪位居榜单末尾。

健康和教育是人类发展指数覆盖的两个重要方面。具体来看，与 1990 年相比，2017 年全球出生时预期寿命增加约 7 年；2017 年全球学龄儿童受教育时间多出 3.4 年。

然而，人类发展水平仍存在明显不均，如在挪威出生的儿童预期寿命达到 82 岁、接受约 18 年教育，而在尼日尔出生的儿童预期寿命只有 60 岁、仅接受 5 年教育。此外，发展不均衡不仅在不同的国家和地区之间存在，在同一个国家和地区内部也同样存在。

联合国开发计划署人类发展报告办公室主任萨利姆·贾汉表示，发展不均衡已经成为当下具有决定意义的问题，在中等和低水平组别国家和地区制约效果尤为明显。

联合国开发计划署于 1990 年发布首份人类发展报告时即引进人类发展指数。该指数提出在评估发展水平时，除考虑经济因素外还须包含健康和教育因素。根据指数高低，其考察的国家和地区被分为非常高水平、高水平、中等水平和低水平 4 个组别。

二、认识消费促进经济增长

如果取消自然景区的门票，会影响该地区的收入吗？

分组讨论

《个人所得税专项附加扣除暂行办法》（以下简称《办法》），自2019年1月1日起施行。

《办法》指出，个人所得税专项附加扣除，是指个人所得税法规定的子女教育、继续教育、大病医疗、住房贷款利息或者住房租金、赡养老人等6项专项附加扣除。《办法》共有9章32条，明确了专项附加扣除的原则和6项专项附加扣除的扣除范围、扣除标准、扣除方式，以及保障措施等内容。

《办法》规定，纳税人子女在全日制学历教育阶段（包括义务教育、高中阶段教育、高等教育）的支出，以及子女年满3岁至小学入学前处于学前教育阶段的支出，纳税人可选择由夫妻一方按每孩每月1 000元扣除，也可选择夫妻双方分别按每孩每月500元扣除。

《办法》规定，纳税人在中国境内接受继续教育发生的支出，其中属于学历（学位）继续教育的支出，按每月400元扣除，扣除期限不能超过48个月（4年）；属于技能人员职业资格继续教育和专业技术人员职业资格继续教育的支出，在取得相关证书的当年扣除3 600元。

《办法》规定，一个纳税年度内，由纳税人负担的医药费用支出超过1.5万元的部分，在每年8万元的限额内据实扣除。可扣除的医药费用支出包括纳税人本人或其配偶、未成年子女发生的医药费用支出。

《办法》规定，纳税人本人或其配偶购买中国境内住房发生的首套住房贷款利息支出，可以选择由夫妻一方按每月1 000元扣除，扣除期限最长不超过240个月（20年）。

《办法》规定，纳税人在主要工作城市没有自有住房而发生的住房租金支出，在直辖市、省会（首府）城市、计划单列市及国务院确定的其他城市的，按每月1 500元扣除；除上述城市外，市辖区户籍人口超过100万的城市，按每月1 100元扣除；市辖区户籍人口不超过100万的城市，按每月800元扣除。夫妻双方主要工作城市相同的，只能由一方扣除。

《办法》规定，纳税人赡养年满60岁父母的支出，或者祖父母、外祖父母的子女已经去世，纳税人赡养年满60岁的祖父母或外祖父母的支出可以扣除。纳税人属于独生子女的，按每月2 000元扣除；属于非独生子女的，与其兄弟姐妹分摊每月2 000元的扣除额度，其中每人分摊的扣除额度不得超过1 000元。

结合自己家庭，谈谈个人所得税专项附加扣除规定对家庭收入的影响。

在开放经济中，一国的总支出由消费、投资、政府购买和净出口四部分构成，消费、投资和净出口被称为拉动经济增长的“三驾马车”。为了使分析简化，我们研究经济中的投资和消费。投资和消费的关系历来是国家宏观调控的核心变量，而对我国这样一个发展中大国而言，投资和消费（内需）对经济增长的拉动作用尤为重要。

研究消费的意义在于：消费构成国内生产总值的大部分（占2/3），并且它的波动幅度比国内生产总值相对要小（稳定性强）。1998 年，美国居民消费占国内生产总值的比重为 68%，并且该比重一般都保持在 60%以上。2015 年，我国社会消费品零售总额为 30.1 万亿元，同比增长 10.7%，最终消费对国民经济增长的贡献率为 66.4%。此外，家庭的可支配收入除了家庭消费以外，还有一部分将以储蓄的形式沉淀下来。2016 年 1 月中国人民银行发布的金融数据显示，2015 年全年人民币存款增加 14.97 万亿元，同比多增 1.94 万亿元。中国的过高储蓄率能否转化为消费，从而拉动内需，是促进经济结构转型的关键。

以上数据资料的对比引发我们思考：消费和储蓄之间存在怎样的关系？哪些因素决定家庭在食物、衣服、汽车、教育及服务上的消费支出？哪些因素决定家庭储蓄的高低？消费在促进经济增长上到底如何发挥作用？

（一）什么是消费和储蓄？

1. 消费

消费，更精确地说，是个人消费支出，指居民在最终的商品与服务上的支出，是国内生产总值中最大的组成部分。消费的主要项目是住房、汽车、食品和医疗等，它们被分成三大类：耐用品、非耐用品和服务。其中，在经济统计中，住房被算作投资。

消费函数是指在其他条件不变的情况下，消费随收入的变动而变动的关系。一般而言，消费与收入同方向变动，即收入增加，消费增加；收入减少，消费减少。如果以 C 表示消费，Y 表示收入，则消费函数可表示为：

$$C=f(Y)$$

为了讨论问题方便，假设消费函数是一种线性形式，即：

$$C=a+bY$$

其中，a 与 b 为任意常数，也叫参数。

当收入为 0 时，消费就为 a，所以，a 表示收入为 0 时的消费，也称自发消费。自发消费是人们为了满足基本生存需要而进行的最低消费，它与收入无关，主要取决于社会风俗、生活水平、个人偏好等。

需要注意的是参数 b。b 表示增加单位收入所引起的消费数量的增加，也称边际消费倾向，用 MPC 表示，即：

$$MPC = \Delta C/\Delta Y = b$$

b 与 Y 的乘积表示由收入决定的消费数量，通常称之为引致消费，指由收入引起的消费。所以，消费包括两部分：自发消费和引致消费。

在分析消费时，通常还有一个概念，即平均消费倾向。平均消费倾向是指消费在收入中所占的比重。如果以 APC 表示平均消费倾向，则有：

$$APC=C/Y$$

2. 储蓄

一般而言，家庭收入有两个用途：消费和储蓄。储蓄的定义不言自明，是指未用于消费的收入，不应狭义理解为银行储蓄。如果以 S 表示储蓄，则有：

$$Y=C+S$$

与消费函数相对应，也存在储蓄函数。储蓄函数是指在其他条件不变的情况下，储蓄随收入的变动而变动的关系。一般地，储蓄与收入同方向变动，即收入增加，储蓄增加；收入减少，储蓄减少。储蓄函数可表示为：

$$S=f(Y)$$

同样地，也存在边际储蓄倾向与平均储蓄倾向的概念。

边际储蓄倾向是指增加的储蓄在增加的收入中所占的比重。如果以 MPS 表示边际储蓄倾向，则：

$$MPS=\Delta S/\Delta Y$$

平均储蓄倾向是指储蓄在收入中所占的比重。如果以 APS 表示平均储蓄倾向，则：

$$APS=S/Y$$

通过简单推导可以看出：

$$APC+APS=1$$

$$MPC+MPS=1$$

假设消费函数为 $C=30+0.75Y$，则消费、储蓄与收入之间的关系如表 3-6 所示。

表 3-6　消费函数与储蓄函数

收入 (Y)	消费 (C)	储蓄 (S)	平均消费倾向 (APC)	边际消费倾向 (MPC)	平均储蓄倾向 (APS)	边际储蓄倾向 (MPS)
0	30	−30				
40	60	−20	1.500	0.75	−0.500	0.25
80	90	−10	1.125	0.75	−0.125	0.25
120	120	0	1.000	0.75	0	0.25
160	150	10	0.938	0.75	0.062	0.25
200	180	20	0.900	0.75	0.100	0.25
240	210	30	0.875	0.75	0.125	0.25

在图 3-9 中，横轴代表收入，纵轴代表消费，45°线为均衡线。均衡线上的任何一点收入都等于消费。$C=a+bY=30+0.75Y$ 是消费函数曲线，它在纵轴上的截距 a（$=30$）表示自发消费，其斜率 b（$=0.75$）表示边际消费倾向。消费函数曲线向右上方倾斜表示消费随收入增加而增加。$S=-a+(1-b)Y=-30+0.25Y$ 是储蓄函数曲线，它在纵轴上的截距为 $-a$（$=-30$），其斜率为 $1-b$（$=0.25$），即边际储蓄倾向。储蓄函数也向右上方倾斜，说明储蓄随收入增加而增加。当消费函数曲线与均衡线相交于 E 点（对应于 $Y=120$）时，收入与消费相等，储蓄为 0。消费函数曲线上 E 点左边的点，消费大于收入，有负储蓄（即负债）；消费函数曲线上 E 点右边的点，消费小于收入，有储蓄。

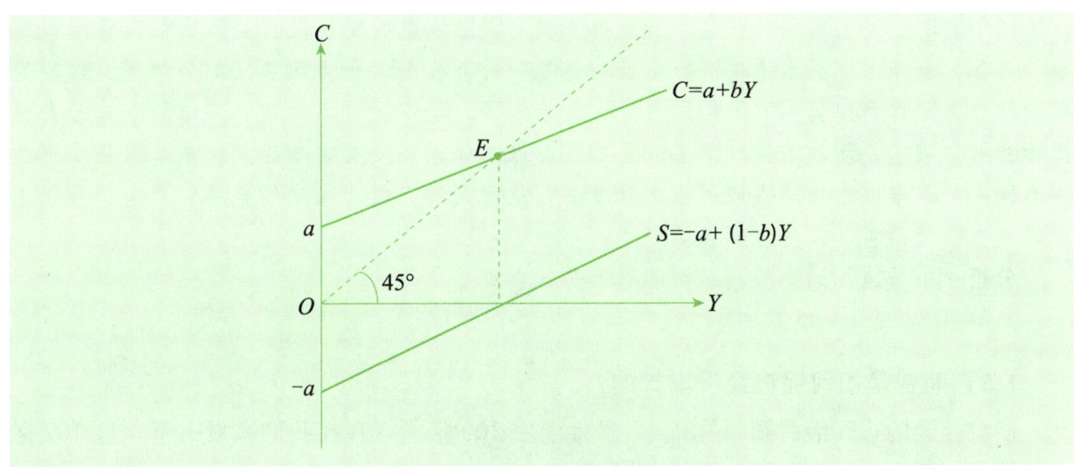

图 3-9　消费曲线与储蓄曲线关系图

由于消费增量只是收入增量的一部分，因此，边际消费倾向总是大于 0 小于 1。但平均消费倾向则可能大于 1、小于 1 或等于 1，因为消费可能大于收入、小于收入或等于收入。

随着收入的增加，边际消费倾向是递减的，这被称为边际消费倾向递减规律。另外，平均消费倾向也是递减的。

案例分析

中美边际消费倾向比较

据估算，美国的边际消费倾向约为 0.68，中国的边际消费倾向约为 0.48。这种估算不一定十分准确，但是一个不争的事实是：中国的边际消费倾向低于美国。为什么中美边际消费倾向有这种差别呢?

这种差别在于中、美两国民众的消费观念不同。美国人崇尚享受，今天敢花明天的钱；中国人有节俭的传统，一分钱要掰成两半花。但在经济学家看来，这并不是最重要的。消费观念属于伦理道德范畴，由经济基础决定，不同的消费观来自不同的经济基础。还可用收入与制度因素来解释中美边际消费倾向的这种差别。

（1）收入。美国是一个成熟的市场经济国家，尽管也经常发生经济周期性波动，但经济总体上是稳定的。经济的稳定性决定了收入的稳定性。当收入稳定时，人们就敢于消费，甚至敢于借贷消费。中国是一个转型中的国家，正从计划经济转向市场经济，尽管经济增长速度快，但就每个人而言，收入并不稳定。这样，人们就不得不节制消费，以预防可能出现的失业及其他风险。

(2) 制度。人们敢不敢花钱，还取决于社会保障制度的完善性。美国的社会保障制度较为完善，覆盖面广且水平较高，由社会保险、社会福利、社会救济三部分组成。这样完善的社会保障体系使美国人无后顾之忧，敢于消费。但中国过去计划经济体制下的社会保障体系被打破了，新的市场经济条件下的社会保障体系还没有完全建立起来，而且受财政实力的限制，难以在短期内取得根本性改变，从而人们必须为未来的生病、养老、孩子上学等支出进行储蓄，消费自然就减少了。

分析：中美边际消费倾向差别的原因是什么？

（二）消费是如何促进经济增长的？

假定社会的边际消费倾向是0.8，发生消费100亿元。现在我们来看一下，这100亿元的消费如何影响国内生产总值的变化。

这100亿元以工资、利息、利润和租金的形式流入生产消费品的生产要素所有者手中，从而使社会居民收入增加了100亿元。假设没有税收，接下来，这部分社会居民又在新增加的100亿元中花80亿元购买消费品，进一步增加了生产这些消费品的生产者的收入。这种循环一直持续下去，最后使得国民收入增加500亿元，很明显是原来发生消费（100亿元）的5倍，这就是消费产生的乘数效应。

从上述过程与结果中我们可以得知，这个乘数的大小取决于边际消费倾向的大小，即边际消费倾向越大，乘数效应越明显；边际消费倾向越小，乘数效应越不明显。用数学公式来表示，即：

$$乘数=\frac{1}{1-MPC}=\frac{1}{MPS}$$

乘数效应产生的原因是：自发总需求（或其中任何一部分）的增加首先会使国民收入等量增加，国民收入的增加中必然有一部分用于支出，从而使总需求又一次增加，这种总需求的增加又会使国民收入再次增加。这种总需求与国民收入的增加会无限循环下去，形成一种连锁反应，最终使国民收入的增加数倍于最初自发总需求的增加。如果自发总需求减少，同样也会产生乘数效应，最终使国民收入的减少数倍于最初自发总需求的减少。

知识拓展

现阶段，我国消费降级了吗？

随着人们生活水平的不断提高，消费整体呈现升级态势，这是一种长期趋势。收入水平越低的人群对价格越敏感。一些企业充分挖掘细分市场，把定位瞄准价格敏感型人群，通过价格营销等方式招徕客户。

榨菜、泡面、二锅头，“消费降级”的声音近年来此起彼伏，让外界对消费在经济发展中的基础性作用充满质疑。消费真的降级了吗？到底该如何看待这一现象？未来消费的增长点在哪里？

“随着人们生活水平不断提高，消费整体呈现升级态势，这不仅仅是大势，而且是长期趋势，特别是在经济保持平稳增长的发展阶段，在人均可支配收入持续增长的阶段，消费不可能呈现降级趋势，降级的提法实际上是违背经济学基本规律的。”中国贸促会研究院国际贸易研究部主任赵萍在接受中国经济网记者采访时表示，因此“消费降级”既没有理论依据也没有现实基础，这样的说法并不成立。

消费升级与降级本质上均为消费结构的变化，其表现为消费大类变化及异质化产品消费结构变化。有研究分析称，当前我国消费结构呈现出两大特点：第一，就消费类别而言，居民实物消费下降但服务消费上升；第二，在同类消费品中，居民对中低端消费品偏好降低而对高端消费品偏好上升。由此，种种迹象表明当前居民消费行为仍处于升级通道。

消费结构在不断调整和优化，消费增长的动力在进一步提升，也是多位专家的看法。一方面，现代服务业发展势头强劲，服务消费在居民消费中的占比越来越高，对拉动消费增长的作用更加明显，服务消费与物质消费共同成为拉动消费增长的重要引擎；另一方面，乡村消费增速在过去10年中一直高于城镇，乡村消费虽然在社会消费品零售总额中占比较低，但增速较快，并且由于农村居民人均收入起点低，边际消费倾向比城市居民高。所以，收入同样增长一个点，农村居民消费增长远远高于城市居民，从而对消费增长以及消费升级形成一定的牵引作用。

以往以“年度”为单位计费办卡的健身房，越来越多地改为月卡小面额开卡；二手物品交易的App迎来了一波小高潮；涪陵榨菜股价一年内涨了200%；三源里菜市场的牛油果，卖得都不那么走俏了……有网友列举了这样一些现象来佐证“消费降级”观点。

对此，专家认为，价格并不是一个客观的标准，正如消费行为也并不是经济能力的完全反映。“消费降级”的说法一定程度上可以用消费者的价格敏感程度来解释。

赵萍认为，收入水平越低的人群对价格越敏感，收入水平越高的人群对价格越不敏感。“一些企业正是看到细分市场，把定位瞄准在价格敏感型人群，通过价格营销、创新产品等方式招徕客户，产生了比较好的经营业绩，企业的规模不断壮大，被社会所关注。同时，由于这些企业的市场定位非常精准，获得了一部分消费者的青睐，所以使这部分消费者在整个消费群体当中也被关注到了。”实际上，这种现象并不意味着“消费降级”，细分市场的存在反而意味着消费者选择增多。

“根据不同消费者需求，在保证质量的前提下，生产出不同价位的产品，恰可以说明我们的系统性产能是大的、充足的。”一位业内人士表示，要加快建设全国统一市场，营造有利于各类所有制企业公平提供消费产品和服务的市场环境。

不容忽视的还有消费便利度提升。近年来，网络消费成为消费增长的一大亮点。但在新兴业态保持快速增长的同时，传统零售企业也在积极拓展销售渠道，继续保持较快增长态势。

在大数据、人工智能和移动互联网等新技术推动以及日益完善的物流配送体系支撑下，超市、专业店等传统零售业态与电商平台深度融合，不断涌现出更注重消费者体验，集餐饮、购物、娱乐、休闲等跨界消费场景于一体的新零售业态。

不难发现，模仿型排浪式消费阶段已基本结束，个性化、多样化消费渐成主流，新兴业态快速增长和新商业模式不断涌现，也标志着消费升级的步伐在进一步加快。同时，随着人们消费理念更加强调节约环保与绿色健康，一些“不花钱”“少花钱”的行为其实质也并不是所谓的“消费降级”，而是理性消费、环保消费。

“从供给端发力，通过改善消费环境，或者通过政府提供某些制度安排来促进消费，也非常重要。”北京大学光华管理学院市场营销系教授符国群认为，很多城市居民在社区的需求没有得到很好满足，这为发展社区经济、促进社区内消费创造了可能。

三、认识投资带动经济增长

在利用外资时，我们更鼓励外商进行实体经济的投资，为什么？

分组讨论

许多人在购买股票、续交保险或买进其他财产凭证时，都认为自己在投资。从经济学角度来讲，这些实际上都只是金融资产的交易，或称金融投资。因为这只不过是金融资产在不同人之间的交换而已，真正的投资是指实际资本的增加。经济学上所讲的投资是指什么？影响投资的因素有哪些？

在总需求中，个人消费和投资支出是两个非常重要的部分。由上文的分析可知，个人消费支出占总需求的比重较大，但相对稳定，这种情况的可能性解释是人们很少愿意改变自己的消费习惯。而投资支出占总需求的比重虽小，但投资的波动性较大。如近年来，美国的投资支出占GDP的比重在13%～18%之间波动。中国的投资支出占GDP的比重一直比较高，据国际经验，发展中国家、发达国家的投资支出占GDP的比重分别平均为20%～30%、15%～20%。2005年年底，中国的投资支出占GDP的比重为48.6%，如此高的比重在世界上比较罕见。2016年5月18日国家统计局发布的数据显示，1—4月，城镇固定资产投资18 006亿元，比上年同期增长29.6%。因此，抑制过快投资的增长、加快经济结构调整将面临较大的挑战。

（一）什么是投资？

在经济学中，投资有两个作用：第一，它是支出中一个极易变动的部分，投资的大幅度变动会对总需求产生重大影响；第二，投资导致资本积累，如建筑物和设备存量的增加能提高一国的潜在生产能力，这又进一步促进长期的经济增长。因此，投资发挥着双重作用，既经由总需求影响短期产出水平，又通过对资本形成的作用影响潜在的生产能力和总供给，从而能够左右长期产出水平的增长趋势。

社会总投资包括国外投资、政府投资和在人力资源和知识进步上的无形投资。本书所涉及的投资主要类型是：住宅房屋的建筑，企业对固定设备、软件和建筑的投资及存货的增加。

（二）企业为什么要投资?

归根结底，企业只有在预计到购买资本品会给它带来利润，即会带来大于投资成本的收入时，才会投资。这个简短的论断包含了投资的三个基本要素：收益、成本和利润预期。

如果一项投资有助于企业出售更多的产品，则它将增加企业的收入。这表明，决定投资的一个十分重要的因素是整体产出水平。当原有的工厂处于闲置状态时，相对来说，企业对新厂的需求就不大，从而投资数量也较小。投资取决于整体经济活动将产生的收益。

决定投资的第二个因素是投资的成本。由于投资品会持续使用多年，因此对投资成本的计算，比起对别的商品成本的计算要更复杂一些。对耐用品而言，资本的成本不仅包括资本品的价格，而且包括因借款产生的利息和厂商为其收入所付的税金。

另外，政府的税收也会影响投资的成本。一个重要的税种是企业所得税，即政府要从公司每 1 元利润中拿走 0.25 元，因而会抑制公司的投资。有时，政府对某些特定的活动和领域有特殊的税收优惠政策。

决定投资的第三个因素是利润预期。投资首先是对未来的一种赌博，赌的是投资所能获得的收益将超过投资成本。如果企业担心某国或某地区政治形势不稳定，就不乐意到那里去投资。如果企业相信（不论对错与否）电子商务会是网络经济的发展趋势，则无疑会加大在该领域的投资力度。

我们可以总结为，企业投资的目的是赚取利润。由于资本品要使用很多年，投资决策取决于：（1）对新投资生产出的产品的需求状况；（2）影响投资成本的利率和税收；（3）企业对未来经济状况的预期。

（三）投资如何带动经济增长?

前文讲到，消费的增加会引起生产消费品的要素生产者的收入增加，进而引起国内生产总值数倍于消费增加量增长。那么，在投资方面的支出增加是如何提高消费者收入，从而导致一种在未来支出上的逐渐递减但是总体放大的连锁反应？同样，投资的变动对于产出也有乘数效应。事实上，政府采购、出口或其他外生的支出流的变化，都会被放大并加入一个更大的产出变动中去。我们可以用一个简单的例子来说明其中的道理。假如一个人打破了百货商店的一块玻璃后逃跑了，店主无奈只好花 1 000 元买了一块新玻璃换上。玻璃店的老板得到这 1 000 元收入，如果他支出其中的 80%，即用 800 元买衣服，服装店老板将得到 800 元收入。再假设服装店老板将这笔收入的 80%，即 640 元用于买食物，食品店老板将得到 640 元收入。食品店老板又把这 640 元中的 80%用于支出……如此一直循环下去，你会发现，最初是百货商店老板支出 1 000 元，但经过不同行业老板的收入与支出行为后，总收入增加了 5 000 元。我们可以用表 3－7 来说明这个过程。

表 3－7　　投资支出的乘数效应

企业名称	增加的国民收入（元）	增加的投资和消费支出（元）	边际消费倾向
百货商店		1 000	0.8
玻璃店	1 000	800	0.8
服装店	800	640	0.8
食品店	640	512	0.8
…	…	…	…
总计	5 000	5 000	0.8

从表 3－8 可以看出，最初的一笔 1 000 元的投资支出，经过不断循环后，最后使国民收入增加了 5 000 元，即投资支出的增加引起国民收入成倍数增加，这就是乘数效应。乘数效应是凯恩斯理论中的一个重要内容，它为国家进行宏观调控提供了重要的理论依据。有了乘数效应，政府购买的 1 元钱可以引起总需求大于 1 元钱。当然，乘数效应不仅限于政府购买，国内生产总值组成中的消费、投资和净出口都具有乘数效应。这样，国家可以根据经济形势，利用乘数效应的积极作用，对宏观经济进行适当的干预。假如某种因素使得经济的自发性支出增加（如居民收入增加、消费者对未来的收入增加持有乐观的预期或者新发明使企业更为乐观），增加的自发性支出经过乘数效应放大后，将引起就业的扩大和收入的快速增长。相应地，收入提高将带来额外消费和企业产品销售的大幅增加，降低企业的存货，而乐观的未来预期会使企业扩大产量、增加投资，经济将走向繁荣，从而降低失业率。但是经济的增长不会无限持续下去，由于受到充分就业能力的限制，经济增长将放慢，而放慢的经济增长将减弱企业决策者的乐观情绪，导致企业存货增加、投资减少、失业率上升，通过乘数效应使产量锐减，从而致使经济走向衰退。乘数效应既有正面作用也有负面作用，所以，经济学家形象地把乘数效应称为一把“双刃剑”。

案例分析

对外投资结构进一步优化

数据显示，2018 年 1 到 9 月，我国境内投资者共对全球 155 个国家和地区的 4 597 家境外企业进行了非金融类直接投资，累计实现投资 820.2 亿美元，同比增长 5.1%。对外承包工程新签合同额 1 545.1 亿美元，完成营业额 1 089.9 亿美元，同比增长 6.4%。对外劳务合作派出各类劳务人员 35.5 万人，9 月末在外各类劳务人员 99.6 万人，较上年同期增加 3.5 万人。

2018 年 1—9 月，对外投资合作保持平稳健康发展。主要呈现以下特点：

一是对“一带一路”沿线国家投资合作积极推进。1—9 月，我国企业在“一带一路”沿线国家新增投资 107.8 亿美元，同比增长 12.3%；对外承包工程完成营业额 584.9 亿美元，同比增长 18.4%；境外经贸合作区建设新增投资 41.3 亿美元，创造产值 143.1 亿美元，上缴东道国税费 4.9 亿美元。

二是跨境并购稳步发展。1—9 月，我国企业共实施完成跨境并购项目 265 起，分布在新加坡、法国、德国等 49 个国家和地区，涉及制造业、交通运输/仓储和邮政业、采矿业等 17 个行业大类，实际交易总额 433 亿美元，其中直接投资 191.7 亿美元，境外融资 241.3 亿美元。

三是对外投资结构持续优化，非理性投资得到有效遏制。1—9 月，对外投资主要流向租赁和商务服务业、制造业、采矿业、批发和零售业，占比分别为 32.8%、16.7%、9.7%和 9.2%。房地产业、体育和娱乐业对外投资没有新增项目。

四是境外经贸合作区建设成效显著。截至 2018 年 9 月，我国企业在 46 个国家在建初具规模的境外经贸合作区 113 家，累计投资 366.3 亿美元，入区企业 4 663 家，总产值 1 117.1 亿美元，上缴东道国税费 30.8 亿美元。

五是对外承包工程新签大项目多，带动出口作用明显。1—9 月，对外承包工程新签合同额在 5 000 万美元以上的项目 517 个，合计 1 315.3 亿美元，占新签合同总额的 85.1%。对外承包工程带动货物出口 129 亿美元，同比增长 17.5%。

2018 年 1—9 月，相关主管部门共备案或核准对外投资企业 6 568 家，中方协议投资额 987.3 亿美元。其中备案或核准非金融类对外投资企业 6 536 家，中方协议投资额 920.6 亿美元；备案或核准金融类对外投资企业 32 家，中方协议投资额 66.7 亿美元。

分析：请用所学内容分析投资对经济增长的影响。

几个概念

（1）投资是利率的减函数。凯恩斯认为，决定投资的首要因素是实际利率。实际利率等于名义利率减去通货膨胀率。投资与利率之间的这种关系称为投资函数。

（2）资本边际效率是一种贴现率，这种贴现率（也代表投资的预期收益率）使一项资本品的使用期内各个预期收益的现值之和正好等于该资本品的供给价格或重置成本。

（3）影响预期收益的因素主要有三个：

1）对投资项目产出的需求预期。市场对该项目的产品未来的需求量有多大、其价格走势如何、企业的预期收益有多大等都会对投资产生影响。

2）产品成本。工资成本变动对投资需求的影响具有不确定性。一方面，在其他条件不变时，工资成本上升会降低企业利润，尤其是劳动密集型行业，更会减少预期投资收益，降低投资需求。另一方面，工资成本上升会使企业更多地考虑采用新的机器设备，从而使投资需求增加。

3）投资税抵免。有的国家为鼓励企业投资，做出如下规定：投资的厂商可以从它们的所得税单中扣出其投资总值的一定百分比。这一政策称为投资税抵免政策。

第三单元
驱动创新

小思考

（1）熊彼特的创新内涵是什么？
（2）请从经济学视角谈谈企业进行技术创新的必要性。

一、认识熊彼特的创新理论

（一）什么是创新？

人们对创新概念的理解最早主要是从技术与经济相结合的角度，探讨技术创新在经济发展过程中的作用，主要代表人物是现代创新理论的提出者约瑟夫·熊彼特。独具特色的创新理论奠定了熊彼特在经济思想发展史研究领域的独特地位，也成为其经济思想发展史研究的主要成就。

熊彼特认为，创新就是要“建立一种新的生产函数”，即“生产要素的重新组合”，就是要把一种从来没有的关于生产要素和生产条件的“新组合”引进生产体系中去，以实现对生产要素或生产条件的“新组合”；作为资本主义“灵魂”的“企业家”的职能就是实现“创新”，引进“新组合”；“经济发展”是指整个资本主义社会不断地实现这种“新组合”，或者说资本主义的经济发展就是这种不断创新的结果；而这种“新组合”的目的是获得潜在的利润，即最大限度地获取超额利润。周期性的经济波动正是起因于创新过程的非连续性和非均衡性，不同的创新对经济发展产生不同的影响，由此形成时间各异的经济周期；资本主义只是经济变动的一种形式或方法，它不可能是静止的，也不可能永远存在下去。当经济进步使得创新活动本身降为“例行事务”时，企业家将随着创新职能减弱、投资机会减少而消亡，资本主义不能再存在下去，社会将自动地、和平地进入社会主义。当然，他所理解的社会主义与马克思、恩格斯所理解的社会主义具有本质性区别。

（二）创新有哪些表现形式？

进入21世纪，信息技术推动下知识社会的形成及其对创新的影响进一步被认识，科学界进一步反思对技术创新的认识，创新被认为是各创新主体、创新要素交互复杂作用下的一种复杂涌现现象，是创新生态下技术进步与应用创新的创新双螺旋结构共同演进的产物，关注价值实现、关注用户参与的以人为本的创新2.0模式成为21世纪对创新重新认识的探索和实践。熊彼特认为创新有以下几种表现形式：

（1）创新是一种新的产品。企业能提供给消费者还不熟悉的产品或某种产品的一种新的品质。

（2）创新是一种新的生产方法。即企业的制造部门在实践中尚未知悉的生产方法，这种新的方法决不需要建立在科学上新的发现的基础之上，它可能存在于对一种商品采用全新的商业模式。

（3）创新是一个新的销售市场。即企业以前不曾进入的市场，这个市场以前可能存在也可能不存在。

（4）创新是获得原材料或半成品的一种新的供应来源。不论这种供应来源是否已存在，而过去没有被注意到或者被认为无法进入，仍需要不断挖掘。

（5）创新是一种新的组织实现。

以上创新的五种表现形式可以归纳为五个创新，依次对应产品创新、工艺创新、市场创新、资源配置创新、组织创新，而这里的“组织创新”也可以看成是部分的制度创新，当然仅仅是初期的狭义的制度创新。

（三）熊彼特的创新理论的主要观点是什么？

1. 创新是在生产过程中内生的

熊彼特认为，“我们所指的‘发展’只是经济生活中并非从外部强加于它的，而是从内部自行发生的变化”。尽管投入的资本和劳动力数量的变化能够导致经济生活的变化，但这并不是唯一的经济变化；还有另一种经济变化，它是不能用从外部强加于数据的影响来说明的，它是从体系内部发生的。这种变化即创新是重要的经济现象的产生原因，所以，为它建立一种理论似乎是值得的。

2. 创新是一种“革命性”变化

熊彼特曾做过这样一个形象的比喻：你不管把多大数量的驿路马车或邮车连续相加，也决不能得到一条铁路。“而恰恰就是这种‘革命性’变化的发生，才是我们要涉及的问题，也就是在一种非常狭窄和正式的意义上的经济发展的问题”。这就充分强调了创新的突发性和间断性的特点，主张对经济发展进行动态性分析研究。

3. 创新同时意味着毁灭

一般而言，“新组合并不一定要由控制创新过程所代替的生产或商业过程的同一批人去执行”，即并不是驿路马车的所有者去建筑铁路，而恰恰相反，铁路的建筑意味着对驿路马车的否定。所以，在竞争性的经济生活中，新组合意味着对旧组织通过竞争而加以消灭，尽管消灭的方式不同。例如：在完全竞争状态下的创新和毁灭往往发生在两个不同的经济实体之间；而随着经济的发展、经济实体的扩大，创新更多地转化为一种经济实体内部的自我更新。

4. 创新必须能够创造新的价值

熊彼特认为，先有发明，后有创新；发明是新工具或新方法的发现，而创新是新工具或新方法的应用，“只要发明还没有得到实际的应用，那么在经济上就是不起作用的”。因为新工具或新方法的使用会在经济发展中起到相应的作用，最重要的就是能够创造出新的价值。熊彼特将发明与创新割裂开来，有其理论自身的缺陷；但强调创新是新工具或新方法的应用，必须产生新的经济价值，这对于创新理论的研究具有重要的意义。

5. 创新是经济发展的本质规定

熊彼特力图引入创新概念以便从机制上解释经济发展。他认为，可以把经济区分为“增长”与“发展”两种情况。如果经济增长是由人口和资本的增长所导致的，并不能称作发展，因为它没有产生在质上是新的现象，而只有同一种适应过程，像在自然数据中的变化一样。熊彼特所指的发展是一种特殊的现象，它是流转渠道中自发的和间断的变化，是对均衡的干扰，它永远在改变和代替以前存在的均衡状态。发展理论只不过是对这种现象和伴随它的过程的论述。发展可以定义为执行新的组合。这就是说，发展是经济循环流转过程的中断，也就是实现了创新，创新是发展的本质规定。

6. 创新的主体是“企业家”

熊彼特把“新组合”的实现称为“企业”，那么以实现这种“新组合”为职业的人便是“企业家”。因此，企业家的核心职能不是经营或管理，而是看其是否能够执行这种“新组合”。这个核心职能又把真正的企业家活动与其他活动区别开来。每个企业家只有当其实际上实现了某种“新组合”时才是一个名副其实的企业家。这就使得企业家并不是一种职业，企业家并不形成从专门意义上讲的社会阶级。熊彼特对企业家的这种独特界定的目的在于突出创新的特殊性，说明创新活动的特殊价值。但是，以能否实际实现某种“新组合”作为企业家的内在规定性，这就过于强调企业家的动态性，这不仅给研究创新主体问题带来困难，而且在实际生活过程中也很难把握。

按照熊彼特的观点和分析，所谓创新就是建立一种新的生产函数，把一种从来没有过的关于生产要素和生产条件的新组合引入生产体系。在熊彼特看来，作为资本主义“灵魂”的企业家的职能就是实现创新，引进新组合。所谓经济发展就是整个资本主义社会不断地实现新组合。资本主义就是这种“经济变动的一种形式或方法”，即“不断地从内部革新经济结构”的“一种创造性的破坏过程”。

在熊彼特假定存在的循环运行的均衡情况下，不存在企业家，没有创新、变动和发展，企业总收入等于总支出，生产管理者所得到的只是管理工资，因而不产生利润，也不存在资本和利息。只有在他所说的实现了创新的发展的情况下，才存在企业家和资本，才产生利润和利息。这时，企业总收入超过总支出，这种余额或剩余就是企业家利润，是企业家由于实现了新组合而应得的合理报酬。资本的职能是为企业家进行创新提供必要的支付手段，其所得利息便是从企业家利润中偿付的，如同对利润的一种课税。在这个创新理论中，人们只能看到生产技术和企业组织的变化，而资本主义的基本矛盾和剥削关系则完全看不见了。

案例分析

可支付的创新

2019年5月，国产首个生物类似药——利妥昔单抗注射液“汉利康”上市，这是国内第一个按照《生物类似药指导原则》研制的单抗药物，对于国内的生物类似药行业来说具有里程碑意义。复宏汉霖总裁兼首席执行官刘世高说，化学药仿制药研发需要3～5年，而汉利康从研发到临床整整走过了10年。研发投入的门槛高达2亿元～4亿元人民币，更不必说后续的生产和制造；而一种典型的化学仿制药的仿制成本为200万美元～300万美元，两者相差约百倍。相比化学仿制药，生物类似药更像是仿制药中的“创新药”。刘世高表示自己并不赞成高风险的创新，认为这是不切实际的策略。

分析：如何进行创新投入？

二、认识国家创新驱动发展战略的内容

（一）为什么要实施国家创新驱动战略？

创新驱动就是创新成为引领发展的第一动力，科技创新与制度创新、管理创新、商业模式创新、业态创新和文化创新相结合，推动发展方式向依靠持续的知识积累、技术进步和劳动力素质提升转变，促进经济向形态更高级、分工更精细、结构更合理的阶段演进。

创新驱动是国家命运所系，是世界大势所趋，更是发展形势所迫。我国经济发展进入新常态，传统发展动力不断减弱，粗放型增长方式难以为继。必须依靠创新驱动打造发展新引擎，培育新的经济增长点，持续提升我国经济发展的质量和效益，开辟我国发展的新空间，实现经济保持中高速增长和产业迈向中高端水平“双目标”。

当前，我国创新驱动发展已具备发力加速的基础。经过多年努力，科技发展正在进入由量的增长向质的提升的跃升期，科研体系日益完备，人才队伍不断壮大，科学、技术、工程、产业的自主创新能力快速提升。经济转型升级、民生持续改善和国防现代化建设对创新提出了巨大需求。庞大的市场规模、完备的产业体系、多样化的消费需求与互联网时代创新效率的提升相结合，为创新提供了广阔空间。中国特色社会主义制度能够有效结合集中力量办大事和市场配置资源的优势，为实现创新驱动发展提供了根本保障。

同时也要看到，我国许多产业仍处于全球价值链的中低端，一些关键核心技术受制于人，发达国家在科学前沿和高技术领域仍然占据明显领先优势，我国支撑产业升级、引领未来发展的科学技术储备亟待加强。适应创新驱动的体制机制亟待建立健全，企业创新动力不足，创新体系整体效能不高，经济发展尚未真正转到依靠创新的轨道。科技人才队伍

大而不强，领军人才和高技能人才缺乏，创新型企业家群体亟须发展壮大。激励创新的市场环境和社会氛围仍需进一步培育和优化。

在我国加快推进社会主义现代化、实现“两个一百年”奋斗目标和中华民族伟大复兴中国梦的关键阶段，必须始终坚持抓创新就是抓发展、谋创新就是谋未来，让创新成为国家意志和全社会的共同行动，走出一条从人才强、科技强到产业强、经济强、国家强的发展新路径，为我国未来十几年乃至更长时间创造一个新的增长周期。

（二）国家创新驱动战略任务有哪些？

（1）推动产业技术体系创新，创造发展新优势。加快工业化和信息化深度融合，把数字化、网络化、智能化、绿色化作为提升产业竞争力的技术基点，推进各领域新兴技术跨界创新，构建结构合理、先进管用、开放兼容、自主可控、具有国际竞争力的现代产业技术体系，以技术的群体性突破支撑引领新兴产业集群发展，推进产业质量升级。

（2）强化原始创新，增强源头供给。坚持国家战略需求和科学探索目标相结合，加强对关系全局的科学问题研究部署，增强原始创新能力，提升我国科学发现、技术发明和产品产业创新的整体水平，支撑产业变革和保障国家安全。

（3）优化区域创新布局，打造区域经济增长极。聚焦国家区域发展战略，以创新要素的集聚与流动促进产业合理分工，推动区域创新能力和竞争力整体提升。

（4）深化军民融合，促进创新互动。按照军民融合发展战略总体要求，发挥国防科技创新重要作用，加快建立健全军民融合的创新体系，形成全要素、多领域、高效益的军民科技深度融合发展新格局。

（5）壮大创新主体，引领创新发展。明确各类创新主体在创新链不同环节的功能定位，激发主体活力，系统提升各类主体创新能力，夯实创新发展的基础。

（6）实施重大科技项目和工程。实现重点跨越在关系国家安全和长远发展的重点领域，部署一批重大科技项目和工程。

（7）建设高水平人才队伍，筑牢创新根基。加快建设科技创新领军人才和高技能人才队伍。发挥企业家在创新创业中的重要作用，大力倡导企业家精神，树立创新光荣、创新致富的社会导向，依法保护企业家的创新收益和财产权，培养造就一大批勇于创新、敢于冒险的创新型企业家，建设专业化、市场化、国际化的职业经理人队伍。

（8）推动创新创业，激发全社会创造活力。建设和完善创新创业载体，发展创客经济，形成大众创业、万众创新的生动局面。

三、创新与经济发展

（一）知识对经济增长有哪些作用？

知识有多种形式，可以是仔细审视某现象后得出的详细理论，也可以是通过研究证明因果关联确实存在的实践经验。调查或学习可以创造知识，但教育培训或仅凭观察模仿也可以获得知识。创造（或获得）知识不需要经济动机，虽然大多数事件的背后都存在经济动机。通常将产品和服务的生产及分配知识称为“技术”，这也是经济学家最感兴趣的话题。然而技术这一概念是仅指实体工艺（硬件）的知识，还是组织/管理这些工艺（软件）的知识也包含在内，目前尚无定论。但后者，即技术的广义理解，对经济分析显然更有意义。

（二）什么是新经济增长理论?

20世纪80、90年代，经济学家对知识（技术）在增长和发展中的作用愈发感兴趣。理论方面的重要发展是新经济增长理论的诞生，该理论认为各国的经济发展差异是由内生知识积累差异所致。

虽然新技术知识可能从一国溢出至另一国，但该理论认为外溢过程面临重重障碍，因为只有这样才能确保创新者在大多数情况下都能获得最大利润。因此，这一理论认为长期经济增长主要取决于知识产权的占有条件及执行情况。发达国家和发展中国家对知识产权的日益重视及两者的相互关系，一定程度上反映出经济理论的研究重点正在转移。此外该理论预测大国的创新能力较小国更强，盈利更多。小国若奉行自由贸易政策，对国际资金流动采取自由立场则可在一定程度上克服规模弊端。因此，该理论认为想要实现赶超，一国必须开放对外贸易和外商投资。

人们普遍认为开放贸易能够促进增长，但相关证据却十分薄弱，事实上，在对比研究了脱离低速发展陷阱的国家和持续贫困的国家之后，发现两者在国际贸易的开放程度上并不存在明显区别，这并不意味着知识跨国流动对增长和发展而言无关紧要。

模块小结

(1) 判断生产活动的标准，要从支付体力和脑力劳动的目的出发，而不能从支付体力和脑力劳动的形式出发。凡是以盈利为目的的活动才属于生产活动，否则就不属于生产活动。

(2) 在生产过程中，企业一般要投入劳动、资本、土地、企业家才能这四种生产要素。企业生产所得收益最终将流向这四种生产要素，分别成为企业的成本和利润。

(3) 经济学中所讲的成本称为经济成本，等于显性成本和隐性成本之和。经济学中的利润称为经济利润，等于收益减去显性成本再减去隐性成本，因此小于会计利润。

(4) 企业的目标是利润最大化，利润等于总收益减去总成本。当企业的边际成本等于边际收益时，企业实现利润最大化。

(5) 短期中，当其他生产要素不变时，企业增加一种生产要素会引起边际产量先递增后递减，这种现象称为边际收益递减规律。边际收益递减规律是研究一种生产要素合理投入的出发点。

(6) 根据总产量、平均产量和边际产量的关系，可以把可变生产要素投入划分为三个阶段。第一阶段，总产量和平均产量都是递增的；第二阶段，平均产量递减，但边际产量仍大于0；第三阶段，所有产量都递减，边际产量为负值。厂商的合理生产阶段为第二阶段，因为在这个阶段，固定生产要素投入和可变生产要素投入两者的结合效率最高。

(7) 可以采用边际分析法和等产量分析法分析两种可变生产要素投入的最佳组合。运用边际分析法时，生产要素的最佳组合是每种要素引起的边际产量与该生产要素价格之比相等。运用等产量分析法时，生产要素的最佳组合是等产量线和等成本线相切的切点。

(8) 规模报酬是指各种生产要素同时增加或减少一定比率时，生产规模变动引起产量的变化情况。具体包括规模报酬递增、规模报酬不变、规模报酬递减三个阶段。规模收益变化的不同情况可由内在经济和外在经济来解释。

(9) 适度规模是指两种生产要素的增加，即生产规模的扩大正好使收益增加到最大，当收益增加到最大时就不再增加生产要素，并将这一生产规模维持下去。

(10) 国内生产总值是衡量一个国家社会发展的重要指标之一。拉动消费或增加投资都可以使国内生产总值呈倍数增加。

(11) 创新驱动是国家命运所系，是世界大势所趋，更是发展形势所迫。

思考与训练

一、思考题

1. 假设你拥有所在大学的食品经营特许权，可出售热狗、可乐和炸土豆片。请运用所学的经济学知识，分析投入的生产要素和成本有哪些。

2. 上大学的机会成本有哪些？

3. 生产一辆经济型轿车或生产一辆豪华型轿车，哪个对国内生产总值的贡献大。为什么？

4. 举例说明国内生产总值指标衡量经济发展状况有哪些局限性。你愿意生活在一个国内生产总值水平高而增长率低的国家，还是愿意生活在一个国内生产总值水平低而增长率高的国家？为什么？

5. 创新在我国经济增长中的作用是什么？

6. 熊彼特的创新理论的主要内容是什么？

二、训练营

1. 从上市公司中选择一家亏损企业，分析其成本构成，并分析该企业是否应该停止经营。

2. 查找你大学所在省份近年来的国民收入相关数据，通过数据分析不同区域的经济状况。

3. 通过访问中华人民共和国国家统计局网站（http://www.stats.gov.cn），查阅中国上一年的国内生产总值资料，并画出曲线图。

4. 查找近20年我国在消费和投资方面的数据，并对政府采取措施的效果进行评价。

模块四

发现价格

知识目标与要求

- 掌握需求和供给的含义及供求定理
- 理解影响需求和供给的因素
- 掌握均衡价格的形成
- 掌握弹性的含义及应用
- 了解通货膨胀的类型与成因
- 理解通货膨胀与经济发展的关系

能力目标与要求

- 能根据需求或供给变化分析价格变动规律
- 能根据价格变动规律指导消费和生产决策
- 能根据市场供求状况预测价格变动趋势
- 能根据各种弹性的不同特点来指导生产和消费决策
- 能判断通货膨胀的类型、成因及对生产者和消费者的影响
- 能理解政府针对通货膨胀及通货紧缩所采取的政策及效果

学习任务

- 运用需求规律指导生产决策、消费决策和政府经济政策
- 运用供给规律指导生产决策、消费决策和政府经济政策
- 运用弹性规律指导企业生产决策和个人投资决策
- 理解通货膨胀的成因及政府对通货膨胀的治理
- 理解通货紧缩的成因及政府对通货紧缩的治理

【轶闻趣谈】

洛阳纸贵

《晋书·左思传》中记载：西晋太康年间出了位很有名的文学家左思。在左思小时候，他父亲一直看不起他，常常对外人说后悔生了这个儿子。等到左思成年后，他父亲还常对朋友们说："左思虽然成年了，可是他掌握的知识和道理，还不如我小时候呢。"左思不甘受到这种侮辱，开始发奋学习。经过长期的准备，他写出了一部《三都赋》，依据事实和历史的发展，把三国时魏都邺城、蜀都成都、吴都南京都写入赋中。当时人们都认为其水平超过了汉朝班固写的《两都赋》和张衡写的《二京赋》。一时间，《三都赋》在京城洛阳广为流传，人们啧啧称赞，竞相传抄，一下子洛阳的纸张价格上涨了好几倍。原来每刀一千文的纸张一下子涨到了两千文、三千文，后来竟倾销一空，不少人只好到外地买纸抄写这篇千古名赋。成语"洛阳纸贵"背后有着丰富的经济学、历史学和文学内涵。

【任务分解】

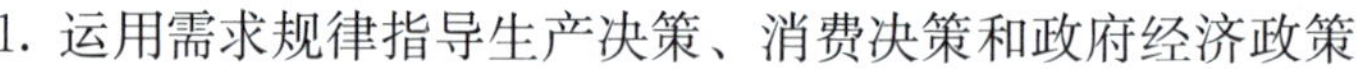

1. 运用需求规律指导生产决策、消费决策和政府经济政策

2. 运用供给规律指导生产决策、消费决策和政府经济政策

3. 根据价格的形成和变动规律指导生产决策、消费决策和政府经济政策

4. 运用弹性规律指导企业生产决策

5. 认识通货膨胀和通货紧缩现象及政府的治理

第一单元
价格形成

一、运用需求规律指导生产决策、消费决策和政府经济政策

一家生产轿车的企业调查中国的人口构成后发现，年轻人有3亿，这些年轻人中，80%有购买轿车的愿望。该企业由此得出一个结论：轿车在中国市场上的需求为2.4亿辆。该企业所做的市场需求调查是否科学？为什么？

分组讨论

每年的天猫“双11”购物狂欢节被称为“剁手节”，于2009年开始举办，已经连续举办了11年。每年的销售数据如下：

2009年，淘宝商城的单日交易额达到5 000万元。

2010年，单日销售额达到9.36亿元，每秒超过2万元的交易。

2011年，淘宝商城和淘宝网联合促销，创下52亿元的记录。

2012年，天猫与淘宝总销售额达到191亿元，其中天猫132亿元，淘宝59亿元。

2013年，“双11”走过了5个年头，参与品牌从最开始的27个增加到数千家，涵盖服装、家居、家电等各个品类，业绩也从最初的5 000万元一路飙升至350亿元，5年翻了700倍。

2014年，各大电商和转型中的电商也全力加入“双11”。苏宁易购“双11”自有商品销售件数同比增长487%，开放平台销售额同比增长735%。京东商城和拍拍网2014年“双11”共售出超过3 518万件实物商品。京东官方数据显示，京东配送员共配送300万千米，派送物品38万吨。而天猫这一天的交易总额为571亿元。

2015年，天猫“双11”交易额达到912.17亿元。

2016年，天猫“双11”交易额达到1 207亿元。

2017年，天猫“双11”交易额达到1 682亿元。

2018年，天猫“双11”交易额达到2 135亿元。2018年“双11”当天全国网络零售交易额突破3 000亿元。

2019 年，天猫“双 11”交易额达到 2 684 亿元，创历史新高。
“双 11”火爆的原因是什么？

（一）什么是需求？

经济学中所讲的需求（demand），是指消费者（家庭）在某一特定时期内，在每一价格水平时愿意且能够购买的某种商品的数量。简单地说，需求就是有支付能力的购买欲望（需要）。

经济学中所讲的需求必须同时满足两个条件：

1. 消费者必须有购买欲望

购买欲望是消费者的一种需要，没有需要就没有需求。例如：对伊斯兰教徒来说，即使收入再高，猪肉再便宜，他们也不会有对猪肉的需求，只有购买能力而无购买欲望构不成需求。再如：现在绝大部分人都有智能手机，虽然他们仍然有购买普通手机的能力，但是大多数人不会再有购买普通手机的需要了。

2. 消费者必须有购买能力

目前大多数城市的房价都很高，虽然很多工薪阶层都有购买房子的需要，但是面对价格不菲的房子，对一个月收入只有 5 000 元乃至更低的家庭来说，虽然有购买欲望，但如果没有购买能力，房子即使是家庭需要的，也无法构成需求。再如：卖火柴的小女孩看见“一只烧鹅突然从盘子里跳出来，背上插着刀叉，摇摇晃晃地向她走来”，饥饿的小女孩如此需要这只烧鹅，但这并不能构成她对烧鹅的需求，因为她没有购买能力。

在现实生活中，消费者分为四种情形：一部分人愿意购买，但没有购买能力；一部分人有购买能力，但不愿意购买；一部分人既不愿意购买，也没有购买能力；只有最后一种人，既有购买愿望，又有购买能力，他们才是现实的市场需求者。

因此，要构成需求，购买欲望和购买能力缺一不可。

小思考

《红楼梦》第六十一回中有这样一个情节：迎春的大丫头司棋想吃一碗嫩嫩的炖鸡蛋，就派了一个丫鬟去向管厨房的柳嫂子要，结果引起一场大闹。司棋想要一碗炖鸡蛋，柳嫂子回绝了她的要求：“就是这样尊贵。不知怎的，今年这鸡蛋短的很，十个钱一个还找不出来……通共留下这几个，预备菜上的浇头。姑娘们不要，还不肯做上去呢，预备接急的。你们吃了，倘或（主子们）一声要起来，没有好的，连鸡蛋都没了……我倒别伺候头层主子，只预备你们二层主子了。”柳嫂子的话，说明鸡蛋的行情看涨，成了稀罕物，凭着司棋在贾府里的脸面、地位已经不能想吃就吃了。该情节中鸡蛋是不是司棋的需求？

（二）如何表示需求？

在分析市场如何运行时，物品价格这一因素起着关键作用。如果每支冰激凌的价格上升到 20 元，你就会少买一些；如果每支冰激凌的价格下降到 0.2 元，你就会多买一些。需求量与价格之间的这种反方向变动关系对于经济学中的大部分物品来说都是正确的。

表 4－1 表示的是不同价格水平下小明每个月购买的冰激凌的数量。如果冰激凌为 0.5 元/个，小明每个月会买 25 个冰激凌；当价格上涨为 1 元/个时，小明每个月只会买 20 个冰激凌。随着价格继续上升，他的需求量越来越少。当价格上涨到 3 元/个时，小明就 1 个冰激凌也不会买了。

表 4－1　　需求表

组合	冰激凌的价格 P（元/个）	冰激凌的需求量 Q（个）
A	0.5	25
B	1.0	20
C	1.5	15
D	2.0	10
E	2.5	5
F	3.0	0

需求表（demand schedule）表示在影响消费者购买数量的其他因素都不变的情况下，每一可能的价格下商品需求量的表格。

如果用纵轴代表冰激凌的价格，横轴代表对冰激凌的需求量，把需求量与价格的关系表示在平面坐标中，就是小明对冰激凌的需求曲线，如图 4－1 所示。

因此，需求曲线（demand curve，常以 D 表示）是一条表示商品需求量与价格之间关系的曲线。可以看出，需求曲线是一条向右下方倾斜的曲线，即它的斜率为负值。

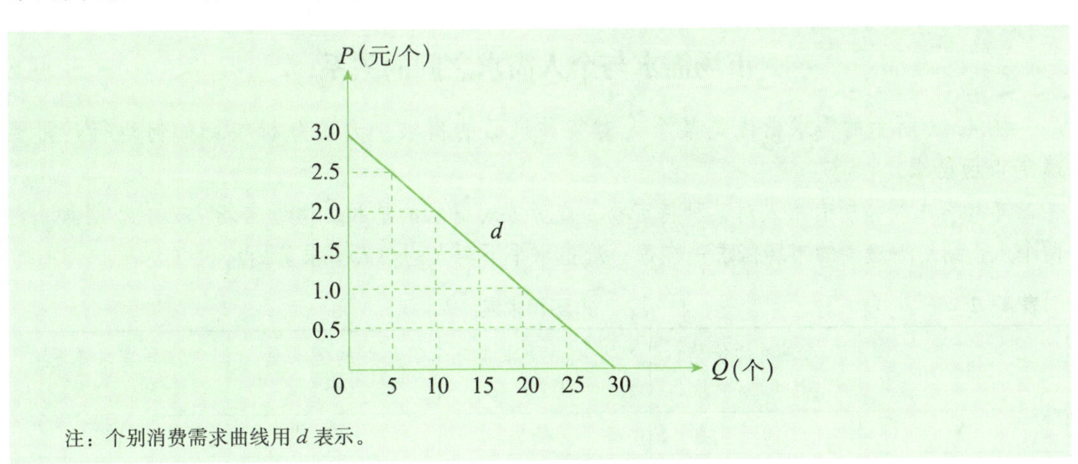

图 4－1　小明对冰激凌的需求曲线

商品的需求曲线往往是一条向右下方倾斜的曲线，如图 4－2 所示。图 4－1 所示的直线只是需求曲线的一种特殊情况。在分析问题时，为了简化，往往将需求曲线表示为直线。

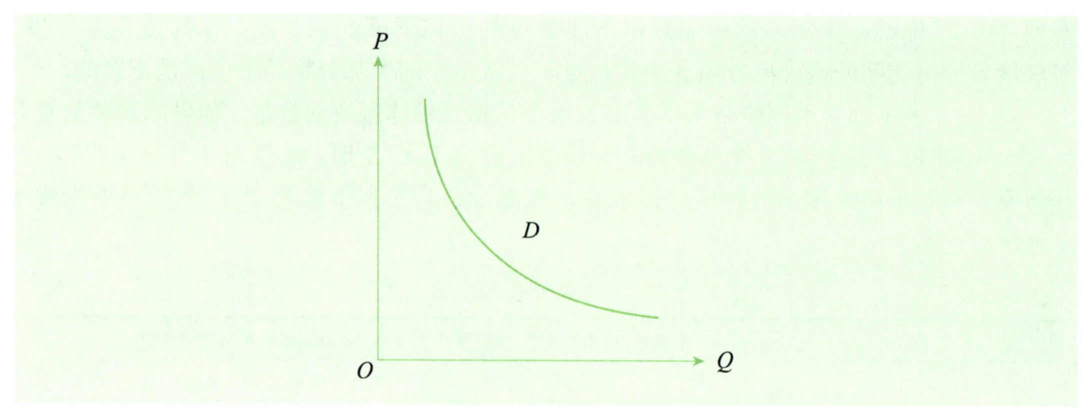

图 4－2　商品的需求曲线

通过分析可以发现，商品的需求量和价格之间存在一一对应的关系，商品需求量和价格之间的这种关系也可以用函数来表示，即：

$$Q_d = f(P)$$

式中，P 表示商品的价格，Q_d 表示商品的需求量。

上述冰激凌的例子中的需求函数可表示为：

$$Q_d = 30 - 10P$$

知识拓展

市场需求与个人需求之间的关系

图 4－1 所示的需求曲线是某个人对某种产品的需求。为了分析市场如何运行，需要确定市场需求。

市场需求是指所有个人对某种特定物品或劳务的需求的总和。假设市场上只有小明和小红两个人，则对冰激凌的市场需求是在每一价格水平下两人的个人需求量的总和（见表 4－2）。

表 4－2　市场需求表

组合	冰激凌的价格 P（元/个）	小明的需求量（个）	小红的需求量（个）	市场需求总量（个）
A	0.5	25	21	46
B	1.0	20	17	37
C	1.5	15	13	28
D	2.0	10	9	19

续前表

组合	冰激凌的价格 P（元/个）	小明的需求量（个）	小红的需求量（个）	市场需求总量（个）
E	2.5	5	5	10
F	3.0	0	1	1

如果用需求函数来表示，则小明的需求函数为：

$$Q_1=30-10P$$

小红的需求函数为：

$$Q_2=25-8P$$

那么市场需求函数为两者相加，即：

$$Q_d=Q_1+Q_2=55-18P$$

同样可以用图形来说明个人需求与市场需求之间的关系，大家可以自己画出表 4-2 中的个人需求曲线和市场需求曲线，也可以把个人需求曲线相加得出市场需求曲线。由于我们想要分析的是市场如何运行，因此最常使用的是市场需求曲线。市场需求曲线表示在影响消费者购买数量的所有其他因素保持不变时，一种物品的总需求如何随该物品的价格变动而变动。

（三）什么是需求定理？

分组讨论

假如目前教师手中有一款价值 8 000 元的苹果手机，请讨论：

（1）以班级同学为整个消费市场，此时市场需求有多少？说明该需求是如何确定的。

（2）如果该款手机由 8 000 元降为 7 000 元，仍然以班级同学为消费对象，则此时的市场需求是多少？若手机价格分别降为 6 000 元、5 000 元、4 000 元、3 000 元、2 000 元，则市场需求又如何呢？请小组代表说明刚才的变化规律，并用一段话、表格、图形分别表述出来。

（3）除了价格之外，还有哪些因素会影响该手机的需求？如何影响？请举例说明。

通过前文关于需求的描述，我们知道在一般情况下，某一时期内商品的需求量和其相对应的价格之间是反方向变化的，表现为需求曲线向右下方倾斜。这种反方向变化关系对大多数物品来说都是正确的，而且这种关系非常普遍，因此经济学家称之为需求定理（law of demand）。需求定理又称需求定律，是指在影响需求的其他因素既定的条件下，商品的需求量与其价格之间存在反方向变动关系。即商品价格上升，需求量减少；商品价格下降，需求量增加。

例如：前文中提到的冰激凌，如果它的价格猛涨，在消费者收入、偏好等都没有任何改变的情况下，消费者当然会减少购买量甚至不买，表现出需求量与价格之间反方向变动的关系。但在理解需求定理时，一定要注意它的假设前提：除商品本身的价格之外，其他影响需求的因素保持不变。离开这一假设，需求定理就无法成立，需求曲线也不一定会向右下方倾斜。

需求定理只是对一种普遍现象的归纳总结，也有三种例外：（1）高档炫耀性商品，其需求量与价格成同方向变化。如首饰、豪华轿车、品牌服装等，只有在高价时才能显示消费者的身份和地位；价格降低时，高档消费群体的需求量反而下降。（2）低档生活必需品（吉芬商品）。英国经济学家吉芬发现，在1845年爱尔兰大饥荒时，马铃薯的价格上涨，需求量不减反增。（3）投机性商品（股票、债券、黄金、邮票等）。其价格发生波动时，需求呈现不规则变化，受心理预期的影响，时常出现“买涨不买跌”的现象。

（四）影响需求的非价格因素有哪些？

需求定理反映的是商品的需求量与价格之间的关系，它的假设前提是影响需求的其他条件不变。因此，随着时间的推移，如果商品本身价格以外的某种因素改变了，就会引起商品需求曲线的移动。影响商品需求的非价格因素主要有：

1. 消费者的偏好

如果你喜欢吃冰激凌，你就会多买一些。同样是手机，有的消费者喜欢华为，有的喜欢苹果，有的喜欢OPPO，因此，偏好会影响对手机的需求。同时我们发现，偏好是可以改变的。例如：北方人在南方待的时间久了，可能会逐渐喜欢南方的口味。偏好也是可以培育的。又如：以前的人没有补钙的习惯，但是企业通过广告宣传补钙的重要性，就可以培育消费者对钙制品的偏好。另外，通过广告效应，树立企业或品牌形象，可以影响消费者的偏好。因此，企业可以通过影响消费者的偏好来增加消费者对某种商品的需求。

2. 消费者的收入

如果某个夏天你失业了，你对冰激凌的需求很可能会减少。因为收入低意味着总支出减少，因此不得不减少在某些物品上的消费量。

消费者的收入变化会影响对商品的需求。一般来说，收入增加了，人们对一些商品的消费量也会增加。随着人们生活质量的提高，每个家庭拥有的家电的数量增加了，住房面积也在增加。例如：对文化娱乐方面的消费，从横向来看，高收入家庭的文化娱乐活动多于低收入家庭；从纵向来看，随着消费者财富的不断积累，人类社会对文化娱乐的需求在质和量两方面都越来越高。

3. 其他相关商品的价格

有些商品之间存在一定的关系，如汽车和汽油、计算机和软件、菜场上的肉类食品和蔬菜类食品等，我们称它们为相关商品。一般来说，商品之间的关系分为两种：一种是替代品（substitute goods），一种是互补品（complementary goods）。在功能上可以相互替代的两种商品互为替代品，如鸡肉和鸭肉、牛奶和豆浆、出租车和私家车等。当鸡肉价格下降时，人们便会买相对价格较低的鸡肉，而减少对鸭肉的购买。还有一些商品必须同时使用或消费才能发挥特定的作用，如汽车和汽油、牙膏和牙刷、网球和网球拍，这些商品互为互补品。例如：汽车的价格上升，人们对汽车的需求量便会降低；汽车少了，汽油的消费也相应减少。所以，汽车价格上升会引起汽油需求的减少。

4. 消费者对未来价格的预期

如果人们预期未来房价会上涨，就会提前买房，增加当前消费，导致房子需求增加；相反，如果预期未来房价会下跌，就会推迟消费，导致房子当前的需求减少。

除以上列举的因素外，商品需求还受到其他因素的影响，如季节（啤酒在夏天的需求远远大于冬天的需求）、人口数量及结构、消费信贷政策、广告等。

如果将影响需求的因素看成自变量、需求量看成因变量，则需求函数可以表示为：

$$Q_d = f(P, T, I, P_c, P_s, P_e)$$

式中，Q_d表示某种商品的需求量，P 表示商品的价格，T 表示消费者偏好，I 表示消费者收入，P_c表示互补品的价格，P_s表示替代品的价格，P_e表示消费者价格预期。

小思考

请选择一种你经常消费的商品，用所学知识分析影响你消费该商品的因素有哪些，并制图说明。

知识拓展

需求的变动与需求量的变动的区别

在经济分析中，需求的变动和需求量的变动是两个不同的概念，这种不同和它们的概念及影响需求的因素有关。

需求是指在不同价格水平上的各种购买量的总称。前文的例子中，冰激凌的价格为0.5 元/个时，消费者的购买量是 25 个，价格为 1.0 元/个时的购买量是 20 个，价格为1.5 元/个时的购买量是 15 个……所以，消费者的需求是指所有这些价格下各种购买量的集合，在图形上表现出来就是整条需求曲线。

需求的变动是指除商品自身价格之外的其他因素的变动所引起的需求量与价格之间的关系的变动，表现为整条需求曲线的移动。需求的变动是由于购买者的偏好、收入或替代品价格发生了变化，它们是单独或结合在一起发生变化的。当需求增加时，每种价格水平下的商品的购买量也相应地增加了。或者换一种说法：当需求增加时，购买者对于任何一个既定的购买量，愿意支付比以前更高的价格。需求的变动在图形中表现为整条需求曲线位置的移动，如图4－3（a）所示。

需求量是指某一特定价格下消费者的购买量。冰激凌的价格为0.5元/个时，消费者的购买量是25个，这个购买量就是特定价格下的需求量。商品的需求量随其自身价格的变动而变动，表现为在一条既定的需求曲线上点的位置移动。所以，需求量在图形中表现为整条需求曲线上的一个点，需求量的变动就是需求曲线上点的位置在需求曲线上移动，如图4－3（b）所示。

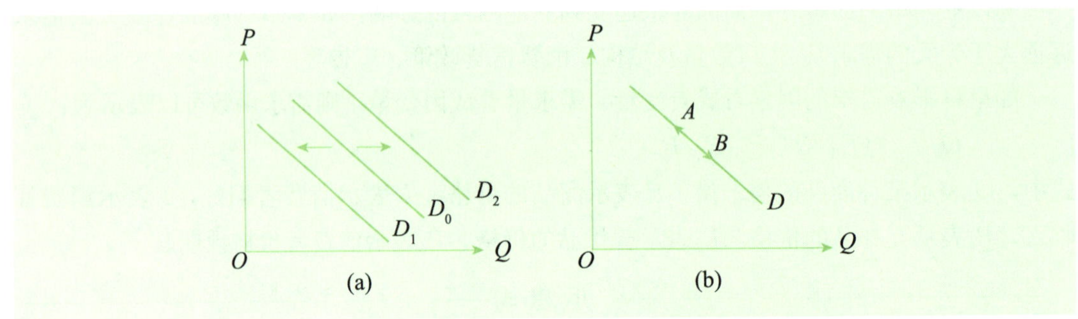

图4－3　需求的变动和需求量的变动

案例分析

减少香烟需求量的两种方法

公共政策制定者通常采取两种方法减少吸烟者对香烟的需求量。

（1）使香烟或其他烟草产品的需求曲线移动。如公益广告、香烟盒上印有“吸烟有害健康”的警示或禁止在电视上做香烟广告，这些都可以减少一定价格水平下香烟的需求量。这些政策会引起需求曲线的移动，表示需求减少。

（2）提高香烟的价格以减少香烟的需求量。例如：政府对香烟制造商征税，烟草公司就会以提高价格的方式把税收的大部分转嫁给消费者，较高的价格促使吸烟者减少他们的吸烟量。在这种情况下，香烟的需求变化就不会表现为需求曲线的移动，而是需求量沿着同一条需求曲线移动，表示需求量减少。

分析：请用需求量的变化和需求的变化在曲线上的不同反应来分析减少香烟需求量的两种方法。

二、运用供给规律指导生产决策、消费决策和政府经济政策

2018 年 5 月，亿房研究中心统计了某市城区所有可以出售的备案商品房，共计有 5 万多套房源，由此得出该市一共有 5 万多套的房源供给量，供给充足。该结论是否合理？

分组讨论

在售房过程中，很多开发商或代理机构在开盘时率先对外推出的都是那些位置相对较差、朝向采光不太好的房子，而把户型、朝向、楼层较好的房源提前捂盘。当差的房子出手之后，开发商就没有后顾之忧了，不用担心房子卖不出去了，而囤积下的好房子等待涨价。这时候买房者得到的信息往往是这栋楼已经卖完了，或者只有两三套可供选择，开发商人为制造楼盘抢手的局面。在售楼人员危言耸听的“恐吓”下，消费者按捺不住匆忙签约，之后才发现此楼盘根本无人抢购。诸如此类事件在房地产投诉案例中屡见不鲜。有些项目卖了两三年了，消费者再去买房子，反倒能买到最好的房子，为什么呢？因为开发商囤积房屋没有成本，不用多纳税，而且银行利率相对来说比较低。就目前来说，开发商之所以能够囤积房屋，核心原因在于囤积房屋的成本、风险太小，而收益非常大，所以作为理性经济人的开发商一定会这么做。

捂盘不卖的房子能否构成房子的市场供给？经济学中的供给应该具备哪些条件？

（一）什么是供给？

经济学中所讲的供给（supply），是指生产者（厂商）在一定时间和一定价格水平下，愿意且能够提供的某种商品的数量。

经济学中所讲的供给必须同时满足两个条件：“愿意出售”，且“有商品出售”，两者缺一不可。

以下两种情况无法形成供给：

1. 愿意提供，但没能力

生产者有时候愿意供给，却没有供给能力，可能是因为资金、技术等的限制。例如：治疗糖尿病、痛风的药都有副作用，很多厂商都想开发出疗效好又没有副作用的药品，但是由于受目前技术的限制，无法开发出来，因此不能形成供给。又如：很多刚毕业不久的大学生想创业但没有资金，或者有的人有资金但缺乏技术，都不能形成劳动力的市场供给。

2. 能够提供，但不愿意

很多时候，企业有能力供给但不愿意供给。例如：有的厂商为了追求高额利润而将商品囤积起来，等待涨价后再销售，典型的例子就是房地产开发商的捂盘销售。又如：有的大学生毕业后宁愿待在家里也不出去工作，也不能形成劳动力的市场供给。

小思考

换季时，服装企业为了回笼资金，有可能会以低于产品成本的价格进行亏本销售。从单件商品来看，企业也许是亏损的，但是从总体来看，企业是盈利的，而且多销售一件，利润就会有所增加。房地产行业的利润已经非常高了，但是有时开发商会捂盘惜售，虽然盈利了，但是只要开发商认为没有达到自己的目标利润，不愿意销售，就无法形成市场的供给。因此，企业亏损不一定不卖，盈利不一定会卖，关键在于从长远来看，企业是否实现了目标利润。

因此，从某一个特定时期来看，不能以开发商开发了多少房子来判断市场供给的多少，由于开发商捂盘惜售，导致市场上真实的供给远比开发出来的房子少得多。所以，仅仅以市场上开发商开发了多少房子来判断房子供给是不准确的，由此可见，市场上的需求和供给都是可以人为控制的。

需求之所以被控制，是因为受两个条件（购买欲望和购买能力）的制约。消费者控制需求，是为了以最小的货币付出实现最大的满足；供给之所以被人为控制，也是厂商为了实现利润最大化。只要两个主体是理性的，这种人为控制的现象就是必然存在的，也是客观存在的。

从某一阶段来看，企业亏损是不是一定不会销售，盈利是不是一定会销售？

（二）如何表示供给？

仍以前文的冰激凌为例，当冰激凌价格较高时，卖冰激凌有利可图，因此厂商愿意供给，供给量也大；当冰激凌价格较低时，出售冰激凌获利变小，厂商不愿意供给或者供给量较少。当冰激凌价格继续下跌至很低时，厂商可能会决定停止生产。表4-3表示生产者在不同的冰激凌价格水平下的供给量，即供给表（supply schedule），它表示在影响某种物品的生产者想出售数量的其他因素都保持不变的情况下，每一可能的价格下商品供给量的表格。与需求一样，供给不是指某一特定价格下的供给量，而是指各种价格水平下供给量的总称。

表4-3　　供给表

组合	冰激凌的价格 P（元/个）	冰激凌的供给量 Q（个）
A	0.5	11
B	1.0	13
C	1.5	15
D	2.0	17
E	2.5	19
F	3.0	21

将表4-3中的不同价格和供给量的组合在平面坐标上绘制出一条曲线，就是供给曲

线（supply curve，常以 S 表示）。它是表示某商品供给量和价格之间关系的曲线，一般情况下，它向右上方倾斜。为方便起见，经常用直线表示，如图 4－4 所示。

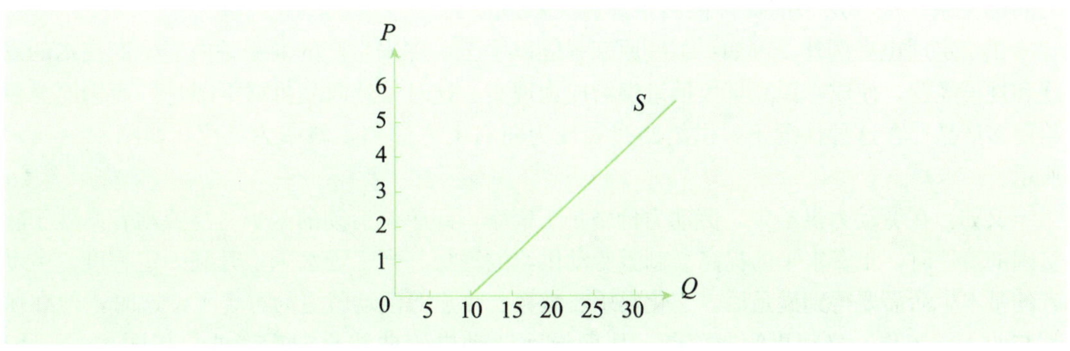

图 4－4　供给曲线

同样地，也可以通过函数关系来表示商品供给量和价格之间的关系，即：

$Q_s = f(P)$

上例中冰激凌的供给函数为：

$Q_s = 9 + 4P$

知识拓展

市场供给与个人供给之间的关系

正如市场需求是所有消费者需求的总和一样，市场供给也是所有生产者供给的总和，它是指在特定时期和某一特定市场上所有个人供给的相加。假设市场上有两个供应商甲和乙，甲的供应函数为：

$Q_{甲} = 9 + 4P$

乙的供给函数为：

$Q_{乙} = 10 + 4P$

那么市场供给函数为二者相加，即：

$Q_s = Q_{甲} + Q_{乙} = 19 + 8P$

（三）什么是供给定理？

供给定理（law of supply），又称供给定律，是商品供给量与价格之间关系的理论。其基本内容是：在影响供给的其他因素既定的条件下，商品的供给量与其价格之间存在同

方向变动关系，即商品价格上升，供给量增加；商品价格下降，供给量减少。理解这一定理时，同样要注意必须在假定影响供给的其他因素不变的前提下，研究商品供给量与价格之间的关系。离开这一前提，供给定理就无法成立。

供给定理也有例外。例如：某些原来只能以手工单件来生产的商品，由于生产技术的发展和规模经营，使成本锐减且大批量供给成为现实，这时虽然商品价格下降，厂商仍愿意供给更多产品。在这种情况下，供给曲线表现为向右下方倾斜，斜率为负值，如图 4－5（a）所示。

又如：在劳动力供给中，劳动力价格是工资率，即单位劳动的工资。当劳动者尚处于较贫困的境地时，工资水平的提高会刺激劳动供给的增加。当工资水平上升到一定程度，劳动者的基本生活需要得到满足后，文化娱乐、教育、休息等活动就更为重要了，这时，他在闲暇与收入（工作）之间更倾向前者，从而导致劳动供给曲线会向后弯曲，如图 4－5（b）所示。

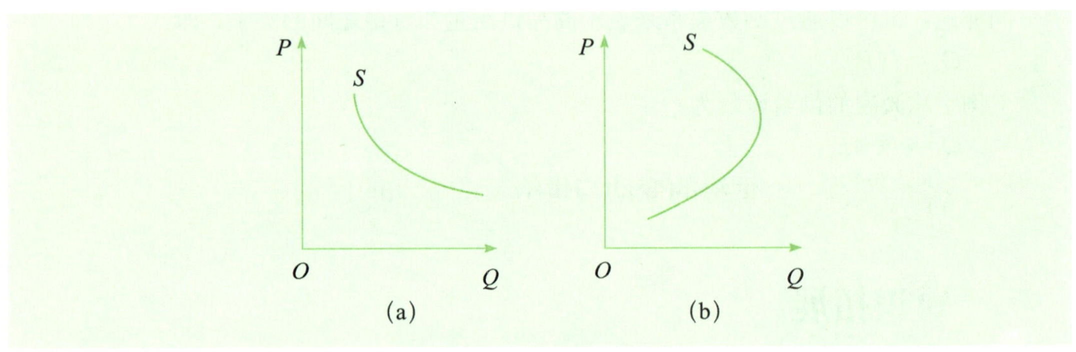

图 4－5　供给曲线的例外情况

除了劳动的供给和技术进步及规模效应导致成本降低的产品是特例之外，土地、古董、古画、名贵邮票、证券、黄金等物品的供给曲线也呈现一定的特殊性。

（四）影响供给的非价格因素有哪些？

供给定理反映的是商品本身价格与供给量之间的关系，它的假设前提是其他条件不变，因此，随着时间的推移，如果商品本身价格以外的某种因素改变了，就会引起商品供给曲线的移动。影响商品供给的非价格因素主要有：

1. 生产要素的价格

生产过程就是投入产出的过程，在这一过程中需要不断地投入各种生产要素：原料、机器设备、厂房、生产工人等，当这些生产要素的价格上涨时，生产产品的成本就上升，利润就减少，生产者就会考虑减少供给甚至停产，供给也会减少；反之，供给增加。

2. 生产技术和管理水平

在整个供给定理中，仅就商品的价格进行分析，实际上，现在有很多商品的供给受到技术因素的影响，如计算机、手机等。技术的进步和管理水平的改善提高了生产率，使得生产成本迅速下降，在同一价格水平下，生产厂商愿意并且能够提供更多的产品，供给增加。

3. 生产者对未来价格的预期

生产者如果预期未来商品价格会下跌，就会立即增加现在的供给、减少库存，以便在未来价格下跌时尽量减少供给；如果生产者预期未来商品价格会上升，就会囤积居奇、待价而沽，减少现在的供给。

如果将影响供给的因素看成自变量、供给看成因变量，则供给函数可以表示为：

$$Q_s = f(P, P_t, T, P_e)$$

式中，Q_s 表示某种商品的供给量，P 表示商品的价格，P_t 表示生产要素的价格，T 表示生产技术和管理水平，P_e 表示价格预期。

除了以上因素外，生产者的数量、气候、时间等因素也可能会影响市场供给。如一些厂商退出市场，整个市场的生产者数量减少，市场供给就会减少。

知识拓展

供给的变动与供给量的变动的区别

供给的变动和供给量的变动在经济分析中是两个不同的概念。

供给的变动是指在商品本身价格不变的情况下，其他因素变动引起的供给变动。供给的变动表现为整条供给曲线的移动。供给曲线向左移动（$S_0 \rightarrow S_1$）表示供给减少，供给曲线向右移动（$S_0 \rightarrow S_2$）表示供给增加。如技术进步会导致供给曲线向右移动，而生产要素价格上涨等则会导致供给曲线向左移动，如图 4－6（a）所示。

供给量的变动是指在其他条件不变的情况下，商品价格变动所引起的供给量的变动。供给量的变动表现为在一条既定的供给曲线上点的位置的移动。在同一条供给曲线上，相应的点向上移动表示供给量增加，向下移动表示供给量减少，如图 4－6（b）所示。

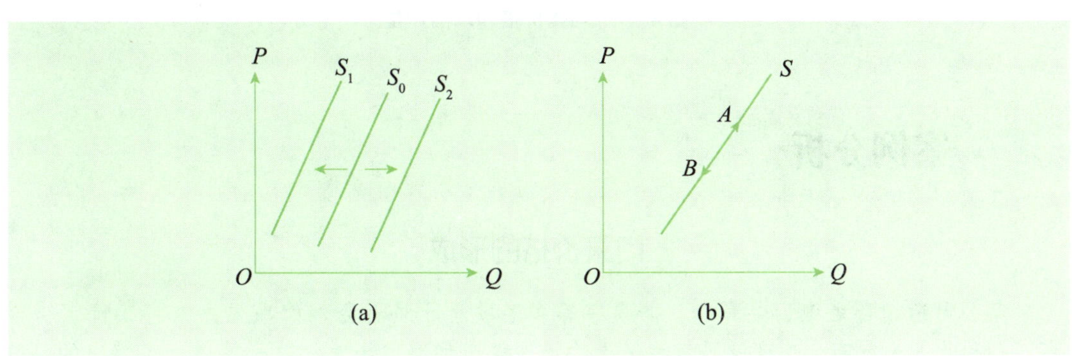

图 4－6　供给的变动和供给量的变动

三、运用价格形成过程指导企业生产决策和个人消费决策

如何理解价格就像一只“看不见的手”在调整买方和卖方的行为？

分组讨论

描述一次你讨价还价购买商品的实际经历，分析其中价格的形成过程。

（一）什么是均衡价格？

需求说明了某一商品在每一价格水平下的需求量，供给则说明了某一商品在每一价格水平下的供给量，要说明某商品价格的决定作用，就需要将需求和供给结合起来考虑。在竞争性市场上，对于某一种商品的任一价格，其相应的需求量和供给量不一定相等，但在该商品的各种可能的价格中，必定有一价格能使需求量和供给量相等，从而使该商品市场达到一种均衡状态。

均衡价格（equilibrium price）是指消费者对某种商品的需求量等于生产者提供的该商品的供给量时的市场价格。均衡价格是由需求量和供给量两种力量共同决定的，均衡状态时的交易量称为均衡交易量或均衡产量（equilibrium quantity）。

当市场达到均衡时，市场需求量与供给量相等，因此均衡交易量正好位于需求曲线（D）与供给曲线（S）的交点。如图4－7所示，需求曲线与供给曲线相交于E_0，这一点即实现了均衡，E_0对应的价格P_E为均衡价格，E_0对应的产量Q_E为均衡交易量。

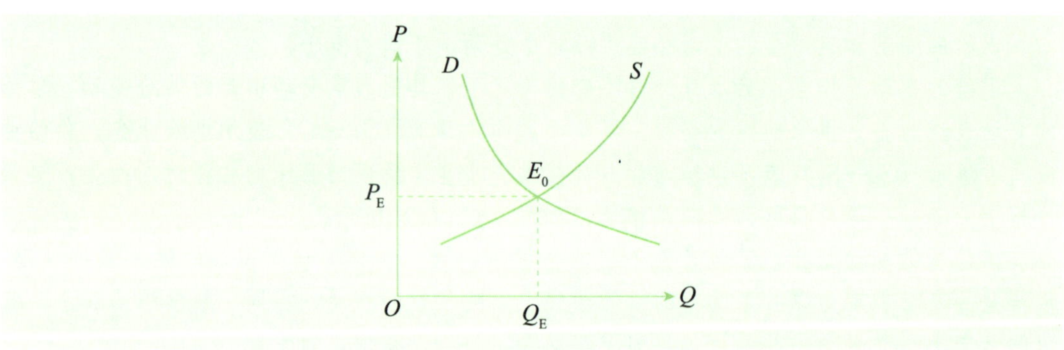

图4－7　均衡价格和均衡产量

案例分析

门票价格的形成

某公司邀请薛之谦、吴青峰、华晨宇等多名歌星开演唱会。如果主办方将票价定得很高，门票收入也就高，厂商就愿意找很大的场地或增加演出场次，这样就增加了演出的供给量。但如果主办方将票价定得过高，大多数歌迷不愿意购买。对歌迷而言，门票价格越低，

愿意购买且能够购买的顾客数量（需求量）就越多，但如果歌迷要求的票价过低，主办方会因无利可图而不愿意举办演唱会。因此，在需求和供给之间必须找到一个双方都能接受的价格和数量，这个价格就是演唱会门票的均衡价格（假定为600元）。在这个价格水平下，想买票的歌迷都能买到门票，主办方也不会有门票的剩余，需求量与供给量相等。

分析：请用均衡价格形成原理来分析门票价格的形成过程。

（二）均衡价格是如何形成的？

均衡价格是由市场上不停变化着的供求关系决定的，是市场上供求双方在竞争过程中自发形成的。例如：冰激凌的价格为0.5元/个时，冰激凌的需求量超过供给量，市场上商品短缺，较多的消费者抢购较少的商品，生产者就会抬高价格。价格上升导致需求量减少、供给量增加，只要市场需求量大于供给量，价格就会持续上升，直到市场达到均衡。如果价格上升至3.0元/个，此时消费者觉得价格太高不愿意购买，市场上供给量大于需求量，存在商品过剩，生产者就会降低价格。价格下降导致需求量增加、供给量减少，只要市场供给量大于需求量，价格就会持续下降，直到达到市场均衡（见表4-4）。

表4-4　均衡价格的形成

冰激凌的价格（元/个）	冰激凌的需求量（个）	冰激凌的供给量（个）	价格变动趋势
3.0	0	21	向下
2.5	5	19	
2.0	10	17	
1.5	15	15	均衡
1.0	20	13	向上
0.5	25	11	

均衡价格的形成如图4-8所示。

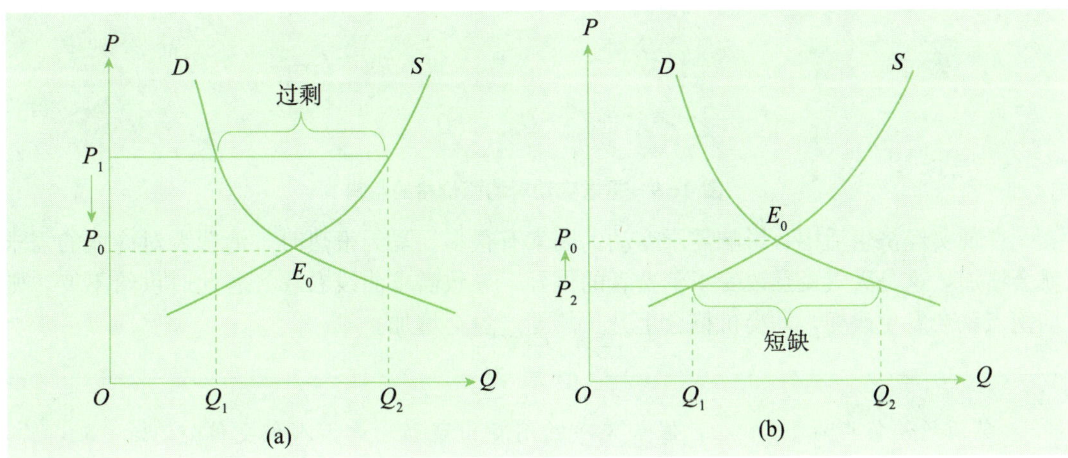

图4-8　均衡价格的形成

小思考

学费、汽油价格等政府干预的价格是不是均衡价格？

四、运用价格运动规律指导企业生产决策和个人消费决策

市场均衡价格一旦形成，会不会发生变化？

分组讨论

假设今年夏天天气特别炎热，这种天气将如何影响冰激凌的价格及销售量？

（一）需求变动如何影响均衡价格的变动？

需求变动是指在商品价格不变的情况下，影响需求的其他因素变动引起的需求量的变化，这种变化在图形上表现为整条需求曲线的移动。

在供给曲线一定的条件下，需求增加时，需求曲线由 D_0 右移至 D_1，均衡价格上升，均衡产量增加；需求减少时，需求曲线由 D_0 左移至 D_2，均衡价格下降，均衡产量减少（见图4-9）。

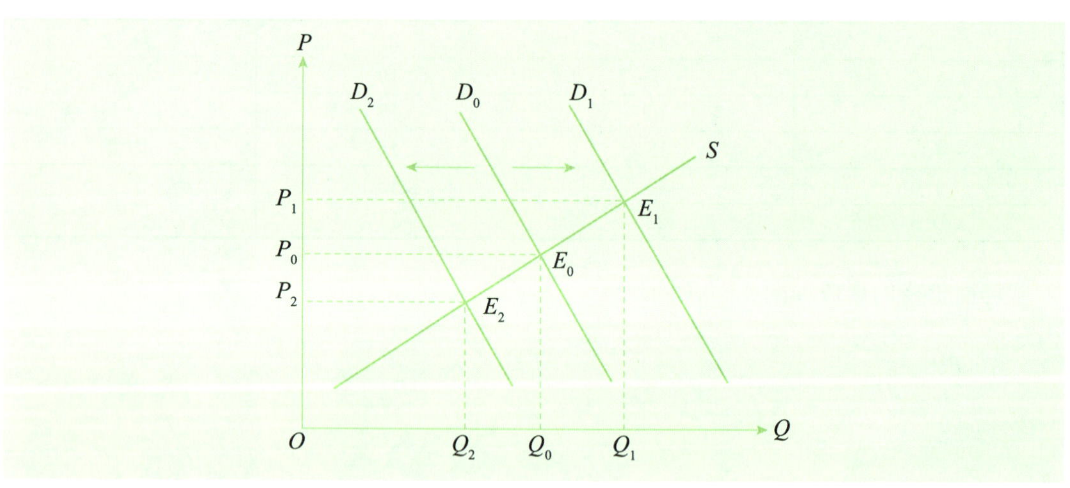

图4-9　需求变动对均衡价格的影响

在现实经济生活中，影响需求变动的因素有很多。夏天很热时，消费者对冷饮的需求就会增加，这是天气炎热改变了消费者的偏好，导致需求曲线右移。若此时供给不变，则均衡点就会发生改变，均衡价格会上升，均衡产量会增加。

小思考

某商场销售华为 Mate 20，假如今年的消费出现新动向，人们更偏好 Mate 30，你认为消费者偏好的转移会给为 Mate 20 的销售带来什么影响？

(二) 供给变动如何影响均衡价格的变动?

供给变动是指在商品价格不变的情况下，影响供给的其他因素变动引起的供给量的变化，这种变化在图形上表现为整条供给曲线的移动。

在需求曲线一定的情况下，供给增加时，供给曲线由 S_0 右移至 S_1，均衡价格下降，均衡产量增加；供给减少时，供给曲线由 S_0 左移至 S_2，均衡价格上升，均衡产量减少(见图 4-10)。

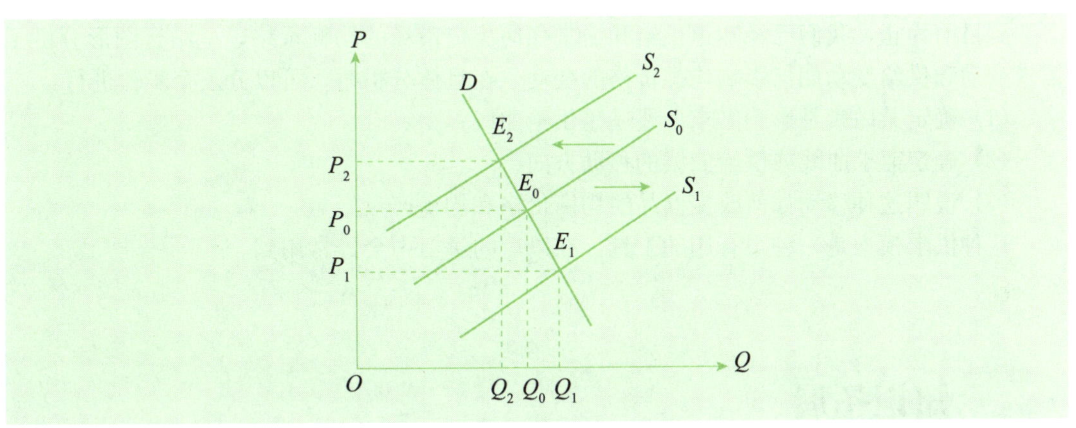

图 4-10　供给变动对均衡价格的影响

(三) 供需同时变动如何影响均衡价格的变动?

上文分别分析了需求变动和供给变动对均衡价格的影响，其他变化还包括需求和供给同时增加、需求和供给同时减少、供给增加需求减少和需求增加供给减少四种情况。需求、供给的变动对均衡的影响可归纳为表 4-5。

表 4-5　需求、供给的变动对均衡的影响

需求	供给	均衡价格	均衡产量
增加	不变	上升	增加
减少	不变	下降	减少
不变	增加	下降	增加
不变	减少	上升	减少
增加	增加	不定	增加
减少	减少	不定	减少
增加	减少	上升	不定
减少	增加	下降	不定

根据表格，可得出如下结论：

(1) 均衡价格和均衡产量与需求均呈同方向变动；

（2）均衡价格与供给呈反方向变动，而均衡产量与供给呈同方向变动。

市场上供大于求或者供不应求都是暂时的，消费者的行为和生产者的行为自然而然地使市场上的需求和供给相等，市场价格最终将达到均衡价格，所有的消费者和生产者都将得到满足，不再存在价格上升或下降的压力。不同市场上达到均衡的速度是不同的，这取决于价格调整的速度。在大多数自由市场上，由于价格最终要变动到其均衡水平，所以，过剩与短缺都只是暂时的。实际上，这种现象非常普遍，因此被称为供求定律（law of supply and demand）：任何一种物品价格的调整都会使该物品的供给与需求达到平衡。

到目前为止，我们已经知道供给和需求如何决定市场的均衡价格，也结合图形分析了需求变动和供给变动如何影响均衡价格的变动。在具体分析时，可以分三个步骤进行：

（1）确定某因素是影响需求曲线还是供给曲线；

（2）确定需求曲线或供给曲线的移动方向；

（3）说明这种移动如何改变商品的均衡价格和均衡产量。

这种供求模型是一种很有用的工具，在以后的学习中会经常用到。

知识拓展

运用数学方法计算均衡价格

经济学家经常使用数学方法来描述经济学的有关原理，下面来看均衡价格的计算。均衡价格由需求和供给双方共同决定，前文已经列出了需求和供给的函数表达式，即：

$$Q_d = f(P)$$

$$Q_s = f(P)$$

令 $Q_d = Q_s$ 就可得到均衡价格，并可计算出此时的均衡产量。

如某一时期内，某商品的需求函数为：

$$Q_d = 30 - 10P$$

供给函数为：

$$Q_s = 9 + 4P$$

令 $Q_d = Q_s$，即可得到 $P = 1.5$，$Q = 15$。

通过以上计算可知该商品的均衡价格为1.5，均衡产量为15。

五、理解并掌握政府进行价格管制的方式

为什么政府要对部分药品进行价格管制？既然价格像一只“看不见的手”在调控着经济，为什么还需要政府这只“看得见的手”干涉市场价格？

分组讨论

（1）目前针对我国房价过高的问题，政府都制定了哪些政策？这些政策对房地产企业和购房者都产生了哪些影响？

（2）我国政府针对粮食价格制定了哪些政策？这些政策对农民粮食的生产和居民粮食的消费都产生了哪些影响？

在市场经济中，价格这只“看不见的手”调节着市场运行，引导着资源配置。价格对经济的调节就是通常所说的价格机制，即价格调节社会经济生活的方式和规律。价格的形成过程实际上就是价格调节经济的过程，人们可以通过市场价格了解供求的变化，价格的变动又可以改变需求或供给，使资源配置达到最优状态。价格是调节经济的“看不见的手”，它把经济中各个分散的个体联系在一起，协调它们的活动，从而使整个经济和谐、正常地进行。实现市场经济的关键在于充分发挥价格机制的作用，不要将这只“看不见的手”捆绑起来，要放开价格，尽量减少人为干预。价格可以做到的事，政府就不要去干预，只有当价格的自发调节作用受阻时，政府才可以干预。正如上文所说，均衡价格是在市场背后、在没有任何外力干扰下自发形成的，如果有外力干扰，这时形成的价格就不能称为均衡价格。

但是，市场并不是万能的，我们会发现有时候市场价格过高，消费者买不起；有时候市场价格过低，导致生产者缺乏生产积极性，这时候就需要另外一只“看得见的手”来调节，这只“手”就是政府。下文将分析当市场均衡价格过高和过低时，政府如何进行价格调节。

（一）当市场均衡价格过低时，政府如何调节？

有的商品市场价格太低，生产者缺乏生产积极性，影响了整个行业的发展，这时候，政府可能会规定一个最低价格，以鼓励该行业的发展。这种最低限价称为支持价格（price floor），又称价格下限、地板价格，是政府为了扶持某一行业的发展，对该行业产品规定的高于市场均衡价格的最低价格。如我国对农产品采取的就是支持价格。

结合图4-8（a）来理解政府对某商品实行最低限价的情形。若政府规定的某商品的最低限价为 P_1，可以看出，P_1 高于均衡价格 P_0。当价格为 P_1 时，市场上的供给量 Q_2 远远大于市场的需求量 Q_1，市场上出现过剩的产品，剩余产品量为 Q_2-Q_1。这些过剩的产品不能被市场消化，为了维持最低限价，政府通常采取两个措施来维持市场的正常运行，即限制生产（补贴限产），或者处置剩余的产品（政府采购）。

许多国家实行的农产品支持价格和最低工资都属于价格下限。就农产品支持价格而言，由于农产品生产的周期性特点，如果发生自然灾害等，农民的收入、农业发展很容易受到影响。因此，农产品的支持价格对于稳定农业生产和农民收入有着积极的意义。但这也容易导致农产品过剩，不利于市场调节下的农业结构调整，而且过剩的农产品要由政府收购，增加了财政负担。

（二）当市场均衡价格过高时，政府如何调节？

有的商品市场价格偏高，消费者承担不起，如目前我国的房价和药品价格，影响了消费者的生活质量。这时候，政府会规定一个最高限价，最高限价也称限制价格（price ceiling），又称价格上限、天花板价格，是政府为了限制某些商品的价格而规定的低于市场均衡价格的最高价格。政府实行最高限价的目的是抑制某些商品的价格上涨，稳定经济。例如：稳定生活必需品的价格有利于保护消费者利益，稳定民心。对垄断性很强的公共物品的价格，政府也会采取最高限价的办法保护消费者的利益。

限制价格政策一般在战争或自然灾害等特殊时期使用，但也有许多国家对某些生活必需品或劳务长期实行限制价格政策。例如：法国在第二次世界大战后对关乎国计民生的煤炭、电力、煤气、交通与邮电服务等都实行了限制价格政策，英国、瑞典、澳大利亚等国则对房租实行限制价格政策，还有一些国家对粮食等生活必需品实行限制价格政策。此外，规定利率上限等做法也属于限制价格的一种形式。

如果说最低限价政策是为了保护生产者的利益，那么，最高限价政策则是为了保护消费者的利益。图4-8（b）显示了政府对某种商品实行最高限价的情形。若政府规定的某商品的最高限价为P_2，可以看出，P_2低于均衡价格P_0，需求量Q_2远远大于供给量Q_1，市场上出现供不应求的情形。对于这些供给不足，政府要想办法在购买者之间进行分配。

主要有两种方法解决供给不足：配给制和排队购买。配给制是指通常由政府专门设置一个配给机构或发放定量的票证，或者按照某种条件进行配给。如新中国建立初期，因为生产力水平过低，5.7亿人只有3 200亿斤粮食，因此只能实行统购统销，实行票证制。

排队购买是指采取“先到先供应”的方法取得消费品。这种方法从表面上看是公平的，实际上它是不公平的，毕竟对于不同的人来说，时间的边际效用是不一样的。而且这种方法会耗费人们大量的时间，这实际上是一种资源浪费，同时容易滋生权力带来的腐败行为。

在实行价格上限时必然会出现黑市交易，如春节期间的“黄牛党”、活跃在体育比赛和音乐会门口的票贩子。限制价格还会挫伤生产者的生产积极性，使商品短缺变得更加严重，一旦放弃价格控制，价格上涨得会更加厉害。所以，经济学家一般反对长期使用限制价格政策，因为不利于经济的发展。

上文分析了需求、供给、价格的形成及政府对价格的干预等。市场经济的基本原则就是价格自发调节经济，该放开的价格一定要放开。但同时也应该明白，价格的这种作用不能绝对化，在有些情况下，政府对价格的干预也是非常重要的，如对垄断的干预。换个角度来说，市场竞争不充分，价格的调节就不会完善。

超链接

减少政府对价格形成的干预，全面放开竞争性领域商品和服务价格

中国共产党第十八届中央委员会第五次全体会议强调，实现“十三五”时期发展目

标，破解发展难题，厚植发展优势，必须牢固树立并切实贯彻创新、协调、绿色、开放、共享的发展理念。这是关系我国发展全局的一场深刻变革，要充分认识这场变革的重大现实意义和深远历史意义。

坚持创新发展，必须把创新摆在国家发展全局的核心位置，不断推进理论创新、制度创新、科技创新、文化创新等各方面创新，让创新贯穿党和国家的一切工作，让创新在全社会蔚然成风。构建发展新体制，加快形成有利于创新发展的市场环境、产权制度、投融资体制、分配制度、人才培养引进使用机制，深化行政管理体制改革，进一步转变政府职能，持续推进简政放权、放管结合、优化服务，提高政府效能，激发市场活力和社会创造力，完善各类国有资产管理体制，建立健全现代财政制度、税收制度，改革并完善适应现代金融市场发展的金融监管框架。创新和完善宏观调控方式，在区间调控基础上加大定向调控力度，减少政府对价格形成的干预，全面放开竞争性领域商品和服务价格。

小思考

我国铁路票价、经济适用房价格、水费、电费等实行了最高限价，这种政策保护了消费者的利益，有利于社会平等和安定，但同时带来了一些不利影响。该政策带来了哪些不利影响？如何消除这些不利影响？

案例分析

2018 年全国各地最低工资标准

据统计，截至 2018 年 7 月 1 日，已有上海、辽宁、新疆、江西、西藏、广西、云南、山东、广东、北京、四川 11 省区市上调了 2018 年最低工资标准。从各地调整的数据看，上海月最低工资达 2 420 元，在各省市区中最高，成为当之无愧的最低工资标准“一哥”（见表 4－6）。

表 4－6　2018 年个别上调最低工资标准省份

地区	类别	月最低工资标准（元）			
		第一档	第二档	第三档	第四档
北京	最新标准	2 120			
	较上次上调	120			
上海	最新标准	2 420			
	较上次上调	120			

续前表

地区	类别	月最低工资标准（元）			
		第一档	第二档	第三档	第四档
安徽	最新标准	1 550	1 380	1 280	1 180
	较上次上调	30	30	30	30
江苏	最新标准	2 020	1 830	1 620	
	较上次上调	130	110	100	

从案例可以看出，江苏省的最低工资调高了。

分析：

（1）最低工资属于哪种价格政策？

（2）该政策将会产生哪些后续影响，政府应该怎么做？

限价取消后药品价格是涨还是落

经国务院同意，国家发改委会同国家卫计委、人社部等部门联合发出通知，决定从2015年6月1日起取消绝大部分药品政府定价，完善药品采购机制，发挥医保控费作用，药价主要由市场竞争形成。

根据《关于印发推进药品价格改革意见的通知》（以下简称《通知》），除麻醉、第一类精神药品仍暂时由国家发展改革委实行最高出厂价格和最高零售价格管理外，对其他药品政府定价均予以取消，不再实行最高零售限价管理，按照分类管理原则，通过不同的方式由市场形成价格。其中：（1）医保基金支付的药品，通过制定医保支付标准探索引导药品价格合理形成的机制；（2）专利药品、独家生产药品，通过建立公开透明、多方参与的谈判机制形成价格；（3）医保目录外的血液制品、国家统一采购的预防免疫药品、国家免费艾滋病抗病毒治疗药品和避孕药具，通过招标采购或谈判形成价格。（4）其他原来实行市场调节价的药品，继续由生产经营者依据生产经营成本和市场供求情况，自主制定价格。

《通知》强调，取消药品政府定价后，要做好与药品采购、医保支付等改革政策的衔接，强化医药费用和价格行为监管。

在相关配套机制方面，《通知》明确，卫生计生部门要根据药品特性和市场竞争情况，实行分类采购，并调动多方参与积极性，促进市场竞争，合理确定药品采购价格；同时加强医疗机构诊疗行为监管，控制不合理使用药品医疗器械以及过度检查和治疗。医保部门要会同有关部门制定医保药品支付标准，做好医保、招标采购政策的衔接配合，促进医疗机构和零售药店主动降低采购价格。价格主管部门要健全价格监测体系，强化药品价格行为监管，对价格欺诈、价格串通和垄断行为要依法严肃查处。

分析：

（1）取消政府限价后，药价会大幅上涨吗？

（2）政府应该怎么管理药价？

（3）药价改革能否革除“以药养医”弊端？

美国农业补贴政策的演变及其影响

从20世纪30年代经济危机开始，美国的农业补贴政策经历了从奠定基础到淡化再到保护加重的循环上升过程，至今已比较完善。

第一阶段：20世纪30年代至80年代的奠定基础阶段

1933年罗斯福新政时期，美国国会通过了《1933年农业调整法》，开始全面干预农业经济。决策者认为，美国农业的根本问题是生产过剩和居民购买力不足，因此生产控制和价格支持就成了农业政策最重要的手段。农产品补贴政策主要有以下几个方面：一是农产品计划补贴政策。政府通过制定一年一度的“农产品计划”（即生产与产量计划），与农场主签订合同，执行农产品价格与收入支持政策。二是农业信贷补贴政策。美国的农业信贷系统虽独立于政府部门，但它仍能从政府获得低息贷款转而提供给农场主。三是农作物保险补贴政策。1980年通过的《联邦作物保险法》规定，美国农业部为所有保险物提供30%的保险费补贴，向提供作物保险销售和服务的私人公司支付一定的费用。

美国的这种价格支持与收入支持政策，对于保护中小农场主、稳定发展美国农业经济起到了重要作用。然而，随着国内外经济环境的变化，这种政策的副作用越来越明显，妨碍了市场机制在农业领域的有效发挥。一是没有解决生产过剩问题。价格支持和收入支持政策鼓励了农场主扩大生产规模，使他们不是按照市场需求变化而是根据政府的支持水平来决定自己的生产。二是增加了美国政府公共负担。美国的一些农业政策使消费者普遍受益，但有关价格支持和收入支持政策又人为地抬高了农产品价格，增加了消费者负担。而且，由于食品在低收入家庭开支中占的比重最高，他们受的影响也最大。到了20世纪80年代，政府的补贴开支加上消费者损失总和已大大超过了美国农场主的得益。三是降低了美国农业的国际竞争力。美国实施了扩大农产品出口的政策及措施，但其产品的国际竞争力又因价格支持政策而大受影响。只要国际市场价格降到某种产品的“贷款率”之下，美国农场主就不再把自己的产品出口，而是作为贷款抵押品送进农产品信贷公司的仓库。

第二阶段：20世纪90年代后的淡化阶段

20世纪90年代，美国政府干预农业的政策思想发生了转变：主张充分发挥市场机制的作用，从严格干预政策转向以市场机制为基础，政策只用于纠正市场失效问题，并遵循成本效益原则。

20世纪90年代农业政策的变化主要反映在《1990年农业法》和《1996年农业法》中。1990年的农业政策改革，在原来的价格支持和停耕补贴的基础上，增加了计划合同参加者进行生产的自由度；规定“农产品计划”的参加者，在占合同面积15%的土地范围内，可自主选择生产的农产品种类。这样一方面减少了政府的农业补贴，另一方面增加了生产者的利润和收入，生产者可以选择种植价格高、利润丰厚的农产品，能够在获得补偿其损失的补贴后增加额外收入。

1996年的农业政策改革彻底摒弃了已实行60多年的农业补贴政策体系，旨在7年后取消政府为农场主提供的价格和收入补贴，把农场主完全推向市场，使政府彻底摆脱越来越沉重的农业补贴负担。这对美国农业产生了深远影响。一是导致农业生产的集中。大量中小农场经营者被迫退出农业领域，农业生产集中和垄断程度不断加强，农场规模稳步扩大，大农场主有能力采用新科技降低生产成本，并且可以利用农产品期货和期权市场防范价格风险。同时，农业生产集中度提高使得美国农业危机的可能性增大。二是农产品市场风险加大。从理论上讲，改革增加了市场因素在生产决策中的作用，减少了原来由于事先人为确定的农产品计划所造成的资源配置的扭曲现象。但由于市场的不确定性和生产的盲目性，且价格信号传递有一个较长的周期，从而导致农业生产波动性的增大。

第三阶段：2002年至今美国农业补贴政策的加重阶段

2002年以来，在历次多边谈判中，尽管美国政府建议实行“零补贴方案”，主张取消一切生产补贴和出口补贴，补贴总量也时有反复，但其高强度补贴的特征却一直没有改变。《2002年农业安全及农村投资法》（简称《2002年农业法》）更是直接宣布政府对农业的直接补贴，力度、范围之大可谓空前。一是销售贷款差额补贴。销售贷款差额补贴始于《1933年农业调整法》，是政府保证农民顺利出售农产品的最低保护价，即政府预定一个农产品的销售价格，并以此价格贷款给农民。二是生产灵活性合同与直接支付。生产灵活性合同下的直接支付，即“不挂钩补贴”，也是延续《1996年农业法》的做法。直接支付额为支付率与该农产品的支付面积和支付单产之乘积。各种产品的支付率在新法案中都有明确规定。新法案同原法案相比，增加了大豆、花生和其他油料作物的支付率，同时提高了原有产品的直接支付率。三是反周期支付。农民可以获得的总反周期支付等于单位产品反周期支付额与支付面积和支付单产之乘积。其中的支付面积与支付单产的确定与直接支付相同，是根据基期情况确定的，而单位产品支付额则与当年的市场价格情况直接相关。四是农产品贸易补贴。美国农产品40%销往国外市场，农产品出口贸易，尤其是对新市场的开拓，对于稳定国内农业生产和农场主收入具有极其重要的作用。因此，美国农产品出口补贴以出口信贷和鼓励市场进入为重点，主要补贴项目有出口信贷担保、新兴市场项目、市场进入项目和出口提高项目。

《2002年农业法》实际上是自《1985年农业法》以来，特别是《1996年农业法》的大踏步后退。这集中体现在以下几个方面：第一，以往的几个农产品自由贸易法案都强调农场主应注重市场自由经营，他们应该把注意力瞄准国际市场，而不是政府的价格支持体系。《2002年农业法》中不再提及这些，而是通过政府拨款增强所谓的安全保护。第二，过去通过的农产品自由贸易法案，都强调减少政府财政拨款，不管是《1985年农业法》，还是《1990年农业法》和《1996年农业法》，无一不强调通过市场自由经营，旨在减少政府用于农业的补贴，而《2002年农业法》却把增加农业拨款提到重要议事日程。第三，美国政府把过去很少得到补贴的水果、蔬菜和畜牧业也列入补贴范围，这不能不说是以往自由贸易的明显退步。

2007年，美国参议院又以压倒性的优势通过了《2007年农场、营养学以及生物能源法案》，其补贴程度较之前有过之而无不及。新法案维持了对玉米、小麦、大麦、大豆等农作物的补贴，还将补贴范围扩大到其他专业农作物，如水果、蔬菜，而水果及蔬菜在美国已经接近自由市场。这项法案对农产品市场造成重大影响，美国政府通过财政补贴手段推进生物能源的计划，使得食品供应更加紧张，其中玉米受到了最直接的影响。

2002 年与 2007 年的法案不仅是 1985 年以来自由贸易的倒退，也是半个多世纪美国农业补贴政策的进一步深化。其对美国国内外产生的消极影响概括起来有以下几点：第一，农产品贸易保护政策的进一步实施使联邦政府的财政赤字上升。第二，给新的全球贸易谈判罩上阴影。第三，新农业法使发展中国家遭受的损失较大，这在拉丁美洲国家表现得尤为突出。美国新农业法对农产品实施的保护性政策，促使其农产品补贴范围比过去大大扩展，这使得主要依靠农产品出口的拉丁美洲国家雪上加霜。第四，引发新一轮贸易保护。对于欧盟来说，新农业法的影响也是灾难性的，欧盟的农业生产如果没有高额的补贴，与美国相比根本没有竞争优势，在国际市场上也就无法与美国农产品竞争。对于凯恩斯集团来说，因为具有先天的自然优势，其农产品一直有很强的国际竞争力，长期以来其农产品一直没有得到过政府的有效保护，美国对农业的大额补贴将削弱凯恩斯集团农产品的国际竞争力。新农业法是美国的国内法，尽管将对国际农产品市场造成重要负面影响，但他国却不能阻止法案的实施。因此，各国不得不调整各自的农业政策，特别是农产品对外贸易政策，以减少美国新农业法带来的负面影响。据欧洲粮食行业官员及贸易人士称，继美国通过新农业法后，欧盟很可能维持粮食出口补贴，可能还会进一步提高保护水平，以减少过剩的库存，保护欧盟农业市场。其他国家也都宣布将会采取各种措施应对美国农业补贴造成的负面影响。因此，相当长一段时间内，农产品国际贸易保护高潮将不可避免。

资料来源：王鹏，王磊．美国农业补贴政策的演变及其影响．中国财政，2010（1）．

分析：美国农业补贴政策的演变背后包含哪些经济学原理？

第二单元
弹性应用

一、运用需求价格弹性指导企业制定价格政策

（1）在商品价格策略中，薄利多销一定能够提高企业收益吗？
（2）为什么当大白菜丰收时，价格便宜了很多，销量却增加不多？

分组讨论

阅读并讨论叶圣陶《多收了三五斗》中包含的经济现象。

万盛米行的河埠头，横七竖八停泊着乡村里出来的敞口船。船里装载的是新米，把船身压得很低。齐船舷的菜叶和垃圾被白腻的泡沫包围着，一漾一漾地，填没了这船和那船之间的空隙。河埠上去是仅容两三人并排走的街道。万盛米行就在街道的那一边。朝晨的太阳光从破了的明瓦天棚斜射下来，光柱子落在柜台外面晃动着的几顶旧毡帽上。

那些戴旧毡帽的大清早摇船出来，到了埠头，气也不透一口，便来到柜台前面占卜他们的命运。"糙米五块，谷三块"，米行里的先生有气无力地回答他们。

"什么！"旧毡帽朋友几乎不相信自己的耳朵。美满的希望突然一沉，一会儿大家都呆了。

"在六月里，你们不是卖十三块么？"

"十五块也卖过，不要说十三块。"

"哪里有跌得这样厉害的！"

"现在是什么时候，你们不知道么？各处的米像潮水一般涌来，过几天还要跌呢！"

……

"去年是水灾，收成不好，亏本。今年算是好年时，收成好，还是亏本！"

"今年亏本比去年都厉害，去年还粜七块半呢。"

（1）判断商品需求价格弹性。

（2）确定需求价格弹性与收益之间的关系。

（一）什么是需求价格弹性？

生产者在制定价格政策时，最终目的是实现利润最大化，在成本一定的情况下，价格和销售量就是影响收益的直接因素，根据需求定律虽然可以了解到商品价格变化时需求量变化的方向，但并没有说明价格变化会引起需求量变化多少。例如：巧克力的价格下降了20%，它的需求量增加了多少呢？需求的价格弹性解决了这一问题。

需求价格弹性简称需求弹性，是指一种商品的需求量对其价格变动的反映程度，即需求量变动对价格变动的敏感程度。其系数等于需求量变动率除以价格变动率，即：

$$需求价格弹性系数=\frac{需求量变动率}{价格变动率}$$

$$E_d=\frac{\Delta Q/Q}{\Delta P/P}=\frac{\Delta Q}{\Delta P}\cdot\frac{P}{Q}$$

式中，E_d表示需求价格弹性系数，P 表示商品价格，ΔP 表示价格的变动量，Q 表示需求量，ΔQ 表示需求的变动量。

由于需求量与价格一般呈反方向变动，ΔP 与 ΔQ 中必有一个为负数，因此，E_d经常为负值。但在实际应用中，对需求价格弹性的考察只注重数量的变化，所以一般都取 E_d 的绝对值来比较商品需求价格弹性的大小。

知识拓展

需求价格弹性的计算

需求价格弹性可分为弧弹性和点弹性。

1. 需求的弧弹性

需求的弧弹性是指需求曲线上两点之间的需求量变动对价格的相对变动的反映程度，它表示的是需求曲线上两点之间的一段曲线（即弧线）的弹性强度。其计算公式为：

$$E_d=\frac{\Delta Q/Q}{\Delta P/P}=\frac{\Delta Q}{\Delta P}\cdot\frac{P}{Q}$$

式中，$Q=(Q_2+Q_1)/2$，$P=(P_1+P_2)/2$。

例如：某品牌彩电的价格从 400 元/台涨到 500 元/台，需求量会下降一半，从 100 万台下降到 50 万台，则：

$$E_d=\frac{\Delta Q}{Q}\div\frac{\Delta P}{P}=\frac{50-100}{\frac{(100+50)}{2}}\div\frac{500-400}{\frac{(400+500)}{2}}$$

2. 需求的点弹性

需求的点弹性是指需求曲线上某一点的弹性。

点弹性计算的是令 $\Delta P\to 0$ 时，需求曲线上某一点及邻近范围的弹性。需求点弹性的计算公式为：

$$E_d=\lim_{\Delta P\to 0}\frac{\Delta Q}{Q}\div\frac{\Delta P}{P}=\frac{dQ}{dP}\cdot\frac{P}{Q}$$

式中，dQ/dP 表示需求曲线上任一点切线斜率的倒数。

（二）需求价格弹性有哪些类型？

1. 需求富有弹性

需求价格弹性系数经常用绝对值表示，需求价格弹性系数大于1，即 $|E_d|>1$，称为需求富有弹性，表明商品需求量变动的比率大于价格变动的比率，即价格每升降1%，需求量变动的比率大于1%。奢侈品和价格昂贵的享受性劳务多属于此类型。

图4-11中，价格下降了 $\frac{1\,000-500}{(1\,000+500)/2}=\frac{2}{3}=66.7\%$，消费者需求量从 A 点变到 B 点，需求量增加 $\frac{3-1}{(3+1)/2}=1=100\%$，$|E_d|=1.5$，表明需求富有弹性。

2. 需求缺乏弹性

需求价格弹性系数小于1，即 $|E_d|<1$，称为需求缺乏弹性，表明商品需求量变动的比率小于价格变动的比率，即价格每升降1%，需求量变动的比率小于1%。生活必需品，如粮食、油等多属于此类型。图4-12中，价格下降了 $\frac{4-2}{(4+2)/2}=\frac{2}{3}$，需求量仅仅增加了 $\frac{12.5-10}{(12.5+10)/2}=\frac{2}{9}=22.2\%$，$|E_d|=33.3\%$，表明需求缺乏弹性。

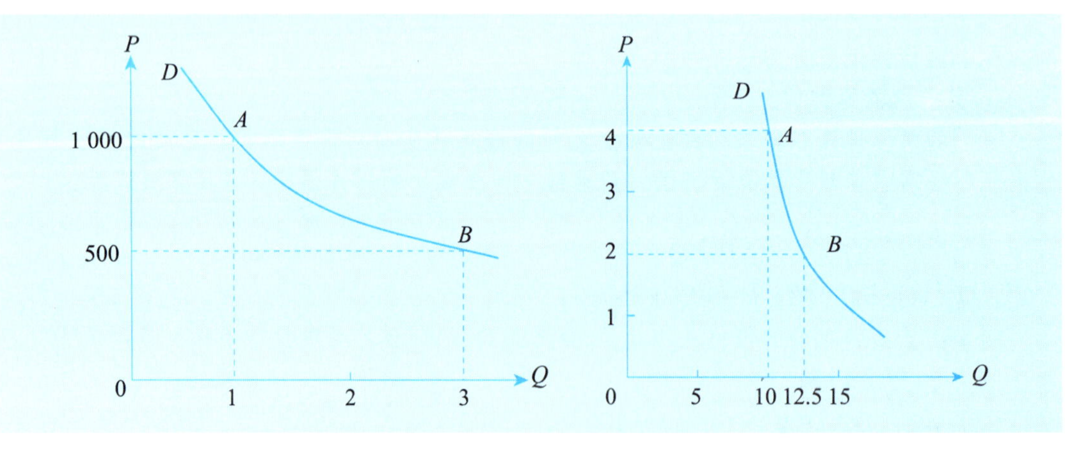

图4-11　需求富有弹性　　图4-12　需求缺乏弹性

3. 需求完全无弹性

需求价格弹性系数等于0，即 $|E_d|=0$，称为需求完全无弹性，表明商品价格无论

怎样变动，需求量都不会变。其需求曲线是一条与纵轴平行的垂线（见图 4－13）。通常认为棺材、火葬费、特效药等商品或劳务接近于这一类型。

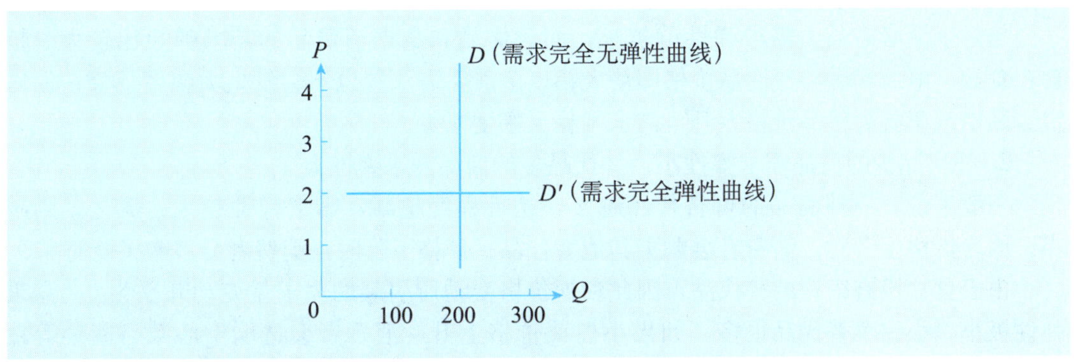

图 4－13　需求完全无弹性和需求完全弹性

4. 需求完全弹性

需求弹性无穷大，即 $|E_d|\to\infty$，表明商品在既定的价格水平上，需求量是无限的，而一旦高于既定价格，需求量即为 0，说明商品的需求量变动对价格变动异常敏感。其需求曲线是一条与横轴平行的水平线（见图 4－13）。这是一种在现实中比较罕见的情况。例如：出租车服务价格为每千米 2 元，如果某辆出租车涨价，则人们对它的需求量为 0；如果低于每千米 2 元，人们会排队抢着上他的车，甚至提前预订。黄金、外汇、股票等的需求曲线也会接近于一条水平线。

5. 需求单位弹性

需求价格弹性系数等于 1，即 $|E_d|=1$，表示需求量与价格按同一比率发生变动，即价格每升降 1%，需求量就相应减增 1%，其需求曲线为直角双曲线（见图 4－14）。这种情况在现实中也极为罕见。

图 4－14 中，价格下降 50%，引起需求量增加 50%，表明这是需求单位弹性。

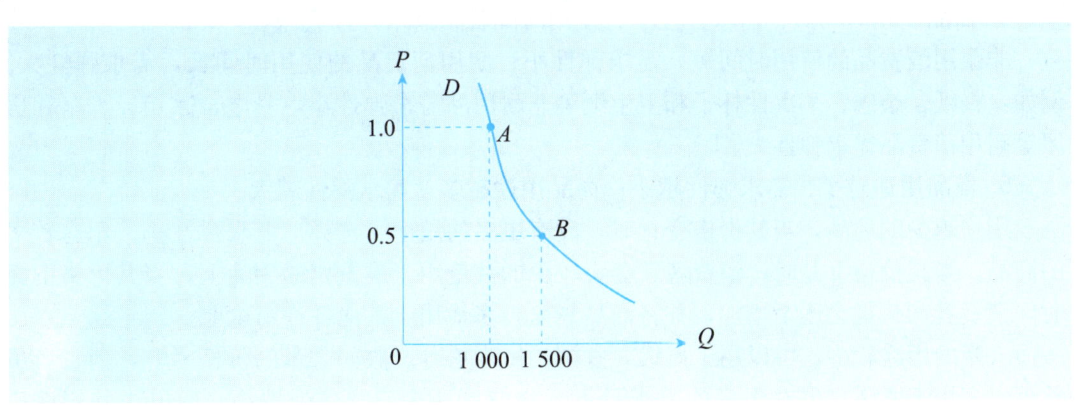

图 4－14　需求单位弹性

（三）如何判断商品需求价格弹性的大小？

1. 必需品需求弹性小，奢侈品需求弹性大

越是生活必需品，需求弹性就越小，而奢侈品和高档消费品的需求弹性比较大。粮食、食盐、电力和燃料等商品价格即使大幅度上涨，需求量也不会发生大幅度下降；而珠宝、高档汽车等奢侈品价格上升，需求量将大幅度减少。

2. 替代品少的商品需求弹性小，替代品多的商品需求弹性大

一般来说，一种商品的可替代品越多，相近程度越高，需求弹性越大；反之，则越小。因为价格上升时，消费者会购买其他替代品；价格下降时，消费者会多购买该商品。

由于食盐没有很好的替代品，因此食盐价格变动所引起的需求量变动几乎为0，需求弹性极小。小白菜替代品很多，如果小白菜价格上升，消费者会选购空心菜、菠菜等蔬菜，所以小白菜的需求弹性大。

另外还应注意，对某一类商品和对同类的某一种商品来说，需求弹性是不同的。如手机是移动电话，它的替代品并不多，因此，手机整体价格上升，消费者对其需求量变化不大，需求弹性小。但是，对某一款手机来说，相近的替代品较多，若该款手机的价格上升，消费者会从其他多款相近的手机中选购，因此某一款手机的需求弹性大。服装市场也是如此。

3. 某种商品消费占支出比重越低，需求弹性越小；所占比重越高，需求弹性越大

如果某商品消费占支出的比重很低，消费者便不太在乎价格，购买意愿不会因该商品价格变动而有大幅度的改变；如果该商品消费占支出的比重很高，消费者会很在乎价格，对价格变得敏感。

例如：食盐、火柴、铅笔、毛巾、牙膏和报纸等商品消费占支出比重很低，消费者不太在乎其价格，若价格上升，需求量也不会有大幅度的改变，所以需求弹性比较小；而冰箱、空调、摩托车、汽车等商品消费占支出比重较高，消费者很在乎其价格，价格小幅度下降，需求量会大幅度增加，所以需求弹性比较大。

4. 商品使用时间短，需求弹性小；使用时间长，需求弹性大

非耐用消费品的使用时间短，需求弹性小；耐用消费品的使用时间长，需求弹性大。例如：报纸、杂志、一次性杯子和卫生纸等非耐用品需求弹性小，彩电、冰箱、汽车和房屋等耐用消费品需求弹性大。

5. 商品用途越少，需求弹性越小；商品用途越多，需求弹性越大

用途越少的商品，当其价格变化时，没有更多的用途可选择，需求弹性小。用途较多的商品，当其价格上升时，消费者就会买较少的数量用于最重要的用途上；当其价格下降时，消费者购买量会逐渐增加，并将商品越来越多地用于其他各种用途上。

大米的用途较少，可以用于煮饭、煮粥、做米粉等。假如大米的价格上升，消费者虽然可以多用于煮粥，但对大米的需求量不会大幅度减少，需求弹性小。而电力的用途广泛，家庭可以把电力用于照明、电风扇、电视、空调、冰箱、电饭锅等。如果电力价格上升，家庭可能选择多用于照明，少用于其他用途；如果电力价格下降，家庭就可能将其更多地用于其他用途。

（四）需求价格弹性与总收益之间有什么关系？

总收益是指企业销售一定量商品所得到的全部收入，又称总收入或销售收入。总收益等于商品的销售量与价格的乘积。假设企业的销售量正好等于市场需求量，那么总收益取决于价格和需求量。所以，价格发生变化，必然会引起总收益的变化。

1. 需求富有弹性的商品的价格与总收益呈反方向变动

如果某种商品的需求富有弹性，则商品价格上升时，需求量减少的幅度大于价格上升的幅度，提高价格所增加的收益不能弥补需求量降低造成的损失，总收益减少；商品价格下降时，需求量增加的幅度大于价格下降的幅度，降低价格所减少的收益被较高需求量增加的收益弥补，总收益增加。

知识拓展

需求富有弹性的商品的价格与总收益变动的关系

如图 4-15 所示，D 表示某种需求富有弹性的商品的需求曲线，曲线较为平坦。当价格从 5 元下降到 2 元时，需求量从 100 增加到 400，因此，总收益从 500 元增加到 800 元。由于需求富有弹性，需求量增加的幅度为 $\frac{400-100}{(400+100)/2}=120\%$，大于价格下降的幅度 $\frac{5-2}{(5+2)/2}=85.7\%$，因此，价格下降引起总收益增加。

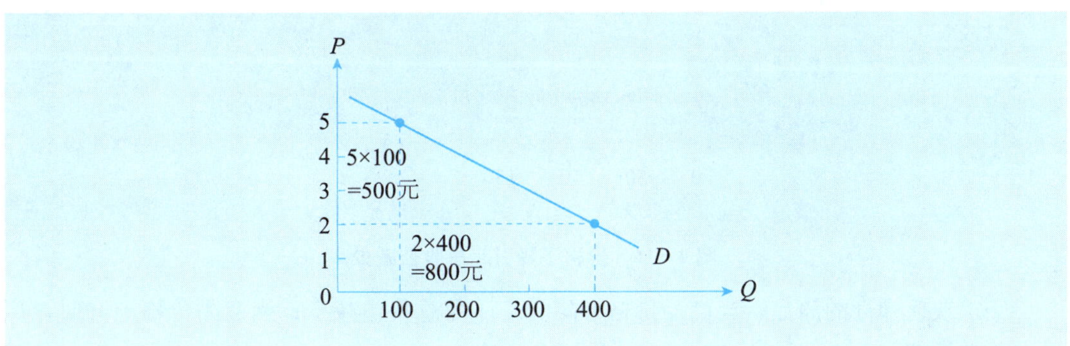

图 4-15　价格下降引起总收益增加

需求富有弹性的商品，当商品价格下降时，厂商总收益增加；当商品价格上升时，厂商总收益减少。对于需求富有弹性的商品，当商品小幅度降价时，需求量大幅度增加，从而使总收益增加，这就是我们常说的薄利多销。

2. 需求缺乏弹性的商品的价格与总收益呈同方向变动

对于需求缺乏弹性的商品，如粮食，在丰收年粮食产量过多时，由于供过于求，粮食价格下跌，但是需求量变化不大，农民的收入不但未增加反而会减少，影响了农民种粮的积极性，这就是我们常说的“谷贱伤农”。当需求缺乏弹性的商品大幅降价时，需求量只有少量增加，从而使总收益减少。

知识拓展

需求缺乏弹性的商品的价格与总收益变动的关系

如图 4-16 所示，D 表示某种需求缺乏弹性的商品的需求曲线，曲线较为陡峭。当价格从 5 元下降到 2 元时，需求量从 100 增加到 150，而总收益从 500 元减少到 300 元。由于需求缺乏弹性，需求量增加的幅度为 $\frac{150-100}{(150+100)/2}=40\%$，小于价格下降的幅度 $\frac{5-2}{(5+2)/2}=85.7\%$，这就是说，价格下降引起总收益减少。

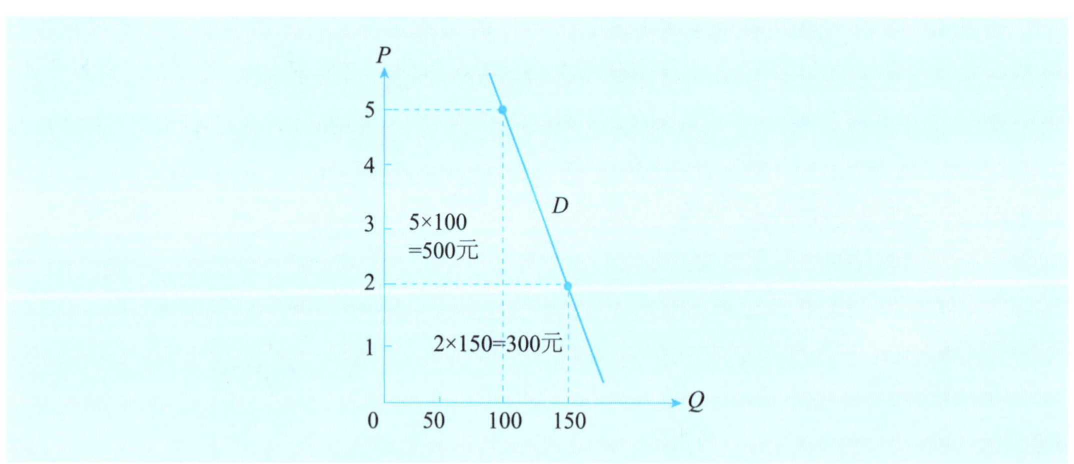

图 4-16　价格下降引起总收益减少

需求缺乏弹性的商品，当商品价格下降时，厂商总收益减少；当商品价格上升时，厂商总收益增加。

3. 需求单位弹性的商品价格变化，总收益不变

如果需求价格弹性系数为 1，价格下降的比率刚好与需求量增加的比率相等，总收益不变。

上述各种情形可概括如下：

当｜E_d｜>1，价格下降时，总收益上升；价格上升时，总收益下降。

当｜E_d｜<1，价格下降时，总收益下降；价格上升时，总收益上升。

当｜E_d｜=1，无论价格下降还是上升，总收益都不变。

（五）如何运用需求价格弹性指导企业制定价格策略？

1. 采用单一价格策略

单一价格是指对同一种产品或服务向所有消费者收取相同的价格。

（1）针对某种产品的销售。对某一种产品来说，需求缺乏弹性的商品适宜采用提价策略进行销售，需求富有弹性的商品适宜采用降价策略进行销售。通过一定幅度的降价来促使销售量增加的方法称为价格促销或降价促销。

（2）针对多种产品的销售。在销售多种商品的商场或超市，可以利用一种商品（最好选富有弹性的商品）较大幅度的降价把消费者吸引过来，使该种商品需求量大大增加的同时带动其他商品的销售。

案例分析

厂商的“优惠大酬宾”

有一家刚开业不久的超市，店址不在繁华的商业区，尽管刚开业没有固定的客户群，但是这家超市灵活运用了需求弹性价格策略，打开了经营局面。

该超市的第一招就是发放广告单，宣称“优惠大酬宾”，特别突出了鸡蛋 6 元/千克。当时，鸡蛋的市场价格最低为 7 元/千克，这种价格优惠吸引了精打细算的家庭主妇们，她们一传十、十传百，于是有更多的顾客前去购买。其实，该超市对鸡蛋采取了限量销售，每人一次只能买 1 千克，即使每千克亏 1 元，每天就算卖出 200 千克，亏损也才 200 元。而且每天超市门口挤满了排队买鸡蛋的顾客，无形之中又为超市打了“免费广告”，这样一来又给超市带来了巨大的经济效益。

此外，因为相当一部分顾客还存在这样的心理：这里的鸡蛋便宜，其他东西可能也比别处便宜，于是又带动了其他商品的销售。所以，超市虽然在鸡蛋上亏了些，但从整体上看，却获得了较大的利润。

现实中，许多商场或超市都会选择某一种或某几种款式的手机、家电或其他商品进行“优惠大酬宾”活动，其目的在于除增加该商品的销售量外，也把顾客吸引过来带动其他商品的销售。

分析：请运用弹性规律分析厂商的行为是否合理。

2. 实行差别价格策略

差别价格又称价格歧视，是指同一种产品或服务对于不同顾客收取不同费用的行为。企业可以对同一商品根据不同需求弹性的消费者制定不同的价格，其目的是获取更高的利润。实行差别价格的条件是要能清楚地区分需求弹性不同的顾客群。

（1）直接区分需求弹性不同的消费者。对同一产品向不同的消费者收取不同的价格，通常的做法是向需求缺乏弹性的消费者收取高价格，因为高价格使销售量减少的幅度并不大；向需求富有弹性的消费者收取低价格，因为低价格使销售量大幅度增加。

电力公司对工业用电和生活用电收取不同的价格。对需求缺乏弹性的工业用户收取高价格，是因为工业用户不会大量减少用电，电力公司便从高价格中增加了总收益。向需求富有弹性的居民收取低价格，低价格会鼓励居民用电量增加，电力公司增加了总收益，即实现了薄利多销。

电影院区分全价票和学生票，因为学生的收入较低，若是票价上涨，学生就会少看几场，也就是需求弹性较大，若实行优惠吸引学生，可以增加销售量；其他观众的收入比学生高，票价的提高对观影次数的影响不如学生的变动程度大，也就是需求弹性较学生小，因此实行全价票。

（2）依据预订时间的长短来区分需求弹性不同的消费者。具体做法是向提前较长时间预订购买商品的需求富有弹性的消费者收取低价格，而向提前较短时间预订或临时购买商品的需求缺乏弹性的消费者收取高价格。

对美国航空公司来说，弄清乘客的需求弹性相当于每年可以带来数量可观的额外收益。在理想的情况下，航空公司希望向需求缺乏弹性的商务人员收取尽可能高的票价，而向需求富有弹性的闲暇游客提供较低的票价，以填补飞机上的空座。这是航空公司为增加总收益、追求利润最大化所采取的措施。

航空公司如何识别这两种不同类型的乘客，从而采取差别价格呢？航空公司的做法是对有计划并希望买到低价票的游客提供折扣机票，但是，也许会要求这类乘客等到周六晚上之后才能拿到打折的机票，这些规定会使得急于回家度周末的商务人员望而却步，不得不买高价票回家。另外，最后的时刻通常不提供折扣机票，因为许多商务往来事先并无计划。

目前，航空公司已经设计出计算机程序来管理机票的销售，从而确保需求缺乏弹性的顾客无法从折扣中获益。因此，尽管用便宜的机票填补空位，航空公司仍然有利可图。

（3）根据阶段来区分需求弹性不同的消费者。

1）按时间段划分。同一商品对不同的消费者或同一消费者，可按双休日、工作日来划分，也可按白天和夜间的时段来划分。通常做法是在白天向需求缺乏弹性的消费者收取高价格而晚上向需求富有弹性的消费者收取低价格。

羽毛球馆在周一至周五的白天实行低价格，希望向富有弹性的休闲人士提供低价格，以填补空场；在周六、周日及傍晚向需求缺乏弹性的上班族收取高价格。此外，移动公司的通话费也会在夜间推出低价格项目，通过价格优惠增加销售量。

2）按购买数量划分。对同一商品、同一消费者，以购买数量的多少来制定价格：若购买量低于某一数量，单价较高；若超过一定数量后，单价较低。也就是说，消费者购买数量较少时，需求是缺乏弹性的，收取较高的价格；购买数量较多时，需求是富有弹性的，收取较低的价格。其目的是刺激消费者增加购买量，进而提高利润。

人们经常看到以下招揽客户的方式：衣服 1 件 38 元，3 件 100 元；牛肉干 1 袋 10 元，3 袋 27 元；等等。消费者购买较少数量商品时，对价格变动的敏感度低；购买较多数量商品时，对价格变动的敏感度高，商家可以通过价格优惠来增加销售量。

小思考

你所在学校的超市有哪些商品适合降价促销？哪些商品适合采用提价策略？请说明理由。

二、运用需求收入弹性指导生产决策、消费决策和政府经济政策

经济萧条时，为什么很多奢侈品生产企业倒闭？

分组讨论

当一个家庭的收入增加时，是不是对所有商品的需求量都会增加？如果不是，请列举哪些增加、哪些减少。

（一）消费者收入与商品需求量之间有什么关系？

前文讨论的价格弹性，是指当收入、偏好和其他商品的价格保持不变时，该商品的价格变动引起的需求量的变动。需求收入弹性是指一种商品的需求量对消费者收入变动的反映程度。其系数等于需求量变动率除以收入变动率，即：

$$需求收入弹性系数=\frac{需求量变动率}{收入变动率}$$

$$E_I=\frac{\Delta Q}{Q}\div\frac{\Delta I}{I}$$

式中，E_I表示需求收入弹性系数，I 表示消费者收入，ΔI 表示收入的变动量，Q 表示需求量，ΔQ 表示需求的变动量。

假如你的收入增长了 20%，你会多买 20%的食物吗？几乎肯定不会，但你花在娱乐上的钱可能增加 20%甚至更多。如果用某种商品购买数量增加的比例除以收入增加的比例，你就能计算出该商品和劳务的需求收入弹性系数。

在现实生活中，我们计算出来的需求收入弹性系数一般为正值，这是因为当人们的收入增加时，往往出现需求量与之同方向变化。因此，一般而言，当人们的收入增加时，需求量也会增加；当收入减少时，需求量也会减少。正常商品的需求收入弹性系数大于 0，正常商品的需求收入弹性系数可能等于 1、大于 1（奢侈品）或小于 1（必需品），它们也

分别称单一弹性、富有弹性和缺乏弹性。也有少数是例外，需求收入弹性系数为负值，$E_I<0$，这类商品为低劣品或劣等品，即收入增加的人们反而会放弃购买的商品，也就是更新换代过时的淘汰品。

表4-7列出了一些常见商品的需求收入弹性系数。

表4-7　一些常见商品的需求收入弹性系数

有收入弹性的需求	E_I	有收入弹性的需求	E_I
航空旅行	5.82	香烟	0.86
电影	3.41	家具	0.53
出国旅行	3.08	衣服	0.51
理发	1.36	电话	0.32
汽车	1.07	食品	0.14

需要进一步指出的是：不同商品在一定的收入范围内具有不同的收入弹性，同一种商品在不同收入范围内也具有不同的收入弹性。收入弹性并不取决于商品本身的属性，而取决于消费者购买时的收入水平。这是因为，收入水平提高时，本来被认为是奢侈品的东西也许会变成必需品，本来认为是正常商品的东西可能会被认为是劣等品。

而且，一种商品是必需品还是奢侈品，一定程度上还取决于购买者的偏好。对于一个把漂亮看得比生命还重要的女性而言，高档化妆品和香水是缺乏弹性的必需品，而看病则是富有弹性的奢侈品。

小思考

需求收入弹性对个人投资、企业生产有哪些指导意义？

（二）如何运用需求收入弹性指导个人投资和企业生产？

一般来说，当经济繁荣、社会收入增加时，企业就应努力增加需求收入弹性系数大的商品（如高档商品、汽车、旅游服务等）的生产，减少低劣品的生产以取得更多的销售收入；对于需求收入弹性系数较小的生活必需品，可以大体维持产量，因为即使收入有较大增长，生活必需品销量也不会增加很多。对个人而言，如果预期经济将快速发展，可以考虑购买需求收入弹性系数大的产品的股票。

当经济萧条、社会收入减少时，对高档商品的需求量会迅速下降，企业则应及时减产；生活必需品（如食品、日用品、教育医疗等）不太受经济状况影响，经营比较平稳；低档商品需求量会迅速增加，企业应及时增产。对个人而言，如果感觉经济萧条，可以考虑将资金从需求收入弹性系数大的企业股票中抽出，转投到需求收入弹性系数小的企业的股票中，如日用百货类企业的股票。

一般而言，需求收入弹性系数大的商品利润高，风险也大；需求收入弹性系数小的商品利润低，风险也小。购买不同需求收入弹性系数的商品组合可以降低风险，保证一定的利润。

三、运用需求交叉价格弹性指导生产决策、消费决策和政府价格政策

企业如何在市场上判断谁是自己的竞争对手、谁是自己的合作伙伴？

分组讨论

（1）宝洁公司有飘柔、潘婷、海飞丝等诸多品牌的洗发水，假如宝洁公司想对飘柔洗发水进行降价促销，应该考虑哪些因素？宝洁公司洗发水的收益会发生什么变化？

（2）移动、联通等很多通信公司都采取了充话费送手机的促销方式，应如何看待这种现象？

（一）如何区分不同商品之间的关系？

在现实生活中，我们经常发现两种商品看上去相关性不大，但一种商品的价格变化会对另一种商品的需求量产生巨大影响。例如：汽车降价销售，使得玻璃厂、轮胎厂、标准配件生意火爆；钢笔受到中性笔的挤压，导致国内许多墨水厂处境艰难；等等。这些现象说明一种商品的价格与另一种商品的需求量之间存在某种关系，这种关系称为需求交叉价格弹性。

需求交叉价格弹性是指一种商品的需求量对另一种商品价格变动的敏感程度。设两种相关商品为 X 和 Y，X 商品对 Y 商品的需求交叉价格弹性（E_{XY}）的计算公式为：

$$E_{XY}=\frac{\text{X 商品需求量变动率}}{\text{Y 商品价格变动率}}=\frac{\Delta Q_X/Q_X}{\Delta P_Y/P_Y}$$

需求交叉价格弹性系数与商品间的关系如表 4－8 所示。

表 4－8　需求交叉价格弹性系数与商品间的关系

需求交叉价格弹性系数	X、Y 商品间的关系	X、Y 商品间的特征	实　例
$E_{XY}>0$	替代关系	Y 商品的价格上升（下降）引起 X 商品的需求量上升（下降）	牛肉与羊肉、租房与买房、乘公交车与打的等
$E_{XY}<0$	互补关系	Y 商品的价格上升（下降）引起 X 商品的需求量下降（上升）	汽车与汽油、鞋油与鞋刷、三明治与火腿等
$E_{XY}=0$	互相独立	Y 商品的价格变动不会引起 X 商品的需求量变化	牛肉与汽车、火柴与鞋子等

以上三种关系之间的表现为：替代品是竞争关系，需要密切关注对手改变定价策略；互补品是战略同盟关系，相关利益群体要统筹定价，追求共赢下的利益最大化；相互独立的商品之间基本没有关系，或关系非常微小，企业间可单独制定定价策略。

普通行业间的需求交叉价格弹性系数一般都比较固定，如运输与娱乐业需求交叉价格弹性系数为－0.05，食品与娱乐业需求交叉价格弹性系数为0.15，衣着与食品需求交叉价格弹性系数为－0.18。

（二）如何根据商品之间的关系进行合理定价？

企业在经营过程中，如果拥有相当的经营管理能力、丰富的产品组合策略，那么就应该合理利用需求交叉价格弹性，使自己在市场中分得更大一份蛋糕。企业的产品组合中，如果其中一部分产品之间存在替代关系或互补关系，那么在制定价格时就要充分考虑替代品或互补品之间的相互影响。就某一单独产品而言，提高价格可能对企业有利，但如果把它放在相关产品群中考虑，即考虑企业的综合利益，可能导致企业总利润减少。

对于产品组合中的两种商品，如果其需求交叉价格弹性系数为负数，说明这两种商品为互补品。互补品往往可以通过综合定价策略来实现市场的突破。互补品可以分为基本产品和配套产品两种，通常的定价策略是对基本产品定低价，让大量的消费者来购买该产品，而对配套产品定高价。这样的成功案例很多。柯达公司曾是彩色胶卷专业生产厂家，面对佳能、尼康等强劲的竞争对手，为了进入相机市场，扩大胶卷市场的垄断份额，柯达决定推出相机时，顾客只需购买一卷胶卷就免费赠送相机，并说明柯达相机只有使用柯达胶卷才能达到最佳的拍摄效果，结果很快达到了集团战略目标。同样，中国移动采取充话费送手机的活动也采用的是类似的营销技巧。

如果两种产品的需求交叉价格弹性系数为正数，说明这两种商品互为替代品。替代品可以分为两种情况，如果两种产品同是本企业生产的，那么企业应该根据产品的生命周期、市场饱和度、产品技术含量等因素进行综合决策，使企业获得最大收益。假如可口可乐公司考虑是否降低雪碧的价格，不仅要知道雪碧的价格弹性，还要了解雪碧的销量增加后会对可口可乐造成多大的影响，即雪碧销量增加的收入会“吃掉”多少可口可乐的收入。如果两种产品不在一个企业生产，说明两家企业是竞争关系，而且需求交叉价格弹性系数越大，说明两家企业产品之间的竞争越激烈，必须时刻密切注意对方企业的策略变化，时刻准备应对措施。如肯德基和麦当劳、康师傅和统一等的竞争就充分体现了这一点。

因此，如果 $E_{XY}>0$，两种商品之间是替代关系，相关群体是竞争关系，企业要密切关注对手的价格策略；如果 $E_{XY}<0$，两种商品之间是互补关系，相关利益群体是战略合作关系，企业要统筹定价，追求共赢下的利益最大化；如果 $E_{XY}=0$，两种商品之间基本没有关系，或者关系非常微小，企业可以单独制定价格策略。

案例分析

杜邦公司应对反垄断给我们带来什么启示？

美国联邦法院1953年做出了著名的对杜邦公司玻璃纸的裁决。1947年，美国司法部对杜邦公司非法垄断玻璃纸的产销提出诉讼，法律程序十分冗长。最后，法院坚持认为，政府的指控不能成立，因为杜邦公司做出证明，玻璃纸是“柔性包装材料”中的一种，其他的包装纸还有蜡纸、铝箔、聚乙烯等，即玻璃纸和别的柔性包装材料的需求交叉价格弹性较大，它们都是相近的替代品，所以杜邦公司没有垄断市场。

分析：请运用需求交叉价格弹性分析杜邦公司胜诉的原因。

除了各种需求弹性外，供给弹性与需求弹性一样重要，而且有着相似的定义。供给弹性是供给价格弹性的简称，是指一种商品的供给量对其价格变化的反应程度。以 E_s 表示供给弹性系数，以 Q 和 ΔQ 分别表示供给量和供给的变动量，P 和 ΔP 分别表示价格和价格的变动量，则弹性系数为：

$$供给弹性系数(E_s)=\frac{供给量变动率}{价格变动率}=\frac{\Delta Q/Q}{\Delta P/P}=\frac{\Delta Q}{\Delta P}\cdot\frac{P}{Q}$$

影响供给弹性的因素主要有：

（1）行业中扩大生产的难易程度：服装业中，扩大生产很容易实现，供给弹性就大；如果扩大生产困难，则供给弹性就小，如南非金矿开采量的增加。

（2）生产规模及规模变化的难易程度：一般而言，生产规模大的资本密集型企业，其生产规模较难变动，调整周期长，因而其产品的供给弹性小；而规模小的劳动密集型企业，则应变能力强，其产品的供给弹性大。

（3）成本的变化。如果随着产量的提高，只引起单位成本的轻微提高，供给弹性就大；而如果单位成本随着产量明显上升，则供给弹性就小。

（4）时间：厂商在长期可以对价格的变化做出反应，而在短期内，反应的难度就大一些。因此，供给曲线在短期内是缺乏弹性的，在长期则很有弹性（见图 4－17）。

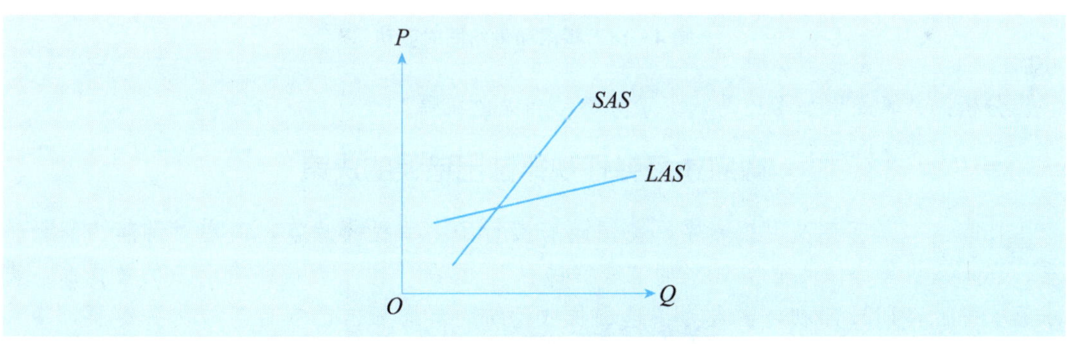

图 4－17　随时间变化的供给弹性

案例分析

禁毒是增加了还是减少了与毒品相关的犯罪？

在一般人看来，禁毒能减少毒品的供给，进一步降低毒品的需求，自然会减少与毒品相关的犯罪。然而，经济学家却给出了不同的回答。首先，吸毒者很难控制自身的毒瘾，因此他们对毒品的需求是缺乏弹性的；其次，毒品买卖与国家禁毒力度密切相关，因此供给弹性较大。在需求不变、供给减少的情况下，毒品的价格会不断提高，越来越贵，在高额利润的驱使下，还是会有人铤而走险。因此，单纯禁毒无法真正起到减少与毒品相关的犯罪的作用，真正有效的方法是降低需求，也就是进行反毒品教育和戒毒。具体分析如图4-18所示。

提示：

（1）毒品需求弹性小（对某些人来说是必需品）。

（2）禁毒是控制毒品供给，供给弹性大。

（3）控制需求更为重要，反毒品教育的目的是控制毒品需求。

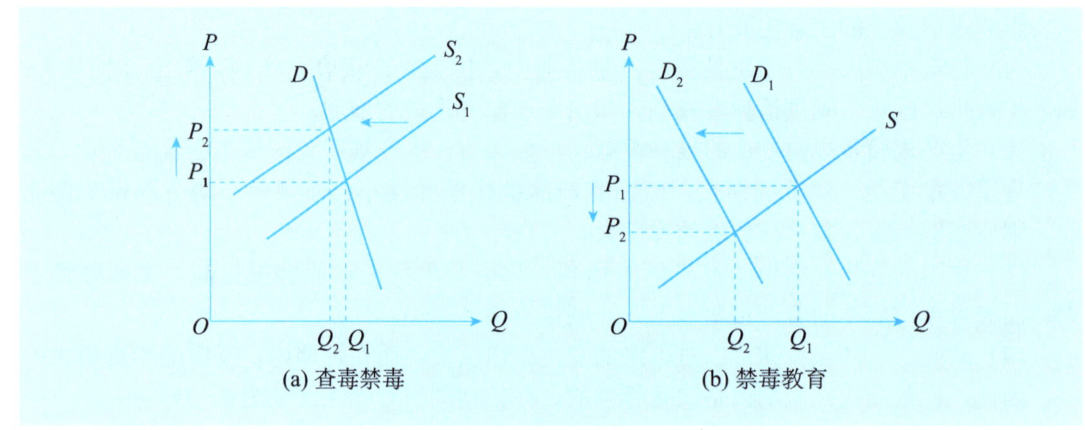

图4-18　需求和供给同时变动

分析：禁毒是增加了还是减少了与毒品相关的犯罪？

政府违反弹性规律做出错误的决策

1990年，为了削减财政赤字，美国政府实行了一项税收政策，决定对游艇、高级轿车、私人飞机等奢侈品征收10%的“奢侈品税”。结果，由于奢侈品有众多的替代品，需求富有弹性，1991年初，富人为了逃避税收，纷纷转向邻国巴哈马等地购买游艇，导致美国的游艇和高级轿车销量急剧下降。而高档奢侈品在短期内生产难以减少，供给缺乏弹性，结果给经济带来两个不利影响：一是政府原想让富人承担的税负最后落到了生产者和销售者身上，二是新税项带来的收入远小于预期数额。美国政府原预计征此税可使美国国库每年多出3亿美元进账，然而第一年即1991年，富人仅为购置奢侈品纳税3 000万美元，只有预期值的1/10，且开征的第一年，1/3的美国游艇制造商停止生产，2万多名工人失业。1993年，美国政府不得不宣布取消这一税项。

分析：美国政府做出错误决策背后的经济原因是什么？

第三单元
通货膨胀

一、认识社会总需求和总供给

前边学习了个人需求和市场需求的关系，请思考社会总需求与个人需求和市场需求有什么关系。

分组讨论

2005年初，纽约WTI原油价格尚处于42美元/桶的全年最低水平。2007年8月，该价格上涨至78.77美元/桶。2011年，全年WTI、布伦特与米纳斯三种主要原油现货平均价格为107.02美元/桶，比上年上涨26.67美元/桶，上涨33.2%。世界石油价格的大幅度上涨引起各国经济学者的高度关注，他们都担心这是否会引起世界经济的衰退。石油价格上涨对一个国家的宏观经济有什么具体影响?

（一）什么是总需求?

人们通常所讲的市场需求是指对某产品的需求，如2017年中国市场对汽车的需求量是2 471.83万辆；或专指对某厂商的一种特定规格产品的需求，如对大众帕萨特汽车的需求，这种单个产品或劳务的需求往往随着该产品的价格、消费者的收入和偏好、其他替代品或互补品价格的变化而变化。而总需求（aggregate demand，AD）是指整个经济社会在每一个价格总水平上对产品和劳务的需求总量，也就是单个产品和劳务需求量的总和。

宏观经济学家认为，任何一个开放经济的国家都有四个相对独立的支付部门，即四个需求渠道：消费、投资、政府购买和净出口。这四大部门需求之和便是总需求。其中的消费、投资和政府购买为国内需求，即内需；净出口为国外需求，即外需。对于大多数国家来说，内需是主要的，而在内需中，消费又占有较大比重。

如果用Y_D表示总需求，用C、I、G、NX分别表示消费需求、投资需求、政府购买需求与净出口需求，则总需求的计算公式为：

$$Y_D=C+I+G+NX$$

影响总需求的主要因素是物价水平。物价水平不是指单个商品的价格，而是指全社会所有商品和服务的价格总水平。一般以某一年份或月份为基期，设为100%，而即期价格总水平一般是指与基期相比的水平。总需求曲线是用来反映总需求与物价水平之间关系的一条曲线（见图4-19）。

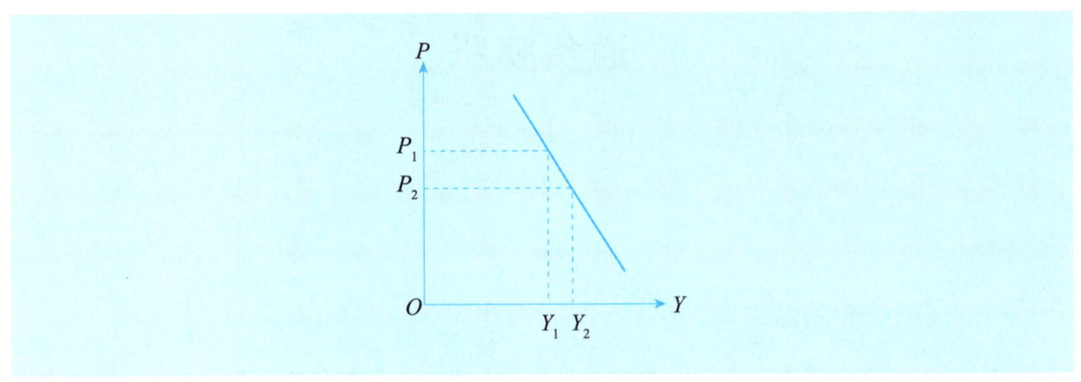

图4-19　总需求曲线

在图4-19中，纵轴P表示物价水平，横轴Y表示总需求。从图中可以看出，总需求曲线向右下方倾斜，表示总需求与物价水平呈反方向变动。当物价水平从P_1下降到P_2时，总需求从Y_1增加到Y_2，这与微观经济学中的需求曲线是相同的。

影响总需求变化的因素包括居民收入水平、收入差距分布、对未来收入的预期、消费倾向、物价总水平、利率、税率、汇率、货币供给，风俗习惯、政治状况等，这些都会影响总需求。宏观经济学要研究这些因素的综合作用，并找出调节总需求的政策性工具，包括财政政策和货币政策。

知识拓展

总需求曲线

1. 总需求曲线为什么向右下方倾斜？

总需求与物价水平反方向变动的原因是多方面的，主要有财产效应、利率效应与汇率效应。

(1) 消费需求与财产效应。

人们的消费需求主要取决于收入和财产的多少。收入和财产增加，消费也相应增加。财产有名义财产与实际财产之分。名义财产是指用货币衡量的财产，实际财产是指用货币的购买力衡量的财产。名义财产与实际财产之间的关系是：

$$实际财产=\frac{名义财产}{物价水平}$$

显然，如果名义财产不变，则实际财产取决于物价水平，并且与物价水平呈反方向变动。假设某人有 10 万元名义财产，当物价水平上升 10%时，他的实际财产就减少了 10%。

虽然人们的财产一般以名义财产来统计，但人们的消费最终取决于实际财产。所谓财产效应，是指物价水平变动影响人们的实际财产，从而影响人们的实际消费。当物价水平上升时，实际财产减少，消费减少；当物价水平下降时，实际财产增加，消费增加。消费是总需求的主要组成部分。因此，物价水平就与总需求呈反方向变动，即物价水平上升时，总需求减少；反之，则增加。

物价水平（↑）→假定名义财产不变，实际财产（↓）→消费（↓）→总需求（↓）。

因此，从消费的角度看，总需求与物价水平呈反方向变动。

(2) 投资需求与利率效应。

利率是影响投资需求的重要因素。由于利息构成了投资成本，因此，一般而言，当其他条件不变时，投资需求与利率呈反方向变动。

决定利率的因素主要是货币供求。当货币需求稳定时，决定利率的因素主要是货币供给。货币供给增加，利率下降；货币供给减少，利率上升。货币供给即流通中的货币供给量。货币供给量有名义货币供给量与实际货币供给量之分，决定利率的因素是实际货币供给量。

$$实际货币供给量=\frac{名义货币供给量}{物价水平}$$

因此，当名义货币供给量既定时，实际货币供给量取决于物价水平，并且与物价水平呈反方向变动。

通过以上分析可以得到一种关系，即利率效应。所谓利率效应，是指物价水平通过对利率的影响从而影响投资。假定名义货币供给量不变，如果物价水平上升，则实际货币供给量减少，实际货币供给量减少引起利率上升，利率上升引起投资减少。投资是总需求的一个重要组成部分，因此，投资减少就会导致总需求减少。

物价水平（↑）→假定名义货币供给量不变，实际货币供给量（↓）→利率（↑）→投资（↓）→总需求（↓）。

因此，从投资的角度看，总需求与物价水平呈反方向变动。

(3) 国外需求（净出口）与汇率效应。

汇率是影响国外需求的重要因素。

一般而言，汇率上升意味着本币对外币贬值，它会引起一国进口增加、出口减少，导致净出口减少；汇率下降引起一国出口增加、进口减少，导致净出口增加。所以，净出口受汇率变动的影响。汇率效应是指物价水平通过对汇率的影响从而影响净出口。

影响一国汇率的重要因素之一是利率。在资本自由流动的情况下，资本从低利率地区

流向高利率地区。当一国利率上升，高于世界利率水平时，资本流入，即国外资本向国内流动，国外资本向国内流动需要把国外货币换为本国货币，这样，在外汇市场上，对本国货币的需求增加，从而汇率上升，汇率上升致使净出口减少。净出口是总需求的一部分，净出口减少就会导致总需求减少。

物价水平（↑）→利率（↑）→汇率（↑）→净出口（↓）→总需求（↓）。

因此，从国外需求的角度看，总需求与物价水平呈反方向变动。

正是由于上述财产效应、利率效应和汇率效应的存在，导致总需求与物价水平呈反方向变动。应该指出的是，在构成总需求的消费、投资和净出口中，消费是相对稳定的，净出口占的比重很小，因此，总需求的变动更多是由投资引起的。这样，在影响总需求的三种效应中，利率效应最重要。

2. 总需求曲线如何移动?

总需求曲线显示了物价水平对总需求的影响作用，但影响总需求的还有其他因素。当物价水平不变时，如果其他影响总需求的因素变动，总需求曲线会平行移动。

虽然由于消费者偏好改变引起的消费增加、由于政府优惠政策引起的投资增加、由于技术进步引起的净出口增加等都与物价水平无关，但会影响总需求，这些因素引起的总需求的变动就表现为总需求曲线的平行移动。

在图4—20中，总需求曲线 AD_0 右移至 AD_1，总需求由 Y_0 增加到 Y_1；总需求曲线 AD_0 左移至 AD_2，总需求由 Y_0 减少到 Y_2。

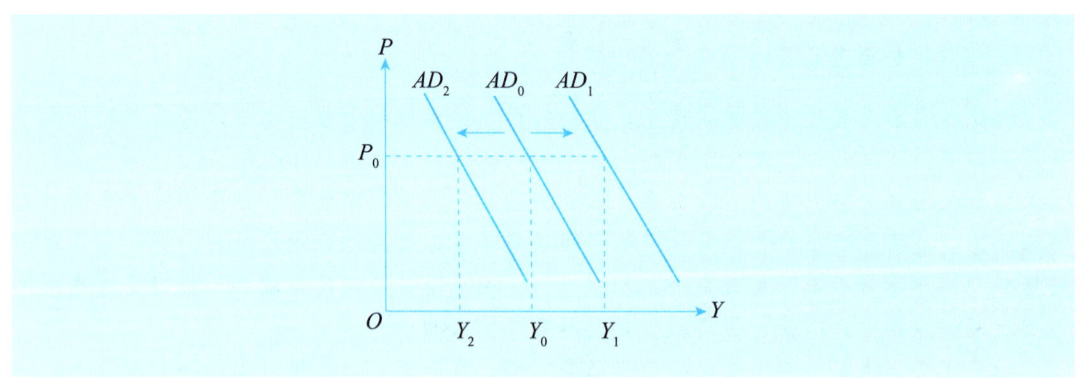

图4-20 总需求曲线的平行移动

（二）什么是总供给?

总供给（aggregate supply，AS）是指经济社会在每一价格水平上提供的商品和劳务的总量。它取决于一个社会的生产力大小，但并不等同。因为当产品缺乏需求时，厂商宁愿选择停工，以销定产；当需求旺盛时，厂商会加班加点，以增加产量。因此，决定总供给的因素有两个：一是社会的最大生产力，即所有资源都达到充分利用时的潜在产量，也就是厂商能够提供的产出量；二是受制于社会需求而按需定产的实际产量，也就是厂商愿意并且实际提供的产出量。概括地说，总供给是在已有生产能力的基础上，厂商适应当时的社会需求所实际提供的产出量。

但在长期中，总供给的增长与需求和物价无关，主要取决于一国的资本形成、人力资源增长、技术进步和产业结构升级等因素。也就是说，一国生产力的提高，往往是由人口、资本、技术及制度等因素的综合作用来说明的，要素投入量的增加和要素生产率的提升是产能扩张的源泉。

知识拓展

总供给曲线

1. 如何理解总供给曲线

总供给是指在其他条件不变的情况下，整个社会在不同的价格水平下生产的产品与劳务的总量。一般而言，总供给描述了一个经济社会利用其拥有的经济资源来生产时能够达到的总产量，它是由生产性投入（如劳动和资本）的数量和这些投入组合的效率（即社会的技术水平）决定的。在正常情况下，总供给与价格水平成同方向变化，用几何图形可表示为一条向右上方倾斜的曲线，即总供给曲线。

从实际的经济运行过程来看，总供给曲线是一条混合的、具有不同性质的曲线，它们分别被称为凯恩斯区域、中间区域和古典区域。

(1) 凯恩斯区域的总供给曲线。

如图 4 - 21 所示，在总供给曲线 AS 的第一阶段，曲线是一条水平线段，它是凯恩斯区域的总供给曲线，即水平区域的总供给曲线。它表示该区域内价格水平不变，而国民总产量可以变动。这是由于在严重失业的情况下，经济社会存在大量的闲置资源，总产量水平很低，产量增加不会导致因生产资源供给不足而价格水平上升。

(2) 中间区域的总供给曲线。

如图 4 - 21 所示，总供给曲线 AS 的第二阶段，线段是向上倾斜的，它是正常情况下的总供给曲线，即中间区域的总供给曲线。它表示总产量增加，同时价格水平也在上升，即产量和价格水平成同方向变化。究其原因主要有以下几个方面：第一，价格上升推动产量增加。当需求增加引发价格上升时，厂家利润增加，厂家为追求利润最大化而增加产量。第二，产量增加推动成本增加。由于国民经济各部门的发展和劳动力结构不平衡，一些部门因需求增长迅速而导致劳动力短缺，另一些部门因需求增长缓慢或者下降而导致劳动力大量过剩，资源和劳动力短缺的部门出现商品价格和工资上涨，而资源和生产力过剩部门的资源价格和工资水平由于刚性不会下降，这样整个社会生产扩张，导致总的一般价格水平上升。随着总产量的进一步增加，资源和劳动力供给短缺使生产力发展受到越来越严重的制约，引起商品价格和工资上涨幅度增大，总产量增加也越发困难。总产量越接近充分就业水平，产量增加就越少，价格上升则越快。

(3) 古典区域的总供给曲线。

如图4-21所示，总供给曲线AS的第三阶段，曲线是一条同横轴垂直的线段，它是古典区域的总供给曲线，即垂直区域的总供给曲线。它表示该区域内价格水平上升，国民总产量不可能超出Y水平。Y是指充分利用现有资源能够生产的产量。在古典区域，需求增加只会导致价格水平上升，故该区域又称充分就业区域或绝对通货膨胀区域。

凯恩斯区域和古典区域的供给曲线的政策含义是明显不同的。如果总供给曲线是水平的，总需求曲线的移动将导致产出水平的变动而不会导致价格水平的变动。因此，按凯恩斯主义理论来说，政府宏观经济政策是有效的；按古典主义理论来说，政府宏观经济政策是无效的，需求管理无法影响经济的供给方面。

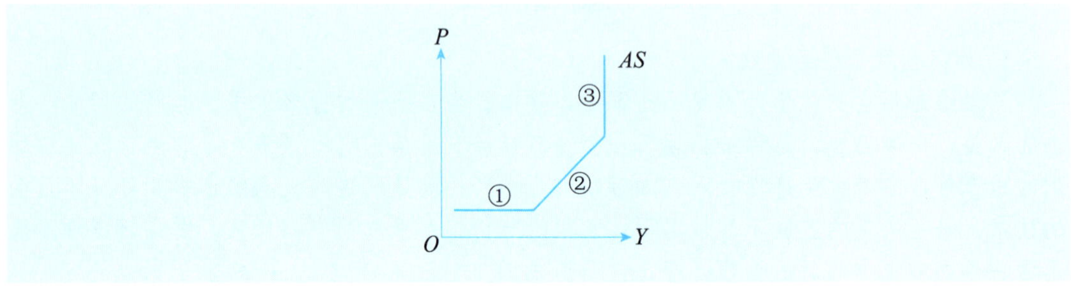

图4-21 总供给曲线

2. 长期和短期总供给曲线的移动

在宏观经济学研究中，要区分长期与短期。长期价格有完全弹性，从而导致市场调节是完全有效的。短期价格有黏性，即价格变动慢于供求变动，从而导致市场调节不完全有效。

(1) 长期总供给曲线及其移动。

长期中，价格机制可以充分发挥调节作用，实现市场均衡。由于一个经济社会拥有的资源是有限的，在资源得到充分利用，即充分就业的情况下，一个经济社会能提供的产品和劳务是相对固定的，这就是长期的总供给量。因此，长期总供给曲线（LAS）是一条垂线（见图4-22）。它表示在长期中，总供给不随价格水平而变化，是一个常数。常数Y_0就是充分就业情况下的国内生产总值或潜在国内生产总值，潜在国内生产总值取决于资源、技术与制度。

一般而言，随着资源增加、技术进步、制度改善等，一个社会的潜在国内生产总值会随之增加，在图形中表现为长期总供给曲线向右平行移动，即从LAS_0右移至LAS_1。在比较特殊的情况下，如战争、自然灾害等会破坏一个经济社会的生产力，导致潜在国内生产总值减少，从而表现出长期总供给曲线向左平行移动，即从LAS_0左移至LAS_2。

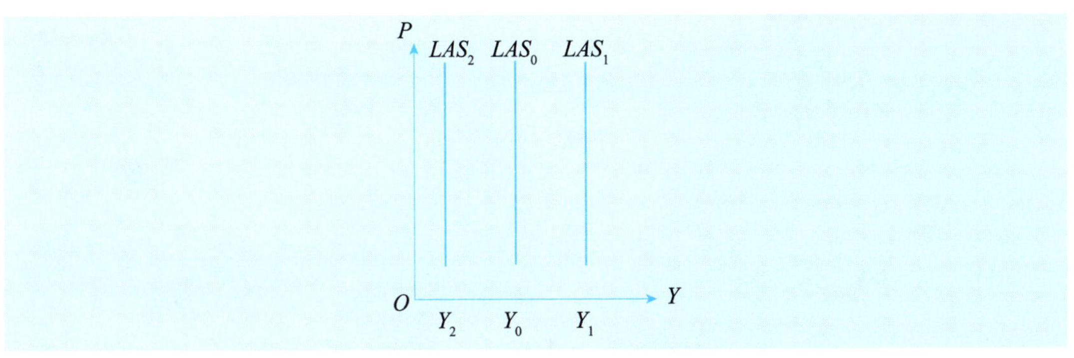

图 4-22 长期总供给曲线

(2) 短期总供给曲线及其移动。

短期总供给曲线是反映短期中总供给与价格水平之间关系的一条曲线，如图 4-23 所示。

在图 4-23 中，*SAS* 是短期总供给曲线，它分为两部分：一部分向右上方倾斜，表示总供给与价格水平呈同方向变动；另一部分是垂直的，表示总供给不随价格水平而变动，这意味着经济资源已经全部得到利用，总供给已经达到最大，不再随着价格水平的上升而继续增加。

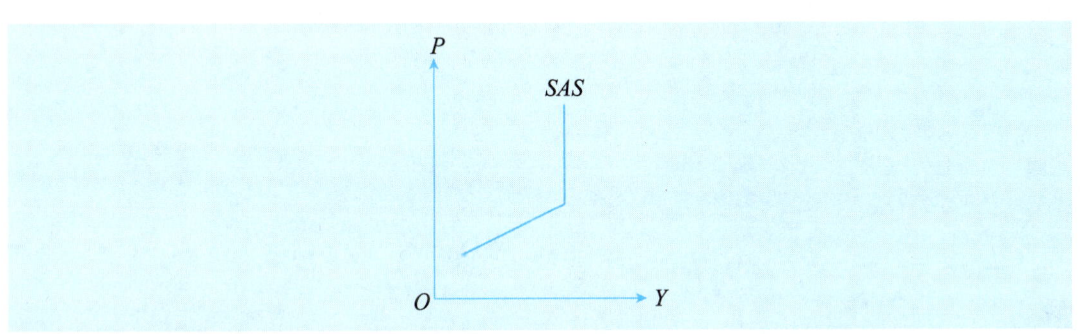

图 4-23 短期总供给曲线

当价格水平不变时，也有一些其他因素会引起短期总供给量的变化，表现在图形中就是短期总供给曲线的平行移动。

第一种情况是：由于长期总供给曲线移动引起短期总供给曲线移动。如果长期总供给曲线向右平行移动，那么短期总供给曲线也会向右平行移动；如果长期总供给曲线向左平行移动，那么短期总供给曲线也会向左平行移动。

在图 4-24 中，LAS_0 是原来的长期总供给曲线，相应的短期总供给曲线是 SAS_0。如果长期总供给增加，长期总供给曲线向右平行移动至 LAS_1，则短期总供给曲线也向右平行移动至 SAS_1；如果长期总供给减少，长期总供给曲线向左平行移动至 LAS_2，则短期总供给曲线也向左平行移动至 SAS_2。

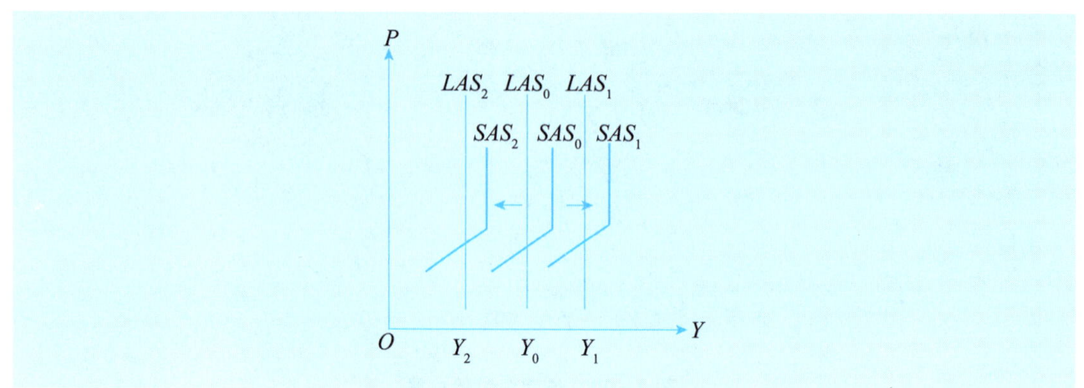

图4-24　长期总供给曲线移动引起短期总供给曲线移动

第二种情况是：当价格水平不变时，由于一些原因（如生产要素价格变动等）导致生产成本减少，那么短期总供给增加，短期总供给曲线向右平移；如果生产成本增加，那么短期总供给减少，短期总供给曲线向左平移。

在图4-25中，价格水平始终为P_0，SAS_0是原来的短期总供给曲线。如果生产成本减少，那么短期总供给增加，短期总供给曲线向右平行移动至SAS_1，总供给增加至Y_1；如果生产成本增加，那么短期总供给减少，短期总供给曲线向左平行移动至SAS_2，总供给减少至Y_2。

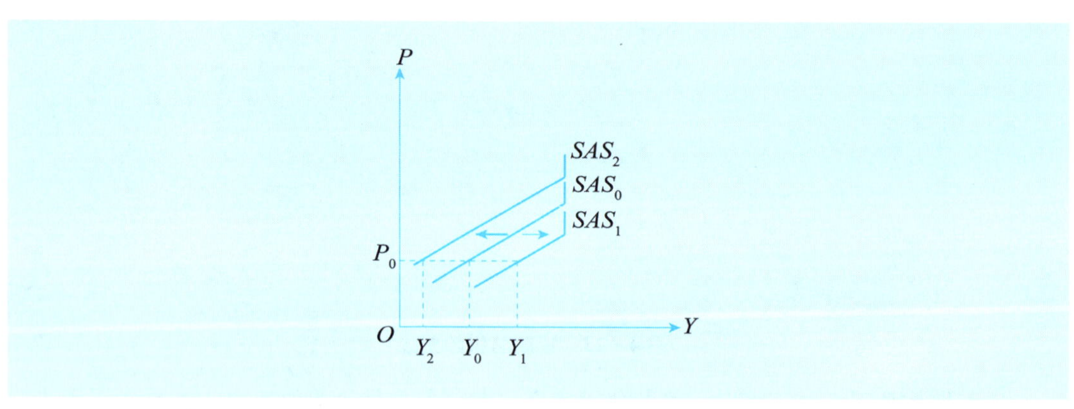

图4-25　生产成本变动引起短期总供给曲线移动

超链接

供给侧结构性改革

改革开放40多年来，中国经济持续高速增长，成功步入中等收入国家行列，已成为名副其实的经济大国。但随着人口红利衰减、“中等收入陷阱”风险累积、国际经济格局深刻调整等一系列内因与外因的作用，经济发展正进入新常态。

2015 年以来，我国经济进入一个新阶段，主要经济指标之间的联动性出现背离，经济增长持续下行与 CPI 持续低位运行，居民收入有所增加而企业利润率下降，消费上升而投资下降等。对照经典经济学理论，当前我国出现的这种情况既不是传统意义上的滞胀，也非标准形态的通缩。与此同时，宏观调控层面货币政策持续加大力度而效果不彰，投资拉动上急而下徐，旧经济疲态显露而以“互联网+”为依托的新经济生机勃勃，东北经济危机加重而一些原来缺乏优势的西部省区异军突起……可谓是“几家欢乐几家愁”。简言之，中国经济的结构性分化正趋于明显。为适应这种变化，在正视传统的需求管理还有一定优化提升空间的同时，迫切需要改善供给侧环境、优化供给侧机制，通过改革制度供给，大力激发微观经济主体活力，增强我国经济长期稳定发展的新动力。

2003 年后，央企生产力变革变得缓慢，钢铁、煤炭、水泥、玻璃、石油、石化、铁矿石、有色金属等几大行业的亏损面达到 80%，产业的利润下降幅度最大，产能过剩很严重。截至 2015 年 12 月初，几大行业的生产价格指数（PPI）已连续 40 多个月呈负增长状态，进而导致整个工业 PPI 的下降。

中国供需关系面临不可忽视的结构性失衡。供需错位已成为阻挡中国经济持续增长的最大路障：一方面，过剩产能已成为制约中国经济转型的一大包袱；另一方面，供给体系与需求侧严重不配套，总体上是中低端产品过剩、高端产品供给不足。此外，中国的供给侧低效率，无法满足合意的需求。因此，强调供给侧改革，就是要从生产、供给端入手，调整供给结构，为真正启动内需、打造经济发展新动力寻求路径。

2008 年国际金融危机爆发以后，为了保增长或稳增长，中国采取了一系列主要针对经济周期性波动的宏观调控政策，如积极的财政政策、稳健的货币政策和政府投资政策。这些政策确实起到了保增长或稳增长的效果。

供给侧结构性改革旨在调整经济结构、实现要素最优配置、提升经济增长的质量和数量。需求侧改革主要有投资、消费、出口三驾马车，供给侧则有劳动力、土地、资本、制度创造、创新等要素。

供给侧结构性改革是从提高供给质量出发，用改革的办法推进结构调整，矫正要素配置扭曲，扩大有效供给，提高供给结构对需求变化的适应性和灵活性，提高全要素生产率，更好地满足广大人民群众的需要，促进经济社会持续健康发展。

供给侧结构性改革，就是用增量改革促存量调整，在增加投资过程中优化投资结构、产业结构开源疏流，在经济可持续高速增长的基础上实现经济可持续发展与人民生活水平不断提高；就是优化产权结构，政府宏观调控与民间活力相互促进；就是优化投融资结构，促进资源整合，实现资源优化配置与优化再生；就是优化产业结构、提高产业质量，优化产品结构、提升产品质量；就是优化分配结构，实现公平分配，使消费成为生产力；就是优化流通结构，节省交易成本，提高有效经济总量；就是优化消费结构，实现消费品不断升级，不断提高人民生活品质，实现创新、协调、绿色、开放、共享的发展。

习近平在2016年1月26日的中央财经领导小组第十二次会议上强调，供给侧结构性改革的根本目的是提高社会生产力水平，落实好以人民为中心的发展思想。要在适度扩大总需求的同时，去产能、去库存、去杠杆、降成本、补短板，从生产领域加强优质供给，减少无效供给，扩大有效供给，提高供给结构适应性和灵活性，提高全要素生产率，使供给体系更好地适应需求结构变化。

释放新需求　创造新供给

党的十八届五中全会提出，坚持创新发展，必须把创新摆在国家发展全局的核心位置，这是在深刻掌握国内外经济大势、洞悉经济发展阶段性与规律性之上，所做出的高瞻远瞩之举。

自我国经济进入新常态以来，传统依靠要素投入、需求拉动的方式对于经济增长的贡献已明显下降。要继续保持我国经济实现中高速增长，实现到2020年全面建成小康社会的伟大目标，必须寻找新的发展动力。

理论研究表明，在一国经济处于长周期的转换点之时，以短期均衡为目标的需求管理已不能适应需要，而需要更加重视以长期增长为目标的供给侧管理。近期我国的经济形势及其发展态势已清楚地证明了这一点。我国政府前瞻性地提出要“释放新需求，创造新供给”。那么新需求从何而来？新供给从何而来？

一是来自现代服务业。改革开放以来，我国居民消费结构经历了排浪式变化，现在消费的热点正转向各类服务业。文化、旅游、医疗、教育等精神性产品正在成为城市居民消费热点。这方面的需求目前才开启了冰山一角，未来空间无限广阔、极具想象。相形之下，我国整体经济对此的供给还很不足，要打开这方面的需求空间，需要在服务业放开、事业单位改革等供给侧方面进行深入改革。

二是来自以“互联网+”为基础的传统产业改造，以及相应的新模式、新业态、新经济的生成。互联网在我国已展现出令全世界为之侧目的强劲发展势头。当前，“互联网+”与传统产业的结合很有限，仅限于零售、金融、出租车等几个方面，诸多有着长期优势的传统产业还没有“触网”“上网”。有着巨大需求空间的各类服务业，如教育、医疗等，一旦与互联网结合，更是具有令人难以想象的巨大空间。要迎接这样一个新时代的到来，相应的制度供给必须跟上，一方面要致力于打破影响创新与产业升级中一些陈旧的既得利益的阻挠，另一方面要通过基本公共服务、社会保障等为传统产业托住底，为其转型升级赢得时间。

三是来自我国区域之间巨大差距的弥合。我国地域广大，各地发展很不平衡。东部一些地区已进入后工业化时代，而西部一些地区才刚刚开启工业化、城市化进程。弥合两者之间的差距也可释放出巨大的需求。为此，一系列促进产业转移、区域协同的制度、政策应当尽快建立起来。

四是来自我国城乡差距的缩小。近年来，我国政府致力于缩小城乡差别，并取得了积极进展。但是，整体而言，城乡二元结构仍然存在，无论是在收入、生活水平方面，还是在城乡的基础设施建设、基本公共服务方面，两者之间的差距都十分巨大。缩小城乡差距是一个极其长期的过程，但通过逐渐供给、形成城乡一体化的制度与体制机制，无疑是重中之重。

资料来源：冯俏彬．五中全会公报27次提创新释放啥信号．人民网，2015-10-29.

(三) 如何理解总需求-总供给模型?

将总需求曲线和总供给曲线画在同一个坐标中，可以得到总需求-总供给模型。利用该模型可以研究产出和价格水平的决定，分析不同宏观经济政策对产出和价格水平的影响。

图4-26显示了向右上方倾斜的总供给曲线 *SAS* 和向右下方倾斜的总需求曲线 *AD*。假设价格水平为 P_2，这时形成的总供给大于总需求，于是产生价格水平向下的压力。一方面，价格水平下降使得实际工资提高，从而使劳动需求减少、就业减少、总供给减少；另一方面，价格水平下降使得实际货币供给量增加，从而使利率下降、投资增加、总需求增加。因此，价格水平下降缓解了总供给大于总需求的矛盾。

假设价格水平为 P_1，这时形成的总需求大于总供给，导致价格水平上升。一方面，价格水平上升使得实际货币供给量减少，从而使利率提高、投资下降、总需求下降；另一方面，价格水平上升使得实际工资下降，从而使劳动需求增加、就业增加、总供给增加。价格水平上升缓解了总需求大于总供给的矛盾。

假设价格水平为 P_0，这时总需求等于总供给，实现了市场均衡。此时的均衡价格为 P_0，均衡国内生产总值为 Y_0。

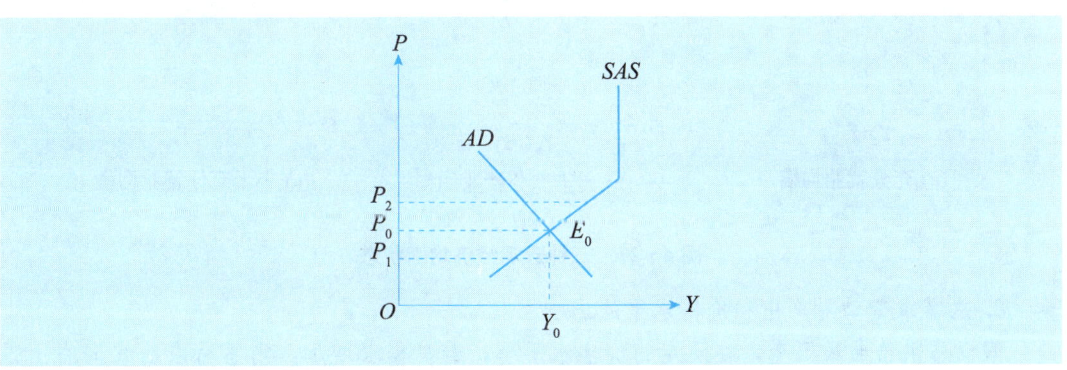

图4-26　总需求-总供给模型

知识拓展

总需求、总供给变动的影响

1. 宏观经济均衡的三种情形

上述讨论宏观经济均衡时，没有引入长期总供给曲线。如果引入长期总供给曲线，则宏观经济均衡有三种情形。

第一种情形：充分就业均衡［见图4－27（a）］。总需求曲线 AD 与短期总供给曲线 SAS 相交于 E_0 点，即均衡点，决定了均衡价格水平 P_0 和均衡国内生产总值 Y_0。长期总供给曲线 LAS 也恰好通过均衡点。这意味着充分就业的国内生产总值等于均衡的国内生产总值，即 $Y_0=Y_f$，实现了充分就业均衡。此时，经济资源全部得到有效利用，是一种理想的均衡状态。

第二种情形：大于充分就业均衡［见图4－27（b）］。长期总供给曲线位于均衡点 E_0 的左边，均衡的国内生产总值大于充分就业的国内生产总值，即 $Y_0>Y_f$，实现了大于充分就业的均衡。此时，资源被过度利用，存在经济过热的现象。

第三种情形：小于充分就业均衡［见图4－27（c）］。长期总供给曲线位于均衡点 E_0 的右边，均衡的国内生产总值小于充分就业的国内生产总值，即 $Y_0<Y_f$，实现了小于充分就业的均衡。此时，资源没有得到充分利用，存在失业。

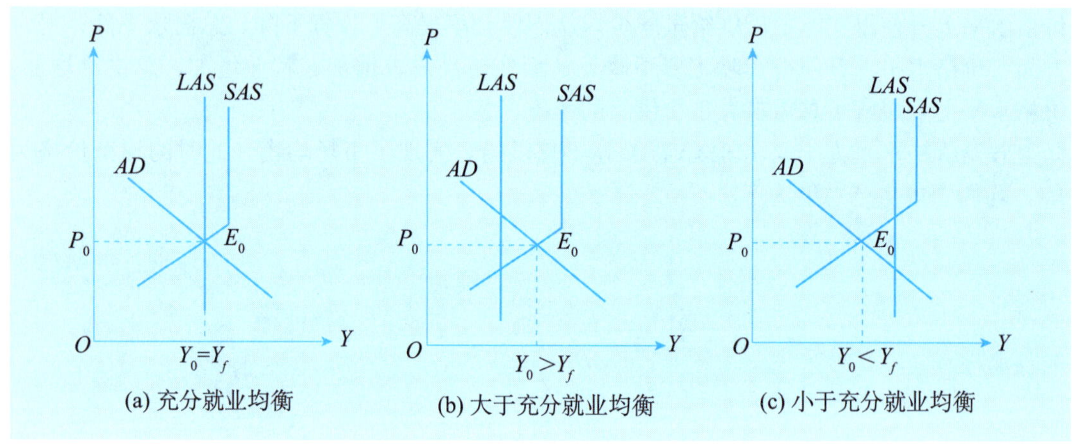

图4－27　三种宏观经济均衡状态

2. 总需求变动对产出和价格水平的影响

假设总供给曲线不变，在既定的价格水平下，若总需求增加，则总需求曲线向右上方移动；若总需求减少，则总需求曲线向左下方移动。

由于总供给曲线存在三种情况，因此可以分别研究总需求曲线对应三种不同的总供给曲线时的均衡情况的变化。

第一种情形：凯恩斯区域的总需求变动对产出和价格水平的影响。

在图4－28中，假设总需求曲线为 AD_1，AD_1 与水平段总供给曲线 AS 相交，由此确定均衡价格水平为 P_1，均衡产量为 Y_1。由于 AS 呈水平状，AD_1 无论处于什么位置，均不影响均衡价格水平。可见，在这种情况下，均衡价格水平取决于总供给曲线，或进一步说，取决于货币工资水平和劳动的边际产出。在短期内，技术水平不变，劳动的边际产出不变，因此，均衡价格水平主要取决于货币工资水平。

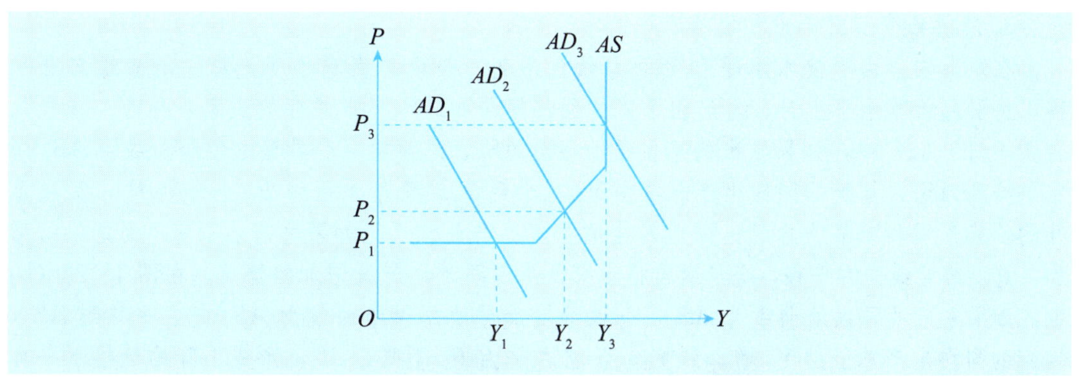

图 4－28 总需求变动对产出和价格水平的影响

水平区域内的总供给曲线意味着供给价格弹性无限大。在这种情况下，总需求决定均衡产出水平，即“有多大的总需求，就有多大的总产出”，因此可以分析在凯恩斯区域内的宏观经济政策效果。假如政府购买或税收减少，会引起总需求增加，从而导致总需求曲线向右平行移动，这时，扩张性的政策对价格水平没有影响，即价格水平保持不变，但是总产量增加会使得就业率增加；如果总需求减少，总需求曲线向左平行移动，对价格水平也没有影响，但是总产量减少会使得就业率降低。

第二种情形：中间区域的总需求变动对产出和价格水平的影响。

假设总需求曲线为 AD_2，AD_2 与上倾段的总供给曲线相交，均衡价格水平为 P_2，均衡产出水平为 Y_2。在这种情况下，若总供给曲线位置不变，则均衡水平随着总需求曲线位置的改变而改变。若总需求曲线位置不变，则均衡水平随着总供给曲线位置的改变而改变。也就是说，均衡水平取决于供求双方的状况。

总需求曲线在总供给曲线的中间区域移动时，假如政府购买或私人的投资增加，引起总需求增加，总需求曲线向右平行移动，价格水平和总产出都增加，导致就业率也提高。随着总产出逐渐接近充分就业时的产出水平，供给的短缺现象渐趋严重，总产量的增加将付出越来越高的价格水平上涨的代价，即价格水平上涨加速，而总产出的增长将减缓。

第三种情形：古典区域的总需求变动对产出和价格水平的影响。

假设总需求曲线为 AD_3，AD_3 与垂直段总供给曲线相交，均衡价格水平为 P_3，均衡产出水平为 Y_3。在总供给不变的情况下，总需求曲线位置的变动对均衡产出无影响，但会改变均衡价格水平。此时，有多大的总需求，就有多高的价格。

总需求曲线在总供给曲线的古典区域移动时，政府的购买或私人的投资增加，引起总需求增加，总需求曲线向右平行移动，只引起价格水平上涨，而总产出保持不变，因为此时生产资源已经得到充分利用。

如果总需求曲线从总供给曲线的古典区域向中间区域移动，或者从中间区域向凯恩斯区域移动，则总产出下降，价格可能下降或者维持不变。

3. 总供给变动对产出和价格水平的影响

在短期内，由于技术水平和劳动力数量不变，假设总需求不变，总供给曲线向左平移，将引起价格水平上升、总产出下降的经济停滞和通货膨胀并存的现象，称为“滞胀”。在图4-29（a）中，如果原来的总供给曲线为AS_0，总供给减少导致总供给曲线由AS_0向左平移到AS_1，均衡的国内生产总值由Y_0减少到Y_1，价格水平由P_0上升到P_1，形成上升的价格水平和下降的总产出同时发生的情况。与此相反，如果总需求不变，而总供给增加，总供给曲线向右平移，会导致价格水平下降，同时总产量增加的情况。在图4-29（b）中，如果原来的总供给曲线为AS_0，总供给增加导致总供给曲线由AS_0向右平移到AS_2，均衡的国内生产总值由Y_0增加到Y_2，价格水平由P_0下降到P_2，形成下降的价格水平和增加的总产出同时发生的情况。

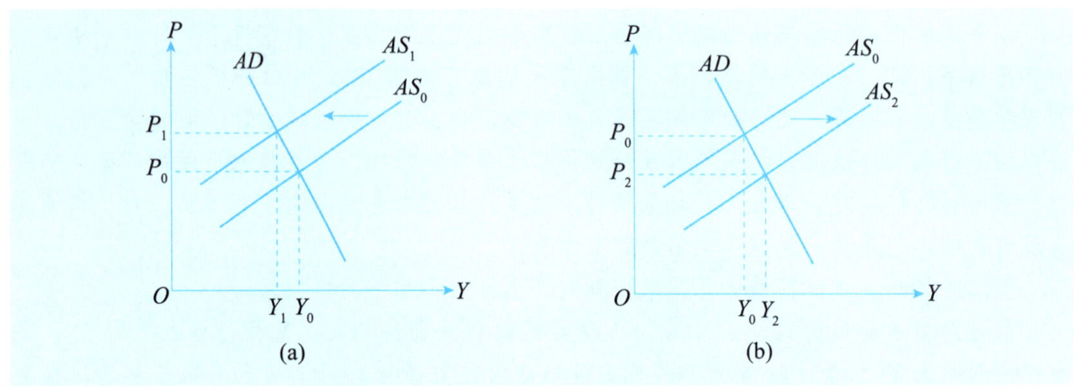

图4-29　总供给变动对产出和价格水平的影响

超链接

人民币升值对中国宏观经济的影响

2005年7月21日，中国人民银行公布汇率改革方案，人民币汇率不再盯住单一美元，而是一揽子货币政策，从而形成更富弹性的人民币汇率机制。改革后，人民币汇率整体呈上升趋势，近两年又有下跌趋势。人民币升值对中国宏观经济具有比较复杂的影响，可以借助总需求-总供给模型对此进行简单分析。

在图4-30中，假设原来中国宏观经济处于充分就业的理想均衡状态，即总需求曲线AD_0与短期总供给曲线SAS、长期总供给曲线LAS同时相交于E_0点，即均衡点，从而决定了均衡价格水平P_0和均衡国内生产总值$Y_0=Y_f$。由于人民币升值，导致出口减少、进口增加，净出口减少，从而导致总需求减少，使得总需求曲线向左下方平移至AD_1，新的均衡点为E_1，决定了新的均衡价格水平为P_1，新的均衡国内生产总值为Y_1，且有$Y_1<Y_f$。通过比较可以发现：$P_1<P_0$，即价格水平下降；$Y_1<Y_0=Y_f$，即国内生产总值减少；

经济处于小于充分就业的均衡状态，即存在失业。

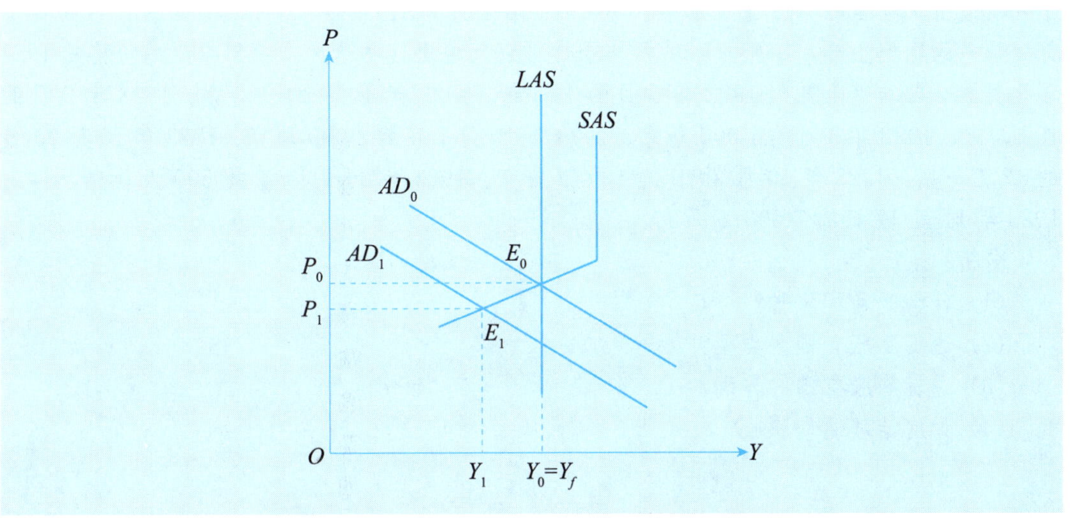

图 4－30　人民币升值对中国宏观经济的影响

二、分析通货膨胀对消费和生产的影响及政府如何应对

分组讨论

（1）你是否感觉物价总是处于波动之中？请举例描述你认识到的通货膨胀现象。

（2）你能想象一年中物价会普遍上涨数十倍乃至更高吗？

（3）通货膨胀一定会给企业及消费者带来坏的影响吗？通货紧缩呢？

案例分析

为什么装钱的箩筐更值钱

第一次世界大战后的德国，一个小偷去别人家偷东西时看见一个箩筐里装满了钱，就把钱倒出来，只把箩筐偷走了。很多人感觉到奇怪，小偷为什么不要钱呢？其实，在当时的德国，货币已经贬值到了让人无法相信的程度，与那些钱相比，装钱的箩筐更有价值。

第一次世界大战结束后的几年，德国经济处于崩溃的边缘。战争本来就已经使德国经济凋零，而《凡尔赛和约》要求德国负担巨额赔款，可谓雪上加霜。德国最大的工业区——鲁尔工业区 1923 年还被法国、比利时军队占领。

德国政府只能日夜赶印钞票，通过大量发行货币来赔款筹资。由此，德国历史上经历了一次最引人注目的超速通货膨胀。从1922年1月到1924年12月，德国的货币和物价都以惊人的比率上升，一张报纸的价格变迁可以反映出这种速度：每份报纸的价格从1921年1月的0.3马克上升到1922年5月的1马克、1922年10月的8马克、1923年2月的100马克、1923年9月的1 000马克、1923年10月1日的2 000马克、1923年10月15日的12万马克、1923年10月29日的100万马克、1923年11月9日的500万马克，再到1923年11月17日的7 000万马克。

分析：

（1）什么是通货膨胀？

（2）通货膨胀有哪些类型？

（3）通货膨胀有哪些弊端？

（4）如何治理通货膨胀？

（一）什么是通货膨胀？

微观经济学中的市场需求和市场供给共同决定了市场上的均衡价格，需求或供给中任何一个因素改变都会引起市场均衡价格的变化。当市场上价格整体上升（下降）时，就会出现通货膨胀（通货紧缩）现象。

通货膨胀是指物价普遍持续三个月以上的上升或货币贬值的过程。货币供给量过多是通货膨胀产生的根本原因，物价普遍上涨、货币贬值、经济运行过热是通货膨胀的突出表现。但单一产品的涨价、全面产品短期的涨价或涨价幅度不大等都不称为通货膨胀。

对消费者而言，100元钱应该买到价值100元的商品，如果只能买到价值50元的商品时，一般就会说“通货膨胀”了。

（二）如何衡量通货膨胀？

衡量通货膨胀的指标主要有消费者物价指数、生产者物价指数和国民生产总值折算数。

1. 消费者物价指数

消费者物价指数（consumer price index，CPI）又称居民消费价格指数，主要反映消费者支付商品和劳务的价格变化情况，也是一种度量通货膨胀水平的工具，以百分比为表达形式。在美国，构成该指标的主要商品共分为八大类，包括食品酒和饮品、住宅、衣着、教育和通信、交通、医药健康、娱乐、其他商品及服务。美国劳工统计局每月公布消费者物价指数。

消费者物价指数的计算公式为：

$$\text{消费者物价指数}=\frac{\text{一组固定商品按当期价格计算的价值}}{\text{一组固定商品按基期价格计算的价值}}\times 100\%$$

消费者物价指数表明，对普通家庭的支出来说，购买具有代表性的一组商品，在今天要比过去某一时间多花费多少。若 2018 年某国普通家庭每个月购买一组商品的费用为 800 元，而 2019 年购买该组商品的费用为 1 000 元，那么该国 2019 年的消费者物价指数（以 2018 年为基期）为 125%（=1 000/800×100%），也就是说物价上涨了 25%。

2. 生产者物价指数

生产者物价指数（producer price index，PPI）亦称工业品出厂价格指数。生产者物价指数是一个用来衡量制造商出厂价的平均变化的指标，它是统计部门收集和整理的若干物价指数中的一个。PPI 与 CPI 不同，主要的目的是衡量企业购买的一揽子物品和劳务的总费用。由于企业最终要把它们的费用以更高的消费价格的形式转移给消费者，因此通常认为 PPI 的变动对预测 CPI 的变动是有用的。当生产者物价指数比预期数值高时，表明有通货膨胀的风险；当生产者物价指数比预期数值低时，则表明有通货紧缩的风险。

目前，我国生产者物价指数共调查 9 大类商品，包括：燃料/动力类、有色金属类、有色金属材料类、化工原料类、木材及纸浆类、建材类（钢材、木材、水泥）、农副产品类、纺织原料类及工控产品。

3. 国民生产总值折算数

国民生产总值折算数（GNP implicit price deflator，IPD）是指按当年价格计算的国民生产总值与按不变价格计算的国民生产总值的比率。它可以反映全部生产资料、消费品和劳务费用价格的变动。

（三）通货膨胀产生的原因有哪些？

1. 需求增加（需求拉动型通货膨胀）

因为商品和劳务需求大增，无法充分供应，导致价格大幅度上涨。如果中央银行增加货币的供给量，普通消费者手上就会有很多钱，但社会提供的商品和劳务的数量不足，普通消费者就愿意出比较高的价格来购买商品和劳务。若供给一直无法正常提供，就会造成商品和劳务的价格不断升高，因此产生通货膨胀。

2. 供给减少（成本推动型通货膨胀）

在总需求不变的情况下，由于生产要素价格（包括工资、原料、租金等）上涨，导致产品成本上升，因此产生通货膨胀。

3. 供给和需求共同作用（供求混合推动型通货膨胀）

在现实经济社会中，很难分清通货膨胀的原因究竟是需求拉动还是成本推动。例如：通货膨胀可能从过度需求开始，但由于需求过度引起的物价上涨会促使工人要求提高工资，因此转化为成本推动型通货膨胀。

4. 结构失衡型通货膨胀

结构失衡型通货膨胀是指在社会总需求不变的情况下，由于需求的组成发生结构性变化，导致物价总水平相应上涨。多数恶性通货膨胀都是因为总需求不断增加引起的。通货膨胀的最大推波助澜者就是消费者的心理预期。当消费者预期物价会高涨时，他们就会囤积、抢购商品，这是造成通货膨胀的主要原因之一。

（四）通货膨胀对经济有哪些影响？

1. 对生产的影响

通货膨胀会破坏社会再生产正常运行，导致生产萎缩。通货膨胀初期，因为商品价格上涨，企业所得的利润也相应增加，企业会扩大生产，但此状况不会持久。由于原材料、工资上涨，生产成本增加，加上消费者购买能力下降，导致企业销售和资金周转困难，企业的利润也会降低。投资于生产领域获利小，资金会转投流通领域或金融市场，导致正常的生产缺乏资金来源，企业生产陷入困境，破产的企业增多，失业人口增加。如此一来，整个社会的人力资源都耗在对抗和应对通货膨胀上，严重影响经济增长。

2. 对流通的影响

通货膨胀使供求矛盾加剧、市场供需失衡，造成抢购商品现象，打乱了流通领域原有的购销渠道，导致流通领域混乱，破坏了商品的正常流向。1988年，国内物价持续高涨，上涨率达18.5%，城乡抢购成风，大量产品脱销，甚至有一些居住在没有电力供应区域的农民也进城抢购电器。

3. 对分配的影响

通货膨胀使少数人受益、多数人受害，影响经济和社会的稳定。受害者既有工人、职员等固定收入者，也有持有物价格上涨比率小的资产者、债权人等；受益者有哄抬物价者、持有物价格上涨比率大的资产者、债务人等。

例如：王某向银行贷款100万元，年利率5%，一年后归还本息105万元。假设物价一年上涨10%，翌年归还105万元的实际购买能力为：

$$\frac{1\ 050\ 000}{1+10\%}=954\ 545\text{（元）}$$

因此，在物价上涨后，王某还给银行的本息价值减少了，银行借出100万元，实际上只能收回95万多元，因而遭受了损失。

工人、职员有生活困难，政府只得增加补贴，这又会增加财政赤字，出现恶性循环，最后导致经济社会不稳定。当通货膨胀发生时，税率扭曲，投资者的利益就会受损。

假设老李买了股票并在一年后出售，赚了15%的收益，如果同时期的通货膨胀率正好是15%，则老李根本没有赚到钱：15%的收益正好弥补所丧失的15%的购买力，但政府同样会对其15%的收益征税。

4. 对消费的影响

当通货膨胀发生时，物价上涨，货币贬值，人们的实际购买能力降低了，生活质量就会受到极大影响。加上不法商人哄抬物价，加剧了供需矛盾和社会成员之间的矛盾。

在通货膨胀的情况下，生活必需品的价格普遍上涨，若要维持原来的消费水平，就得增加开销。等到通货膨胀严重时，人们会发现今天买一斤米的钱，明天只能买半斤米。一旦社会大众普遍存在通货膨胀的心理预期，大家都不愿意再储蓄，人人争相囤积货物，或将钱投入购买房地产、黄金、外币等投机且不具有生产性的物品，投机风潮四处蔓延，通货膨胀愈演愈烈，就会引发恶性通货膨胀。人民对国家的货币失去信心，货物价格急剧高涨，结果不仅导致国家经济濒临崩溃，社会也将动荡不安。

（五）政府如何应对通货膨胀?

通货膨胀通常与货币供应增长过快、总需求膨胀有关。治理通货膨胀首先要控制总需求，实现总需求与总供给的平衡。实现紧缩政策是迄今为止在抑制和治理通货膨胀中运用最多、最有效的政策措施。

1. 紧缩性货币政策

紧缩性货币政策又称缩紧银根，即中央银行为减少流通中的货币量的办法，以减轻通货膨胀的压力。具体做法是：通过公开市场业务出售政府债券，以减少经济体系中的货币存量；提高贴现率和再贴现率，以提高商业银行存款利率和金融市场的利率水平；提高法定存款准备金率，压缩商业银行放款量，减少货币流通量；控制政府向银行借款的额度，适当减少国际净收入。通过以上手段，保证货币供给量增长率与经济增长率相适应。

2. 紧缩性财政政策

紧缩性财政政策即在财政方面采取紧缩措施，主要通过压缩财政支出和增加税收的办法来治理通货膨胀。具体做法有以下几种：一是政府削减财政支出，包括减少军费开支和政府在市场上的采购等；二是限制公共事业投资和公共福利支出；三是增加税收或提高税率，以抑制企业投资和个人消费。

此外，还可以运用收入与物价政策、供给政策来治理通货膨胀。收入与物价政策是指政府制定必要的收入与物价政策，控制或管制工资和物价，将工资限制在一定水平上，以减轻成本推动通货膨胀的压力，并限制价格垄断，防止垄断企业可能出现的定价过高和哄抬物价现象。供给政策是指通过有利于发展生产、增加有效供给的供给政策（如减税）削减社会福利开支、稳定币值、减少政府对企业干预等手段，以缓解通货膨胀。

调控宏观经济运行、治理通货膨胀的具体措施如图 4－31 所示。

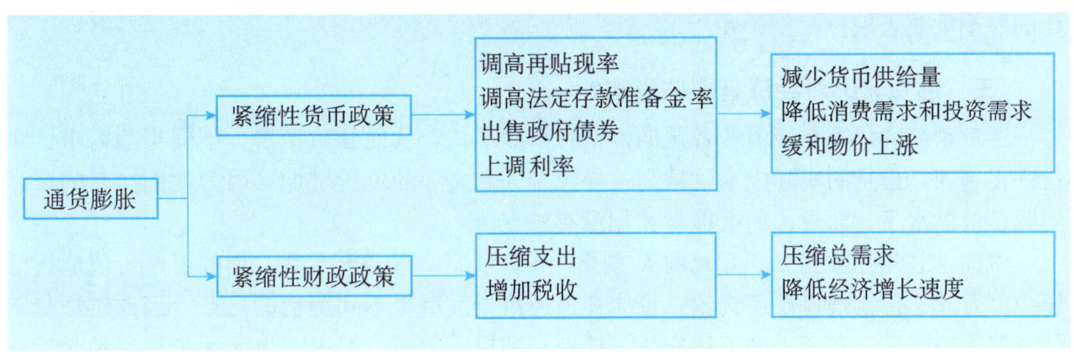

图 4－31　治理通货膨胀的措施

三、分析通货紧缩对消费和生产的影响及政府如何应对

有人认为通货紧缩意味着物价一直下跌，可以更便宜地购物，因此认为通货紧缩是好事。你如何看待此观点？

分组讨论

请举例描述你认识到的通货紧缩现象。

（一）什么是通货紧缩？

通货紧缩是指一般物价水平在某一时期内连续性地以相当大的幅度下跌的经济现象。当消费者物价指数连续下跌两季时，就表示已经出现了通货紧缩现象。在物价下跌的表面好处背后，还伴随着失业率急速上升、企业获利衰退、股票下跌等现象，即使是保住“饭碗”的上班族，也难逃减薪的厄运。

从 1997 年下半年到 1999 年 7 月，我国物价水平出现了连续 22 个月的下降。物价不振，货品严重积压，这就是典型的通货紧缩。

（二）通货紧缩产生的原因是什么？

通货紧缩产生的主要原因如下：

1. 生产过剩

产品供给大于需求，大量产品销不出去，导致通货紧缩的产生。一些国家的经济尚未从根本上摆脱产能过剩的制约，以至于一旦出现问题，就会面临通货紧缩的危险。

2. 需求不振

房地产与股价的下跌直接引发消费者的信任危机，大家心中都有物价会越来越便宜的预期，害怕现在买会有损失，都抱着等等看的心理，而且担心“饭碗”不保，忧心忡忡，不敢消费。消费者越是延后消费或投资，物价下跌的状况就会越严重。

2007 年美国发生的次贷危机严重波及很多国家和地区的经济，不少国家因受到股市低迷、投资减少等负面因素影响，消费者物价指数与以往相比有所下降，这是通货紧缩产生的一个重要表现。

（三）通货紧缩对经济有哪些影响？

通货紧缩的危害在于消费者预期价格将持续下跌，从而延后消费，削弱当前需求。物价跌得越凶，借贷的实际成本就越高，导致个人和企业的负担增加，因为他们持有的资产实际价值缩水了，而银行的抵押贷款却没有减少。

例如：去年你按揭 100 万元购买房子，通货紧缩使得房价下跌，你的房产价值远远低于 100 万元。你按规定偿还贷款，可你知道还清贷款也得不到等值的房产，因此偿还贷款的意愿大幅降低，甚至干脆不还贷款，让银行把房子收回。但银行也无法把房子拍卖后将贷款收回，导致银行呆账越积越多，因而使得整个金融体系产生重大危机。美国 2007 年

发生的次级房贷危机就是这一过程的真实写照。

面对呆账风险，银行紧缩银根、提高利率，但这样做也提高了贷款成本，使得庞大的库存现金放不出去，不能顺利地将资金注入经济体系中，借不到钱的中小企业面临生存危机。因此，企业为了降低损失而减少生产，引发裁员，延缓投资，企业的利润再度下降，进而使经济增长受阻。

此时，即使中央银行降息也无法带动企业与个人投资的增长，会使得通货紧缩更趋恶化，加重经济衰退。因此，通货紧缩对经济与民生的杀伤力远比通货膨胀厉害，会使整体经济陷入严重的恶性循环。

（四）如何治理通货紧缩现象？

通货紧缩是供给过度与需求不足造成的，要改善通货紧缩，就要提升消费与投资需求以振兴经济，首选是扩大内需。如在美国次贷危机后，我国为扩大内需而有计划地投资了4万亿元（见表4－9）。

表4－9　　发改委公布扩大内需4万亿元投资投向构成

重点投向	资金测算（亿元）
廉租住房、棚户区改造等保障性住房	4 000
农村水、电、路、气、房等民生工程和基础设施	3 700
铁路、公路、机场、水利等重大基础设施建设和城市电网改造	15 000
医疗卫生、教育文化等社会事业发展	1 500
节能减排和生态建设工程	2 100
自主创新和产业结构调整	3 700
汶川地震灾后恢复重建	10 000
总计	40 000

1. 扩张性货币政策

中央银行主要采取了以下扩张性货币政策：直接增加货币供给量，刺激经济，鼓励消费；通过公开市场业务向市场购买政府债券，增加流通中的货币量；降低存款准备金率，扩大商业银行信贷规模；降低再贴现率进而降低商业银行向中央银行的借款利率，降低商业银行放款成本，让企业的借贷成本下降，增强企业借钱投资的意愿；利用各种特殊货币政策引导商业银行扩张信贷活动。

1997年亚洲金融危机后，我国出现了通货紧缩。为此，中国人民银行决定，于1999年11月21日起下调金融机构法定存款准备金率2个百分点，即由8%下调到6%，使金融机构可用资金增加近2 000亿元，扩大了银行信贷资金的规模，拉动了经济增长。

2. 扩张性财政政策

扩张性财政政策主要是指通过扩大财政支出、增加财政赤字、减免税收等，弥补个人消费需求不足造成的需求减缓。国家还可以通过调整投资方向，加强基础设施建设，增加政府投资并利用财政资金带动民间投资，调整产业政策，增强产品竞争力，达到优化财政支出结构和增加社会总需求的目的，更好地拉动投资、就业和收入的增长，抑制通货紧缩。

调控宏观经济运行、解决通货紧缩的具体措施如图4-32所示。

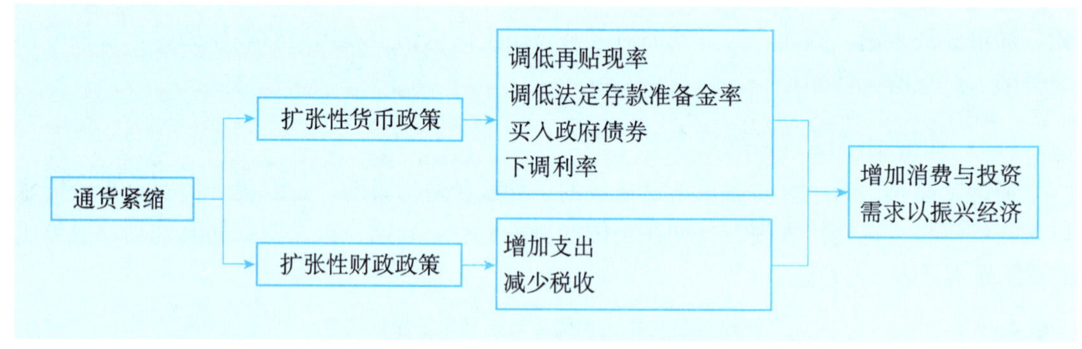

图4-32　治理通货紧缩的措施

小思考

通货膨胀和通货紧缩对人们的生活有什么影响？如果你是企业的决策者，应如何应对通货膨胀和通货紧缩？

超链接

恩格尔系数

恩斯特·恩格尔（Ernst Engel，1821—1896），德国经济学家和统计学家。恩格尔认为，收入是影响需求结构变化的重要因素。一个家庭（国家）的收入越低，其总支出中用于食物消费的份额就越大。若其他条件不变，随着收入的提高，食品支出占总消费支出比重呈逐渐下降的趋势。此即著名的恩格尔定律（Engel's Law）。这是一个经验规律。恩格尔还发现，随着收入的提高，衣着、住房在总开支中的占比基本保持不变，而奢侈品、教育、娱乐、储蓄的占比将上升。

$$恩格尔系数=\frac{食品支出总额}{消费支出总额}$$

从统计结果来看，小至家庭、大至国家，基本上都遵循这一规律。因此，我们常常将恩格尔系数，即食品支出在总消费支出中所占比重作为衡量经济发展的一个指标。

不同收入水平的家庭，其食品支出在总消费支出中所占比重不同。收入水平较低的家庭，其食品支出所占比重较高；收入水平较高的家庭，其食品支出所占比重较低。

根据恩格尔系数，食品开支在家庭总消费支出中所占比重在59%以上为贫困，50%～59%为温饱，40%～50%为小康，30%～40%为富裕，低于30%为最富裕。许多国家都把恩格尔系数作为衡量该国劳动者生活水平的重要指标。

模块小结

（1）经济学家用供求模型来分析竞争市场。在竞争市场上，有许多的消费者和生产者，他们每个人对市场价格的影响很小，甚至没有影响。

（2）需求曲线表示价格如何决定一种物品的需求量。根据需求定理，随着一种物品价格的下降，需求量增加，需求曲线向右下方倾斜。

（3）除了价格之外，决定消费者需求量的其他因素包括收入、替代品和互补品价格、消费者偏好、预期和消费者的数量等。如果这些因素中的一种改变了，需求曲线就会移动。

（4）供给曲线表示价格如何决定一种物品的供给量。根据供给定理，随着一种物品价格的上升，供给量增加，供给曲线向右上方倾斜。

（5）除了价格之外，决定生产者供给量的其他因素包括投入生产要素价格、技术、预期和生产者的数量等。如果这些因素中的一种改变了，供给曲线就会移动。

（6）供给曲线与需求曲线相交时达到市场均衡。当市场价格为均衡价格时，需求量等于供给量。

（7）消费者和生产者的行为会自然而然地使市场趋于均衡。当市场价格高于均衡价格时，存在物品过剩，将引起市场价格下降；当市场价格低于均衡价格时，存在物品短缺，将引起市场价格上升。

（8）为了分析某个事件如何影响市场，通常用供求图来考察事件对均衡价格和均衡数量的影响。我们遵循三个步骤进行：第一，确定该事件是使需求曲线移动还是使供给曲线移动（还是使两者都移动）；第二，确定曲线移动的方向；第三，比较新均衡状态与原来的均衡状态下的均衡价格和均衡数量。

（9）在市场经济中，价格是引导经济决策从而配置稀缺资源的信号。对于经济中的每一种物品来说，价格确保供给与需求达到平衡。因此，均衡价格决定了消费者选择购买多少这种物品、生产者选择生产多少这种物品。

（10）需求价格弹性、需求交叉弹性、需求收入弹性可以分别用来分析企业内部环境、行业环境和宏观经济环境。

（11）总需求是指整个社会对产品和劳务需求的总和。消费是指居民对产品或劳务的需求或支出，包括耐用消费品支出、非耐用消费品支出、住户租金及对其他劳务的支出。投资是指厂商对投资品的需求或支出，包括用于原材料、半成品及代售产品投资的存货投资和居民住房投资。政府购买是指政府对各种产品或劳务的需求或支出。净出口是指出口与进口的差额。

（12）社会总供给是指一个国家或地区在一定时期内（通常为一年）由社会生产活动

实际可以提供给市场的可供最终使用的产品和劳务的总量，通常以国内生产总值作为其货币表现形式。

（13）总需求-总供给模型把总需求曲线与总供给曲线结合起来说明国民收入与价格水平的决定。

（14）通货膨胀一般是指物价普遍持续三个月以上的上升或货币贬值的过程。治理通货膨胀一般采取的是紧缩性财政政策和紧缩性货币政策。

（15）通货紧缩一般是指物价水平在某一时期内连续性地以相当大的幅度下跌的经济现象。治理通货紧缩一般采取的是扩张性财政政策和扩张性货币政策。

思考与训练

一、思考题

1. 旅游业的发展可以带动住宿、餐饮、交通、娱乐等行业的相应发展，为什么？

2. 20 世纪 70 年代，美国战后生育高峰期出生的人进入了劳动年龄，有孩子的已婚妇女参加工作也变得更加普遍。试预测劳动人数的增加对均衡工资和均衡就业量可能产生什么影响。试画出供给曲线和需求曲线来进行说明。

3. 需求定理告诉我们，某种商品的价格与需求量成反方向变化，但是，高档名牌服装在超市打折销售反而卖不出去。试从影响需求因素的角度分析其原因。

4. 收入增加和价格下降可使空调的销量增加。从经济学角度看，这两种造成销售量增加的原因有什么不同？

5. 试用供给弹性说明在情人节为什么玫瑰价格猛涨而巧克力、贺卡价格涨幅甚微。

6. 为什么化妆品可以薄利多销而药品却不行？

7. 美国加利福尼亚大学洛杉矶分校校门口的西木村有一家烟草店，出售各式雪茄、香烟、烟丝及烟斗。经济系的克洛尔教授一向以抽雪茄闻名，他买雪茄时，就如同他打网球一样利落，从不问价格，每次到店里都跟老板说："给我拿 100 美元的古巴牌雪茄。"经济系的另一位大牌教授也喜欢抽雪茄，在买雪茄时也从来不问价格，每次到雪茄店里时就说："给我拿两盒古巴牌雪茄。"如果说经济学家对价格更敏感，消费行为应该更理性，那么你觉得他们两人谁更像是真正的经济学家？

8. 假如你是一个农民，你去年的收入来自出售的粮食。如果报纸报道，因为很多地方运用了研究人员培育出的一种小麦杂交新品种，预计今年小麦平均产量增加 20%。你对这一新闻有什么反应？你也应该采用杂交新品种吗？如果《国际商报》报道，今年粮价预计上涨 5%左右，你将如何安排今年的种植？

9. 有些地方规定电影票价最高不得超过 25 元，最低不得低于 10 元。你认为这种做法会引起什么后果？这种做法有利于还是有害于电影产业的发展？

10. 在通货膨胀严重时采用限制价格政策有什么好处？会带来什么不利的后果？

二、训练营

1. 从服装、珠宝和轿车三个行业企业中选择一家具有代表性的企业（或选定一家校内实训店）分析以下问题：

（1）分析该店销售的产品的市场需求。

（2）该企业产品的价格和需求量之间存在怎样的关系？

（3）影响该企业商品需求的因素有哪些？

（4）哪些方法可以增加企业产品的需求和需求量？

（5）影响该企业供给的因素有哪些？

（6）供给定理给该企业带来什么启示？

（7）供给定理给政府带来什么启示？

（8）该企业生产的产品在市场上的需求和供给状况如何？未来5～10年需求和供给会发生什么变化，对该企业的产品价格将产生哪些影响？

（9）该企业生产的产品在市场上的均衡价格偏高还是偏低？为什么？

（10）影响企业产品均衡价格的因素有哪些？如何影响？

（11）预测未来该企业产品均衡价格的走势及其原因。

（12）均衡价格的变动规律给企业带来哪些启示？

（13）目前国家的价格政策对该企业产生什么影响？

（14）价格政策给该企业带来哪些启示？

（15）分析该企业产品的需求价格弹性，并说明如何据此制定企业产品的价格策略。（需求价格弹性的应用）

（16）分析该企业产品在市场上的竞争状况：如何判断市场上的竞争者或合作者？应采取何种战略？（需求交叉弹性的应用）

（17）分别分析经济繁荣、经济衰退时企业应如何应对。目前的经济形势如何？将对企业产生什么影响？（需求收入弹性的应用）

2. 分别分析经济繁荣、经济衰退时，你的家庭如何进行消费和投资决策。目前的经济形势如何？将对你的家庭产生什么影响？你打算如何应对？（需求收入弹性的应用）

3. 分别分析经济繁荣、经济衰退时，你作为大学毕业生如何选择就业。目前的经济形势如何？将对你产生什么影响？你打算如何应对？（需求收入弹性的应用）

4. 请从网上下载模拟炒股软件，运用需求收入弹性相关原理进行模拟炒股训练。分享小组竞赛炒股的结果。

5. 预测未来商品价格的走势，并判断未来的通货膨胀或通货紧缩情况、出现的原因、衡量的指标。

6. 分析我国的通货膨胀状况（2005—2015年）：

（1）搜集2005—2015年我国的通货膨胀率资料，并分析其变化规律，绘制曲线进行说明。

（2）说明不同年份的通货膨胀属于哪种类型。

（3）说明不同年份产生通货膨胀的原因。

（4）说明不同年份我国采取了哪些宏观经济政策来控制或影响通货膨胀。

7. 分析美国的通货膨胀状况（2005—2015 年）：

（1）搜集 2005—2015 年美国的通货膨胀率资料，并分析其变化规律，绘制曲线进行说明。

（2）说明不同年份的通货膨胀属于哪种类型。

（3）说明不同年份产生通货膨胀的原因。

（4）说明不同年份美国采取了哪些宏观经济政策来控制或影响通货膨胀。

8. 调查你所在地区的房地产供给与需求状况，形成一篇 1 500 字左右的调查报告，以小组为单位提交书面资料。

模块五

认识市场

知识目标与要求

- 掌握四种市场类型的特点
- 理解四种市场类型下厂商的均衡状况
- 了解失业的类型及成因
- 掌握 $IS-LM$ 曲线的含义

能力目标与要求

- 能根据市场竞争状况区分不同的竞争类型
- 会对不同的市场类型进行利润最大化决策
- 能理解或预测政府进行市场干预的政策及效果
- 学会应对失业
- 学会运用 $IS-LM$ 曲线分析政策效果

学习任务

- 划分市场类型
- 根据市场类型进行理性生产决策
- 根据市场类型分析政府管制政策
- 分析失业现象及背后的原因
- 学会分析 $IS-LM$ 曲线变动的原因

【轶闻趣谈】

休假法

除全年104天周末休假之外，德国《联邦年休假法》规定每人每年享有至少24个工作日的带薪休假。加上其他法定节假日，德国假日总和超过150天。

荷兰法律对不同工种休假做出明确规定。例如：荷兰媒体从业人员每年享有25个工作日的带薪假，享受雇主向员工额外发放的度假津贴。而荷兰大学研究人员的带薪假可达到40天，外加年薪8%的度假津贴，相当于一个月的工资。

美国联邦法定节假日不多，为10天。美国没有强制规定带薪休假天数，但人们普遍有休假意识，企业也会比较自觉地安排假期，一般来说至少有15天。

韩国全年法定节假日共有16天，当中包括各为3天的春节和中秋假期。此外，韩国人的带薪年假为15至25天。加上双休日，韩国人全年假期可达到132至142天。

【任务分解】

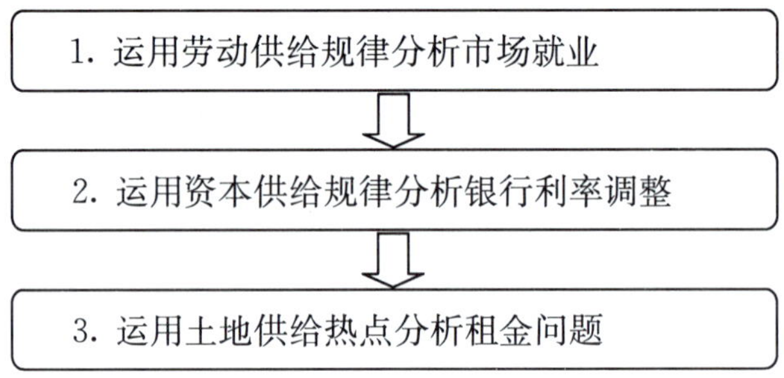

第一单元
要素市场

生产要素是指生产过程中投入使用的各种资源，通常包括劳动、资本、土地等。要素能否发生有序、自由流动，在实现资源的有效配置方面尤其重要。在资源的有效配置方面，党的十九大报告指出，要坚持新发展理念，使市场在资源配置中起决定性作用。

案例分析

要素资源的自由流动助推粤港澳大湾区的腾飞

2018 年 10 月 24 日，备受关注的港珠澳大桥正式通车。港珠澳大桥是中国境内一座连接香港、珠海和澳门的桥隧工程，是珠江三角洲环线高速公路南环段。作为连接粤港澳三地的跨境大通道，港珠澳大桥将在大湾区建设中发挥重要作用，促进人流、物流、资金流、技术流等创新要素的高效流动和配置，推动粤港澳大湾区建设成为更具活力的经济区，打造国际高水平湾区和世界级城市群。粤港澳大湾区将和东京湾区、纽约湾区、旧金山湾区世界公认的三大湾区一样，成为带动全球经济发展的重要增长极和引领技术变革的领头羊。

根据统计，目前 60%的经济总量来自港口海湾地带及其腹地。美国和日本港口及湾区都市群仅占国土面积的 1%～5%，但是创造了国家 30%～50%的经济总量。粤港澳大湾区是世界上面积最大、人口最多的湾区，以仅占 0.6%的国土面积、不足 5%的人口，创造了全国 13%（包括港澳）的 GDP，区域对外货物贸易额占全国的 25%，实际利用外商直接投资额占全国的 20%，对外直接投资额占全国的 25%。横向看，2016 年粤港澳大湾区的经济总量是旧金山湾区的 2 倍，接近纽约湾区水平；进出口贸易额达到 1.5 万亿美元，是东京湾区的 3 倍以上。

但是，粤港澳大湾区人口分布呈现“点状散步”的特征，且大量集聚在离岸湾有相当距离的地方，临海片区还有很大发展空间。表面上看，这是人口、产业集聚不够的结果，未来还有提高集聚度的空间。但是，本质上是这个区域间经济主体、经济要素互动和交融不活跃甚至孤立的结果。也就是说，阻碍湾区内要素资源自由流动和融合以及治理模式协同是最大的困扰。未来，只有实现要素资源的自由流动，才能助推粤港澳大湾区的进一步腾飞。

分析：要素资源的自由流动对粤港澳大湾区的发展有何意义？

一、运用劳动供给规律分析市场就业

为什么较富裕的人比较喜欢娱乐、度假，而打工一族更喜欢加班挣加班工资？

分组讨论

假如目前有一职位工资为每月3 000元，请讨论：

(1) 如何确定班上所有同学中有多少人希望应聘这一职位？请说明是如何确定的。

(2) 如果工资升为3 500元/月，仍然以班上同学为劳动供给来源，则此时有多少劳动供给？工资升为4 000元/月、5 000元/月呢？再设想经过5年，如果你的工资达到10万元/月，这时公司要求你加班，你愿意吗？请小组代表说明刚才的变化规律，并用一段话、表格、图形分别表述出来。

(3) 除了价格之外，还有哪些因素会影响劳动的供给？如何影响？请举例说明。

(一) 什么是劳动供给？

经济学中所讲的劳动供给是指在某一特定时期内，劳动者在各种可能提供的工资条件下愿意并能够对市场提供的劳动时间数量。

经济学中所讲的劳动供给必须同时满足两个条件："愿意工作"且"有能力工作"，两者缺一不可。譬如小王今年25岁，身强力壮，但好吃懒做，不愿意工作，整天游手好闲，则小王不能算作劳动供给的一部分。

案例分析

如何开发我国人口质量红利

国家统计局数据显示，2018年我国16至59周岁的劳动年龄人口为89 729万人，占总人口的比重为64.3%，比上年减少470万人，首次跌破9亿大关，同时也是我国劳动年龄人口连续第七年下降（见图5-1）。

另外，2018年我国出生人口1 523万人，人口出生率仅为1.094%，是1949年以来的最低水平。随着我国劳动年龄人口数量的不断下降，人口红利不断减少，以劳动力素质的提高替代劳动力数量的不足，是一条可行且必须采取的措施。党的十九大报告指出，要建设知识型、技能型、创新型劳动者大军。

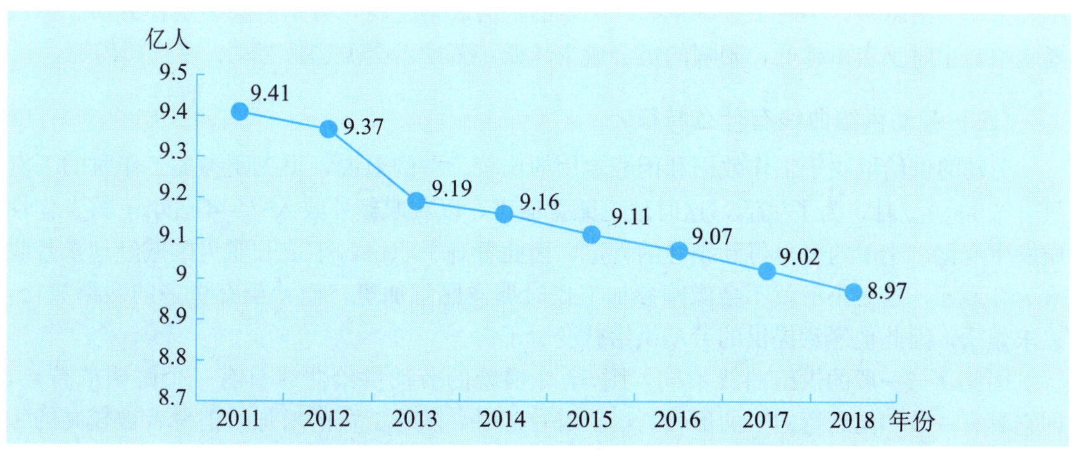

图 5－1　2011—2018 年中国劳动年龄人口数量变化趋势

分析： 如何提升劳动者素质，开发人口质量红利？

（二）哪些因素影响劳动供给？

小思考

春节过后，东西部开始打起了农民工的争夺战。在东部的上海，一些用工企业开着 400 辆长途大巴奔赴安徽、江苏、河南、湖北等地，到家门口去接农民工回来。而西部的重庆，当地官员更是在春节期间有一项特殊的加班任务，即设法把那些回家过年的农民工截留一部分，能留多少是多少。为什么会出现以上现象？

人们愿不愿意工作在很大程度上取决于人们认为工作值不值，这受到工资高低和闲暇时间的控制。

工资如何影响劳动供给？劳动供给和小时工资率呈同方向变化，即小时工资率越高，劳动供给越多；小时工资率越低，劳动供给越少。

闲暇如何影响劳动供给？闲暇是指人们扣除谋生活动时间、睡眠时间、个人和家庭事务活动时间之外剩余的时间。换句话说，闲暇是指个人不受其他条件限制、完全根据自己的意愿去利用或消磨的时间。

如果人们去工作挣工资，那就放弃了闲暇、休息和享受。因此，工作的机会成本就是闲暇的效用。

对于工作和闲暇来说，如果小王现在买彩票中了 1 000 万元，那他很可能不愿意去工作，因为每月 2 000 元的工资对他来说基本没有吸引力，他更愿意去旅游和娱乐，享受人

生，这时闲暇的效用更大。

劳动供给和闲暇的效用呈反方向变化，即闲暇效用越大，劳动供给越少；闲暇效用越小，劳动供给越多。小时工资率越高，闲暇的机会成本越高，劳动者会多选择劳动、少选择闲暇；小时工资率越低，闲暇的机会成本越低，劳动者会少选择劳动、多选择闲暇。

（三）劳动供给曲线有什么特征？

劳动的供给取决于工作效用和闲暇效用的比较。举例来说，小王刚参加工作时的工资只有3 000元/月，为了生活，这时他更愿意加班，以获取额外收入；5年后小王的工作性质发生变化，小王的努力得到领导的肯定，因此晋升了职位，小王升职为区域经理，月收入为2万元，这时小王就不会像刚参加工作时那样愿意加班，而希望有更多的假期放松，追求娱乐，因此他愿意提供的劳动供给就变少了。

因此，与一般的供给曲线不同，图5－2描绘的劳动供给曲线具有一个鲜明的特点，即它具有一段“向后弯曲”的部分。当工资较低时，随着工资的增加，消费者被较高的工资吸引，将减少闲暇、增加劳动供给量。在这个阶段，劳动供给曲线向右上方倾斜。但是，工资上涨对劳动供给的吸引力是有限的。当工资上涨到W_1时，消费者的劳动供给量达到最大。此时如果继续增加工资，劳动供给量非但不会增加，反而会减少，于是劳动供给曲线从工资W_1处起开始向后弯曲。

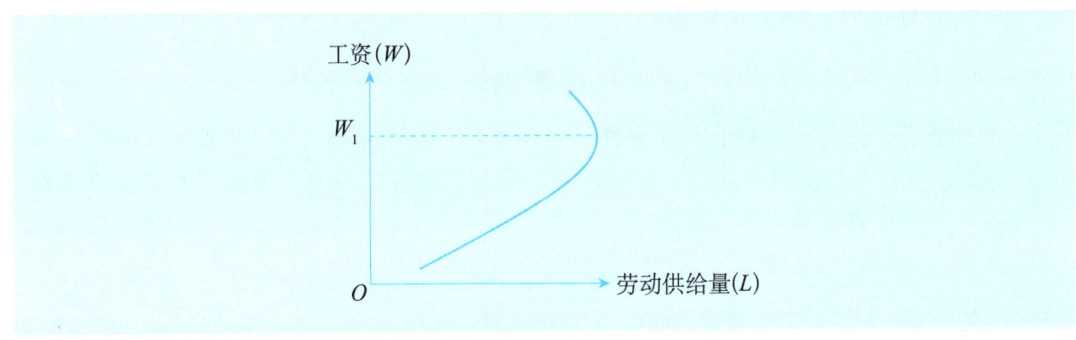

图5－2　向后弯曲的劳动供给曲线

（四）如何理解劳动供给曲线向后弯曲？

增加闲暇意味着失去本来可以得到的劳动收入（工资），因此，劳动工资实际上是闲暇的机会成本，可以将工资看成闲暇的价格。下文我们从替代效应和收入效应的角度分析劳动供给曲线为什么会向后弯曲。

劳动的替代效应是指小时工资率越高，对牺牲闲暇的补偿越大，劳动者越愿意增加劳动供给以替代闲暇。劳动的收入效应是指小时工资提高，人们的收入相应增加，从而对闲暇的需求增加，因此会增加闲暇而减少劳动供给。也就是说，一方面，如果工资提高了，那么表明闲暇这种商品的价格提高了，根据替代效应的原理，此时消费者会减少对闲暇这种商品的购买；另一方面，工资提高，个人的经济实力增强，包括闲暇在内的正常需求相应增加，从而减少劳动的供给。

劳动供给曲线向左上方的弯曲程度取决于工资提高的替代效应和收入效应的比较。当替代效应大于收入效应时，劳动供给量随劳动价格的提高而增加，劳动供给曲线为正斜率，向右上方倾斜。当收入效应大于替代效应时，劳动供给量随劳动价格的提高而减少，劳动供给曲线为负斜率，向左上方弯曲。

（五）劳动供给曲线会移动吗？

劳动供给曲线的移动意味着同样的工资下劳动供给发生变化，其中的原因有很多种：

1. 偏好变动

1950 年，34％的女性从事有酬职业或正在找工作；2000 年，这一数字上升到 60％。在一两代人以前，女性留在家里照料孩子是普遍现象。如今，家庭规模变小了，更多的母亲选择工作，增加了劳动供给。

2. 可供选择的机会改变

在任何一个劳动市场上，劳动供给都取决于其他劳动市场可以得到的机会。如果摘葡萄的工人赚到的工资突然上升了，一些摘苹果的工人就会选择改变职业，摘苹果劳动力市场上的劳动供给自然就减少了。

3. 移民

工人从一个地区向另一个地区流动，或从一个国家向另一个国家流动是劳动供给移动的重要原因。例如：当移民来到美国时，美国的劳动供给增加了，移民国的劳动供给自然就减少了。

（六）劳动需求与均衡工资

劳动需求是指在某一特定时期内，企业在各种可能提供的工资下愿意并能够购买的劳动时间的数量。通常来说，企业对劳动的需求数量与工资呈反向变化。

将向右下方倾斜的劳动需求曲线与向右上方弯曲的劳动供给曲线相结合，可以决定均衡的工资水平 W_0，如图 5－3 所示。

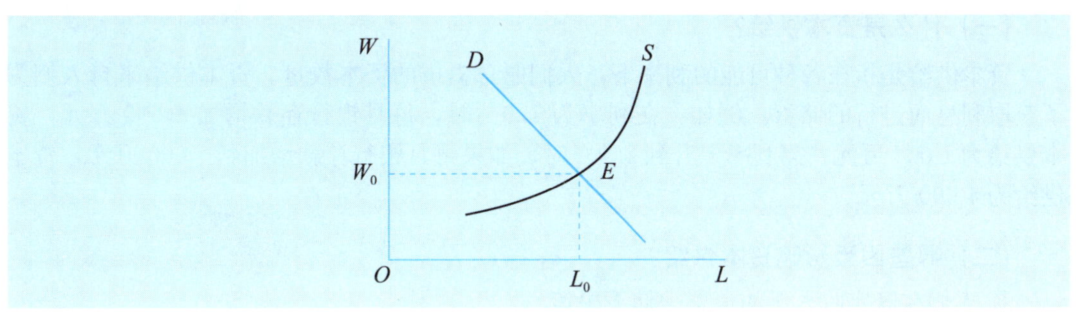

图 5－3　劳动供求均衡

知识拓展

增加劳动力供给应对人口老龄化

人口老龄化已经成为我国一个极为严峻的社会问题，严重影响着社会、经济等各方面的发展。按照国际通用指标，65周岁及以上的人口占总人口的比重达到7%就是老龄化社会，达到14%就是老龄社会，达到21%就是超老龄社会。中国从2000年开始，65周岁及以上人口占比超过7%，即步入老龄化社会。到2017年，全国人口中60周岁及以上人口占比17.3%，其中65周岁及以上人口占比11.4%。预计到2020年，老年人口达到2.48亿人，老龄化水平达到17.17%，其中80周岁以上老年人口将达到3 067万人；2025年，60周岁以上人口将达到3亿人，我国步入超老龄社会。

人口老龄化的原因，一方面是人口出生减少，另一方面是人口死亡率下降，这两者共同导致了我国人口老龄化程度的不断加速。人口老龄化带来的后果，除了增加养老负担、健康负担之外，还会对劳动力市场形成强烈的冲击。现有劳动力面临老龄人口养老负担的增加，不仅要养自家老人，作为工作者缴纳社会保险，还要养全社会的老年人。养老负担增加，不仅影响劳动者的生活质量，而且影响其劳动生产率。另外，人口老龄化程度的不断加剧，可能导致未来劳动力相对短缺或不足，影响劳动力总量，导致经济发展缺乏足够的劳动力。因此，需要不断完善人口发展战略，积极应对人口老龄化趋势。

二、运用资本供给规律分析银行利率调整

经济过热时，如果房价上涨过多，中国人民银行会调高贷款基准利率，试分析其中的原因。

分组讨论

我国银行经常提高或降低利率，你知道利率变动对于消费或投资有什么影响吗？

（一）什么是资本供给？

资本供给是指在各种可能的利率下，人们愿意提供的资本数量。资本供给来自人们为了获取利息而进行的储蓄。例如：在利率为1.0%时，每月银行存款增加1 000万元，资本供给为1 000万元；当利率上升到2.0%时，如果每月银行存款增加到4 000万元，资本供给为4 000万元。

（二）哪些因素影响资本供给？

1. 人们在既定收入下的消费—储蓄决策

从时间上来看，消费分为两种：即期消费和未来消费。未来消费也就是现在的储蓄。

消费者在选择时，必须考虑哪种消费能带来更大的利益和效用。如果消费者认为即期消费有利可图，那么资本的供给就会减少，更多的钱会投入当前消费中；如果消费者认为未来消费更有价值，能带来更大的利益，那么储蓄将会增加，资本供给增加。当通货膨胀率上升、货币贬值加快时，人们更愿意当前消费而减少储蓄。

2. 人们对货币的流动性偏好

人们对货币的流动性偏好，是指人们总希望以货币形式持有个人财富。流动性偏好越强，大量货币持有在个人手上，资本供给就越少；反之，则越多。

（三）哪些人对资本有需求？

从全社会来看，资本市场的需求是由个人超前消费引发的。在很多情况下，人们想要购买的某些商品，如住房和汽车等，往往超出了当前的收入水平，这时，人们可能希望通过向银行等金融机构贷款来满足这些消费需求，并用将来收入的一部分偿还贷款本金和利息。其中，利息就是人们提前消费需要付出的代价。由于利率越高，人们为提前消费付出的代价就越高，从而其借贷意愿就越低，人们对资本的需求就越小。

还有一部分是企业进行投资形成的对资本的需求。如果企业投资项目的预期利润率高于企业借款利率，有利可图，企业就会大力投资。所以，如果贷款人提高贷款利率，在预期利润率不变的情况下，利润减少甚至没有，于是这些投资项目就会被否定，从而企业的借款意愿也会下降。个人需求和企业需求相加就是资本市场上对资本的需求。

（四）利率和资本供给有什么关系？

由于假定资本数量在短期内既定，因此资本的短期供给曲线是一条垂直线。设开始时的资本数量为 M_0，则相应的短期供给曲线就是 S_0（见图 5-4）。垂直的短期供给曲线表明短期内资本供给与利率高低无关。资本的需求曲线 D 仍是向右下方倾斜，于是短期均衡的利率水平就是 R_0。长期内，如果利率水平较高，会有很多资金通过储蓄转化为资本，资本的供给增多，资本的供给曲线将不断向右平移。随着供给曲线不断右移，均衡利率水平也不断下降，从而储蓄也不断下降。当短期供给曲线右移到 S_1 时，利率下降到 R_1，资

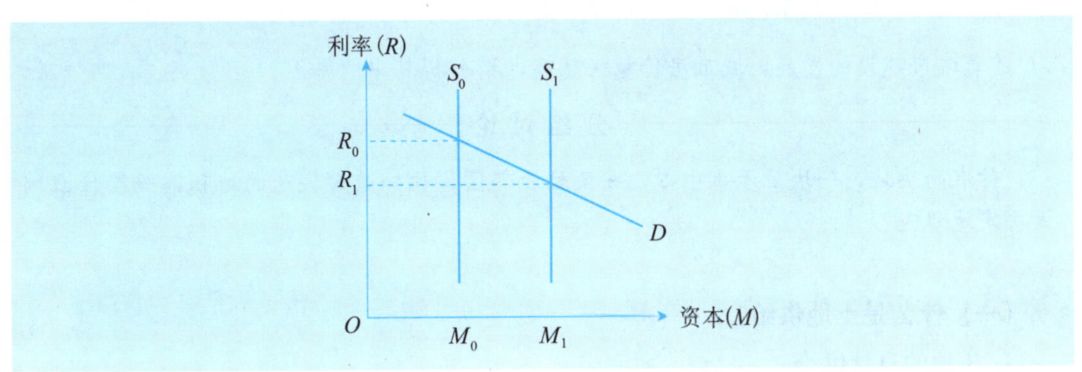

图 5-4 利率和资本供给的关系

本数量增加到 M_1。长期内，如果利率水平较低，消费者不愿意储蓄，资本供给减少，从而资本的供给曲线不断向左平移。随着供给曲线不断左移，均衡利率水平将不断上升，从而储蓄也不断上升。

知识拓展

中国的资本市场

党的十六届三中全会明确提出，必须大力发展多层次的资本市场体系，建立统一互联的证券市场。十九大报告同样提出，深化金融体制改革，增强金融服务实体经济能力，提高直接融资比重，促进多层次资本市场健康发展。

中国的资本市场是伴随着经济体制改革的进程逐步发展起来的，具体有：(1) 一板市场（主板市场）是中国资本市场最重要的组成部分，包括上海证券交易所和深圳证券交易所，分别于 1990 年 11 月 26 日和 12 月 1 日成立。这两个证券交易所在组织体系、上市标准、交易方式和监管结构方面大体一致，主要为成熟的国有大中型企业提供上市服务。(2) 二板市场（创业板市场）是地位仅次于主板市场的二级证券市场，在中国特指深圳创业板，于 2009 年 9 月 17 日推出，主要为中小企业尤其是高新技术企业服务。(3) 三板市场（场外交易市场），即全国中小企业股份转让系统，是经国务院设立的全国性证券交易场所，于 2012 年 9 月 20 日注册成立。(4) 四板市场（区域性股权交易市场），为特区区域内的企业提供股权、债券的转让和融资服务的私募市场。2019 年，增设科创板，对于促进企业特别是中小微企业股权交易和融资、鼓励科技创新和激活民间资本、加强对实体经济薄弱环节的支持具有积极作用。

三、运用土地供给热点分析租金问题

随着城市建设的发展，城市房价越来越高，请分析其中的原因。

分组讨论

你有两块地，一块位于市中心，一块位于郊区，你知道哪块地的地租高吗？什么因素决定地租呢？

（一）什么是土地供给？

1. 土地的自然供给

土地以其自然固有的属性供人类利用，以满足人类社会生产和生活的需要，称为土地的自然供给。

土地的自然供给是无弹性的供给，因为一个国家或一个地区的土地数量是一定的。

影响土地自然供给的主要因素是：(1) 气候条件；(2) 地貌条件；(3) 土地的有用性和合乎经济开发的条件；(4) 交通运输条件。

2. 土地的经济供给

土地的经济供给是指土地在自然供给及自然条件允许的范围内，在一定时间和地区因用途利益与价格变化形成的土地供给数量。

土地的经济供给是有弹性的，可以随着土地的价格变化而变化。

影响土地经济供给的主要因素是：(1) 各种土地的自然供给量；(2) 人们利用土地的知识和技术水平；(3) 交通运输条件。

超链接

全国城镇土地利用情况

2009 年开始，国土资源部（现为自然资源部）每年组织开展全国城镇土地利用数据汇总工作，按照“建制镇—县—市—省—国家”方式，对城镇内部的每块土地利用现状，逐级汇总形成全国城镇土地利用数据。目前，已形成了覆盖全国 32 个省（自治区、直辖市）（不含香港特别行政区、澳门特别行政区和台湾地区）的所有 703 个城市、18 662 个建制镇连续 6 年（2009—2014 年）的城镇各类土地利用数据。其主要结果如下：

截至 2014 年 12 月 31 日，全国城镇土地总面积：890.0 万公顷（13 350 万亩）。其中，城市面积占 46.8%，建制镇面积占 53.2%。区域上，东部地区城镇土地面积占全国城镇土地总面积的 40.7%，中部地区占 22.5%，西部地区占 26.4%，东北地区占 10.4%。地类上，住宅用地面积 295.4 万公顷（4 431 万亩），占 33.2%；工矿仓储用地 249.2 万公顷（3 738 万亩），占 28.0%；公共管理与公共服务用地 111.3 万公顷（1 670 万亩），占 12.5%；交通运输用地 107.0 万公顷（1 605 万亩），占 12.0%；商服用地 63.6 万公顷（954 万亩），占 7.1%。

2009—2014 年，全国城镇土地面积增加 165.0 万公顷，增幅为 22.8%，年均增长 4.2%。增长速度总体呈逐渐放缓趋势，年度增幅由 2010 年的 4.7%下降至 2014 年的 3.7%。从土地利用结构上看，呈现以下特点：

(1) 城镇土地利用增长向中西部地区、建制镇偏移，用途结构持续向工矿、商服用地倾斜。区域上，向中西部地区偏移：2009—2014 年，中部、西部地区城镇土地增幅分别达到 27.8%和 32.6%，均明显高于全国总增幅；东部、东北地区增幅较低，分别为 14.7%和 19.3%。层级向建制镇集中：2009—2014 年，全国城市土地面积增幅为 17.7%，低于建制镇增幅9.1个百分点。用途上向工矿、商服用地倾斜：2009—2014年，全国城镇各类土地中，工矿仓储用地和商服用地增幅最大，分别达到36.1%和38.3%，大大超过全国城镇建设用地总增幅。

(2) 城镇住宅用地增幅呈放缓趋势，增长向中西部地区、中小城市偏移。2009—2014年，全国城镇住宅用地面积累计增幅为23.0%，与全国城镇用地总增幅基本接近，且增幅由2010年的5.3%下降到2014年的3.6%，呈放缓趋势。自2011年开始，中、西部地区的城镇住宅用地年度增幅维持在5%、6%左右，均大于东部、东北地区的年度增幅。2009—2014年，对于不同规模城市，其住宅用地的年度增幅基本呈现小城市＞中等城市＞大城市＞特大城市和超大城市的特征。

(3) 城镇土地利用效率不断提高，商服用地效率的增长逐步超过工矿仓储用地效率的增长，区域上呈现由西向东、由内陆到沿海递增的规律。2014年工矿仓储用地产出效益为665.9万元/公顷，较2009年累计提升50%以上；2014年商服用地产出效益为4 776.1万元/公顷，较2009年累计提升接近50%。2014年，商服用地产出效益呈现西部—东部—东北部—东部的递增规律，东部地区的商服用地产出效益为西部的3倍左右。工矿用地产出效益呈现西部—东北部—中部—东部的递增趋势，东部地区的工矿仓储用地产出效益接近西部的2倍。

另外，对全国32个省（自治区、直辖市）11 801个村庄内部土地利用情况进行了抽样调查，结果显示村庄内部用地中宅基地面积占比最高，约占村庄建设用地的62.9%；而公共管理与公共服务用地的比例较低，其占比还不到全国城镇水平的25%。

（二）哪些因素影响土地需求?

随着社会经济的发展，人类社会对土地的需求从简单到复杂、从单一到多样化。原始社会土地仅作为人类的栖身之地，之后出现了农业用地、放牧用地，再后来出现了作坊用地、住宅用地。随着生产力和工业的发展，工业用地、城市建设用地、交通运输用地等相继出现。现代社会的用地类型有增无减，如旅游观光用地、疗养别墅用地、自然保护区用地等。

影响土地需求的主要因素有：(1) 人口数量。人类的衣、食、住、行都依赖于土地，人口数量越多，对土地的需求量就越大。(2) 土地产品的收益及其需求状况。土地需求是一种衍生需求，如果土地上的产品收益大或需求增加，则土地需求增加；反之，土地需求减少。(3) 人民生活水平。人民生活水平提高后，不但对食品质量和品种提出更高要求，而且会增加对住房和娱乐设施（如公园和风景区）方面的需求，从而增大土地需求总量。(4) 社会经济发展水平。社会经济的发展，一方面会减少对某一经济用途的土地的需求，如合成纤维的发展会减少对植棉耕地的需求；另一方面将拓宽产业发展的范围，增加对土地的需求。

（三）土地需求曲线为何向下倾斜?

从自然供给来说，土地不同于其他生产要素的最重要特点是土地供给量是固定的、完全无弹性的，因此，土地供给曲线为一条垂直线。

土地需求曲线是一条向右下方倾斜的曲线（见图 5－5）。因为一方面，随着人们对土地的使用越来越多，在边际效用递减规律的作用下，土地的边际收益产品是递减的；另一方面，土地的价格越高，人们付出的代价越大，对土地的需求也越少，土地价格自然会降低。

由于土地的供给无弹性，因此对土地的需求成为决定地租的唯一因素。

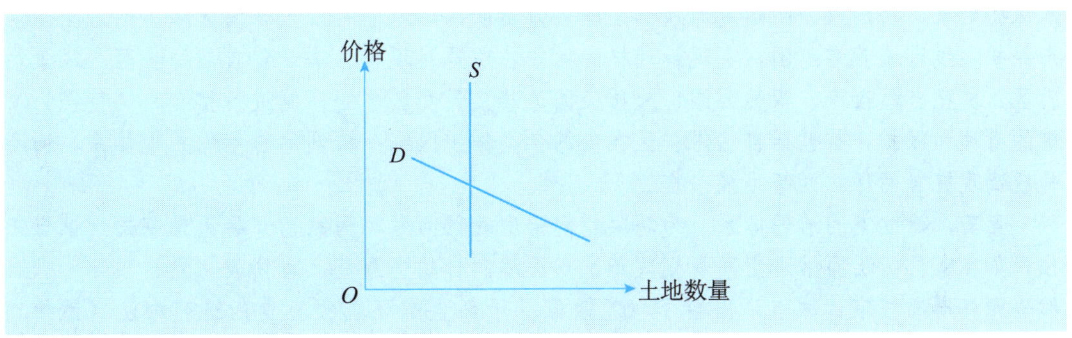

图 5－5　土地需求曲线

（四）地租如何确定？

土地的市场价格一般称为地租，是使用者为使用土地而支付的报酬，地租用租金来衡量。租金是指使用完全缺乏弹性的生产要素所支付的费用或报酬，我们已知土地的数量是一定的，即土地的市场供给是完全没有弹性的，所以土地租金的大小完全取决于市场对土地的需求情况。例如：城市中心商业区的土地由于能够创造很高的边际收益产品，因此需求很多，具有较高的地租；城市郊区的土地因为能带来的收益不大，所以需求较少，具有较低的地租；荒山野岭因无法创造收益而一文不值。

知识拓展

国土空间开发保护基本制度

习近平总书记在党的十九大报告中指出要构建国土空间开发保护制度。

第一，完善主体功能区配套政策。要坚定做好全国主体功能区规划实施工作，加快构建“两横三纵”为主体的城市化战略格局、“七区二十三带”为主体的农业战略格局、“两屏三带”为主体的生态安全战略格局这三大科学合理的国土空间开发战略格局。要建立健全政策体系，特别是针对优化开发、重点开发、限制开发和禁止开发四类不同主体功能区，形成差别化的财政政策、投资政策、产业政策、土地政策、农业政策、人口政策、民族政策、环境政策、应对气候变化政策和绩效考核评价体系，推动各地区按照主体功能定位发展，构筑区域经济优势互补、主体功能定位清晰、国土空间高效利用、人与自然和谐共生的区域发展格局。

第二，建立以国家公园为主体的自然保护地体系。国家公园体制以保障国家生态安全为根本目的，以加强自然生态系统原真性、完整性保护为基础，以实现国家所有、全民共享、世代相承为目标，以具有国家代表性和典型性的大面积自然生态系统和自然遗产为基本保护对象，将国家公园确定为属于全国主体功能区规划中的禁止开发区域，纳入全国生态保护红线区域管控范围，实现最严格的保护。这是对现有分头设置自然保护区、风景名胜区、文化自然遗产、森林公园、地质公园等禁止开发区域的体制进行整合，实行统一有效的管理和保护，是包括自然保护区在内的各类保护区统一协调的自然保护地体系，而不是脱离现有自然保护区等另搞一套。

第三，建立空间治理体系。为解决空间治理缺位问题，国家已开展大量基础性试点工作，如在市县级层面推进空间规划改革试点、编制自然资源资产负债表试点、领导干部自然资源资产离任审计试点，出台了《党政领导干部生态环境损害责任追究办法（试行）》等。通过多方试点和积累经验，逐步建立健全相关制度和政策，最终将形成以市县级行政区为单元，由空间规划、用途管制、领导干部自然资源资产离任审计、差异化绩效考核等构成的空间治理体系。

第二单元
市场结构

一、运用完全竞争市场特点指导企业价格制定、分析产品竞争特点

在农产品市场（如菜市场）中，为何同种农产品的价格基本一致？

分组讨论

作为行业的主管部门，却无意间成了垄断的“推手”。云南省通信管理局2015年就摊上事了。因“违反《反垄断法》，滥用行政权力，组织电信运营商达成价格垄断协议，排除和限制相关市场竞争”，云南省通信管理局被云南省发改委调查，并被国家发改委通报。2015年6月2日，国家发改委网站发布通报：云南省通信管理局牵头组织四家电信运营商达成协议，对赠送的范围、幅度、频次等进行约定，并通过下发整改通知书等手段强制执行，限制了电信运营商的竞争能力和手段。对此，云南省通信管理局进行了整改，并停止相关做法，中国移动、电信、联通、铁通四大电信运营商的云南分公司被处以罚款，共计1 318万元。中国通信市场的结构是怎样的？类似的还有哪些行业？

（一）什么是完全竞争市场？

小思考

农产品大家都见过，你发现农产品市场价格变化有什么特点吗？

完全竞争市场（perfectly competitive market），又称纯粹竞争市场，是指竞争充分而不受任何阻碍和干扰的一种市场结构。在这种市场类型中，买卖人数众多，消费者和生产者是价格的接受者，资源可自由流动，市场完全由“看不见的手”进行调节，政府对市场不做任何干预，只起维护社会安定的作用，承担的只是“守夜人”的角色。

（二）完全竞争市场应该具备哪些条件？

完全竞争市场必须具备一定的条件（见图5－6），这些条件主要包括以下几个方面：

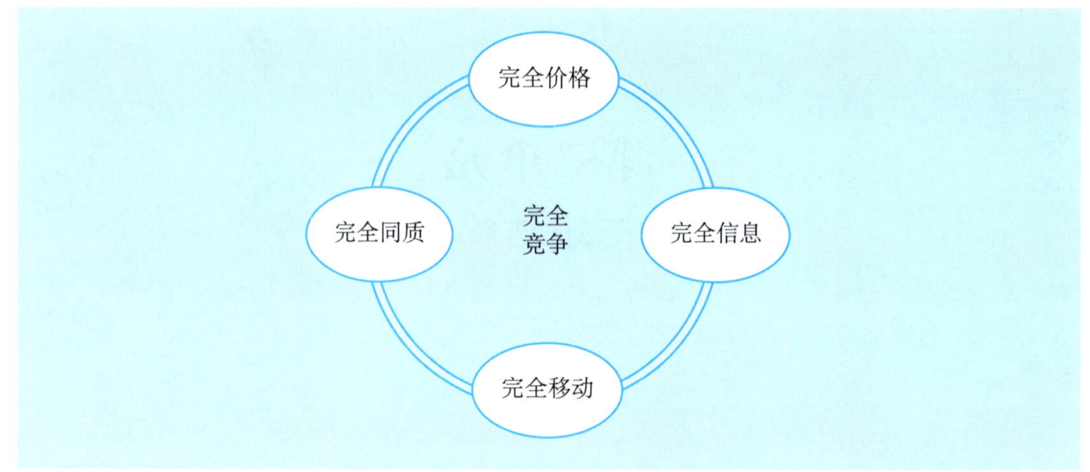

图 5-6　完全竞争市场应具备的条件

1. 市场上有众多的生产者和消费者，任何一个生产者或消费者都不能影响市场价格

由于存在大量的生产者和消费者，与整个市场的生产量（即销售量）和购买量相比，任何一个生产者的生产量和任何一个消费者的购买量所占的比重都很小，都无法影响市场的生产量和价格，因此任何生产者和消费者的单独市场行为都不会引起市场生产量和价格的变化。美国经济学家乔治·斯蒂格勒指出："任何单独的购买者和销售者都不能凭其购买和销售来影响价格。"

用另一种方式来表达就是，任何购买者面对的供给弹性是无穷大的，而销售者面临的需求弹性也是无穷大的。这就是说，他们都只能是市场既定价格的接受者，而不是市场价格的决定者。

2. 企业生产的产品具有同质性，不存在差别

市场上有许多企业，每个企业生产的某种产品不仅是同质的产品，而且在产品的质量、性能、外形、包装等方面是无差别的，以至于任何一个企业都无法通过自己的产品具有与他人产品的特异之处来影响价格，形成垄断，从而享受垄断利益。对于消费者来说，无论购买哪一个企业的产品都是同质无差别产品，以至于众多消费者无法根据产品的差别而形成偏好，从而使生产这一产品的生产者形成一定的垄断性，从而影响市场价格。也就是说，只要生产的是同质产品，各种商品相互之间就具有完全的替代性，这很容易接近完全竞争市场。

3. 生产者进出市场不受限制

任何一个生产者，既可以自由进入某个市场，也可以自由退出某个市场，即进入市场或退出市场完全由生产者自由决定，不受任何社会法律和其他社会力量的限制。由于无任何进出市场的社会障碍，生产者能自由进入或退出市场，因此，当某个行业市场有利润时，就会吸引许多新的生产者进入这个行业市场，从而引起利润下降，以至于利润逐渐消

失。而当行业市场出现亏损时，许多生产者又会退出这个行业市场，从而引起行业市场利润的出现和增长。这样，在一个较长的时期内，生产者只能获得正常的利润，而不能获得垄断利益。

4. 市场交易活动自由、公开，没有人为的限制

市场上的买卖活动完全自由、公开，无论哪一个商品销售者都能够自由、公开地将商品出售给任何一个购买者，无论哪一个商品购买者也都能够自由、公开地向市场上任何一个商品销售者购买商品，市场上不存在任何歧视。同时，市场价格也只随着整个市场的供给与需求的变化而变化，没有任何人为的限制。任何市场主体都不能通过权力、关税、补贴、配给或其他任何人为的手段来控制市场供需和市场价格。

5. 市场信息畅通、准确，市场参与者充分了解各种情况

消费者、企业和资源拥有者都对相关的经济和技术方面的信息有充分和完整的了解。生产者不仅完全了解生产要素价格，产品的成本、交易及收入情况，也完全了解其他生产者产品的有关情况；消费者完全了解各种产品的市场价格及其交易的所有情况；劳动者完全了解劳动力资源的作用、价格及其在各种可能的用途中给他们带来的收益。因此，市场完全按照大家都了解的价格进行交易活动，不存在相互欺诈。

6. 各种资源都能够充分、自由地流动

任何一种资源都能够自由地进入或退出某一市场，能够随时从一种用途转移到另一种用途中去，不受任何阻挠和限制，即各种资源都能够在各行业间和各企业间充分、自由地流动。商品能够自由地从市场价格低的地方流向市场价格高的地方，劳动力能够自由地从收入低的行业或企业流向收入高的行业或企业，资金、原料和燃料等亦能自由地从效率低、效益差的行业或企业流向效率高、效益好、产品供不应求的行业或企业。

（三）完全竞争市场的需求曲线有哪些特征？

（1）完全竞争市场上的价格不是由单个企业决定的，而是由行业决定的，这一价格决定后，企业只能被动接受。所以，该企业产品的需求曲线是一条水平线，无论该企业的产量增加多少，价格都不会变，即行业供求关系决定价格。

（2）在完全竞争市场上，企业的平均收益等于价格。企业按既定的市场价格出售产品，每单位产量的售价也就是每单位产量的平均收益，所以价格等于平均收益，需求曲线也是平均收益曲线。

（3）在完全竞争市场上，平均收益等于边际收益。因为边际收益是指增加单位产量所增加的总收益，在完全竞争市场上，无论一个企业增加多少产量，价格都是不变的，所以边际收益等于价格。

所以，平均收益＝边际收益＝价格，三条曲线合而为一，也是产品的需求曲线（见图 5-7），因为在这一价格，无论多少产品都可以卖出去。

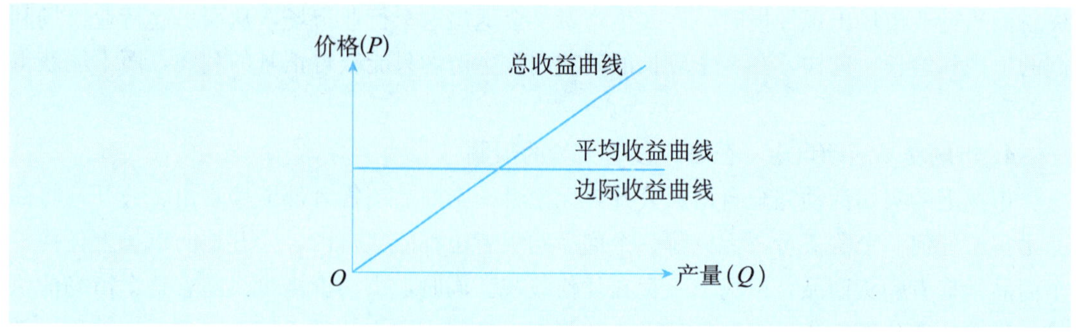

图5-7　完全竞争市场的需求曲线

知识拓展

农产品的出售价格

一般来说，在现实经济生活中，只有农业等极少数产业比较接近完全竞争市场。因为在农业生产中，农户的数量多且每个农户的生产规模一般都不大。同时，每个农户生产的农产品产量及其在整个农产品总产量中所占的比重都极小，所以每个农户的生产和销售行为都无法影响农产品的市场价格，他们只能接受农产品的市场价格。如果有的农户要提高其农产品的出售价格，农产品的市场价格不会因此而提高，最终结果只能是他自己的产品卖不出去。如果农户要降低其农产品的出售价格，农产品的市场价格也不会因此而下降，虽然该农户的农产品能以比市场价格更低的价格较快地销售出去，但是不可避免地要遭受很大的经济损失。这样，农户降低其农产品价格的行为就显得毫无实际意义。

二、运用垄断市场特点分析国内行业情况和政府的政策导向

汽油价格问题一直是广大司机心中的疙瘩，为什么我国油价和世界市场上的油价变化有时候并不一致，在国际油价下跌的时候，我国油价反而上涨？

分组讨论

国有垄断行业的“幸福生活”近乎是“公开的秘密”，它们主要来自石油、石化、冶金等行业。从电厂抄表工年薪高达20万元到烟草行业小职员的高收入，垄断触犯了众怒，让人愤愤不平；“十二豪门”员工工资是全国平均工资水平的3～4倍……垄断问题已日益凸显。为什么垄断行业会有高工资？你知道我国有哪些垄断行业吗？

（一）什么是垄断市场？

垄断市场，又称纯粹垄断市场或完全垄断市场，是一种与竞争市场相对立的极端形式的市场类型。“垄断”一词出自希腊语，意思是“一个销售者”，也就是指某一个人控制了一种产品的全部市场供给。因而，完全垄断市场是指只有唯一供给者的市场类型。

（二）垄断市场有哪些特征？

（1）市场上只有一个生产者，它控制着整个行业的全部供给。在垄断市场上，厂商和行业两个概念完全重合，行业中唯一的厂商是垄断厂商，而这个垄断厂商代表了这一个行业。

（2）垄断厂商的产品在市场上没有十分近似的替代品，它与其他产品的替代弹性是非常低的。由于垄断厂商控制全部供给，且产品具有永久特色，因此垄断厂商是价格的决定者。

（3）不许有新厂商进入，垄断厂商控制着市场，形成种种进入障碍或壁垒。这些进入障碍或壁垒有的是由于政府征收关税、颁发特许证、给予专利或提供其他形式的保护而形成的，有的是对某些自然资源的控制而形成的，有的是因为某些行业需要巨额投资或高精尖技术而形成的等。

小思考

南非是世界上主要的钻石生产国，来自南非的戴比尔斯公司（De Beers）则是全球最大的钻石开采和销售企业。戴比尔斯公司始建于1870年，它拥有南非所有的钻石矿，并与博茨瓦纳、纳米比亚和坦桑尼亚政府合作，直接控制了近50%的世界钻石年产量。1934年，戴比尔斯成立了以伦敦为基地的中央销售组织，通过签订独家市场协议，将其他钻石生产商的大部分钻石产品纳入自己的销售体系。目前，戴比尔斯已控制了世界上80%左右的钻石生产和销售份额。

在实际营销中，戴比尔斯支付了大笔的广告费用。仅2004年，戴比尔斯在全球的广告推广费用就高达1.8亿美元。戴比尔斯的广告推广形式多种多样，它是最早在好莱坞电影中进行产品植入式营销的企业，电影中男女主人公坠入爱河时的场景中总是会出现戴比尔斯的身影。

此外，公司每两年举办一次规模盛大的国际钻饰设计大赛。戴比尔斯还特别重视在中国市场的发展，仅2005年，它就投入了900万美元在中国的电视、杂志和报纸上做广告。除了在大城市进行宣传推广外，它还将视线投向了17个二线城市，其中包括比较偏远的拉萨等地。戴比尔斯还连续多年在新年、国庆等公众假期赞助中国的城市年轻人举办集体婚礼，向他们宣传公司的产品和理念。

戴比尔斯是世界钻石市场上的垄断者吗？如果是，一个垄断者为什么还需要花那么多钱做广告呢？如果不是，那么什么样的企业才算是垄断者？

（三）垄断市场的需求曲线有哪些特征？

由于一个行业只有一个厂商，因此市场对行业产品的需求曲线就是对完全垄断厂商产品的需求曲线。完全垄断厂商产品的需求曲线是一条向右下方倾斜的曲线（见图5-8）。

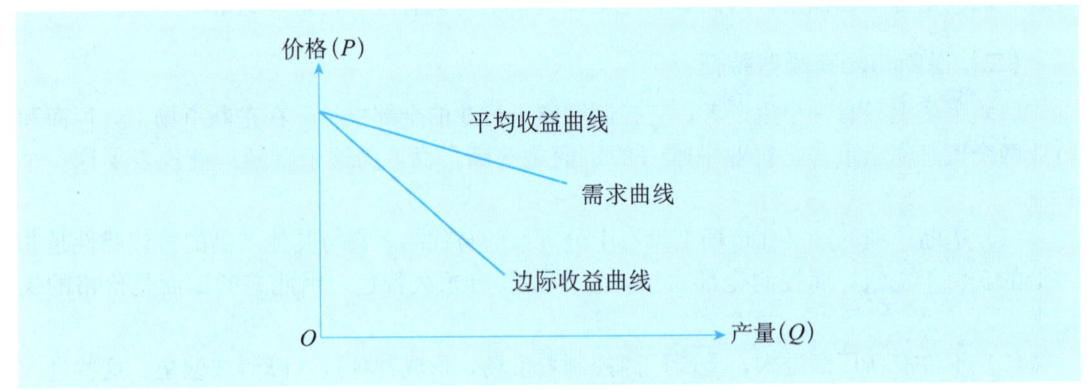

图5-8　垄断市场的需求曲线

在完全垄断条件下，垄断厂商的平均收益（AR）与完全竞争市场一样，都有 $AR=P$，因为价格就是收益。

然而，对完全垄断厂商来说，价格却不是常量，它随着厂商产量或销售量的变化而变化。产量小，价格就高；产量大，价格就低。所以价格是产量的函数，沿着需求曲线随产量的变化而变化。所以，在完全垄断市场中，平均收益曲线与需求曲线是同一条向下倾斜的曲线。边际收益曲线位于平均收益曲线之下，因为多生产商品，根据供给定律，价格自然会下降，这就决定了垄断厂商在产品市场上不仅决定如何生产和生产多少，而且决定索要多高的价格。

（四）垄断市场形成的原因有哪些？

垄断市场形成的原因很多，最根本的一个原因就是建立和维护一个合法的或经济的壁垒，从而阻止其他企业进入该市场，以巩固垄断企业的垄断地位。垄断企业作为市场唯一的供给者，很容易控制市场中某一种产品的数量及价格，从而可连续获得垄断利润。具体来说，垄断市场形成的主要原因有以下几个方面：

1. 生产发展的趋势

在生产的社会化发展过程中，自由竞争自然而然地引起了生产和资本的集中，当生产和资本的集中发展到一定阶段以后，必然会产生垄断。我们可以从两个方面来分析这个问题：一方面，生产和资本的集中发展到一定阶段时就产生了垄断的可能性，因为当生产和资本集中发展到一定阶段后，生产和资本逐步集中到少数大企业手中，它们之间就容易达成协议、形成垄断，使操纵、控制市场的供给成为可能，而其他企业则无法与之竞争；另一方面，生产和资本集中到少数大企业手中之后，这些大企业要在竞争中打败对方单独取胜很不容易，为了避免两败俱伤和获取稳定的垄断利润，他们都有谋求妥协、达成垄断的共同需要。

2. 规模经济的要求

有些行业的生产需要投入大量的固定资产和资金，如果充分发挥这些固定资产和资金的作用，则这个行业只需要一个企业进行生产就能满足整个市场的产品供给，这样的行业适合进行大规模生产。具有这种规模的生产就具有经济性，低于这种规模的生产则是不经济的。这样来看，规模经济就成为垄断形成的重要原因。同时，大量的固定资产和资金作用的充分发挥，使企业具有进行大规模生产的能力和优势，因而这个企业能够以低于其他企业的生产成本或低于几个企业共同的生产成本、价格向市场提供全部供给，那么，在这个行业当中，只有这个企业才能生存下来，其他企业都不具备这种生存能力。例如：钢铁、汽车和重型机械等重工业的生产，就要求通过集中大量的资产和资金进行大规模的生产才具有较佳的经济性。虽然在这些行业中，中小企业的繁荣使其竞争力不断增强，但是在这些行业的现代发展趋势中，垄断特征的表现非常明显、突出。

3. 自然垄断性行业发展的要求

有些行业具有向规模经济、范围经济发展的内在趋势，而在整个市场中，随着企业生产规模的扩大和范围的扩展，单位成本递减，从而效益增加，这些行业具有自然垄断性。通常情况下，这些具有自然垄断性的行业是由政府来经营的，如电力、自来水、天然气、公共运输等行业。这些具有自然垄断性行业的发展必然要求实行垄断经营，因为自然垄断性行业的发展与垄断经营之间存在紧密联系的技术经济因素。

总的来说，自然垄断性企业由于实行垄断经营，可以通过规模经济和范围经济产生利益，并且由于其垄断地位而不会产生过多的成本。具体来说，第一，具有自然垄断性行业的生产需要庞大的固定资本投资，实行垄断经营，生产规模越大，客户就越多，单位成本就越小，就能得到规模经济效益；第二，自然垄断性行业企业进行联合生产经营要比企业单独生产的成本低，从而获得生产与分配的纵向统一利益和对多用户提供多种服务的复合供给利益，即获得范围经济效益；第三，自然垄断性行业生产需要的设备投资巨大，折旧时间长，同时这些设备很难转移为其他用途，所以固定成本有较大的沉淀性。这三个方面的技术理由就形成了进入市场的重要技术壁垒，使新的企业很难进入该市场，从而自然形成垄断市场。

以电信业的发展为例，如果某个城市有几个电话公司，每个电话公司都要花费巨额投资建设通信网络，而且各个公司的电话通信网络都因有自己的技术特性而很难相互连接，每个电话用户则只能利用一个公司的通信网络。因而，在几家电话公司分散经营的条件下，要花费巨额投资进行重复建设。如果由一个电话公司垄断经营，既能保证技术的统一性，又能避免重复建设，资本的投资效率和利用效率都能得到提高。这种状况在自然垄断性行业发展初期是垄断市场形成的一个重要原因。

4. 保护专利的需要

专利是政府授予发明者的某些权利。这些权利一般是指在一定时期内对专利对象的制作、利用和处理的排他性独占权，从而使发明者获得应有的收益。某项产品、技术或劳务的发明者拥有专利权以后，在专利保护的有效期内形成了对这种产品、技术或劳务的垄断，其他任何生产者都不得进行这种产品、技术或劳务的生产与使用，也不能模仿这些发明进行生产，只有向专利持有人支付大量许可使用费才可以生产。如微软公司对操作系统的垄断，很大程度上是由于专利保护的作用。

5. 对进入的自然限制

当某个生产者拥有并且控制了生产必需的某种或某几种生产要素的供给来源时，就形成了自然垄断。这种自然垄断形成以后，其他任何生产者都难以参与此类要素的市场供给，从而自然地限制或阻止了其他生产者的进入，这样就维护了这个生产者的垄断地位和垄断利益。某种要素或某几种要素生产的自然地理优势被某个生产者占据以后，其他生产者生产同种要素或同几种要素时就不再具有自然地理优势，前者就形成了生产中的自然地理优势垄断。例如：有一段时间，在非洲及世界其他地区，大多数的钻石矿都被南非的戴比尔斯公司控制；加拿大国际镍公司对世界已知的镍矿储藏量的控制已经近90%等。

6. 对进入的法律限制

政府通过特许经营，给予某些企业独家经营某种物品或劳务的权利。这种独家经营的权利是一种排他性的独有权利，是国家运用行政和法律手段赋予并进行保护的权利。政府的特许经营使独家经营企业不受潜在新进入者的竞争威胁，从而形成合法的垄断。政府对进入市场进行法律限制形成法律垄断，主要基于三个方面的考虑：一是基于某种公司福利需要的考虑，如某些必须进行严格控制的药品的生产，必须由政府特许独家经营；二是基于保证国家安全的考虑，如各种武器、弹药的生产必须垄断；三是基于国家财政和税收收入的考虑，如国家对某些利润丰厚的商品进行垄断或特许经营等。

案例分析

微软与反垄断

众所周知，微软公司是世界上最大的软件公司，它的操作系统占据了世界个人计算机操作系统市场的90%。微软不可思议的成功相当大程度上是因为公司创始人比尔·盖茨的技术创新和营销决策。从经济学和法律层面来说，如此重大的成功和市场支配地位没有什么问题吗？这要视具体情况而定。在反托拉斯法下，企业限制贸易和从事不适当的维持垄断的活动是非法的。微软采取了反竞争和非法的做法了吗？

美国政府认为微软公司构成垄断行为，而微软却不认可这一指控。1998年10月，美国司法部反托拉斯局对微软的行为提出了诉讼，罗列了广泛的问题，从而引发了美国一起最重要的反托拉斯诉讼案。随之而来的审讯于1999年6月开始。这里列出了反托拉斯局的主要诉词和微软回应的简略过程。

反托拉斯局声称：微软在个人计算机操作系统市场具有巨大的市场势力，这种势力足以满足垄断势力的法律定义。

微软回应：微软不符合垄断势力的法律定义，因为它面临着潜在竞争者的重要威胁，这些潜在竞争者正在和将要提供与视窗操作系统竞争的平台。

反托拉斯局声称：微软将网景浏览器视为对自己个人计算机操作系统的威胁，这种威胁是存在的，因为网景浏览器可以运行于任何操作系统，包括那些与视窗竞争的操作系统，如苹果、Unix 和 Linux 等撰写的文件。微软违反了《谢尔曼法案》，即美国国会制定的第一部反托拉斯法，与计算机制造商、互联网服务供应商和互联网内容供应商达成排斥性的协议，以达到提高消费者使用网景浏览器成本的目的。这一行动损害了网景与微软互联网开发者在浏览器业务上公平竞争的能力。

微软回应：该合同并不具有过分的限制性。无论如何，微软已单方面同意停止实施其中的大部分条款。

反托拉斯局声称：微软违反了《谢尔曼法案》的第二节，它的一些做法旨在维持其在个人计算机操作系统市场中的垄断力。最重要的是，它把浏览器同 98 视窗操作系统捆绑在一起，这样做不仅从技术上来说是不必要的，并且对消费者几乎没有任何好处。这一行为是掠夺性的，因为它使网景和其他企业很难或不可能成功地提供竞争性产品。

微软回应：把浏览器功能纳入操作系统是有好处的，不允许将新的功能综合起来纳入操作系统将会抑制创新。让消费者在单一的和综合性的浏览器之间选择将会在市场上引起混乱。

反托拉斯局声称：微软违反了《谢尔曼法案》的第二节，微软试图同网景瓜分浏览器业务，它与苹果计算机和英特尔也有同样的行为。

微软回应：微软同网景、苹果和英特尔的会晤完全是因为正当的商业原因，让消费者和生产者就计算机软件发展中的共同标准和草案达成一致意见是有益的。

最终，微软幸运地逃脱了被肢解的命运。

分析：为什么微软公司能逃脱被肢解的命运？

三、运用垄断竞争市场特点分析行业竞争情况

一直以来，零售市场上都存在很多商家，出售各种类型的商品，即使同一商品也存在不同品牌和样式，请问它是不是垄断竞争市场？随着外资市场的不断吞噬，这个市场会不会发生演变？

分组讨论

洗发水是个人护理用品中最大的一类产品，中国是目前世界上洗发水生产量和销售量最高的国家。目前，中国有超过 2 000 个洗发水生产商，国内市场上的洗发水品牌超过 3 000 个。洗发水市场存在怎样的特点？

（一）什么是垄断竞争市场？

垄断竞争市场是一种介于完全竞争和完全垄断之间的市场组织形式，在这种市场中，既存在激烈的竞争，又具有垄断因素。即垄断竞争市场是一种既有垄断又有竞争，既不是完全竞争又不是完全垄断的市场，是处于完全竞争市场和完全垄断市场之间的一种市场。

（二）垄断竞争市场有哪些特点？

垄断竞争市场竞争程度较大，垄断程度较小，比较接近完全竞争，而且要现实得多，在大城市的零售业、手工业、印刷业中普遍存在。从总体上说，垄断竞争市场具有以下特点：

1. 厂商众多

市场上厂商数目众多，每个厂商都要在一定程度上接受市场价格，但每个厂商又都可对市场施加一定程度的影响，不完全接受市场价格。另外，厂商之间无法相互勾结来控制市场。对于消费者，情况是类似的。这样，垄断竞争市场上的经济人是市场价格的影响者。

2. 互不依存

市场上的每个经济人都可以相互独立行动、互不依存。一个人的决策对其他人的影响不大，不易被察觉，可以不考虑其他人的对抗行动。

3. 产品差别

同行业中不同厂商的产品互有差别，如质量差别、功用差别、非实质性差别（如包装、商标、广告等引起的印象差别），或者销售条件差别（如地理位置、服务态度与方式的不同），造成消费者愿意购买这家的产品，而不愿购买那家的产品。产品差别是造成厂商垄断的根源，由于存在这些差别，使得产品成了带有自身特点的“唯一”产品，使得消费者有了选择的必然，也使得厂商对自己独特产品的生产销售量和价格具有控制力，即具有一定的垄断能力，而垄断能力的大小取决于它的产品区别于其他厂商产品的程度。产品差别程度越大，垄断程度越高。

由于同行业产品之间的差别不是大到产品完全不能相互替代，一定程度的可相互替代性又让厂商之间相互竞争，因此，垄断竞争市场既具有一定程度的垄断，又存在激烈的竞争。

4. 进出容易

厂商的规模不算很大，所需资本不是太多，进入和退出一个行业比较容易、障碍不大，这一点与完全竞争市场类似。垄断竞争市场是一种常见的市场结构，如肥皂、洗发水、毛巾、服装、布匹等日用品市场，餐馆、旅馆、商店等服务业市场，牛奶、火腿等食品市场，书籍、药品等市场大多属于此类。

5. 可以形成产品集团

垄断竞争市场行业内部可以形成多个产品集团，即行业内生产类似商品的厂商可以形成团体，这些团体之间的产品差别程度较大，团体内部的产品之间差别程度较小。

小 思 考

我国房地产市场企业虽然都是生产和销售同种产品，即商品房，但每个企业开发的楼盘都或多或少与其他楼盘有所不同，不存在绝对相同的楼盘。根据国家统计局 2012 年数据，全国房地产企业数量接近 9 万家，不可谓不多。同时，进出房地产行业的门槛也不高。房地产市场是一个垄断竞争市场吗?

（三）垄断竞争市场的需求曲线有哪些特征?

垄断竞争厂商面临的市场需求曲线的特征有：一方面，由于每个厂商提供的产品存在一定的差异，厂商可以对其产品实施垄断，厂商具有影响产品价格的能力，因而垄断竞争厂商面临的需求曲线（收益曲线）向右下方倾斜。另一方面，垄断竞争市场又不同于垄断市场，市场上同类产品的竞争、新老企业的进入和退出比较容易。因此，当厂商试图提高产品价格时，其损失掉的需求量（收益）比垄断时要大；当垄断竞争厂商降低价格时，其争取到的需求量（收益）可能更大。综合以上两方面因素，垄断竞争厂商面临的是一条向右下方倾斜的需求曲线，曲线比较平坦。

（四）垄断竞争市场的均衡如何形成?

1. 垄断竞争市场的短期均衡条件

垄断竞争厂商决定产量和价格的方式与垄断厂商完全相同。另外，垄断竞争厂商也可能会有损失出现。如果短期平均收益低于短期平均成本，垄断厂商就会亏损。但无论是盈利还是亏损，垄断竞争厂商都会选择边际收益（MR）与边际成本（MC）相等的点来生产，因为这时亏损最小或利润最大。

因此，垄断竞争市场的短期均衡条件是：$MR=MC$。

2. 垄断竞争市场的长期均衡条件

在长期，垄断竞争厂商可以任意变动一切生产要素投入。如果某一行业出现超额利润或亏损，会通过新厂商进入或原有厂商退出，最终使超额利润或亏损消失，从而达到长期均衡时整个行业的超额利润为 0。因此，垄断竞争与垄断不同（垄断在长期拥有超额利润），而与完全竞争一样，由于长期总收益等于总成本，只能获得正常利润。此时不会有新的厂商加入，原有厂商也不会退出，市场达到长期均衡。

因此，垄断竞争市场的长期均衡条件是：1）$MR=MC$；2）$P=AR=AC$。

四、运用寡头市场特点分析国内行业情况和政府的政策导向

国际上有通用、福特、丰田等多个汽车品牌，它们基本瓜分了世界市场。但我们发现，当其中一种品牌的汽车开始降价时，别的汽车品牌肯定有相应动作，为什么？有哪些动作呢?

分组讨论

过去10年，空客在与波音的订单竞争中一直略占优势，2011年，这一优势进一步拉大。空客之所以在订单上领先，在很大程度上得益于其改进后的150座机型——A320neo在市场上取得的巨大成功。由于采用了新型发动机，这款飞机可以节省12%～15%的燃油。飞机制造行业是不是寡头市场？它具有什么特征？

（一）什么是寡头市场？

在西方，寡头市场也称寡头垄断，是指一种商品的生产和销售由少数几家大厂商控制的市场结构。在寡头市场上，厂商数量少、相互依存，市场价格稳定，厂商进出不易。在现实经济生活中，寡头垄断常见于重工业部门，如汽车、钢铁、造船、石油化工、有色冶金、飞机制造、航空运输等部门。

（二）寡头市场有哪些特征？

1. 厂商极少

寡头市场上的厂商只有一个以上的少数几个（当厂商为两个时，叫双头垄断），每个厂商在市场中都具有举足轻重的地位，对其产品价格具有相当的影响力。

2. 相互依存

任一厂商进行决策时，必须把竞争者的反应考虑在内，个别厂商既不是价格的制定者，更不是价格的接受者，而是价格的寻求者。

3. 产品相关

各厂商生产的产品没有差别，彼此的依存度很高，叫纯粹寡头，存在于钢铁、尼龙、水泥等产业；各厂商生产的产品有差别，彼此依存度较低，叫差别寡头，存在于汽车、重型机械、石油产品、电气用具、香烟等产业。

4. 进出不易

其他厂商进入市场相当困难，甚至极其困难。因为不仅在规模、资金、信誉、市场、原料、专利等方面，其他厂商难以与原有厂商匹敌，而且由于原有厂商相互依存、休戚相关，其他厂商难以进入，原有厂商难以退出。

（三）寡头市场有无经济效率？

一般而言，在寡头市场上，市场价格高于边际成本，同时高于最低平均成本。因此，寡头垄断企业在生产量和技术使用方面应该是缺乏效率的。但从程度上来看，由于寡头市场存在竞争，有时竞争还比较激烈，因而其效率比垄断市场要高。

（四）什么是卡特尔？

卡特尔为“cartel”的音译，原意为“协定或同盟”，是生产同类商品的企业为了垄断市场、获取高额利润而达成有关划分销售市场、规定产品产量、确定商品价格等方面的协议所形成的垄断性企业联合。它是垄断组织的一种重要形式，也是最初级的一种形式。卡特尔的特点是各个企业之间相互独立，且各个垄断企业的经营水平、经营规模和产量等没有太大差别。现今最著名的卡特尔就是石油输出国组织（OPEC）。

案例分析

互联网行业的反垄断案例

2018 年 7 月 18 日，欧盟委员会宣布对谷歌在安卓设备上滥用市场支配地位行为处以 43.4 亿欧元的罚款，罚款数额再次打破欧盟反垄断调查触发纪录。此前，欧盟委员会曾于 2017 年 6 月对谷歌在通用搜索结果页面中偏向性地展示自有比较购物服务，对其处以 24.2 亿欧元的罚款。此外，欧盟委员会目前正对谷歌限制第三方网站展示竞争对手的搜索广告一案持续展开调查，并已初步认定谷歌构成滥用市场支配地位。近年来，谷歌、亚马逊等互联网巨头在境外屡遭反垄断调查。可以看出，国外的反垄断执法机构对于互联网企业滥用市场支配地位行为的执法日趋严格。

欧盟委员会认为，谷歌存在以下三个违法行为：(1) 谷歌具有市场支配地位；(2) 存在滥用行为；(3) 对市场竞争存在损害。另外，欧盟委员会还认定谷歌在以下相关市场具有市场支配地位：(1) 欧洲经济区一般网络搜索服务市场；(2) 全球范围（中国除外）智能手机操作系统市场；(3) 全球范围（中国除外）用于安卓手机操作系统的应用商店市场。

欧盟委员会指出，谷歌的上述行为是为了巩固其在一般网络搜索服务市场的支配地位，其行为妨碍了其他竞争对手的搜索引擎基于产品特性与其开展竞争的可能性，极大地减少了制造商与运营商预装其他搜索引擎的动力，同时阻碍了安卓操作系统的研发、销售与创新。因此，谷歌滥用市场支配地位的行为对竞争造成了不利影响。

分析：欧盟委员会为什么要对谷歌进行处罚？这种处罚对市场市场竞争有什么意义？

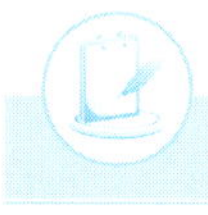

知识拓展

OPEC 的由来

1960 年，石油公司又一次面临国际市场供过于求的局面。一向充当老大的新泽西州标准石油公司宣布将每桶中东原油的价格降低 10 美分，其他公司也纷纷效仿。安东尼·桑普森在《七姐妹：大石油公司及其创造的世界》中写道：“这个历史性的决定仅仅是在一家私有公司的董事会上做出的，但它极大地减少了中东主要国家的收入。”这个决定就是惹恼资源国的“最后一根稻草”。一个月后，沙特阿拉伯、伊朗、科威特和委内瑞拉的代表在巴格达聚会，决定成立一个卡特尔来对抗另外一个卡特尔，他们组建的这个卡特尔就是石油输出国组织，即 OPEC。OPEC 使得资源国在与国际石油公司的谈判中能够团结一致，为他们的石油争取更高的价格。中东战争打响后，OPEC 成员国感到他们第一次有机会将石油当武器使用。美国政府在战争中支持以色列，而石油输出国政府对此展开了报复。1973 年 5 月，沙特阿拉伯国王对美国媒体表示：“鉴于美国政府全力支持以色列并反对阿拉伯人，我们很难继续为其供应石油，大家甚至连朋友都做不成了。”当时，德士古、标准石油和美孚还持有沙特阿美石油公司，它们由于担心失去沙特阿拉伯的石油资源，这三家公司站在了美国政府的对立面，他们公开要求政府在中东政策上改变立场，反对以色列。

第三单元
市场互动

一、运用商品市场中投资、利息、国民收入的关系分析我国经济运行

改革开放以后，我国的经济发展速度一直比较快，请从总需求角度分析有哪些因素促成了我国经济的快速发展。

分组讨论

经济有时像过山车，一会儿迅速扩张、极其繁荣，一会儿急剧收缩、严重衰退。经济学家把经济中类似过山车的这种现象称为经济周期。经济周期是经济中扩张与衰退的交替。经济学就是要寻找经济波动的原因，找出对策，追求经济发展的稳定状态。经济活动的最高点是经济极盛时期，也是经济向下的转折点，经济由此转入衰退。衰退期的最低点称为谷底，是经济活动的最低时期，但这个谷底也是经济向上的转折点，经济由此转入扩张。在经济周期的不同阶段应采取不同的财政政策和货币政策。在货币政策手段的运用中，由于我国没有实现利率市场化，利率的调整是一项重要内容。

2015 年 5 月 10 日傍晚，央行宣布，自 2015 年 5 月 11 日起金融机构人民币一年期贷款基准利率下调 0.25 个百分点至 5.1%；一年期存款基准利率下调 0.25 个百分点至 2.25%。同时，将金融机构存款利率浮动区间的上限由存款基准利率的 1.3 倍调整为 1.5 倍。其他各档次贷款及存款基准利率、个人住房公积金存贷款利率相应调整。

2015 年 6 月 28 日起央行宣布下调金融机构人民币贷款和存款基准利率，以进一步降低企业融资成本。其中，金融机构一年期贷款基准利率下调 0.25 个百分点至 4.85%；一年期存款基准利率下调 0.25 个百分点至 2%；其他各档次贷款及存款基准利率、个人住房公积金存贷款利率相应调整。

在总供给大于总需求的情况下，降低利率对我国经济发展有哪些作用？

商品市场均衡的条件是：

总需求＝总供给

即：

消费＋投资＋政府购买＋净出口＝消费＋储蓄＋税收

在不考虑政府购买、税收和净出口的情况下，即只有两个部门，均衡条件演变为投资（I）＝储蓄（S），即这时商品市场趋于均衡。

那么当商品市场均衡时，利率和国民收入之间又有什么关系呢？

IS 曲线是描述产品市场均衡时，利率与国民收入之间关系的曲线（见图 5－9）。在这条曲线上，投资等于储蓄。IS 曲线向右下方倾斜，表明在产品市场实现均衡时，利率与国民收入呈反方向变动，即利率高时国民收入低，利率低时国民收入高。

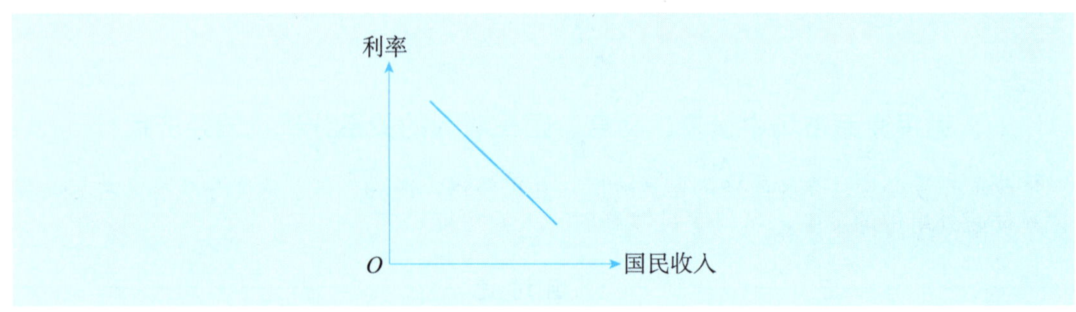

图 5－9　IS 曲线

在商品市场上，利率与国民收入呈反方向变动是因为利率与投资呈反方向变动。我们知道，投资的目的是实现利润最大化，投资者一般靠贷款来投资，而贷款必然产生利息，这样投资就取决于利润率和利率。如果利润率既定，则投资只取决于利率。利率越低，纯利润就越多，从而投资就越多；利率越高，纯利润就越少，从而投资就越少。投资是总需求的一个部分，投资增加，总需求增加；投资减少，总需求减少。总需求又与国民收入呈同方向变动，因此，利率与国民收入呈反方向变动。

二、运用货币市场中供给、利息、国民收入的关系分析我国经济运行

随着我国经济的快速发展，近年来人民币对外一直呈现升值趋势，给国民经济带来较大压力。为了维持人民币对外汇率稳定，你认为可以采取哪些措施？

分组讨论

新西兰《先驱报》于2011年6月9日刊出评论说，美国将在未来8个月时间内购买6 000亿美元的国债，美其名曰新一轮的定量宽松货币政策。据美联储称，推出这一政策的目的是解决美国国内失业率过高、消费疲软等问题。美国增加购买国债的影响是什么？

（一）什么是货币需求量？

货币需求量是指经济主体（如居民、企业）在特定利率下能够并愿意以货币形式持有的数量。经济学意义上的需求是指有效需求，不是一种单纯的心理欲望，而是能力和愿望的统一体。

（二）货币需求有哪些种类？

现代经济学理论认为，居民、企业等持有货币出于不同的动机，包括交易性动机、预防性动机和投机性动机等。与之相对应，货币需求也可以分为交易性货币需求、预防性货币需求和投机性货币需求等。

交易性货币需求是指居民和企业为了交易目的而形成的对货币的需求。居民和企业为了顺利进行交易活动必须持有一定的货币量，交易性货币需求是由收入水平和利率水平共同作用的，如对日常生活用品的购买、对服装的购买等。

预防性货币需求是指人们为了应付意外事故（如生病）而形成的对货币的需求。预防性货币需求与利率密切相关：当利率低时，人们持有货币的成本低，就会持有较多的货币以预防意外事件的发生；当利率足够高时，人们可能试图承担减少预防性货币持有的风险，将这种货币的一部分变为生息资本，以期获得较高的利息。

投机性货币需求是指由于未来利率的不确定，人们为了避免资本损失或增加资本利息，及时调整资产结构而形成的货币需求。

（三）什么是货币供给？

货币供给是指一个国家在某一时点上保持的不属于政府和银行所有的硬币、纸币和银行存款的总和。货币供给量取决于国家的货币政策，我国是由中国人民银行来控制货币供给量的大小。

（四）利率与收入在货币市场中如何体现？

LM 曲线是一条用来描述在货币市场均衡状态下国民收入和利率之间相互关系的曲线（见图 5-10）。在 *LM* 曲线上，每一点都表示收入与利率的组合，这些组合点恰好使得货币市场处于均衡，即货币供给等于货币需求。

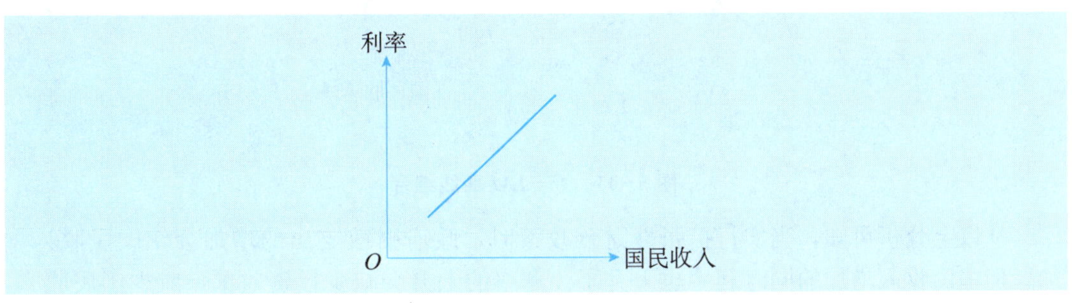

图 5-10 *LM* 曲线

LM 曲线一般是向右上方倾斜的曲线。货币需求随利率上升而减少，随收入上升而增加。当货币供给既定时，若利率上升，投机性货币需求将减少（即人们认为债券价格下降时，购买债券从投机角度看风险变小，因而愿买进债券而少持币）。为保持货币市场上的供求平衡，交易性货币需求必须相应增加，而交易性货币需求只有在收入增加时才会增加。于是，较高的利率必须和较高的收入相结合，才能使货币市场达到均衡。如果这些条件不成立，则 *LM* 曲线不可能向右上方倾斜。

三、运用 *IS*-*LM* 曲线分析我国的宏观经济政策效应

经济高速发展有利于提高人民的福利，但经济过热往往会造成泡沫，反而不利于国家经济的可持续发展。为稳定经济发展速度，你认为一国需要采取哪些财政政策和货币政策？

分组讨论

假设现在经济不景气，政府应该怎么做？

当政府财政支出增加时（即实行扩张性财政政策），总需求增加，*IS* 曲线从 IS_0 移动至 IS_1，利率从 R_0 上升至 R_1，引起国民收入从 Y_0 增加到 Y_1；当政府财政支出减少时（即实行紧缩性财政政策），总需求减少，*IS* 曲线从 IS_0 移动至 IS_2，利率从 R_0 下降至 R_2，引起国民收入从 Y_0 减少到 Y_2（见图 5-11）。

当货币供给增加时（即实行扩张性货币政策），*LM* 曲线从 LM_0 移到 LM_1，利率从 R_0 下降至 R_2，引起国民收入从 Y_0 增加到 Y_1；当货币供给减少时（即实行紧缩性货币政策），*LM* 曲线从 LM_0 移到 LM_2，利率从 R_0 上升至 R_1，引起国民收入从 Y_0 减少到 Y_2（见图 5-11）。

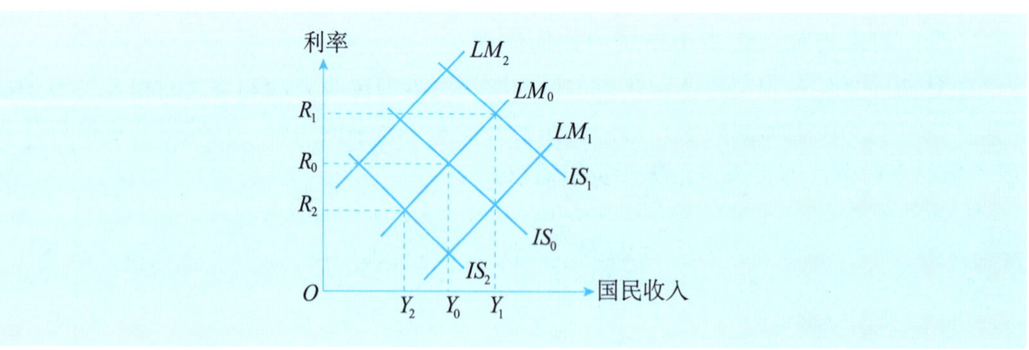

图 5-11 *IS*-*LM* 曲线组合

从以上分析可知，当实行扩张性财政政策时，政府财政支出的增加会使国民收入增加，但国民收入增加的同时利率也上升了。利率的上升会减少投资需求，减少国民收入，这在一定程度上抵消了扩张性财政政策的作用。为了使扩张性财政政策在增加国民收入的

同时不至于引起利率的上升，就要用扩张性货币政策来配合扩张性财政政策，以便有效地刺激经济。

知识拓展

供给侧结构性改革

通常所说的财政政策和货币政策，是政府从需求角度对宏观经济运行进行调控。从2015年开始，我国从实际经济运行情况出发，提出了供给侧结构性改革，旨在调整经济结构，使要素实现最优配置，提升经济增长的质量。

2015年11月10日，习近平总书记主持召开中央财经领导小组第十一次会议，首次提出供给侧结构性改革概念。2016年1月27日，习近平总书记在中央财经领导小组第十二次会议上，指出供给侧结构性改革的根本目的是提高社会生产力水平，落实好以人民为中心的发展思想。要在适度扩大总需求的同时，去产能、区库存、去杠杆、降成本、补短板，从生产领域加强优质供给，减少无效供给，扩大有效供给，提高供给结构适应性和灵活性，提高全要素生产率，使供给体系更好地适应需求结构变化。2017年10月18日，习近平总书记在十九大报告中指出，深化供给侧结构性改革，建设现代化经济体系，必须把发展经济的着力点放在实体经济上，把提高供给体系质量作为主攻方向，显著增强我国经济质量优势。2018年12月21日闭幕的中央经济工作会议提出，我国经济运行的主要矛盾仍然是供给侧结构性的，必须坚持以供给侧结构性改革为主线不动摇，更多采取改革的办法，更多运用市场化、法治化手段，在"巩固、增强、提升、畅通"八个字上下功夫。2019年政府工作报告进一步指出，要继续坚持以供给侧结构性改革为主线，巩固"三去一降一补"成果，增强微观主体活力，提升产业链水平，畅通国民经济循环，推动经济高质量发展。

第四单元
失业现象

一、运用失业的概念判定我国失业情况

一个“海龟”硕士在读书期间花了数十万元，回国后嫌工资太低一直在家不肯上班，请问这是经济学中的失业现象吗？

分组讨论

小王于2018年7月本科毕业，英语过了六级。毕业后到一个大城市找工作，但在找工作时备受打击，一些单位要求有工作经验，一些单位要求本地人，还有一些单位嫌小王学历太高。一段时间后，小王回到家乡，开始在家所在的城市投简历，但投出去的简历基本没回应，以至于偶尔有了面试机会，小王也特别害怕人家不要自己，面试中表现不尽如人意。现在的小王不敢出门找工作，整天在家上网，不思进取。事实上，小王真的非常需要一份工作，因为小王要担负很大的责任，而且离毕业时间越久越难受，因为别人都工作很久了，小王还没有找到工作。

大学生失业不是一个新问题。即便在经济持续上升时期，大学生失业也曾经年年成为受人关注的事件。据有关部门统计，每年约有100万名高校毕业生处于待业状态。媒体曾报道，一个失业接近半年的大学毕业生需要回家看望病重的父亲，由于没钱购买车票，在车站抢劫了4元现金和1瓶水，真是令人震惊！事实证明，大量的失业人群不仅是个体的悲剧，更会对社会造成冲击。

你知道失业是如何造成的吗？该如何减少失业？

（一）什么是失业？

失业是指有劳动能力的、处于法定劳动年龄阶段的并有就业愿望的劳动者失去或没有得到有报酬的工作岗位的社会现象。

有劳动能力并愿意工作的人得不到适当的就业机会是构成失业的前提。没有劳动能力

的人不存在失业问题；有劳动能力的人虽然没有工作，但自身不想就业的不称为失业者。不同国家对失业的规定往往有所不同。在美国，年满 16 周岁而没有正式工作或正在寻找工作的人都称为失业者。

按照国际劳工组织（ILO）的统计标准，凡是在规定年龄一定期间内属于下列情况的，属于失业人口：（1）没有工作，即在调查期间内没有从事有报酬的劳动或自我雇用；（2）当前可以工作，即当前如果有就业机会就可以工作；（3）正在寻找工作，即在近期采取了具体的寻找工作的步骤，如到公共的或私人的就业服务机构登记、到企业求职或通过刊登求职广告等方式寻找工作。

根据失业产生的原因，可以把失业分为自愿性失业、非自愿性失业及隐蔽性失业三种。

（二）什么是失业率？

在经济学中，一个人愿意并有能力为获取报酬而工作，但尚未找到工作的情况，即认为是失业。失业率是指劳动人口中符合“失业条件”者所占的比重。实际上，确定确实在找工作的失业人员数量是非常困难的。失业的历史就是工业化的历史。国际劳工组织发布的《2010 年全球失业趋势报告》称，2009 年全球的失业人口已接近 2.12 亿，创下该组织 1991 年开始统计该项数据以来的最高纪录；2019 年全球失业人口高达 1.7 亿。

二、运用失业的形成原因分析实际失业情况

20 世纪 90 年代中期以前，我国的纺织业一直发展比较迅速，就业工人也比较多。但 90 年代末期以来，随着国外的各种壁垒加剧，纺织业的前景开始趋向暗淡，许多工厂开始裁员，工人开始下岗，一些技术工人由于其专业性很难在别的行业找到新工作而导致失业。请问这是何种失业？

分组讨论

在有些城市，一些居民把自己多余的房屋出租以赚取租金，并不出去找工作。这是失业吗？这种失业能够避免吗？

（一）失业都是无可奈何的吗？

失业有很多种，根据愿意就业与否可分为自愿性失业与非自愿性失业。

自愿性失业是指劳动者要求的实际工资超过边际生产率，或者说不愿意接受现行的工作条件和收入水平而未被雇用造成的失业。这种失业是由于劳动者主观不愿意就业造成的，因此称为自愿性失业，无法通过经济手段和政策来消除，不属于经济学研究的范围。

非自愿性失业是指有劳动能力、愿意接受现行工资水平但仍然找不到工作的现象。这种失业是客观原因造成的，因而可以通过经济手段和政策来消除。经济学中所讲的失业是指非自愿性失业。

（二）失业包括哪些类型？

非自愿性失业又可以分为摩擦性失业、结构性失业、季节性失业和周期性失业。

摩擦性失业是指生产过程中难以避免的、由于转换职业等原因造成的短期、局部失业。这种失业的性质是过渡性、短期性。它通常起源于劳动的供给方，因此被看作一种求职性失业，即一方面存在职位空缺，另一方面存在与此数量对应的寻找工作的失业者，这是因为劳动力市场信息不完备，厂商找到所需雇员和失业者找到合适的工作都需要花费一定的时间。摩擦性失业在任何时期都存在，并随着经济结构的变化有增大的趋势。但诺贝尔经济学奖获得者托宾指出，失业与空位并存可部分解释“滞胀”。从经济和社会发展的角度来看，这种失业存在是正常的。

结构性失业是指劳动力的供给和需求不匹配造成的失业。其特点是：既有失业，也有职位空缺，失业者或者因没有合适的技能，或者因居住的地点不当，无法填补现有的职位空缺。结构性失业是长期的，而且通常起源于劳动力的需求方。结构性失业是由经济变化导致的，这些经济变化引起特定市场和区域中特定类型的劳动力的需求相对低于供给。特定市场中劳动力的需求相对较低可能由以下原因导致：（1）技术变化。原有劳动者不能适应新技术的要求，或者技术进步使得劳动力需求下降。（2）消费者偏好的变化。消费者对产品和劳务偏好的改变，使得某些行业规模扩大而另一些行业缩小，处于规模缩小行业的劳动力因此失去工作岗位。（3）劳动力的不流动性。流动成本的存在制约失业者从一个地方或一个行业流动到另一个地方或另一个行业，从而使得结构性失业长期存在。

季节性失业是消费者对一些商品和服务的季节性需求造成的，即消费者对这些商品和服务的需求是因季节而变化的。这是一种正常的失业，它通过影响某些行业的生产或影响某些消费者的需求来影响对劳动力的需求。

周期性失业是指当处于经济周期中的衰退期或萧条期时，因社会总需求下降造成的失业。当经济发展处于经济周期中的衰退期时，社会总需求不足，因而厂商会缩小生产规模，从而导致较为普遍的失业现象。周期性失业对于不同行业的影响是不同的，一般来说，需求收入弹性越大的行业，周期性失业的影响越严重。

除了以上几种主要的失业类型外，经济学中常说的失业类型还包括隐蔽性失业。隐蔽性失业者是指表面上有工作，但实际上对产出并没有做出贡献的人，即有“职”无“工”的人。也就是说，这些工作人员的边际生产力为0。当经济中减少就业人员而产出水平没有下降时，即存在隐蔽性失业。诺贝尔经济学奖获得者阿瑟·刘易斯曾指出，发展中国家的农业部门存在严重的隐蔽性失业。

知识拓展

自然失业率

由于非自愿失业的普遍性和不可避免性，经济学理论认为经济社会在任何时期总存在一定比率的失业人口。因此，把自然失业率定义为经济社会在正常情况下的失业率，它是劳动市场处于供求稳定状态时的失业率，并给出了自然失业率的表示方式：

设 N 代表劳动力，E 代表就业者人数，U 代表失业者人数，则有 $N=E+U$，相应地，失业率为 U/N。假定劳动力总数 N 不变，下面重点考察劳动力在就业与失业之间的转换。

设 l 代表离职率，即每个月失去工作的就业者比例；f 代表就职率，即每个月找到工作的失业者比例。如果失业率既没有上升也没有下降，换句话说，如果劳动市场处于稳定状态，那么找到工作的人数必定等于失去工作的人数。由于找到工作的人数是 fU，失去工作的人数是 lE，因此劳动市场达到稳定状态的条件就是：

$$fU=lE$$

又因为 $E=N-U$，带入上式得到 $fU=l(N-U)$，解得：

$$U/N=l/(l+f)$$

上式给出的失业率就是自然失业率，它表明自然失业率取决于离职率 l 和就职率 f：离职率越高，自然失业率越高；就职率越高，自然失业率越低。

（三）失业会造成哪些影响？

失业会产生诸多影响，一般将其分成两种：社会影响和经济影响。

失业的社会影响虽然难以估计和衡量，但它最易被人们感受到。失业威胁着作为社会单位和经济单位的家庭的稳定。没有收入或收入遭受损失，户主就不能起到应有的作用，家庭的需求得不到满足，家庭关系将因此受到损害。西方有关心理学研究表明，解雇造成的创伤不亚于亲友的去世或学业的失败。此外，家庭之外的人际关系也会受到失业的严重影响。一个失业者在就业者中失去了影响力，面临着被同事拒绝的可能性，并且可能失去自尊和自信。最终，失业者会在情感上受到严重打击。

失业的经济影响可以通过机会成本的概念来理解。当失业率上升时，经济中可能由失业工人生产出来的产品和劳务就损失掉了，就好像是将众多的汽车、房屋、衣物和其他物品都销毁了。从产出核算的角度来看，失业者的收入总损失等于生产总损失。因此，丧失的产量是计量周期性失业损失的主要尺度，因为它表明经济处于非充分就业状态。

小 思 考

2018年6月11日，麦可思研究院发布的《2018年中国大学生就业报告（就业蓝皮书）》显示，2017届大学毕业生中，78.7%的人毕业半年后受雇全职或者半职工作，2.9%的人自主创业，0.4%的人应征入伍；10.8%的人升学，其中7.0%正在国内读研，1.1%正在港澳台及国外读研，2.7%正在读本科；7.2%的人处于失业状态，其中1.4%准备国内外读研，3.4%准备继续寻找工作，还有2.4%放弃了继续求职和求学。2017届大学生毕业半年后的失业率（8.1%）与2016届（8.4%）、2015届（8.3%）基本持平。其中，本科院校2017届毕业生的失业率（8.4%）与2016届（8.2%）基本持平，比2015届（7.8%）略高；高职高专院校2017届毕业生的失业率（7.9%）比2016届（8.5%）、2015届（8.8%）略低。从近三届的趋势可以看出，大学毕业生半年后失业率呈现平稳态势。

最近几年用工荒问题凸显，刚开始在沿海地区，后来逐步蔓延到全国，企业不断提升薪酬待遇，给企业运营带来了很多问题，但仍然招不到合适的人才，这也导致企业开始采取各种办法挽留人才和挖同行的墙角。什么原因造成了失业？这些失业主要是什么类型？

（四）就业不足是什么意思？

就业不足是指因非个人原因，在调查周内工作时间不到标准工作时间的一半（即20小时），并愿意从事更多工作的人员。

就业不足不同于失业，前者是劳动力资源利用不充分的表现，而不是完全失去工作岗位。

知识拓展

失业的经济学解释

为了更好地理解失业现象，经济学使用基本的供给-需求分析框架对不同的失业类型进行解释。

图5-12中，横轴为劳动力数量N，纵轴为劳动力价格即工资率W。曲线DD为劳动需求曲线，曲线SS为劳动供给曲线。(*a*)图描述的是竞争性的劳动力供给和需求的一般情况，市场均衡点在E点，均衡工资水平为W^*。在竞争性的、市场出清的均衡状态之下，厂商愿意雇用接受市场工资水平为W^*的合格工人，雇用的数量为N_E。在W^*的工资水平下，另有数量为（N^*-N_E）的工人，他们虽然愿意工作，但是要求更高的工资，由于这部分工人不愿意在现行的市场工资率下工作，因此被认为是自愿失业的。

(b) 图显示的是非出清的劳动市场情况，它用来说明没有伸缩性的工资怎样导致非自愿失业。一次经济波动使得劳动市场工资过高，劳动的价格 W^{**} 而不是均衡工资或市场出清工资 W^{*}。在过高的工资率下，寻找工作的合格工人数量大于提供的工作职位数。愿意在工资 W^{**} 下工作的工人数量是 N_2，而企业愿意雇用的数量是 N_1。由于工资高于劳动市场出清水平，于是出现劳动供给过剩，(N_2-N_1) 表示这部分是非自愿失业的失业者数量，而就业量仅为 ON_1，自愿失业数量为 ($N^{*}-N_2$)。

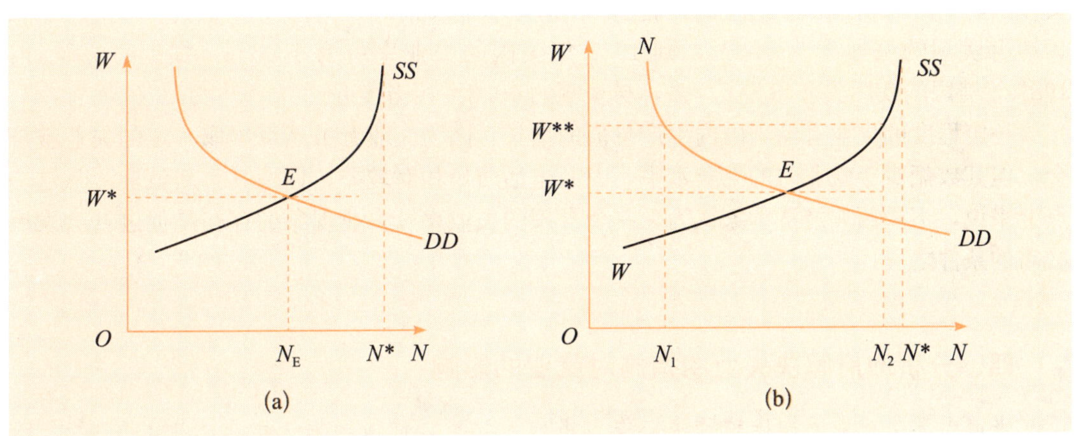

图 5-12　失业的经济学解释

三、分析失业和一国国内生产总值之间的关系

一些发达国家经常由于失业率太高而引发示威游行。请思考失业对一国的经济有哪些影响。

分组讨论

失业和通货膨胀一直以来都是世界各国比较重视的问题。一般来说，经济发展快的国家，通货膨胀比较严重，而失业率比较低。为何一些国家的通货膨胀和失业率都比较高？失业和经济增长之间有什么关系？

20 世纪 60 年代，美国经济学家阿瑟·奥肯根据美国的数据，提出了经济周期中失业变动与产出变动的经验关系，称为奥肯定律。奥肯定律的内容是：实际失业率每高于自然失业率一个百分点，实际国内生产总值将低于潜在国内生产总值两个百分点。换一种方式来说就是，相对于潜在国内生产总值，实际国内生产总值每下降两个百分点，实际失业率就会比自然失业率上升一个百分点。

自然失业率是指充分就业状态下的失业率。潜在国内生产总值这个概念是由阿瑟·奥肯首先提出的，是指在保持价格相对稳定的情况下，一国经济的最大产值。潜在国内生产总值也称充分就业国内生产总值。

在经济衰退时期，实际国内生产总值低于潜在国内生产总值；在经济高涨时期，实际国内生产总值会在短期内高于潜在国内生产总值。

根据奥肯定律可以相当准确地预测失业率。例如：美国1979—1982年经济滞涨时期，国内生产总值没有增长，而潜在国内生产总值每年增长3%，3年共增长了9%。根据奥肯定律，实际国内生产总值增长比潜在国内生产总值增长低2%时，失业率会上升1%。当实际国内生产总值增长比潜在国内生产总值增长低9%时，失业率会上升4.5%。已知1979年美国的失业率为5.8%，则1982年美国的失业率应为10.3%。根据官方统计，1982年美国的实际失业率为9.7%，与预测的10.3%相当接近。

一定程度的失业有助于国内生产总值的增长，因为失业者虽然可领取一定的失业救济金，但其数额少于就业时的工资水平，因而生活质量相对较差，促使其重新就业。从这一点上来说，不少西方经济学家认为，一个合理的失业率及失业现象的存在是促进社会发展必需的条件之一。

四、分析政府解决失业的措施对就业的影响

当前大学生就业问题比较严峻，作为当代大学生，你能根据大学生心理和国家现状，给政府一个好的建议吗？

分组讨论

针对失业问题和城市生活压力问题，我国除开始推行廉租房外，还屡次提高城市最低工资水平，并对大学生创业给予贷款优惠等措施。这对失业有没有实质性的影响？对大学生的就业有没有较大影响？

官方数据显示，2008年3月，我国城镇登记失业人员为825万名，失业率为4.0%。未来的一二十年是我国改革开放的关键时期，大量的农村富余劳动力要转移到城镇就业，城镇新增的适龄就业人员也有较大的就业需要，这就使得我国在未来一二十年内面临较大的就业压力。就业问题是我国政府宏观经济政策需要解决的最主要问题之一。奥肯定律给我们提供了一个可能的解决方案，即一定要保持国内生产总值的高速增长，这样一方面能迅速提高我国人民的生活水平，另一方面能较好地解决未来的就业压力。具体可以采取以下措施进行协调和缓解：

（1）采取扩张性财政政策，如增加政府购买、增加转移支付、减少税收；采取扩张性货币政策，如降低法定存款准备金率、降低再贴现率、在公开市场上购买债券。

（2）增加对失业人员的技能培训，以减少结构性失业；鼓励企业雇用技术不熟练的员工，以突破他们对劳动就业的限制等；加快发展第三产业。

模块小结

（1）经济学中所讲的劳动供给必须同时满足两个条件：“愿意工作”，且“有能力工作”，两者缺一不可。

（2）劳动供给和闲暇效用呈反方向变动，即闲暇效用越大，劳动供给越少；闲暇效用越小，劳动供给越多。

（3）劳动供给曲线有一个鲜明的特点，即它具有一段“向后弯曲”的部分。

（4）劳动的替代效应是指小时工资率越高，对牺牲闲暇的补偿越大，劳动者越愿意增加劳动供给以替代闲暇。收入效应是指工资提高，个人的经济实力会增强，包括闲暇在内的正常需要会相应增加。

（5）人们在既定收入下的消费—储蓄决策、对货币的流动性偏好会影响资本供给。

（6）土地的市场供给曲线是完全没有弹性的，所以土地租金的大小完全取决于市场对土地的需求情况。

（7）总需求是指一个国家或地区在一定时期内（通常为一年）可用于投资和消费的支出实际形成的对产品和劳务的购买力总量，由消费、投资、政府购买和净出口组成。

（8）在不考虑政府购买、税收和进出口的情况下，即只有两个部门时，产品市场趋于均衡的条件演变为：投资（I）＝储蓄（S）。

（9）IS 曲线向右下方倾斜，表明在产品市场实现均衡时，利率与国民收入呈反方向变动，即利率高时国民收入低，利率低时国民收入高。

（10）LM 曲线是一条用来描述在货币市场均衡状态下国民收入与利率之间相互关系的曲线。在 LM 曲线上，每一点都表示收入与利率的组合，这些组合点恰好使得货币市场处于均衡，即货币的供给等于需求。LM 曲线一般向右上方倾斜。

（11）当实行扩张性财政政策时，政府财政支出的增加会使国民收入增加，但国民收入增加的同时利率也上升了。利率的上升会减少投资需求，减少国民收入，这在一定程度上抵消了扩张性财政政策的作用。为了使扩张性财政政策在增加国民收入的同时不至于引起利率的上升，就要用扩张性货币政策来配合扩张性财政政策，以便有效地刺激经济。

（12）完全竞争市场上有众多的生产者和消费者；企业生产的产品具有同质性，不存在差别；生产者进出市场不受社会力量的限制；市场交易活动自由、公开，没有人为的限制；市场信息畅通、准确，市场参与者充分了解各种情况，各种资源都能够充分流动。

（13）垄断市场只有一个生产者，垄断厂商的产品没有十分近似的替代品，不许有新的厂商进入。由于一个行业只有一个厂商，市场对行业产品的需求曲线就是对完全垄断厂商产品的需求曲线。

（14）垄断竞争市场厂商众多、互不依存，产品差别大，进出容易，可以形成产品集团，在大城市的零售业、手工业、印刷业中普遍存在。

（15）寡头垄断市场是指一种商品的生产和销售由少数几家大厂商控制的市场结构。寡头垄断市场特征为：厂商极少、相互依存、产品同质或异质、进出不易。

（16）在经济学中，一个人愿意并有能力为获取报酬而工作，但尚未找到工作的情况，即认为是失业。

（17）非自愿性失业可分为摩擦性失业、结构性失业、季节性失业和周期性失业。

（18）奥肯定律指出，相对于潜在国内生产总值，实际国内生产总值每下降两个百分点，实际失业率就会比自然失业率上升一个百分点。

思考与训练

一、思考题

1. 如果某加油站将汽油价格提高20%，就会发现销售量大幅度下降，它的顾客会很快转去其他加油站购买汽油；如果该地的自来水公司将水价提高20%，水的销售量只是略微减少。试用市场结构的原理分析原因。

2. 垄断者对其产品收取高价格并不令人吃惊，垄断者的顾客似乎除了支付垄断者收取的价格之外别无选择。如果这样的话，为什么一个Windows软件不定价为1 000美元或10 000美元呢？

二、训练营

1. 目前，特别是在春节后，常出现“用工荒”。针对这一现象，分析以下问题：

（1）“用工荒”为什么会出现？

（2）随着收入的提高，人们是怎样看待闲暇和工作的？

（3）为什么在“用工荒”出现的同时还出现了很多失业者？

（4）未来几年我国劳动市场供给会出现怎样的变化？

（5）哪些方法可以改变“用工荒”和失业者并存的现象？

2. 某省电力公司近年来以“车改”之名，为全系统约300名副处级以上干部配备了公务自驾车，标准逐年提高，从最初的奇瑞汽车到现在价值20万元的迈腾和帕萨特领驭。一切车辆手续及费用由公司负责，拿到车钥匙后，该车就归个人自驾了。针对这一现象分析以下问题：

（1）电力行业属于什么市场结构？

（2）电力行业的待遇为何这么好？

（3）如果把电力市场放开，任何人都可以参与市场，情况会怎样？

（4）政府应该怎样监管这个市场？

（5）这个市场形成的原因是什么？

3. 2004 年 12 月 14 日，美联储联邦公开市场委员会决定将联邦基金利率即商业银行间隔夜拆借利率提高 0.25 个百分点，从 2%提高到 2.25%。这是美联储自 2004 年 6 月以来的第 5 次提息。请分析以下问题：

（1）美联储为何多次调整利率?

（2）提高银行利率对经济有何影响?

模块六

调控经济

知识目标与要求

- 了解贫富差距现象，理解洛伦兹曲线，掌握基尼系数的含义
- 了解经济波动现象，理解经济波动产生的原因及政府常用的治理政策
- 了解市场失灵现象，理解市场失灵的原因
- 理解微观经济政策与宏观经济政策对经济运行产生的效应

能力目标与要求

- 借助洛伦兹曲线和基尼系数判断一个国家或地区的贫富差距
- 根据经济波动理论对社会经济运行的冷热有一个基本的认识
- 在宏观经济运行冷热的不同阶段学会做理性的消费者或生产者
- 会分析国家制定的各种经济政策对消费者、生产者产生的影响

学习任务

- 认识经济生活中的贫富差距现象，分析人与人、国家与国家之间贫富差距产生的原因
- 根据政府制定的各项政策对未来经济做出合理预测，做到理性消费
- 分析现实经济运行处于经济周期哪个阶段，以及企业应该采取怎样的具体经营策略
- 分析贫富差距现象的成因及对社会的影响，制定合理的政策缩小贫富差距
- 分析经济波动的原因，制定合理的应对政策
- 认识市场失灵现象，理解政府如何针对具体失灵领域制定微观经济政策
- 立足于宏观经济的主要目标，根据经济运行状况，理解政府如何制定适用的财政政策与货币政策

【轶闻趣谈】

美国经济危机与罗斯福新政

1929年10月24日，在美国历史上被称为“黑色星期四”。在此之前的1929年夏天，美国还是一片歌舞升平，夏季的4个月中，美国通用汽车公司的股票由每股268美元上涨到391美元，美国钢铁公司的股票从每股165美元上涨到258美元，人们见面时只谈股票，直至9月份，美国财政部长还信誓旦旦地向公众保证：“这一繁荣的景象还将继续下去”。但是，10月24日这一天，美国金融界崩溃了，股票一夜之间从巅峰跌入深渊，价格下跌之快，连股票行情自动显示器都跟不上趟。股票市场的大崩溃导致了持续4年的经济大萧条，从此，美国经济陷入经济危机的泥淖，以往蒸蒸日上的美国社会逐步被存货堆积、工人失业、商店关门的凄凉景象所代替。86 000家企业破产，5 500家银行倒闭，美国金融界陷入窒息状态，千百万美国人多年的辛苦积蓄付诸东流，GNP由危机爆发时的1 044亿美元急降至1933年的742亿美元，失业人数由不足150万猛升到1 700万以上，占整个劳动大军的1/4还多，整体经济水平倒退至1913年。农产品价值降到最低点，农民将牛奶倒入大海，把粮食、棉花当众焚毁的现象屡见不鲜。

1933年3月4日，富兰克林·罗斯福在美国经济大萧条最严重的情况下临危受命，当选为美国第32届总统。他针对当时的实际，顺应民众的意志，大刀阔斧地实施了一系列旨在克服危机的政策措施，历史上被称为“罗斯福新政”。新政的主要内容可以用“3R”来概括，即复兴（Recover）、救济（Relief）、改革（Reform）。到1939年，罗斯福总统实施的新政取得了巨大的成功。新政几乎涉及美国社会经济生活的各个方面，其中多数措施是针对美国摆脱危机、最大限度地减轻危机后果的具体考虑，还有一些则是从资本主义长远发展目标出发的远景规划，它的直接效果是使美国避免了经济大崩溃。

【任务分解】

1. 认识贫富差距现象，理解贫富差距产生的原因及缩小贫富差距的方法

⇩

2. 认识经济周期现象，理解经济周期产生的原因

⇩

3. 认识市场失灵现象，掌握微观经济政策与宏观经济政策

第一单元
贫富差距

一、认识贫富差距并学会衡量贫富差距

什么是贫富差距？我们身边哪些现象说明了人与人之间存在贫富差距？

分组讨论

看两个极端的例子：

例1：假想一个极端公平的社会，不存在富人和穷人，所有人的财产都是相等的，这样一个乌托邦式的理想国度具体是怎样的呢？在这样的社会里，多大比例的人就拥有该比例的财产：20%的家庭拥有社会总财产的20%，50%的家庭拥有社会总财产的50%……

例2：再设想另一个极端不公平的社会，一个人拥有所有财产，而其他所有人都没有财产，这有点像"普天之下，莫非王土"的中国古代社会。其实，即使在那个社会也没有办法满足这样极端不公平的要求。

应该用什么来衡量一个国家或地区的贫富差距？

（一）如何衡量贫富差距？

每一个国家或地区都存在贫富差距。美国统计学家洛伦兹为了衡量一个国家的贫富差距程度，将一国人口按收入由低到高进行排列，得到一条人口累计百分比和收入累计百分比的对应关系曲线。这条曲线就是洛伦兹曲线，它被广泛地应用于国民收入在国民之间的分配问题的研究中。

通过洛伦兹曲线，可以直观地看到一个国家收入分配平等或不平等的状况。画一个矩形，矩形的高表示拥有社会财富的百分比，将之分为5等份，每等份表示20%的社会总财富。在矩形的长上，将所有的家庭从最贫到最富自左向右排列，也分为5等份，每等份代表20%的家庭。在这个矩形中，将每一等份的家庭所拥有财富的百分比累积起来，并将相应的点画在图中，便得到一条弧线*OL*，这就是洛伦兹曲线（见图6-1）。整个图形实际上

是一个正方形，正方形的底边即横轴 OH 表示人口（按收入由低到高分组）的累积百分比，正方形的高即纵轴 OM 表示收入的累积百分比。从坐标原点到正方形相应另一个顶点的对角线为均等线，即收入分配绝对平等线，这条线一般是不存在的。实际收入分配曲线即洛伦兹曲线在均等线的右下方。

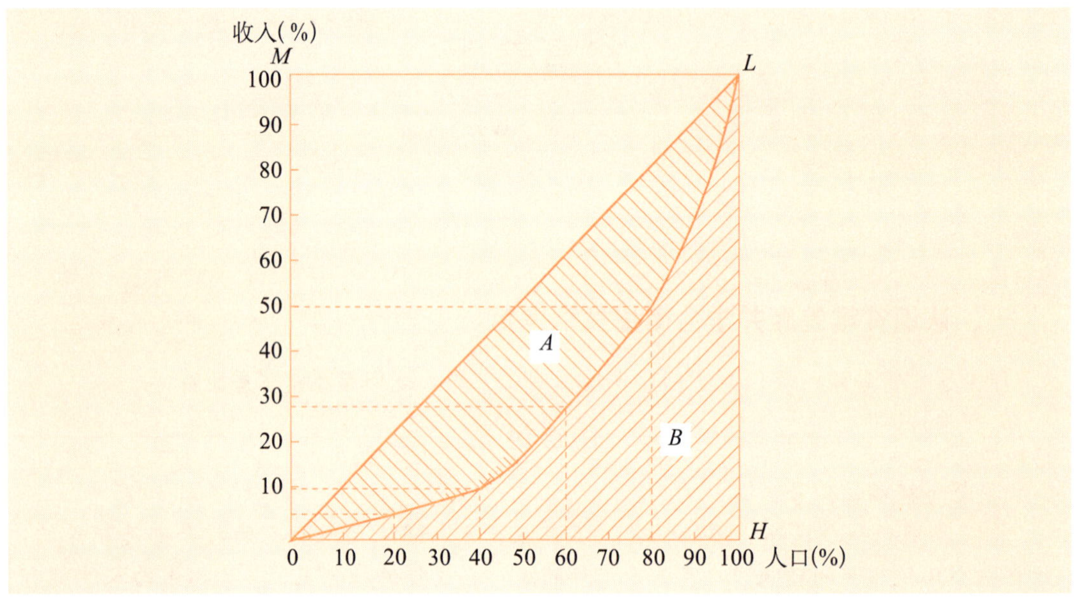

图 6－1　洛伦兹曲线

洛伦兹曲线的弯曲程度有重要意义。一般而言，它反映了收入分配的不平均程度。弯曲程度越大，收入分配越不平均。特别是如果所有收入都集中于一人手中，而其余人均一无所获时，收入分配达到完全不平均，洛伦兹曲线成为折线 OHL；若任意人口百分比均等于其收入百分比，从而使人口累计百分比等于收入累计百分比，则收入分配是完全平均的，洛伦兹曲线成为通过原点的斜度为 45°的直线 OL。一般而言，一个国家的收入分配既不是完全不平均的，也不是完全平均的，而是介于两者之间。相应的洛伦兹曲线既不是折线，也不是 45°直线，而是像图 6－1 中那样向横轴突出的弧线，尽管突出的程度有所不同。

20 世纪初，意大利经济学家基尼根据洛伦兹曲线找出了判断分配平均程度的量化指标。在图 6－1 中，假设实际收入分配曲线和收入分配绝对平均曲线之间的面积是 A，实际收入分配正右方的面积为 B，并以 $A/(A+B)$ 表示不平均程度，这个数值被称为基尼系数。显然，基尼系数介于 0 和 1 之间。

联合国有关组织规定：基尼系数低于 0.2 表示收入绝对平均，0.2～0.3 表示比较平均，0.3～0.4 表示相对合理，0.4～0.5 表示收入差距较大，大于 0.5 表示收入差距悬殊。经济学家通常用基尼系数来表现一个国家和地区的财富分配状况，数值越低，表明财富在社会成员之间的分配越均匀。

洛伦兹曲线的弧度越小，基尼系数也就越小。通常把 0.4 作为收入分配差距的“警戒线”。根据黄金分割定律，其准确值应为 0.382。一般发达国家的基尼系数为 0.24～0.36。据统计，2018 年我国（不含港澳台）的基尼系数为 0.474，已跨入收入差距较大行列，财富分配非常不均。2008—2018 年我国基尼系数变化趋势如图 6－2 所示。从图 6－2 中可以看出，2008 年我国基尼系数达到一个高点，之后 6 年时间持续下降，2016 年结束了连续 7 年下降的趋势，2017 年、2018 年均呈上升趋势。这表明，过去几年我国的贫富差距程度有所增加。

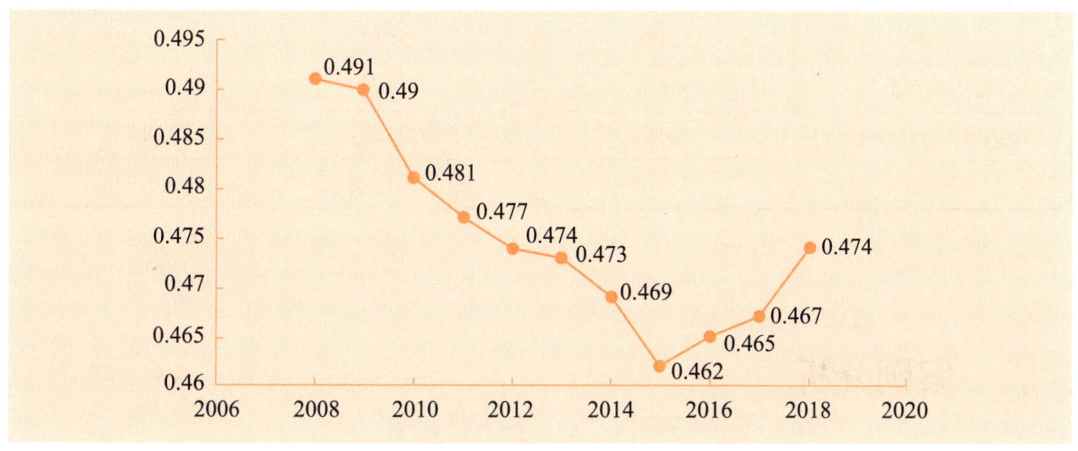

图 6－2　我国基尼系数变化趋势（2008—2018 年）

由于基尼系数给出了反映收入分配差异程度的数量界限，可以有效地预警两极分化的质变临界值，克服了其他方法的不足，是衡量贫富差距的最可行方法，因此得到世界各国的广泛重视和普遍采用，我国当然也不例外。由于我国城乡差距一直存在，且差距较大，为客观反映我国的贫富差距现状，我国共计算三种基尼系数，即农村居民基尼系数、城镇居民基尼系数和全国居民基尼系数。

（二）世界各国的贫富差距状况如何？

世界各国的贫富差距用基尼系数来衡量，差异还是比较大的。从表 6－1 中我们可以看出，日本的贫富差距较小，其基尼系数为 0.247；纳米比亚的贫富差距较大，其基尼系数为 0.743。我国贫富差距排在收入差距较大的国家行列，2014 年，我国居民的基尼系数已达到 0.469。

表 6－1　　世界部分国家或地区基尼系数比较（2014 年）

国家或地区	基尼系数	国家或地区	基尼系数
日本	0.247	丹麦	0.249
瑞典	0.250	挪威	0.258
德国	0.283	白俄罗斯	0.297
荷兰	0.309	韩国	0.316

续前表

国家或地区	基尼系数	国家或地区	基尼系数
加拿大	0.326	法国	0.327
瑞士	0.337	爱尔兰	0.343
波兰	0.345	英国	0.360
印度	0.368	俄罗斯	0.399
美国	0.408	新加坡	0.425
中国香港	0.434	菲律宾	0.445
中国（不含港澳台）	0.469	津巴布韦	0.501
巴西	0.570	纳米比亚	0.743

案例分析

美国日益加大的贫富差距

美国的贫困和社会不平等问题比人们想象的更为严重，而且有进一步恶化的趋势。统计显示，美国最富裕的1%人群所占有的社会财富持续增加，2016年占有全美38.6%的财富。而占总人口90%的大众所拥有的财富和收入水平在过去25年里总体呈现下降趋势。美国《大西洋月刊》的评论称，社会阶层分化让美国陷入政治极化，从而进一步加剧了社会不平等，这一恶性循环让美国社会治理陷入难解的困境。

无独有偶，美国致力于关注普通民众福祉的某非政府组织日前也发布报告称，全美有5 080万户、43%的家庭无法负担每月基本开销，包括住房、食物、交通、教育、医疗和手机账单。

美国联邦储备委员会2018年5月下旬发布的《2017年美国家庭经济状况报告》也显示，2017年有27%的美国成年人由于负担不起医疗费用而放弃了必要的治疗。在美国成年人中，尚有9%的人口没有任何医疗保险，这其中有约42%的人在生病时由于无力支付医院费用而选择不去医院治疗。

乔纳森·莫伊是美国俄克拉何马城一所高中的数学老师，他在美国属于典型的中产阶层。然而，为了养家糊口，他每天必须从事不同的工作。上午在学校教数学课，下午担任校车驾驶员，傍晚时分来到附近的体育场担任棒球、足球和摔跤教练。几份工作加起来，每年税前收入勉强达到3.6万美元，仅仅够一家4口的基本开支。而在美国居民收入链的另外一端，最富裕的10%家庭年收入达17.05万美元，几乎是美国平均收入的3倍。乔纳森·莫伊的故事折射出美国不断扩大的贫困和社会不平等的事实。

美国新泽西州立罗格斯大学教授威廉·罗杰斯认为，美国经济当前正呈现一种奇怪的现象：一方面，经济正在从国际金融危机中强劲恢复，官方统计就业率不断提高；另一方面，就业市场工资停滞不前，普通民众为养家糊口不得不在主业外找兼职谋生。他担心，随着油价的攀升、利率的提高和房屋租金的提升，普通民众的生活会更艰难。

美国媒体认为，当前美国存在的社会不平等主要表现在两个方面：一是最富裕人群与普通民众的收入差距越拉越大，二是不同种族间的不平等更趋严重。

首先，美国收入结构的两极分化十分明显。经济合作与发展组织的一份报告显示，美国基尼系数在全球发达国家中最高，意味着美国的收入不平等现象极为严重。报告指出，调整通胀后，过去10年美国收入最低的20%家庭年平均收入减少了571美元，而最富有的20%家庭年平均收入大幅增加了13 479美元。过去40多年里，美国普通民众收入陷入了增长停滞，《纽约时报》2017年曾做过一项统计，经过通胀调整后的1973年美国全职就业者年收入为5.4万美元，而2016年这一数字为5.2万美元。

其次，美国的居民收入呈现鲜明的种族差异。联合国的报告显示，非洲裔美国人陷于贫困的概率是白人的2.5倍，其婴儿死亡率是白人的2.3倍，失业率是白人的2倍，犯罪并入狱的概率则是白人的6倍多。

美联储报告也指出，2017年3/4的白人对自身的财务状况感到满意，但只有2/3的非洲裔和拉美裔持类似看法。在相同教育水平的人群中，非洲裔和拉美裔的经济状况普遍比白人差。美国白人家庭净资产中位数为17.1万美元，而非洲裔仅为1.76万美元，拉美裔为2.07万美元，分别为白人家庭的10.29%和12.11%。

美国圣路易斯华盛顿大学非洲裔美国人研究中心主任杰拉尔德·厄尔利在接受本报记者采访时表示，从统计数据和现实感受可以很清楚地看到，非洲裔家庭的财富积累比白人家庭要少得多。白人掌管美国政治、经济的方方面面，非洲裔家庭住房保有率相对较低。这就意味着非洲裔家庭可供下一代继承的财富与白人家庭不在一个水平线上。

资料来源：方莹馨．美国贫困和社会不平等问题比想象中严重．人民日报，2018-06-07.

分析：

(1) 社会贫富差距经常被用来衡量一个社会的福利状况。有人这样比喻：如果一个人把头放在冰里、把脚放在火里，肯定不如把温度平均一下舒服。你如何看待这个问题？将社会财富平均分给不同的人一定意味着社会福利状况的改善吗?

(2) 与改革开放初期相比，如今我国的贫富差距变化也很大。据世界银行的报告，我国是世界上基尼系数增长最快的国家之一。这显示我国经济高速增长的成果未能被社会各阶层共享，绝大部分聚集在少数人手中。国家统计局披露，我国（不含港澳台）最富裕的10%的人占有了全国财富的45%，而最贫穷的10%的人占有的财富仅为1.4%。财政部官员曾透露，银行60%的存款掌握在10%的客户手里。这些都显示出中国贫富不均的严重程度。国家统计局的报告预言，我国贫富差距在未来10年还将进一步扩大。你是如何看待这一问题的?

（三）基尼系数衡量分配有哪些局限性？

1. 没有显示出哪里存在分配不公

基尼系数反映的是一个静态的结果，没有考虑分配的初始条件和分配中各群体投入的劳动。因此，它是一个单纯指示结果公正的工具，而不反映过程的公正与否，即它只看不同人群最后获得了多少钱，而不看各组人群到底为获得那些钱各自付出了多少劳动、接受了多少教育等。所以，当我们在追求结果公平的时候，更重要的是强调社会公平和规则公平，改变那种只看结果不关心过程的思想和方法。

2. 国际上并无制定基尼系数的准则

对某些问题，如应否剔除税项、应否剔除公共援助受益者、应否剔除非本地居民或应否加入政府的福利，国际上并没有一致性规定，因此没有制定基尼系数的准则。

知识拓展

美国的贫困

社会学家倾向于确定和关注特定的人群或问题。20世纪60年代，美国宣布了“向贫困开战”，发动了雄心勃勃的健康和营养计划以消除经济贫困，在讨论反贫困计划以前，首先要考虑贫困这个非常难以捉摸的概念。

“贫困”一词对不同的人有不同的含义。很显然，贫困是一种人们没有足够收入的状况，但要在穷人和非穷人之间划一条确定的界线却很难。经济学家因此设计了一些具体标准以便官方定义贫困。

20世纪60年代，美国将贫困定义成这样一种收入水平，它低于所估算的维持生存的基本生活水平所需要的费用。其计算依据家庭的预算，还有家庭食品花费在支出中的比例。自那时起，随着政府消费价格指数的更新，这种计算反映的是生活费用的变化。按照标准定义，1995年四口之家的年最低费用是15 569美元。这个数据被作为“贫困线”，用于区分贫困家庭和非贫困家庭。

贫困线的数值随着家庭规模大小而变化。尽管确定贫困的具体指标是有帮助的，但专家认识到贫困是个相对概念。生活预算中包括嗜好和社会习俗等主观因素。而今天，标准以下的住房通常也包括家用设施和煤水管道，这些在早期即使在百万巨富家庭中也是不可能有的。有鉴于此，专家们于1995年建议，将贫困的概念变为相对收入状况。当某家庭的消费还不到平均家庭在食品、服装、住宅上的消费水平的50%时，该家庭即可定义为贫困。相对收入意义上的贫困在不平等现象缓解时会减少；当经济增长而收入和消费的分配没有变化时，贫困现象也不会有变化。在这个新的世界里，涨潮会让所有的小船升高，但不会改变仍有一部分人口被认为是穷人这一事实。

资料来源：刘日星，赵亚芬．经济学基础．北京：北京邮电大学出版社，2012.

小思考

世界银行在第 60 届联合国首脑峰会期间公布了一份长达 190 页的报告，报告列出了世界上最穷的 10 个国家和世界上最富有的 10 个国家。世界上最穷的 10 个国家几乎全在非洲，亚洲仅占一席，那就是我们的近邻尼泊尔，它排名世界最穷国家的第六名。而世界上最富有的国家几乎全在欧洲，除此之外，北美洲的美国排名第四，我们的近邻日本排名第六。排名世界最穷国家第一名的是埃塞俄比亚，人均财富仅 1 965 美元；排名世界最富有国家第一名的是瑞士，人均财富达到 648 241 美元，两者相差近 330 倍。为什么世界上富裕的国家越来越富裕，贫穷的国家越来越贫穷呢？

二、理解贫富差距产生的原因及我国政府治理贫富差距的措施

人与人之间存在能力的大小吗？它会影响人们的贫穷与富有吗？政府为何要对收入低的人给予救济呢？

分组讨论

我们身边那些财富积累较多的人，他们是通过什么渠道致富的？为何有人开着豪车去高级俱乐部，另一些人仅能维持温饱？贫富差距过大导致的两极分化会给社会带来什么影响？政府应该如何应对两极分化产生的不利影响？

（一）我国的贫富差距现象是如何体现的？

1980 年，我国的基尼系数是 0.330，1988 年是 0.382，1994 年是 0.434，1998 年则进一步上升到 0.456。国家统计局等六部委 1997 年联合进行的城镇生活调查结果表明，占调查户 8.7%的富裕家庭占有 60%的金融资产。国务院发展研究中心指出：“改革开放以来，中国的居民收入水平不断提高，但贫富差距也拉大了。基尼系数从 1980 年的 0.33 迅速增大，1994 年突破警戒线（0.4），目前已超过 0.45……中国从一个收入差距很小的国家跨入收入很不平等的国家行列，速度之快世界上少有。”原国家计委的研究人员指出，中国已经成为世界上 40 多个贫富差距超过国际警戒线的国家与地区之一（有人则认为接近国际警戒线）。据中国社科院发布的 2008 年《社会蓝皮书》显示，近年来劳动报酬收入占国民收入的比重逐年下降，基尼系数从 1982 年的 0.249 逐渐飙升至 2008 年的 0.491。2018 年，我国基尼系数为 0.474。财政部给出的关于城市居民财产性收入的统计数字显示，10%的富裕家庭占有城市居民全部财产的 45%，而 10%的最低收入家庭，其财产总额仅占全部居民财产的 1.4%。专业人士指出：“这些数据都是官方公布的，不同渠道给出的数

据则更为惊人。波士顿咨询公司发布的《2006全球财富报告》显示，中国的150万个家庭（约占全国家庭总数的0.4%）占有中国财富总量的70%。在发达国家，一般情况下是5%的家庭占有50%～60%的财富。由此可见，中国比发达国家的贫富差距更严重。”更严重的是，社会扭转贫富差距扩大趋势的难度不是在减小，而是在增大。

（二）贫富差距产生的原因是什么？

就人与人之间的区别来说，同样的外部环境，由于能力大小不同、禀赋不同，从事经济活动就会表现为收入不同，这在任何国家或地区都是存在的。我国的贫富差距还源于以下几个原因。

1. 经济运行机制不健全

我国正处于由计划经济向市场经济转型的过程中，健全的市场经济运行机制尚未真正建立。正是在这种情况下，一部分人投机钻营，非法、违法经营和权力资本化，造成不合理的收入分配，导致社会贫富差距悬殊。根据有关专家粗略计算，各种非法收入在全国范围内大约使基尼系数上升了31%。

2. 税收制度不合理

毋庸置疑，国家通过健全的税收制度可以有效缓解贫富差距。在成熟的市场经济国家，无论是从绝对数量上还是从税率上来看，收入高的人比收入低的人要多缴纳很多税。然而，令人奇怪的是，频繁出现在福布斯（或胡润）中国富豪榜上的中国富豪们，并没有出现在缴税排行榜的前列，这充分说明了目前我国的税收制度的不健全。由于对高收入群体缺乏合理的、必要的“限高”，导致了我国国民贫富差距的扩大。

3. 社会保障制度不完善

除了合理的税收制度外，完善的社会保障制度同样可以在一定程度上缓解贫富差距。然而，与经济发展幅度相比，我国的社会保障事业及社会转移支付明显表现出严重的滞后。在这种情形下，农民、城镇的退休人员、城镇的失业人员及其亲属由于得不到及时的、足量的保障，最有可能成为贫困者，从而使整个社会的贫富差距不断拉大。

4. 不平等竞争的存在

经济领域中存在许多不平等的竞争也是我国产生贫富差距的重要原因之一。不平等竞争表现在很多方面，最突出的是一些部门、行业甚至是个别社会成员，能够通过垄断经营获得垄断利益或高额利润，而其他的社会群体和社会成员却不能，因此形成非常不合理的收入差距，如一些垄断行业就获得了暴利。

5. 区域、城乡、行业收入差距的存在

我国存在城乡差别，这一现象在考虑东西部地域因素后更为显著。从统计上看，低收入人群更多地集中在农村地区，这一庞大人群位于洛伦兹曲线的左侧，从而使基尼系数变大。

知识拓展

中国的收入差距

一些外国的专家和游客来到中国，游览了北京、上海、广州、深圳、香港等城市后，一致评价是：中国拥有现代化的城市、豪华的宾馆、完善的基础设施、较高的生活水平，是一个发达国家，旧金山、洛杉矶、东京、伦敦、巴黎也不过如此。当他们游览了河南、陕西等地的县级市后，又认为中国是一个中等收入国家。还有一部分外国人在中国工作时间较长，对农村有较深认识，去过诸如甘肃、贵州、青海、内蒙古等地的农村，在乡镇、村庄体验过一段时间，他们认识到中国还是一个很落后的国家。

在外国人眼里有三个中国，这是为什么呢？因为他们所体验的地区不同，也就是中国目前收入地区差距还是较大的，从根本上说，就是区域经济增长与发展不平衡。此外，中国城乡收入差距也非常大。目前，中国城乡收入差距呈现三个新变化。

一是硬实力越来越强，软实力差距扩大。两层甚至几层的教学楼，操场、篮球场、乒乓球台一应俱全，但老师只有一两个，学生也寥寥无几，这是当前一些农村学校的真实写照。

二是收入差距缩小，财产差距扩大。2018 年城镇居民人均可支配收入为 39 251 元，农村居民人均可支配收入为 14 617 元，差距在一半以上。受农村产权制度不健全等多种因素影响，我国城乡居民财产差距近年来有扩大趋势，农民财产性收入无论是绝对数量还是增长速度都远低于城镇居民。

三是身份差距缩小，隐性权利差距扩大。随着户籍制度改革的推进，传统“二元结构”下城乡居民的身份差距已大幅缩小，但两者在发展权利与发展机会等隐性权利方面仍面临较大差距，且存在较高的“代际传递”风险。隐性权利包括物质条件差距引发的城乡居民生存和健康权差异依然明显。中国发展研究基金会的一项调查显示，接受调查的农村小学生中，身高和体重均明显低于同年龄段儿童正常值，生长迟缓率近12%，身高低于同龄城市孩子 6 厘米～15 厘米；低体重率达到9%，体重低于同龄城市孩子约 7 千克～15 千克。另一个隐性差距是城乡家庭环境和教育条件不同带来的发展权差距存在扩大倾向。中国社科院社会学研究所的一项应届生就业调查显示，从毕业生的城乡来源分析，农村家庭的普通本科院校毕业生成为就业最困难群体，尤其是毕业当年未就业率较高。

（三）政府缩小贫富差距的措施有哪些？

中国的财富总量较大，贫富差距也较大，改革开放 40 多年来，我国的贫富悬殊已经达到令人担忧的程度。如何才能建立起一种既能兼顾公平又不失效率的分配方法呢？总体来说，进一步推进和优化市场经济体制建设是必由之路。从分配角度看，初次分配一定要

讲效率，就是要让那些有知识、善于创新并努力工作的人得到更多的劳务报酬，首先富裕起来；二次分配要讲公平，政府应当利用税收等手段来帮助弱势群体，建立全面、系统、适度、公平和有效的社会保障体系。政府可以依靠立法、税收和救济等着手解决社会分配的公平问题，促进整个社会的协调发展。

1. 立法

立法是政府通过一系列的政策、法规来改变那些引起或增加不公平长久存在的社会制度。这类政策包括消除特权，建立广泛、全面的教育制度，实现全国范围内的教育公平，鼓励各行业在高失业率地区投资建厂等。目前我国正着手制定国民收入分配保障方面的相关法律。

2. 税收

税收分为直接税和间接税。直接税由纳税人直接缴纳，包括个人所得税、企业所得税及资本和财富（如房产税、遗产税等）的课税。政府对个人所得进行累进征税，收入越高，税负越重，这在一定程度上缩小了富人和穷人的收入差距。企业所得税是指政府对企业的利润课征的一种税。在大多数国家，小公司适用较低的税率，大公司适用较高的税率。间接税是指纳税义务人通过提高商品价格或提高收费标准等办法把税收负担转嫁给别人的税种，包括关税、消费税、销售税、增值税等。政府可以对特定商品和服务征收消费税，如汽车、赌博等，以此增加富人消费相对多的商品和服务的课税。同样，政府按照商品价值课征增值税，商品价值越高，缴纳的税就越多，也会增加富人消费相对多的商品和服务的课税。对富人的课税，使税后收入分配比税前分配更加公平。但是，利用税收进行再分配有其局限性，因为税收本身不能增加穷人的收入，而且对富人征高税可能导致其避税或逃税。

3. 救济

救济可以是现金救济，也可以是实物救济。现金救济可以分为两类：一类是根据经济状况确定的救济，另一类是普遍性救济。根据经济状况确定的救济一般适用于收入低于一定水平的人，如我国正在实施的城市居民最低生活保障。这种救济方式可以是补助也可以是贷款，它们可能作为一般性收入或满足特定的需要，如以租金、家庭用品等形式提供，我国各大小城市中已经存在的廉租房的政府租金补贴具有这种性质。普遍性救济是某一类人都享有的救济，与他们的收入可能无关，如政府的养老金、失业金、疾病和伤残救济金等。职工按其收入缴纳社会保障金，当他们退休、失业或生病时，就有权享受救济金。在许多国家，失业者不得不接受任何能得到的工作，或依靠低水平的社会保障救济金生活。对我国年满60周岁的农村老人，政府每月补贴人民币60元，也属于这种救济。

实物救济是指以免费提供或受到补贴的商品和服务的形式获得，而不是个人从政府得到直接现金的形式进行的救济。我国实行的“家电下乡”活动具有这种性质。在许多国家，实物救济的主要项目是保健和教育。实物救济往往由不同的收入群体大体公平地享受，但实物救济占穷人收入的比例大于富人，所以具有一定程度的公平效应。与现金救济相比，实物救济的再分配效应比较小。

值得一提的是，不管是现金救济还是实物救济都有一个标准的问题。与其他国家相比，我国目前的标准偏低，政府还应该加大对收入相对较低的人群进行救济的力度。

案例分析

为何漂亮的人收入通常更高?

美国经济学家丹尼尔·哈莫米斯与杰文·比德尔在1994年第4期《美国经济评论》上发表了一份调查报告，报告指出，漂亮的人比长相一般的人的收入要高5%左右，长相一般的人又比长相丑陋的人收入高5%～10%。为何漂亮的人收入高呢?

经济学家认为，人的收入差别取决于人的个体差异，即能力、勤奋程度和机遇等的不同。漂亮程度正是这种差别的表现。个人能力包括先天的禀赋和后天培养的能力，长相与人在体育、文艺、科学等方面的天赋一样，也是一种先天的禀赋。漂亮属于天生能力的一种，它可以使漂亮的人从事其他人难以从事的职业（如演员或模特）。漂亮的人少，供给有限，自然市场价格高、收入高。漂亮不仅表现在一个人的脸蛋和身材上，还包括一个人的气质。漂亮的人机遇更多。这样看来，漂亮的人收入高一些就一点也不奇怪了。

分析：你认为上述经济学分析有道理吗?

知识拓展

国民收入的四次分配

1. 初次分配

国民收入的初次分配是指国民收入在物质生产领域进行的分配。国民收入经过初次分配，分为两个组成部分：一部分是物质生产领域劳动者的个人收入，包括工资、奖金、福利和农民或其他劳动者的收入，它属于生产者及其家属个人消费所需的必要产品；另一部分是生产单位和社会的纯收入，包括上缴国家的税金和利润、支付的利息和企业税后利润、利润留存或公积金、公益金等，属于国民收入扣除必要产品后的剩余。国民收入经过初次分配形成了国家、企业或集体、物质生产部门、劳动者的原始收入，国民收入的初次分配直接关系到国家、生产单位和劳动者三方面的经济利益，并在很大程度上决定了积累基金和消费基金的比例。进行国民收入的初次分配，首先，正确规定必要产品和剩余产品之间的比例，影响这一比例的因素主要有：国民收入的生产额、构成和增长速度，劳动生产率提高幅度和物质生产部门劳动者平均收入增长速度之间的对比关系等。其次，正确规

定国家和生产单位对剩余产品的分配比例。最后，正确制定适当的工资政策、价格政策、财政政策来保证上述两个比例关系的实现。

2. 再分配

国民收入的再分配是指国民收入在初次分配基础上的进一步分配。这种分配是在全社会范围内进行的。通过再分配获得的收入称为派生收入。再分配的主要形式有：(1) 财政支出。通过财政预算，一方面以利润和税金的形式集中一部分国民收入，另一方面把集中起来的国民收入通过财政补贴、支付非生产部门劳动者工资等形式分配到各部门、各地区，以满足社会生产，发展科学、文化、教育事业，进行行政管理和加强国防等方面的需要。(2) 信贷。以偿还为条件，通过筹集社会闲散资金贷放给使用单位来实现再分配的过程。(3) 价格。国家通过指令性价格、指导性价格和市场调节价等多种价格形式，建立合理的价格体系，实现国民收入的再分配。此外，各种劳务费、居民之间的馈赠、生产单位直接举办的各种福利事业也会影响国民收入的再分配。国民收入的再分配最后形成生产单位、非生产单位和居民的最终收入。

3. 第三次分配

早在2004年，厉以宁便提出了发展慈善事业的第三次分配理论。当初，厉以宁在谈到这个理论的时候表示，通过市场实现的收入分配被称为第一次分配；通过政府调节而进行的收入分配被称为第二次分配；个人出于自愿，在习惯与道德的影响下把可支配收入的一部分或大部分捐赠出去被称为第三次分配。在第一次分配和第二次分配之后，社会协调与发展方面依旧会留下空白，不管留下的空白较大还是较小，都意味着在社会协调发展方面还有一些工作要做。因此，从收入分配的角度来看，第三次分配的重要性就突出了。厉以宁认为，由于第三次分配是人们自觉自愿的一种捐赠，因此它的影响是广泛的，它所发挥作用的领域是市场调节和政府调节无法比拟的。

4. 第四次分配

人力资源和社会保障部劳动工资研究所研究员马小丽指出，财产性收入分配应当为第四次分配。她认为，劳动者在进行劳动成本的补偿后，获取的全部收入包括劳动收入、财产收入和其他收入。在初次分配环节中，市场起主导作用，劳动者获得劳动收入；在再分配环节中，政府起主导作用，劳动者获得转移性收入；在第三次分配环节中，慈善家起主导作用，劳动者获得捐赠性收入；在第四次分配环节中，劳动者个人将起到主导作用，他们获得的是财产性收入。

第二单元
经济周期

一、认识经济周期现象与特征

美国次贷危机与欧债危机会怎样影响中国经济的发展走势？

分组讨论

大多数年份，物品和劳务的生产是增长的。由于劳动力增加、资本存量增加及技术进步，社会能生产的东西越来越多。这种增长使人们享有更高的生活水平。改革开放以来，我国经济的快速增长令世人瞩目。但是，在一些年份里，并没有出现这种正常增长，很多企业无法把它们提供的所有物品与劳务都卖出去。这是经济学中的什么问题呢？遇到这样的年份，作为未来生产要素的供给者的同学们，找工作会遇到怎样的尴尬？又该如何应对呢？

（一）经济周期的含义

经济的波动通常称为经济周期（business cycle），也称商业周期、商业循环、景气循环，是指经济运行中周期性出现的经济扩张与经济紧缩交替更迭、循环往复的现象，是国民总产出、总收入和总就业的波动。没有出现经济正常增长的年份，众多企业的确会出现生产出来的商品和劳务销售不出去的问题，因此，它们会削减生产，结果工人被解雇，导致失业增加、设备闲置。随着生产的物品与劳务的减少，实际国内生产总值和收入的其他衡量指标下降了。如果这种收入减少和失业增加较为缓和，这一时期就被称为衰退期（recession）；如果较为严重，就被称为萧条期（depression）。经济周期以最前端的消费支出为起点，延伸到工业生产，再到企业用于厂房和设备的支出。消费支出→工业生产→资本支出，后一个项目支出的波动幅度都要大于前一个项目。前一项指标依次是后一项的领先指标，当领先指标转而下滑后，滞后指标仍然保持上升，反之亦然。当消费支出同比增长率从其峰顶开始下降后，在较长时间内资本支出增长率仍然保持上升，反之亦然。

人们通常认为经济周期不可避免。经济周期是经济活动总体性、全局性的波动，一个

经济周期往往由繁荣、衰退、萧条、复苏四个阶段组成（见图 6－3），当经济开始衰退时，企业的产品滞销，企业经营状况恶化，股息、红利减少，股票价格下降。经济复苏时，企业产品的销量开始上升，企业经营状况好转，企业发放股息、红利，股价逐渐回升。当经济达到繁荣时，企业盈利状况良好，股息、红利增加，股票价格大幅上涨。

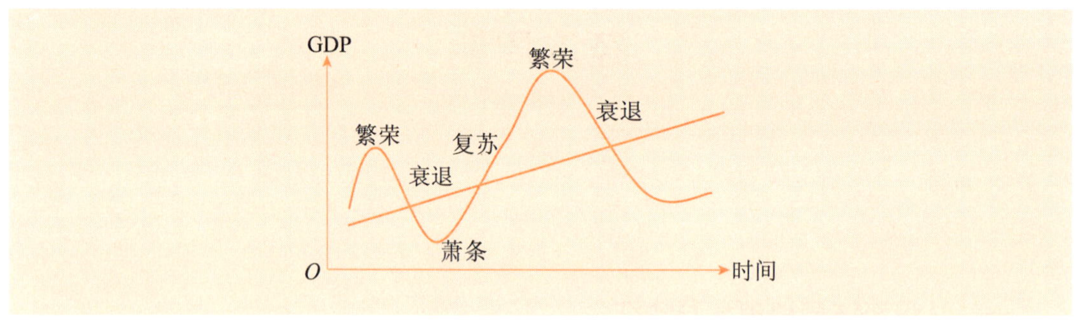

图 6－3　经济周期模型

自 19 世纪中叶以来，人们在探索经济周期问题时，根据各自掌握的资料提出了不同长度和类型的经济周期。

基钦周期：是 1923 年英国经济学家基钦提出的一种为期 3～4 年的经济周期。

朱格拉周期：是 1862 年法国经济学家朱格拉提出的一种为期 9～10 年的经济周期。

康德拉季耶夫周期：是 1925 年苏联经济学家康德拉季耶夫提出的一种为期 50～60 年的经济周期。

库兹涅茨周期：是 1930 年美国经济学家库兹涅茨提出的一种为期 15～25 年，平均长度为 20 年左右的经济周期，由于该周期主要是以建筑业的兴旺和衰落这一周期性波动现象为标志加以划分的，因此也被称为“建筑周期”。

熊彼特周期：是 1936 年美国经济学家熊彼特以其创新理论为基础，对各种周期理论进行了综合分析后提出的。熊彼特认为，每一个长周期包括 6 个中周期，每一个中周期包括三个短周期。短周期约为 40 个月，中周期约为 9～10 年，长周期为 48～60 年。

（二）经济周期的特征

各国和各个历史时期都存在经济波动。作为了解这些逐年经济波动的出发点，下面讨论这种经济波动的最重要特征。

1. 经济波动是不规则的，且无法预测

经济波动与经济状况的变动相对应。当实际国内生产总值增长迅速时，经济状况就比较好。在这种经济扩张期，大多数企业会发现顾客很多，且利润在增长。当衰退期实际国内生产总值减少时，大多数企业经历了销售和利润的减少。但是，经济周期这个术语有时也会引起误解，因为它表明，经济波动遵循一种有规律的、可预期的形式。实际上，经济波动并不规则，而且几乎不能被较为准确地预测。

2. 大多数宏观经济数量同时波动

实际国内生产总值是最普遍地用于监测经济短期变动的一个变量，因为它是经济活动中一个最全面的衡量指标。实际国内生产总值既衡量了某一既定时期内生产的所有最终物品与劳务的价值，也衡量了经济中所有人的总收入。然而，事实证明，对于监测短期波动而言，用哪一种衡量指标来观察经济活动实际上无关紧要，因为大多数衡量某种收入、支出或生产波动的宏观经济变量几乎同时变动。当实际国内生产总值在经济衰退中减少时，个人收入、公司利润、消费者支出、投资支出、工业生产、零售额、住房销售额、汽车销售额等也都会减少。由于衰退是经济总体现象，因此反映在宏观经济数据的许多来源上。

3. 随着产量减少，失业将会增加

经济中物品和劳务产量的变动与经济中劳动力利用的变动是密切相关的。换句话说，当实际国内生产总值减少时，失业率会上升。因为当企业选择缩减其产品和劳务生产数量时，它们就会解雇工人，从而使失业人数扩大。

二、理解经济周期发生的原因

经济永远都在成长、衰退和危机之间循环往复，我们常常从乐观的高峰跌落失望的深渊，又在某种契机下东山再起。对于经济周期的循环，我们应该如何理解和预测呢？

分组讨论

什么因素引起经济活动的短期波动？如果可能，用什么公共政策可以防止这种收入减少和失业增加的现象？当经济衰退和经济萧条发生时，决策者应如何缩短其持续时间并减轻其危害？

当经济波动时，描述经济所经历的模式是容易的，但解释是什么因素引起这些波动则较为困难。实际上，人们对于经济波动的原因是充满争议的。经济学家用总需求与总供给模型（见图 6－4）来分析整个经济波动，图中纵轴表示经济中的物价水平，横轴表示经济中物品与劳务的产量。总需求曲线表示每一物价水平时，家庭、企业、政府和外国客户想要购买的物品与劳务量。总供给曲线表示每一物价水平时，企业生产并销售的物品与劳务量。根据这个模型，物价水平与产量的调整使总需求与总供给达到平衡。通常认为引起经济波动的原因主要有两个：一个是总需求波动，另一个是总供给波动。

宏观经济均衡时，经济可能处于充分就业均衡、高于充分就业均衡或低于充分就业均衡状态。图 6－5 说明了这三种可能性。充分就业均衡是指当均衡实际国内生产总值等于潜在国内生产总值时，AD_0与总供给曲线的交点（E 点）。总需求波动带动实际国内生产总值围绕潜在国内生产总值波动。如果总需求增加到 AD_1，企业将增加产出、提高价格，直到可以满足更多的需求为止。此时，实际国内生产总值为 Y_1，超过潜在国内生产总值 Y_0，处于高于充分就业均衡（D 点）。如果总需求下降到 AD_2，企业将减少产出、降低价格，直到可以销售出全部产品为止。此时，实际国内生产总值为 Y_2，低于潜在国内生产总值 Y_0，处于低于充分就业均衡（B 点）。

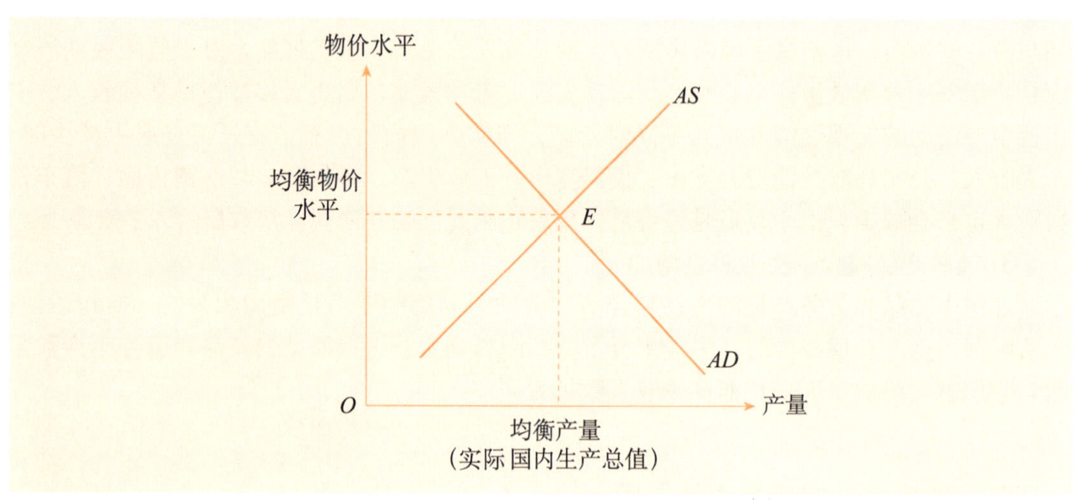

图 6-4　宏观经济均衡

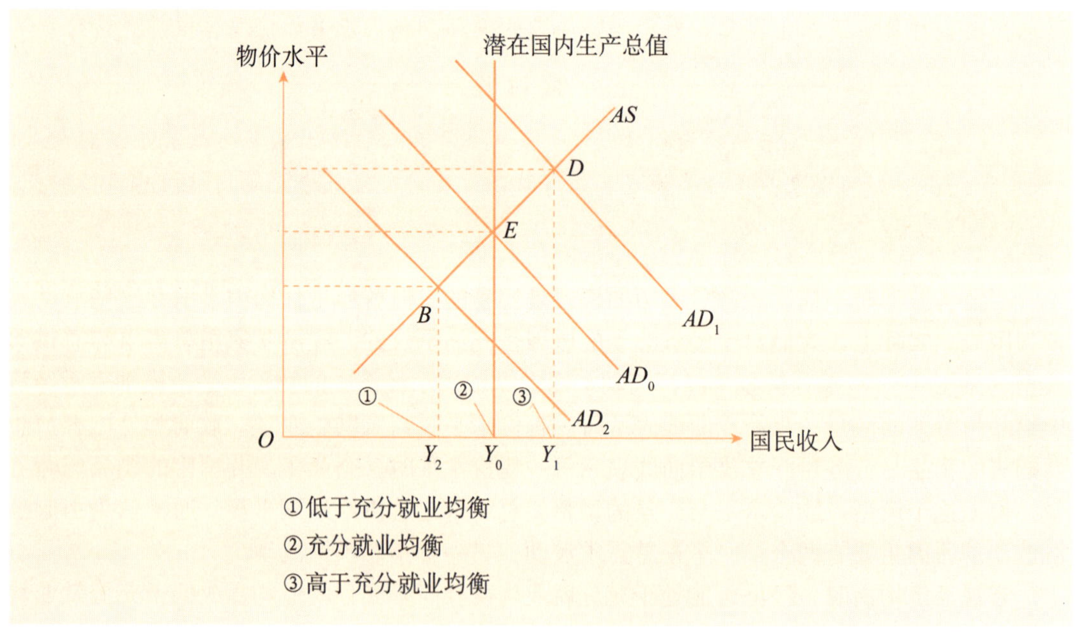

图 6-5　三种类型的宏观经济均衡

总需求波动是经济周期产生的主要根源。为了关注经济周期，我们假设潜在国内生产总值处于充分就业均衡并保持不变。如果总需求在 AD_1 和 AD_2 之间波动（见图 6-5），这些波动的结果是实际国内生产总值围绕潜在国内生产总值产生波动周期（见图 6-6）。

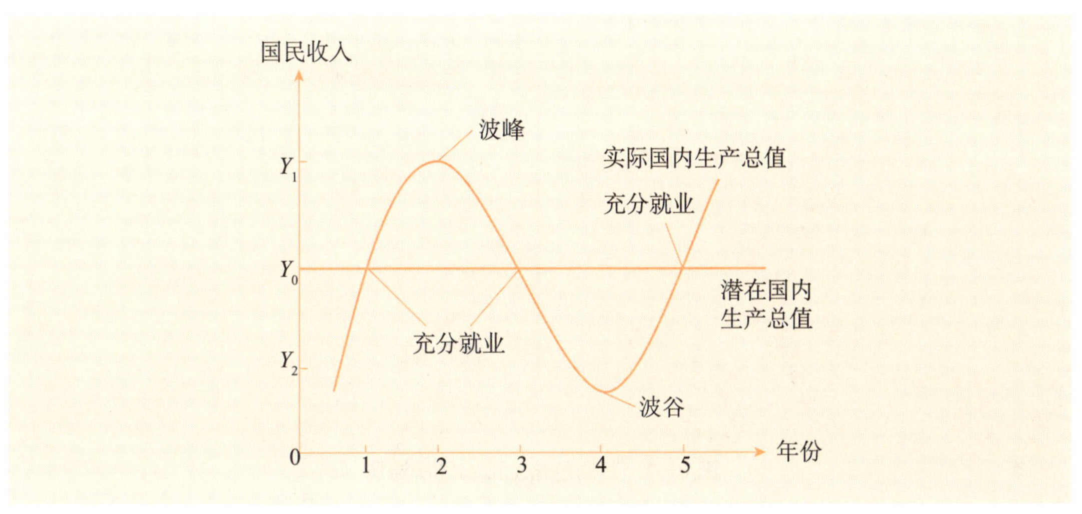

图 6－6　总需求周期

第 1 年，总需求为 AD_0（见图 6－5），经济处于充分就业均衡，实际国内生产总值为 Y_0。第 2 年，总需求增加到 AD_1，随着总需求的增加，实际国内生产总值增加到 Y_1（图 6－5 中的 D 点），并处于经济周期波峰（见图 6－6）……第 4 年，总需求降低到 AD_2，实际国内生产总值降低到 Y_2（图 6－5 中的 B 点），并处于经济周期波谷（见图 6－6）。最后，第 5 年的总需求再次增加到 AD_0，实际国内生产总值再度增加到 Y_0，经济再次回到充分就业均衡。总需求波动的根源可能是多方面的：对未来预期的变化、政府宏观经济政策的变化、世界经济的变化等。

总供给的波动有两方面的原因：第一，潜在国内生产总值的增长速度失衡，在技术高速发展和资本积累时期，潜在国内生产总值增长迅速并超越长期趋势。20 世纪 90 年代后半期，我国便经历了这种增长模式。第二，某种重要资源的货币价格可能发生变化，如原油。由于原油在整个经济中的用途十分广泛，因此其价格的大幅度变化会影响几乎所有企业，从而对整个经济造成冲击。

图 6－7 说明了原油价格的大幅度变化如何影响经济的增长和衰退。在图 6－7 中，总需求曲线为 AD，最初的总供给曲线为 AS_0，均衡状态的实际国内生产总值等于潜在国内生产总值，为 Y_0，价格为 P_0。当油价上涨后，面对能源和运输成本的上升，企业选择了降低产量，总供给下降，总供给曲线左移至 AS_1。此时，价格水平上升至 P_1，实际国内生产总值下降至 Y_1。由于实际国内生产总值降低，整个经济陷入衰退，并且由于油价的上涨，产生通货膨胀。经济衰退和通货膨胀同时发生，这种情况称为“滞胀”，它曾真实发生于 20 世纪 70 年代中期和 80 年代初的全球经济中，但是这种情况不会经常发生。

小思考

解释总供给与总需求的波动如何导致经济周期。

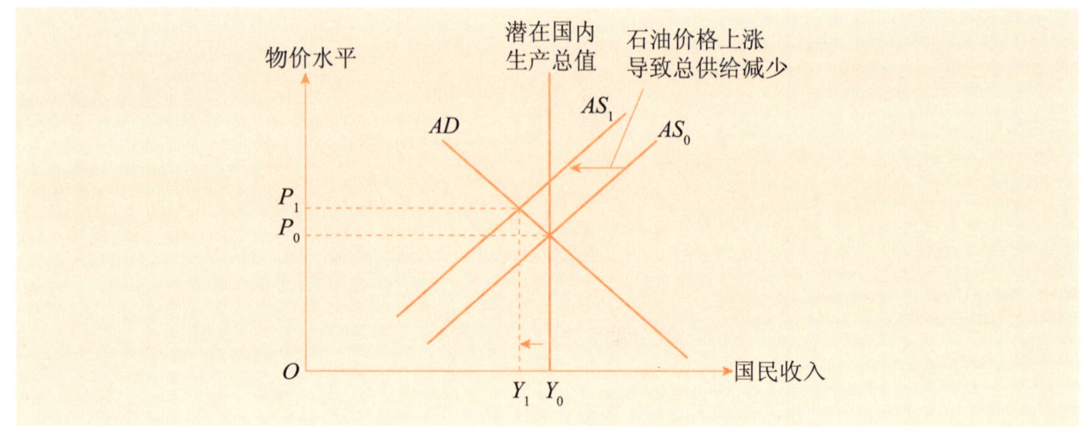

图 6-7　石油价格上涨：经济滞胀

知识拓展

美国历史上的滞胀

20 世纪 60 年代，有大量石油储藏的国家（以阿拉伯国家为主）的元首组织了一个国际卡特尔组织——OPEC，旨在消除不必要的价格波动，确保石油价格的稳定，保证各成员国获得稳定的石油收入。在阿拉伯“酋长们”开过会之后，石油价格开始大幅度上升。从 1973 年到 1975 年，石油价格上涨了好几倍，世界主要的石油进口国无一例外地都同时经历了滞胀（通货膨胀和经济衰退并存的尴尬局面）。在美国，按 CPI 衡量的通货膨胀率几十年来第一次超过了 10%，失业率从 1973 年的 4.9%上升到 1975 年的 8.5%。

几年后，几乎完全相同的事又发生了。20 世纪 70 年代末，OPEC 国家再一次限制石油的供给以提高价格。从 1978 年到 1981 年，石油价格又翻了一倍多，结果又导致滞胀。第一次 OPEC 事件之后，通货膨胀已有点平息，但这次石油冲击又使得美国的通货膨胀率上升到 10%以上，很快又是衰退，失业率从 1978 年和 1979 年的 6%左右上升到几年后的 10%左右。

图 6-8 中，经济同样从充分就业状态开始，油价出现下降时，由于能源和运输成本下降，企业增加生产，总供给曲线右移至 AS_2，此时物价水平下降至 P_2，实际国内生产总值增加至 Y_2，经济开始发展并运行到高于充分就业状态。类似情况曾发生在 20 世纪 80 年代中期的全球经济中，带来了全球经济的强劲增长。

经济的波动通常是供给与需求单因素或双因素同时存在波动导致的，从历史经验来看，需求波动更可能成为经济波动的根源。因此，在经济波动之时，决策者首先要能对经济大致处于经济周期的某个阶段有准确的判断，政府可以采取行之有效的需求管理政策来使经济恢复平稳增长。

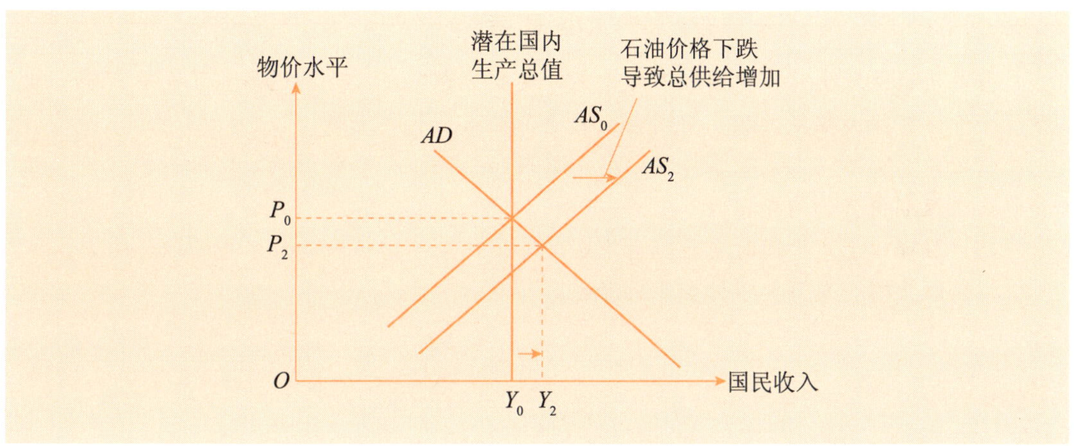

图 6-8　石油价格下跌：经济扩张

案例分析

美国历史上总需求的剧烈变动：大萧条与第二次世界大战

在 20 世纪的美国经济史中，有两大事件因为特别重要而经常受到经济学家的关注：30 年代初的大萧条和 40 年代初的经济繁荣。

20 世纪 30 年代初的大萧条是美国历史上最剧烈的经济衰退。从 1929 年到 1933 年，美国实际国内生产总值减少了 27%，失业率从 3%增加到了 25%。同时，在这 5 年中，物价水平下降了 22%。在这一时期，其他许多国家也经历了类似的产量与物价下降。经济学家虽然在大萧条的具体原因上有不少分歧，但大多数学者的解释都集中在总需求的大幅度减少上，具体是什么原因引起了总需求的收缩则存在分歧。一些经济学家认为经济崩溃主要是因为货币供给的减少，另一些经济学家认为是投资和消费支出的减少。但实际上无论是什么原因，它们的作用都是紧缩了总需求。

第二个重大时期——40 年代初的经济繁荣则较容易解释，显而易见的原因是第二次世界大战。由于美国军队在海外参战，联邦政府不得不把更多资源用于军事。从 1939 年到 1944 年，政府对物品和劳务的购买增加了 5 倍。总需求的剧烈扩张使经济中物品与劳务的生产翻了一番，并使物价水平上升了 20%，失业率从 1939 年的 17%下降到 1944 年的 1%，这也是美国历史上最低的失业水平。

分析：

是什么原因导致了美国 1929—1933 年史无前例的经济大危机？又是什么原因引起了

美国40年代初的经济繁荣?

小思考

当下列事件发生时，中国经济处于充分就业状态：一次大衰退席卷了全球经济；世界原油价格突然大幅度上涨；中国企业普遍预期未来利润下降。

（1）分别解释以上每个事件对中国总需求和总供给有哪些影响，实际国内生产总值和价格在短期内将如何变化。

（2）解释以上事件同时发生时对中国实际国内生产总值和物价水平的综合影响。

（3）以上哪个或哪些事件会导致滞胀?

知识拓展

经济周期原因的不同解释

目前，对于经济周期到底是由什么原因导致的还存在争议。重要的商业周期理论及其代表人物有：

（1）凯恩斯主义经济学认为，总需求的变动在短期内会对总产量、总就业和总价格水平产生强烈影响。

（2）货币学派（弗里德曼）将商业周期归因于货币和信贷的扩张和收缩。该理论认为货币是影响总需求的最基本因素，如1981—1982年美联储为应对通货膨胀而将名义利率提高到18%时，就引发了衰退。

（3）乘数加速数模型（萨缪尔森）。根据该模型原理，产出的快速增长刺激了投资，大规模的投资反过来又刺激产出增长得更多。这个过程一直持续下去，直至潜在经济能力完全被利用殆尽。到达这一饱和点之后的经济增长率便开始放慢，放慢的增长反过来又会导致投资和存货减少。这将使经济进入衰退，直至到达谷底。然后，经济过程又呈现相反的运动状态，经济发展平稳并重新兴起。

（4）商业周期的政治理论（诺德豪斯）将经济波动归因于政治家为重新当选而对财政政策和货币政策的操纵。

（5）均衡商业周期理论（卢卡斯、巴罗、萨金特）宣称，对价格和工资变动的错觉使人们提供的劳动总是过多或过少，从而导致产出和就业的周期性波动。这些理论的一种说法是：衰退期失业率的升高是因为劳工们期望的工资过高。

（6）真实商业周期理论的支持者认为某一部门的创新或劳动生产率变动带来的影响会在经济中传播，并引起波动。当商业周期是由于总供给的改变而引起的时候，供给冲击理论便会出现。典型的例子是20世纪70年代的石油危机，油价的飞涨导致总供给减少，助长了通货膨胀，并降低了产出和就业量。另外，萨缪尔森将不同因素划分为两类：外生的和内生的。外因论是在经济体系之外的某些要素的波动中寻找商业周期的根源，如战争、革命、选举、石油价格、发现金矿、移民、新土地和新资源的发现、科学突破和技术创新、太阳黑子、天气、人的心理等。与外因论不同，内因论则在经济体系的内部寻找商业周期的机制和原因。这种理论认为，任何一次扩张都孕育新的衰退和收缩，任何一次收缩都包含可能的复苏和扩张。经济生活正是以这种近乎规律的方式不断地循环往复的。商业周期的内因论显示了一种类似钟表摆动的机制，外部冲击通过一种循环方式在经济内部绵延传递。

第三单元
经济政策

一、理解市场失灵现象，认识市场失灵原因

道路、桥梁应该由私人供给还是政府供给？为何近年来草场退化、环境污染越来越严重？垄断企业给消费者带来了什么？

分组讨论

在经济活动中，市场机制在微观领域是不是万能的？哪些领域单凭市场机会不能很好地配置资源？

1776年，经济学之父亚当·斯密发明了“自由放任”一词，即让市场机制——“看不见的手”来配置资源。其著名的《国富论》一书的扉页上写道：“女王陛下，请您不要干预国家经济，回家去吧！国家做什么呢？就做一个守夜人，当夜晚来临的时候就去敲钟，入夜了看看有没有偷盗行为，这就是国家的任务。只要国家不干预经济，经济自然就会发展起来。”实践证明，市场配置资源的确是一种很有效的方式，问题是在经济活动中，市场机制在微观领域是不是万能的？哪些领域单凭市场机制不能很好地配置资源？

市场机制可以调节产品的供求数量，可以调节生产要素的供求数量并决定要素的收入分配，使资源得到有效配置，实现消费者效用最大化和生产者利润最大化。但在实际经济生活中，市场机制并不像理论中那样完美。

（一）什么是市场失灵？

市场机制在很多场合并不能导致资源的有效配置，这种情况称为市场失灵。市场失灵有两层含义：社会未能使资源分配达到最有效的状态，市场未能实现某些社会目标。因此，现代微观经济学认为，有必要通过制定和实施各种经济政策来纠正市场经济中存在的各种缺陷。

（二）市场失灵主要包括哪几个方面？

1. 公共性失灵

公共物品本身的特点，使得如果公共物品依靠市场供给，那么就会出现零供给。这是为什么呢？原因在于公共物品和私人物品具有不一样的特性。公共物品与私人物品是一对相对概念，经济学家区分的标准是私人物品具有排他性和竞争性，而公共物品具有非排他性和非竞争性。排他性是指一个人消费一单位的物品就排除了他人消费这同一单位物品的可能，竞争性是指一个人消费了某种物品就减少了这种物品供其他人消费的数量。显然，诸如城市道路、路灯、公共广场与绿地都具有非竞争性和非排他性：路灯照亮了某人回家的路，并不妨碍照亮邻居回家的路；其得到了路灯照亮道路的好处，并没有减少邻居得到相同益处的机会。典型的公共物品的供给是市场失灵的最重要原因之一。在日常生活中，最普遍、最常见的公共物品之一是楼道灯，它对同一楼层中的每一户家庭提供了相同的功能。假如有一天楼道灯坏了，你去换了一个灯泡，它在照耀你的同时也照耀了你的邻居，他们没有为此付费却得到了好处，那么对你来说，最平等的方法是让你的邻居也为此付费。但你的邻居也许会告诉你，他们愿意让楼道灯继续黑下去也不愿意为此付费，尽管他们并不希望楼道灯继续黑下去，而是将自己真实的想法隐藏起来，希望由你来替他们付费。当然，你可能不会去和那些人斤斤计较，并慷慨地出钱换掉那个坏了的灯泡。但是，假如那个灯泡的市场售价是 50 元会怎么样呢？是 100 元或者 10 000 元又会怎么样呢？市场就这样趋于失灵：假如没有任何外力作用，我们的楼道灯多数都会黑掉。对于具有竞争性而无排他性或者具有排他性而无竞争性的商品被称为准公共物品。

2. 外部性失灵

20 世纪初的一天，列车在绿草如茵的英格兰大地上飞驰。车上坐着英国经济学家 A. C. 庇古。他边欣赏风光边对同伴说：“列车在田间经过，机车的火花（当时是蒸汽机车）飞到麦穗上，给农民造成了损失，但铁路公司并不用向农民赔偿。这正是市场经济的无能为力之处。”将近 70 年后，1971 年，美国经济学家乔治·斯蒂格勒和阿尔钦同游日本。他们在高速列车（此时已是电气机车）上想起了庇古当年的感慨，就问列车员，铁路附近的农田是否因受到列车的损害而减产。列车员说，恰恰相反，飞速驰过的列车把吃稻谷的飞鸟吓走了，农民反而受益。当然，铁路公司也不能向农民收取“赶鸟费”。这同样是市场经济无能为力的。外部性又称外部效应，是指某种经济活动所产生的对无关者的影响。这就是说，这种活动的某些成本并不由从事这项活动的当事人（买卖双方）承担，而是由与这项活动无关的第三方承担，这种成本称为外在成本或社会成本。同样，这种活动的某些收益也不由从事这项活动的当事人获得，而是由与这项活动无关的第三方获得，这种收益称为外在收益或社会收益。前一种情况称为负外部性，后一种情况称为正外部性。不管是正外部性还是负外部性，资源都没有实现很有效的配置而是出现了某种程度的扭曲。

3. 信息失灵

现实市场中的信息存在两个特征：信息本身具有公共物品的特征，极容易导致在市场中的供给不足。同时，信息又是不对称的，市场交易中的消费者和生产者关于交换的商品信息可能是不同的，这就导致许多决策在信息不充分的条件下做出。完全竞争均衡的前提是指所有消费者都面对相同的一组价格，而这种观念又基于完全信息的假设。当市场的一方无法获知另一方的相关信息时，就产生了信息的不对称。俗话说："买的总没有卖的精""只有买错的，没有卖错的"。生产者总是比消费者对商品的特性等信息知道得多一些，这种不对称性使买家在与卖家讨价还价的过程中处于弱势地位，从而造成不公平性，导致商品不能按照应有的市场价格交易，使买家受损。

除此之外，市场失灵还表现为失业、经济波动以及前文我们已经讨论过的收入分配不公平等方面。在市场经济条件下，会周期性地出现失业、通货膨胀现象，但市场机制对此显得无能为力。同时，市场投机在很大程度上保证了经济效率，即通过市场竞争、优胜劣汰，按要素在生产中的贡献来分配收入，但不能保证收入分配的社会公平。

4. 垄断性失灵

市场机制能够发挥作用需要一个重要的前提：完全竞争。然而在现实经济生活中，广泛存在垄断和其他形式的市场结构，这些市场结构允许厂商具有决定价格的权利。一旦厂商可以自行决定价格，必然导致其产品价格超过边际成本，出现高价格、低产量和超额利润。例如：某产业的产能过剩，如果让市场机制充分发挥作用，一部分资源就应该从该产业中退出，但由于市场垄断扼杀了市场自由竞争，处于垄断地位的企业有可能通过暗地达成协议来限制产量，维持较高的价格，从而使这些企业在设备闲置的情况下安然无恙地生存下去，不发生资源的移动。这显然是一种巨大的浪费。如果某一产业的产能不足，垄断寡头又通过设置种种进入壁垒，阻止资源的注入和新企业的出现，就可以使自己安享超额利润。还有，一旦垄断价格形成，企业间的价格竞争就不存在了，垄断企业的市场地位就会相对稳定，竞争的压力大大减小了，企业追求技术进步的动力也就相应地减弱了。不完全竞争损害了资源的配置效率。

案例分析

官船为什么是最破的？

刘基的《郁离子》中有这样一则故事：有一个官员瓠里子乘坐官船从吴地回故乡广东，他到岸边后发现有1 000多条船，不知哪条是官船。送行的人说，这太容易了，只要看船篷是旧的，船橹是断的，布帆是破的，那就是官船。他照此话去找，果然很容易找到了官船。他感叹地说："唉，现今的风气如此之坏，官府公家的东西竟遭到如此破坏。"

这个案例验证了经济学中的"公地悲剧"：官船是最破的，城市公用设备是最容易破损的，公共场所的卫生是最令人头疼的……理性的经济人都知道，对于公共物品，你不从中获得收益，他人也会从中获得收益，最后损失的是大家的利益。所以人们期望从公共物品中捞取收益，但是没有人关心公共物品本身的结果。有人可能会说，避免“公地悲剧”的发生，就必须不断减少“公地”，但是让“公地”完全消失是不可能的。“公地”依然存在，这就要求政府制定严格的制度约束，将管理的责任落实到具体的人，只有这样，在“公地”里过度“放牧”的人才会收敛自己的行为，在政府干预下合理“放牧”。在市场经济中，政府与市场机制两者有机结合，才能更好地解决经济发展中的“公地悲剧”。

分析：还有其他解决“公地悲剧”的手段吗？

二、掌握常见的微观经济政策

政府这只资源配置“看得见的手”可以完全解决市场失灵问题吗？

分组讨论

即使是“看不见的手”理论的倡导者也承认市场并非完善，会出现市场失灵，针对上文涉及的市场失灵状况，请同学们从微观经济层面上讨论决策者应该如何解决这些问题。

西方发达国家政府深受“看不见的手”理论的影响，也获益于这一理论。然而，1929—1933年的经济危机唤起了学者们重新思考曾被推崇的市场机制，即市场这只“看不见的手”也不总是有效的。市场失灵的存在使得政府不得不采取某种干预行动。为了矫正市场失灵，几乎所有政府都采取“看得见的手”对市场进行调节，以达到促进效率、提倡公平和扶持经济增长及稳定的目的。政府调节在经济运行中起着重要作用。弥补了市场机制存在的缺陷，使人们有理由对政府扮演的角色给予足够重视。

（ ）公共性失灵如何解决？

公共物品到底应该由谁来提供呢？其基本原则是：纯公共物品由政府来提供，准公共物品则要借助于政府和市场的力量共同提供。为什么纯公共物品要由政府来提供？由于公共物品的特殊性质，自利的个人有“搭便车”的强烈动机。即使提供公共物品会使所有人的境况变好，如果受益者无法被强迫贡献其“公道的份额”，每个自利的个人就会希望由别人来承担公共物品的成本。如果个人的贡献份额与其表现出的偏好正相关，由于无法实现排他性，个人就会给出虚假的信号，“假装从某种集体消费活动中获得比实际情况更小的利益”。因此，纯粹个人主义的机制不会产生最优数量的公共物品供给，整个社会处于帕累托无效状态。为纠正市场失灵，公共物品只好由政府供给，并以税收的方式进行融资。准公共物品提供方式如何选择，需要视具体情况而定。如卫生保健，一部分由政府来提供，一部分向当事人收费有偿提供，既可以保障居民的医疗需要，又可以避免病床过分拥挤和药品的浪费。而高速公路建设，如果人们认可交费方式，就应该由市场机制发挥作用；如果人们不认可交费方式，就需要考虑通过政府税收筹集资金，以建成后免费使用的方式来替换。

小思考

早期的英国，灯塔的建设与管理是由私人提供的。由于海上航行经常出事故，为了满足航海者对灯塔服务的需要，一些临海人家自己出钱建设了灯塔，然后根据过往船只的大小和次数向船只收费，以此作为维护灯塔的费用并获取一定的利润。

经营一段时间后，灯塔的建造者逐渐发现，过往的船只总是想方设法逃避缴费，他们或者绕过灯塔行驶，或者以自己熟悉海路为名干脆拒绝缴费。建造者只能增雇人手加强管理，但他们又没有执法权，如果遇到不交费的人，他们也无可奈何。而且，增雇人手加大了建造者的成本，慢慢地，他们就变得入不敷出了，于是，私人建造的灯塔也就关闭了。可是，海上航行必须有灯塔的指引，因此灯塔只能由政府出面来建设。过往的船只从此不用再向政府交费，他们将免费使用灯塔资源。

灯塔为何只能由政府建造呢？在你身边还有哪些物品是由政府建造的？它们有什么共同特点？

（二）外部性失灵如何解决？

外部性在现实经济中广泛存在。无论是正外部性还是负外部性，都会导致市场失灵，影响市场对资源的配置，与绿色发展理念相悖。由于外部性使得资源配置缺乏效率，在现实经济生活中，市场参与者和公共部门都以各种方式对外部性进行治理，从而使资源配置达到或接近社会要求的最优水平。政府可以采用直接管制、税收和补贴等方式来解决外部性问题：对于具有负外部性的行为，政府可以征税，税额大小应该等于该行为给社会带来的损失；对于具有正外部性的行为，政府可以给予补贴。此外，政府还可以通过鼓励慈善行为和建立良好的社会道德规范来减少负外部性，许多慈善行为的实施就是为了解决外部性问题。例如：有些民间自发的环保组织就是由私人捐款建立起来的用于保护环境的非营利性组织。道德规范和社会约束也会限制人们的不良行为。还可以通过外部性的内化来解决，即将两个互相给予外部性的经营单位变成一个个体的不同经营方向。有些外部性失灵还可以通过产权变动来解决问题。例如：某化工厂将污染物大量排入河中，给居住在河流两岸的500户居民带来负外部性。具体来说，不存在污染时每户居民出租房屋可获得2 000元的租金，现在因为河水污染，每户居民每月只能获得1 000元的租金，500户居民一个月共损失50万元的租金收入。我们把产权变更一下，也就是让化工厂拥有河流及沿河的500户房屋，那么每月50万元的租金收入损失就变成了化工厂生产的机会成本。

（三）信息失灵如何解决？

信息不对称是普遍的，解决这一问题的关键是如何获得私人信息。私人信息不是得不到，而是要付出代价才能得到。如果获得这种信息付出的成本大于由于这种信息得到的利益，缺少信息的一方就不会去寻找私人信息；反之，就会设法取得私人信息。人们可以利用市场机制传递和获得信息，发信号进行信息沟通。发信号是指有信息的一方向无信息的一方披露自己的私人信息所采取的行动，企业会花钱做广告向潜在的客户发出有高质量产品的信号。甄别和筛选信息也是市场机制传递和获得信息的方式。不同劳动报酬机制就是一个例子，一家工厂同时使用计时工资制和计件工资制，其结果是，生产率高于平均生产率的工人都会选择计件工资制，而生产率较低的工人都倾向于选择计时工资制。

除了市场机制外，政府还可以实行管制。政府在针对不对称信息情况下出现的很多问题采取了许多弥补行为。政府可以运用公共权力，整治虚假广告，打击假冒伪劣产品，强制生产者落实产品担保承诺等，还可以制定行政法规，强制生产经营者向市场提供真实的、比较全面的信息。此外，政府也能直接提供信息。

（四）垄断性失灵如何解决?

政府可以对垄断企业采取价格管制。所谓价格管制，是指政府有关当局对自然垄断行为产品的价格进行限制，规定某些垄断行为的产品或服务的最高售价。

政府一般还会采用立法和市场监管的方式消除垄断。各个国家都颁布了反垄断法，对大量兼并小企业的集团进行反垄断调查，以维护市场的竞争性。此外，政府还可以采取国有化的方式消除企业垄断，由政府来经营，如水、电、气等生活必需品便是由政府来经营的。

三、理解宏观经济政策的目标

政府已经、正在和将要制定的各项宏观经济政策的目标有哪些?

分组讨论

我们已经充分认识到市场不是万能的，因为它也会失灵。市场失灵表现为某些社会目标不能有效地实现。请同学们站在国家角度来分析政府宏观调控的依据是什么。

政府在宏观调控上的决断，必然围绕着一个国家经济政策的主要目标来进行。总体来说，现代政府制定经济政策试图达到的目标主要有四个：保持经济增长、促进就业、稳定物价、平衡国际收支。

（一）保持怎样的经济增长速度是合适的?

经济增长可以促进国民收入的提高，要实现整个社会的共享发展，人民群众的共同富裕离不开经济的长期增长。国民收入的稳定增长并不意味着增长的速度越快越好，当然也不是越慢越好。多少才合适呢？一个基本的判断是：国民经济是否处于均衡状态，即总需求与总供给是否一致。但国民经济均衡时，并不一定是充分就业的，而充分就业时也许会出现通货膨胀，三者难以权衡，怎么办？一个合适的方法是力求实际增长率与潜在增长率一致。潜在增长率也称自然增长率，在理论上被定义为充分就业时的增长率，但在实际测算一国的潜在增长率时，经济有过热之嫌；反之，则是经济衰退。不同国家、同一国家的不同发展阶段，其潜在增长率是不同的。因而，经济增长目标要视具体情况而定。

小思考

从 1978 年到 2018 年，中国改革走过了 40 个年头，其间中国年均 GDP 增幅达到 9.6%，而世界经济在同期年平均的增幅是 2.78%，中国增幅是世界的 3 倍多。在如此长的时间跨度内，中国实现了接近两位数的高速增长，创造了举世瞩目的经济奇迹。2012 年至 2018 年 GDP 分别增长 7.7%、7.7%、7.4%、6.9%、6.7%、6.9% 和 6.6%。可以看出，经济由高速增长向中高速增长转换的新常态是一个客观现象。从供给端和需求端看，中国经济近年来的高速增长主要得益于人口红利和全球化红利，然而这两大红利目前正在衰退。我国经济由高速增长转变为中高速增长，这与我国潜在 GDP 增长率有什么关系？

（二）充分就业如何体现?

充分就业不是指失业率为 0，失业率只能设法降低，不能消除，因为有些失业是在任何情况下都会存在的，如摩擦性失业，而且适度的失业率对经济是有益的。例如：没有失业的压力，就业者工作的效率就会降低，保持一定的失业率无异于一种激励。那么，失业率应该为多少才与充分就业不矛盾？一般认为，只要一个经济社会的失业率仅为自然失业率时，就可以认为已达到充分就业。然而，衡量自然失业率也并非易事，如在 20 世纪 60 年代，美国经济学家认为合理目标应该为 4%，而这一水平太低，因为它导致通货膨胀加速；后来又调整为 6%，而 20 世纪 60 年代以来的事实证明，当失业率低于 6%时，仍有可能保持物价稳定。

（三）物价稳定如何衡量?

国内的物价稳定是否指通货膨胀率为 0，这是一个颇具争议的问题。如弗里德曼认为最佳的通货膨胀率是负值；而多数经济学家认为最佳的通货膨胀率应为正值。当然这一数值有一定的限制，如果为 2%～3%对经济发展有利，一旦突破这一数值且达到 10%以上时，政府就必须介入加以干预。

（四）国际收支平衡如何体现?

在开放经济中，货物、资金和劳务在国际流动，这种流动的价值表现为国际收支。若一国在国际交往中一直处于入超状态，则意味着最终需求的输出，本国货币就会贬值；若一国在国际交往中一直处于出超状态，则意味着最终需求的输入，本国货币就会升值。为维持币值的稳定和国民经济的自主性，应该保持国际收支的基本平衡。

政策调控的理想状态是：较低的失业率、较低的通胀率和汇率相对稳定下的经济高速增长。但是，上述四大政策目标的充分实现往往是矛盾的。如经济增长和就业，往往经济充满活力、增长速度较快时，社会就业情况也较为良好；但经济增长可能伴随通货膨胀或者国际收支失衡，出现巨额外贸顺差或逆差。这些目标的优先次序在不同国家和不同历史时期各有不同。在20世纪五六十年代，欧美国家的优先目标是促进就业和稳定物价；而在七八十年代，则偏重于稳定物价和四个目标的兼顾。发展中国家长期实行“赶超”战略，因而其主要目标是促进经济快速增长。

知识拓展

如何刺激经济增长：宏观经济政策的发展与演变

总供给和总需求曲线提供给政府三种可选择的政策取向。从历史上来看，这三种政策都使用过。

1. 移动总需求曲线

总需求分析在短期中对宏观经济状况有着重要影响，所以要找出并运用能刺激或紧缩总需求的政策工具。受凯恩斯主义经济学的影响，西方国家实施的财政政策是20世纪60年代的主流，当时的经济由于减税和政府增加开支的刺激异常繁荣。即使在今天，如果想增加内需，政府也要刺激企业的投资。财政政策因为20世纪60年代末期未能有效控制通货膨胀而黯然失色。70年代，通货膨胀和失业共存这一宏观失灵现象（滞胀）使财政政策无能为力。以弗里德曼为代表的货币经济学应运而生。货币政策是20世纪70年代的主角。70年代末期，美联储是美国宏观政策的主角。人们希望货币供给量的适度变化有助于宏观经济更加稳定。自1996年5月1日至2004年10月29日，我国不断降息，利率越降越低，按理说，政府是希望通过这种方式把民众的储蓄“赶出来”消费，但结果是个人储蓄不断增长。实践证明，一味地降低利率不能增加人们的消费，影响消费的主要因素应该是人们的实际可支配收入，所以，如果要刺激消费，应该想办法提高人们的实际可支配收入。

2. 移动总供给曲线

移动总供给曲线即找出并执行能降低生产成本或者在每一价格水平上刺激更多产出的政策杠杆。20世纪80年代，以拉弗曲线而闻名的供给学派的政策变得重要起来。在1980年的美国总统竞选中，里根声称，以减税为核心的供给方面的政策将降低通货膨胀和减少失业。尽管后来里根当局采取的是财政、货币和供给学派的折中政策，但它最初对供给政策的强调却是与众不同的。

3. 什么也不做：自由放任的政策

自由放任的思潮主张减少国家干预，加强市场机制的调节。其最典型的是以卢卡斯为代表的理性预期学派。20世纪90年代，美国总统布什实行的是减少干预的政策。当美国经济在1990年滑向衰退的时候，布什总统仍然坚持不干预的政策。与古典经济学家一样，布什一直想让公众相信，经济会自动恢复到原来的状态。直到1992年大选，他才想到更积极的干预措施，但是为时已晚。选民被克林顿用财政政策来创造“工作、工作、工作”的许诺打动。1992年，美国总统克林顿上台后，又强调了国家干预，希望依靠国家的力量振兴美国经济。

四、理解财政政策的概念与效应

对中小企业减税会对整个国家产生哪些影响？降低个人所得税起征点又会对整个国家产生哪些影响？

分组讨论

政府主要的收入来源于何处？支付又有哪些具体的项目？财政政策对就业和实际国内生产总值会产生哪些效应？

政府的钱袋子为什么很重要呢？因为政府收入水平代表了国家的强盛程度。但政府的收入和支出对社会经济发展和国民生活究竟有什么样的影响呢？这就涉及政府财政的概念。“财政”一词并不是中国人的首创，而是日本人的贡献。日本人把英文中的“public finance”翻译成了汉语的两个字“财政”，即政府的理财之道。

究竟什么是财政呢？国家为了维持自身的存在和发挥职能，必须消耗一定的社会产品，但是国家本身通常不直接从事生产活动，因而必须凭借自身拥有的政治权力，强制性地征收一部分社会产品，以满足各方面支出的需要。这种国家的收入和支出就是财政，它是国家凭借政治权力进行的社会产品分配。从这一概念的内容可以看出，财政是一种分配关系，是一种以国家为主体、在社会范围内集中性的分配关系，这就是财政的本质。财政政策是指政府对政府购买或税收水平的选择。财政政策在长期会影响储蓄、投资和经济增长，而在短期，财政政策主要影响物品与劳务的总需求。

（一）财政政策包括哪些内容？

财政政策主要包括财政收入政策与财政支出政策。

1. 财政收入政策

财政收入是指政府为履行职能、实施公共政策和提供公共物品与服务需要而抽取的一切资金的总和，表现为政府部门在一定时期内（一般为一个财政年度）所取得的货币收入。财政收入是衡量一国政府财力的重要指标，政府在社会经济活动中提供公共物品和服务的范围和数量，在很大程度上取决于财政收入的充裕状况。统计显示，2018年全国财政收入183 352亿元，同比增长6.2%，比预算目标高出0.1个百分点。

财政收入最主要的来源是经济中征收的各种税收，大致可以分为三类：

（1）所得税，包括个人所得税与企业所得税。所得税大多为累进税，收入越高，税率可累进地提高。通常情况下，所得税的纳税人无法把税收负担转嫁给他人，所以所得税可称为直接税。

（2）财产税，包括房产税、遗产税等。财产税通常也无法转嫁，因而也是直接税。

（3）货物税，即对生产流通和消费等各环节的货物征税，包括增值税、消费税、关税等。货物税可以由厂商转嫁给消费者，所以货物税是一种间接税。各国税收结构极为不同，发达国家的直接税比重较大，而发展中国家的间接税比重大，从而发达国家所得税政策的变动对国民经济的影响要比发展中国家大。

政府收入的另一个来源是国有企业出售商品和劳务的利润所得，这一收入所占比重在各个国家中相差较大。如美国几乎不具有数量上的重要性，但在一些欧洲国家却比较显著，而在发展中国家则常常十分显著。

行政性收费也是政府收入的一项来源。尽管它在政府收入中所占份额较小，但在一些发展中国家，对于地方政府来说往往是不可或缺的。

2. 财政支出政策

财政支出也称政府购买，是指在市场经济条件下，政府为提供公共物品和服务，满足社会共同需要而进行的财政资金的支付。财政支出是一级政府为实现其职能对财政资金进行的再分配，属于财政资金分配的第二阶段。国家集中的财政收入只有按照行政及社会事业计划、国民经济发展需要进行统筹安排运用，才能为国家完成各项职能提供财力上的保证。统计显示，2018 年我国一般公共预算支出再创新高，达到 220 906 亿元，同比增长 8.7%。

财政支出可分为四类：

（1）政府消费，包括政府支付给公共部门雇员的工资，以及购买经常性消费的商品所做的支付。

（2）政府投资，包括各种形式的资本支出，如道路、港口建设等。

（3）对私人部门的转移，包括退休养老金、失业保险金及其他福利支出。

（4）公债利息。政府有收入也有支出，财政支出大于财政收入时，便存在政府预算赤字；如果财政支出等于财政收入，人们称之为政府预算平衡；如果财政收入大于财政支出，人们称之为政府预算盈余。政府有预算赤字将导致政府负债，也就是说，政府通过借款为预算赤字融资。当政府有预算盈余时，它将偿还部分债务。由过去的预算赤字产生的政府负债余额叫作国债。每一财政年度末的国债等于上一财政年度末的国债加上预算赤字或者减去预算盈余。国债也要支付利息，即所谓的国债利息。

小思考

（1）假设某年某国财政年度的预测税收收入为 27 670 亿美元，支出为 30 060 亿美元，那么该年政府是预算赤字还是预算盈余？如果盈余，盈余多少？如果赤字，赤字多少？

（2）在上一年财政年度末，国债为 50 830 亿美元，如果本年预算赤字为 2 390 亿美元，那么本年财政年度末的国债为多少？

（二）财政政策如何分类？

按照财政政策有无人为因素的存在，可以将财政政策分为自动稳定的财政政策和相机抉择的财政政策。

1. 自动稳定的财政政策

“内在稳定器”是指这样一种宏观经济的内在调节机制：它能在宏观经济的不稳定情况下自动发挥作用，使宏观经济趋于稳定。财政政策的这种“内在稳定器”效应无须借助外力就可直接产生调控效果，财政政策工具的这种内在的、自动产生的稳定效果，可以随着社会经济的发展，自行发挥调节作用，不需要政府专门采取干预行动。财政政策的“内在稳定器”效应主要表现在两个方面：累进的所得税制和公共支出尤其是社会福利支出。

（1）累进的所得税制。累进的所得税制对经济活动水平的变化反应相当灵敏。如果当初政府预算收支平衡，税率没有变动，而经济活动出现不景气，国民生产就要减少，致使税收收入自动降低。此时，若政府预算支出保持不变，则税收收入的减少将导致预算赤字发生，从而自动产生刺激需求的力量，以抑制国民生产的继续下降。

（2）公共支出尤其是社会福利支出。在健全的社会福利、社会保障制度下，各种社会福利支出一般会随着经济的繁荣而自动减少，这有助于抑制需求的过度膨胀；也会随着经济的萧条而自动增加，这有助于阻止需求的萎缩，从而促使经济趋于稳定。如果国民经济出现衰退，就会有很多人具备申请失业救济金的资格，政府必须对失业者支付津贴或救济金，以使他们能够维持必要的开支，从而使国民总需求不致下降过多；如果经济繁荣来临，失业者可重新获得工作机会，在总需求接近充分就业水平时，政府就可以停止这种救济性的支出，使总需求不致过旺。

2. 相机抉择的财政政策

相机抉择的财政政策是指政府根据不同时期的经济形势，相应地采取变动政府支出和税收的政策，是一种主动的人为政策调节。相机抉择的财政政策对经济的作用，就好比驾驶汽车，汽车速度太快，就踩几下刹车，速度太慢，就加大油门，故而又常称为“逆经济风向行事”。

相机抉择的财政政策的主要内容是税收政策和政府支出的变化。税收政策和政府支出的作用均存在优缺点：税收政策作为一种间接手段，能够迅速刺激投资而作用于供给曲线，但是无法准确预期消费者的反应；政府支出变化能够明确特定行业和地区的目标，能够直接作用于总需求并发挥乘数作用，但是在民主决策下有认识和决策的“时滞”。

小 思 考

有这样一个故事：一位老者携孙子去集市卖驴。路上，一开始孙子骑在驴背上，爷爷在地上牵着驴走，有人指责孙子不孝。听到人们的指责后，爷孙二人立刻调换了位置。调换位置后的爷孙俩，又听到有人指责，说老头虐待孩子。于是爷孙两人都骑上了驴。一位老太太看到后又为驴鸣不平，说他们不顾驴的死活。最后，爷孙二人都从驴背上下来了，徒步跟驴走，不久又听到有人讥笑："看，一定是两个傻瓜！不然为什么放着现成的驴不骑呢？"爷爷听罢，叹口气说："还有一种选择就是咱俩抬着驴走，可这样一来，岂不更让人笑掉大牙？"这则故事对相机抉择的财政政策有何启示？

（三）财政政策的效应有哪些？

财政政策对就业和实际国内生产总值会产生如下效应：

1. 乘数效应

乘数效应是指经济活动中某一变量的增减所引起的经济总量变化的连锁反应程度。在经济学中，乘数效应更完整地说是支出/收入乘数效应，是宏观经济学的一个概念，也是一种宏观经济控制手段，是指支出等变量的变化导致经济总需求与其成倍数的变化。乘数效应以一个变量的变化以乘数加速度方式引起最终量的变化，它包括正反两方面作用。政府可以扩大投资或公共支出、减少税收，这样国民收入有加倍扩大的作用，从而产生宏观经济的扩张效应。就像约翰·凯恩斯的《就业利息和货币通论》一书中写的一个著名的"挖坑理论"：雇两百人挖坑，再雇两百人把坑填上，这叫创造就业机会。雇两百人挖坑时，需要发两百个铁锹；当发铁锹时，生产铁锹的企业开工了，生产钢铁的企业也开工了；还得给工人发工资，这时食品消费也有了。等再雇两百人把坑填上时，还得发两百把铁锹，还得发工资，从而国民收入得以增加。当一个国家经济过热时（往往伴随着通货膨胀），政府可以削减投资或公共支出、增加税收，这样国民收入有加倍收缩的作用，从而产生宏观经济的紧缩效应。

2. 挤出效应

挤出效应是指政府支出增加所引起的私人消费或投资降低的效果。这是因为政府增加购买之后，引发利率上升，私人投资将会减少，相当于政府的购买"挤走"了私人的投资，所以称为挤出效应。政府支出的增加带来的是对商品和劳务需求量的增加，如基础建设需要筹措资金、购买原材料、雇用工人，但在一定情况下，这些资源是有限的，当社会本来没有多余的供给或者供给不能满足政府需求增长时，政府对这些资源的需求必将造成资源价格的上涨，表现为原材料价格的上升、工人的紧缺，这些都使得企业的生产成本增加，预期收益减少，在一定程度上会降低企业的生产和投资欲望。同样，物价上升也会在一定程度上减少消费者的购买行为，从而个人消费会相应减少。

所以，财政政策对需求的影响取决于财政政策的乘数效应和挤出效应的力量对比，若是乘数效应高于挤出效应，则财政政策是有效的；反之，则无效。

案例分析

打碎玻璃也可以增加一个国家的国内生产总值?

一日，某经济学家坐在桌前看书，妻子在擦窗户。小儿子非常顽皮，在街上玩的时候，用石头扔妈妈，没想到一不小心将刚擦好的玻璃打碎了。妻子非常生气，抓起孩子就要打。经济学家突然喝道："为什么要打孩子？他打碎一块玻璃，却能让装玻璃的工人有活干，能让玻璃厂多生产一块玻璃，能增加一个工人的工资，这增加了多少国内生产总值啊！"妻子听了非常生气，说道："那我呢，我辛辛苦苦擦的玻璃就这样被打碎了，我岂不是白忙了？"经济学家答道："本来你擦玻璃对国内生产总值就没有什么贡献，也没什么好难过的。"妻子听后，对经济学家恨得咬牙切齿。

分析：打碎玻璃会增加国内生产总值说明了经济学中的什么道理？妻子擦玻璃对国内生产总值没有什么贡献说明什么问题？

实际上，打碎玻璃引发国内生产总值的增加，是经济学中的拉动效应，是指通过某项投资或消费带动相关产业的发展，从而带动经济的发展。对于老百姓来说，不管政府需要投资拉动还是消费拉动，只要能拉动经济的发展，尤其是拉动自己收入不断增长，那么拉动理论无疑是正确的。妻子做家务没有挣得薪水，因此对国内生产总值的增长没有贡献，这说明国内生产总值的核算也并非完美。

五、理解货币政策的概念与效应

银行存贷款利率下调对企业有什么影响？对储户又有什么影响？

分组讨论

同学们手中的货币从哪里来的？币值变动对于普通消费者和生产者及政府会有怎样的影响？政府应该制定怎样的政策来帮助实现宏观经济目标中的物价稳定、充分就业与经济增长？我们是否应该努力将经济保持在充分就业状态而不应过多关注通货膨胀？我们是否应该将控制通货膨胀作为主要目标而不应过多关注就业？

任何一种可以执行交换媒介、价值尺度、延期支付标准和完全流动的财富储藏手段等功能的商品，都可被看作货币；从商品中分离出来固定地充当一般等价物的商品，就是货币。货币是商品交换发展到一定阶段的产物。货币的本质就是一般等价物。我们手中的货币是由一个国家的中央银行发行的。通常情况下，中央银行发行的货币超过经济需要时就会出现通货膨胀，中央银行发行的货币不能满足实体经济的需要时就会出现通货紧缩。

货币政策主要是指一国的货币当局，通常是中央银行对货币总量或利率进行调节，进而影响社会总需求的一种方法。一个国家的货币政策目标以及为了达到这些目标所形成的体系结构来自中央银行与政府的相互关系。通常，中央银行的货币政策目标是充分就业、物价稳定与经济增长。充分就业目标意味着实现潜在国内生产总值可持续增长率的最大化，使实际国内生产总值水平接近潜在国内生产总值水平，将失业率保持在接近自然失业率水平。物价稳定目标意味着将通货膨胀率保持在较低水平。达到经济增长的目标意味着将长期名义利率保持在与长期实际利率相接近的水平。

物价稳定是核心目标，它将为家庭和企业做出促进经济增长的储蓄和投资决策提供最适合的环境，所以价格的稳定促进了潜在国内生产总值可持续增长率的最大化。价格稳定带来了适度的长期利率水平，因为名义利率等于实际利率加通货膨胀率。在平稳的价格水平下，名义利率接近实际利率，在绝大多数情况下，利率水平是适度的。尽管货币政策的目标长期相互一致，但是在短期内，一国中央银行面临权衡：如采取措施降低通货膨胀率并保持价格稳定在短期内会降低就业率和实际国内生产总值水平，增加失业率。货币政策也有扩张性货币政策与紧缩性货币政策之分。紧缩性货币政策是指通过减少货币供应量达到紧缩经济的作用，扩张性货币政策是指通过增加货币供应量达到扩张经济的作用。

在不同的经济形势下，中央银行要运用不同的货币政策来调节经济。我们把中央银行为实现货币政策目标所采用的政策手段称为货币政策工具，可分为一般性货币政策工具和选择性货币政策工具。

（一）一般性货币政策工具有哪些？

一般性货币政策工具主要包括存款准备金制度、再贴现政策和公开市场业务三大工具，即“三大法宝”。

存款准备金制度是指中央银行在法律赋予的权力范围内，通过规定或调整商业银行交存中央银行的存款准备金比率，控制其信用规模，并借以间接地对社会货币供应量进行控制的制度。

再贴现政策是随着中央银行的产生而发展起来的。英格兰银行曾在19世纪上半叶利用再贴现业务向票据经纪人进行短期资金的融通，并利用再贴现业务逐渐完成了其作为最后贷款人的职能，完成了其向中央银行的自然演化过程。美国联邦储备体系成立前的国民银行体系，主要问题之一是在紧急的时候没有“后备力量”、没有“弹性”，此后，许多国家的中央银行都将再贴现业务作为主要的货币政策工具。再贴现政策是指中央银行通过制定或调整再贴现率来干预和影响市场利率及货币市场的供应和需求，通过规定贴现票据的资格来控制资金投向的一种金融政策。当市场银根偏松时，中央银行则提高再贴现率，由于再贴现率提高，贴现成本增加，贴现金额减少；同时市场利率会相应地升高，社会对货币的需求会受到抑制，从而使市场货币供应量减少。相反，降低再贴现利率会增加货币供应。

公开市场业务是指中央银行在市场上买卖有价证券，借以回笼货币或投放货币、调节货币供应量的活动。买卖对象一般为政府债券、国债、外汇。中央银行可以经常地、连续

地买卖有价证券。中央银行运作公开市场业务的目的在于控制货币供应量和信贷规模，协助再贴现政策的应用，减轻由于财政收支造成的负面影响，协助政府的公债发行与管理。公开市场业务对货币供求关系和货币供应量有微调作用，一般在经济运行比较正常时使用得较多。

（二）选择性货币政策工具有哪些?

选择性货币政策工具是指中央银行针对不同的部门、不同的企业和不同用途的信贷采取的政策工具，这些工具可以影响金融机构体系的资金运用方向和不同信用方式的资金利率，起到鼓励或抑制的作用，达到结构调整的目的。具体可以分为两类：直接信用控制和间接信用控制。直接信用控制是指中央银行以行政命令或其他方式，直接对金融机构尤其是商业银行的信用活动进行控制。具体手段包括：规定利率限额与信用配额、信用条件限制、规定金融机构流动性比率、直接干预等。间接信用控制是指中央银行通过道义劝告、窗口指导等办法来间接影响商业银行等金融机构。

案例分析

2001年美国经济的衰退

在历史上最长的经济扩张之后，美国经济在2001年经历了一次衰退，失业率从2000年12月的3.9%上升到2001年8月的4.9%，又上升到2003年6月的6.3%。此后，失业率开始下降，到2005年1月，失业率已降至5.2%。

这两个问题的答案都是总需求的移动。衰退开始于股市网络泡沫的结束。在20世纪90年代，许多股市投资者对信息技术持有乐观态度，他们抬高了股票价格，特别是高科技公司的股票价格。当人们发现新技术表现出不像原来那么有利可图时，投资支出减少了，总需求从而减少。对经济的第二个冲击是2001年9月11日对纽约和华盛顿的恐怖主义袭击。在那次袭击后的一周内，股市又下跌了12%，这是自20世纪30年代大萧条以来一周内最大的跌幅。这次袭击增加了人们对于未来的不确定性，不确定性会减少支出，因为家庭和企业推迟了计划，等待不确定性问题的解决。因此，恐怖主义袭击也使需求减少。第三个使需求减少的因素是一系列公司财务丑闻。在2001年和2002年间，几个大公司，包括安然和世通，被发现误导公众对其利润率的看法。当人们知道了真相时，这几大公司的股票的价格大跌。由于股市投资者不信任所有财务数据，甚至诚信的公司也经历了股票价格的下跌。这种股市下跌进一步抑制了总需求。

决策者迅速对这些事件做出反应。一旦经济增长放慢变得显而易见，美联储就推行扩张性货币政策。货币增长加速了，利率也就会下降。低利率通过降低借贷成本刺激了支出。同时，在总统的催促下，国会在 2001 年通过了减税法案，包括直接的退税，2003 年又通过了一项减税法案，减税的一个目标是刺激消费支出和投资支出。利率下降和减税共同使总需求增加，抵消了经济所经历的三次紧缩性冲击的影响。

分析：是什么引起了经济衰退？又是什么结束了经济衰退？

六、财政政策与货币政策的配合运用

在其他条件不变的情况下，增加税收和降低利率综合起来会对国民收入产生什么影响？

分组讨论

财政政策与货币政策之间是怎样的关系？财政政策与货币政策的目标是否一致？是否总是一致？

财政政策与货币政策的运用是相互补充的，表现在以下几个方面：第一，两者的政策目标是一致的，即保持经济增长、促进就业、稳定物价和平衡国际收支。第二，政策的实现手段具有交叉性，财政政策能否顺利实施并取得成效与货币政策的配合密不可分。第三，在作用机制上，两者都是通过调节社会资金从而影响国民经济运行。但两者各有特点，财政政策更具控制性，货币政策更具灵活性。财政政策与货币政策需要协调配合。财政政策实施作用大、速度快、预测性强，但决策时间比较长，必须经过立法和国会审批等程序，有时候其决策的时滞会使政策实施赶不上经济形势的变化；货币政策决策快、独立性强，受政治干扰小。财政政策作用的主要对象是消费支出，因为税收政策主要影响消费；货币政策作用的主要对象则是资本支出，影响主要体现在投资方面。财政政策与货币政策互相搭配、协调配合方能取长补短，实现预期的宏观经济调控目标。

但二者的组合也存在一个问题：财政政策与货币政策的目标并不总是一致。虽然这两者长期目标相似，但在短期内可能不同。例如：当政府采取扩张性财政政策时，经济开始上升且失业率下降，但会伴随着通货膨胀率与利率上升，而且越接近充分就业，通货膨胀越明显。此时，央行的目标是应该保持货币供给稳定、利率不变还是保持收入稳定呢？目标不同会产生不同的结果。

财政政策与货币政策有以下几种组合形式：

（一）扩张性财政政策与紧缩性货币政策

这一政策组合以图 6－9 为例，假设目前一个经济社会处于 E_0，即 LM_0 与 IS_0 的交点处。政府同时采取扩张性财政政策与紧缩性货币政策。采取扩张性财政政策使 IS_0 曲线向右平移至 IS_1，紧缩性货币政策使 LM_0 曲线向左平移至 LM_1，形成新的均衡点 E_1。E_1 与 E_0 相比，国民收入相当接近，这是因为一方面扩张性财政政策增加了支出，刺激了总需求，另一方面央行降低货币供给量进一步提高了利率，抑制了私人投资。这两方面的作用正好抵消，使国民收入保持稳定，从而也控制了通货膨胀。在美国卡特政府（1977—1981年）所处的时代中就曾经出现过这种政策组合。卡特政府使用的财政政策一直是扩张的，在它的作用下，1979年美国的失业率降至6%，接近充分就业。伴随着失业率的下降，通货膨胀开始抬头，加之第二次成品油危机进一步加剧了通货膨胀，于是美联储采取紧缩性货币政策，大幅削减实际货币供给量，结果导致美国国债利率开始节节攀升，实际利率从1980年的2%上升至1984年的5.2%。这一政策组合成功地降低了通货膨胀率，但是也带来了经济衰退。产生衰退不难理解，从E_0至E_2是由扩张性财政政策引起的经济增长，从E_2至E_1是由紧缩性货币政策引起的经济衰退。

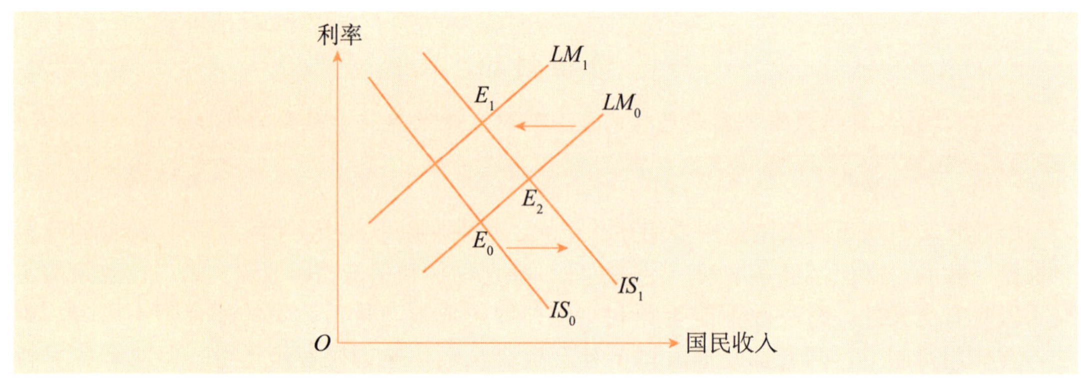

图6-9　扩张性财政政策与紧缩性货币政策

（二）扩张性财政政策与扩张性货币政策

这一政策组合以图6-10为例，政府采取扩张性财政政策，推动IS_0曲线向右平移，均衡点由E_0移动至E_1。如果处于E_1点，经济仍未走出衰退，而政府的财政政策又受到赤字的约束，已无力进一步扩张，那么此时经济复苏的任务便由央行承担。央行可以采取扩张性货币政策使LM_0曲线向右平移至LM_1，均衡点将由E_1移动至E_2，国民收入将增加。从最终结果来看，利率保持相对稳定。

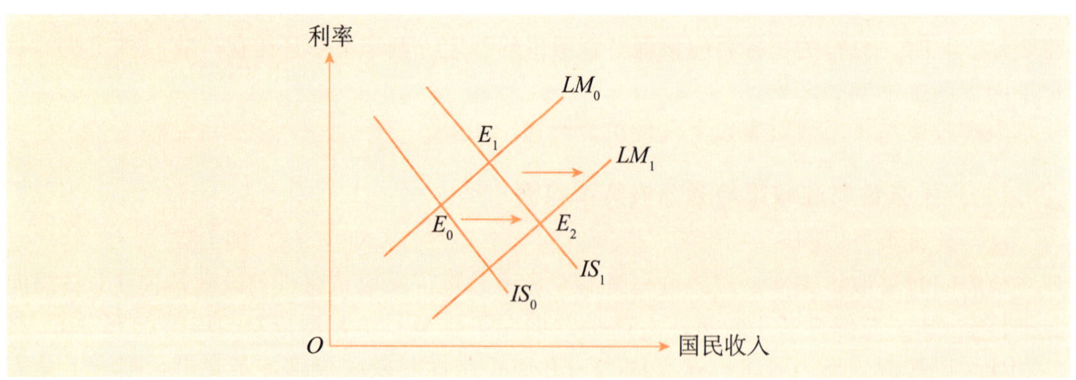

图6-10　扩张性财政政策与扩张性货币政策

需要指出的是，扩张性财政政策与扩张性货币政策组合只有在经济深度衰退时才可使用，否则会引发剧烈的通货膨胀。类似于大萧条的经济衰退在当前社会中已不常见了，所以使用这一组合需十分小心。更多情况下，央行会采取介于紧缩与扩张中间的一种政策，让利率从 E_1 点缓慢下降到 E_2 点。1990 年，美联储采取了这一策略，一开始让利率缓慢下降，当预计由石油价格上升引起的通货膨胀是短期的时候，才开始大幅削减利率，采取扩张性货币政策。事实表明，这一策略是成功的。

（三）紧缩性财政政策与扩张性货币政策

这一政策组合以图 6－11 为例，经济社会原处于 E_0，即 LM_0 与 IS_0 的交点处。假设政府开始增加所得税，实行紧缩性财政政策，由此推动 IS_0 曲线左移至 IS_1。如果央行货币供给保持不变，均衡点将由 E_0 移动至 E_1，国民收入减少且利率下降。不过，一旦央行以稳定国民收入为目标，它就会采取扩张性货币政策，推动 LM_0 曲线右移至 LM_1，均衡点由 E_1 移动至 E_2。一方面，较高的税收抑制了消费，另一方面，利率下降刺激了私人投资，两方面作用相互抵消，使国民收入得以稳定。尽管收入变化不大，但是资源配置发生了变化，公众对消费品的需求降低了，但对投资品的需求增加了。

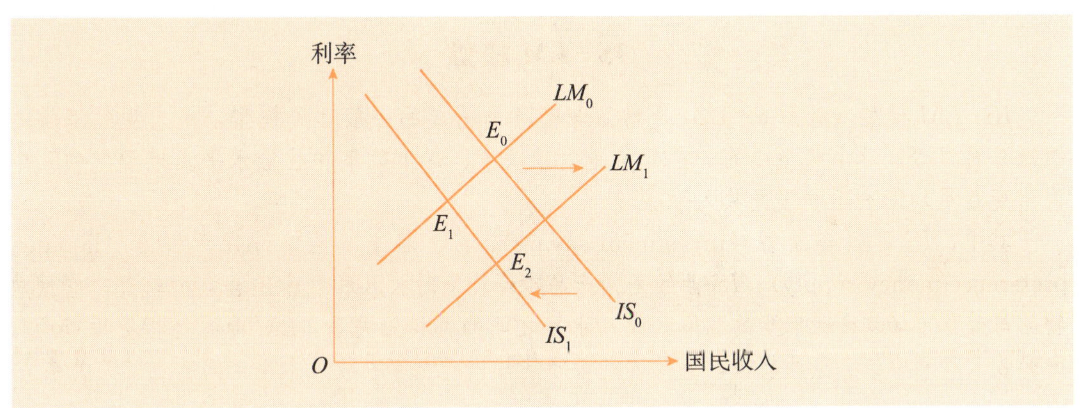

图 6－11 紧缩性财政政策与扩张性货币政策

（四）紧缩性财政政策与紧缩性货币政策

这一政策组合以图 6－12 为例，政府增加所得税，利率下降且国民收入减少，IS_0 曲线左移至 IS_1，均衡点由 E_0 移动至 E_1。如果央行以稳定利率为目标，它会同样采取紧缩性货币政策，推动 LM_0 曲线向左移动至 LM_1，均衡点由 E_1 移动至 E_2，结果是收入大幅度减少，利率变化不大。我国曾采取“双紧”政策。1989 年，社会总需求大于社会总供给，工资等福利上涨得很快，就连当时的银行也在吃贷款差，但是，当时的社会总供给根本跟不上，所以，通货膨胀日益严重，银行出现大量不良资产，直到现在，银行里的不良资产很多还是那个时候遗留下来的。在当时的情况下，我国采取了“双紧”政策，抑制了通货膨胀，保证了经济的平稳发展。

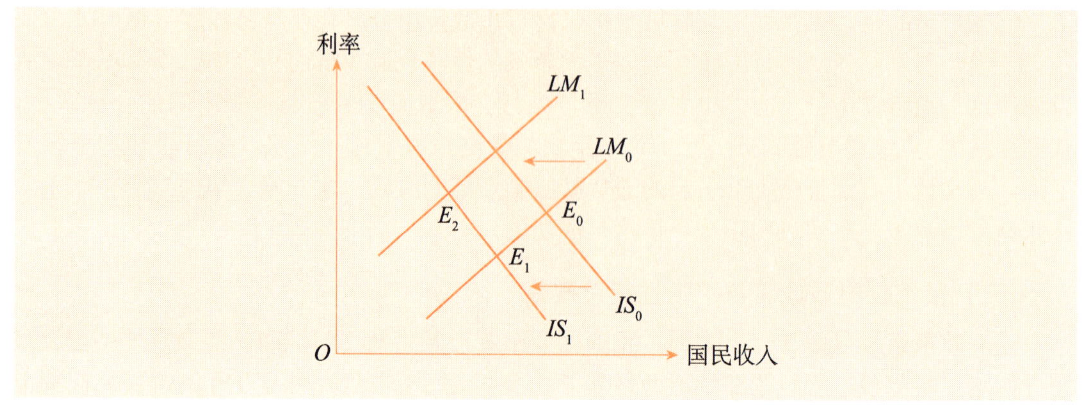

图 6-12　紧缩性财政政策与紧缩性货币政策

超链接

IS-*LM* 模型

IS-*LM* 模型（见图 6-13）是物品与劳务总需求的一般理论模型，是宏观经济学的短期分析核心。这个模型中的外生变量是财政政策、货币政策和物价水平。模型中的两个内生变量是均衡利率和国民收入水平。

其中，*IS* 即投资储蓄（investment-saving），*LM* 即流动性偏好货币供给（liquidity preference-money supply）。*IS* 曲线是指产品市场均衡时收入和利率组合点的轨迹，它反映物品与劳务市场均衡时产生的利率和收入水平之间的负相关关系。*LM* 曲线是指货币市场均衡时收入和利率组合点的轨迹，它反映货币市场均衡时利率和收入水平之间的正相关关系。

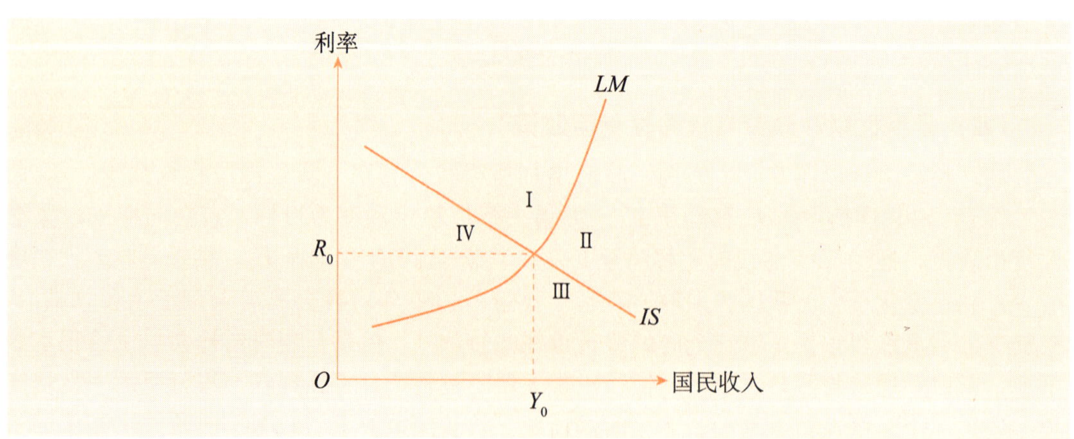

图 6-13　*IS*-*LM* 模型

模块小结

(1) 贫富差距总是存在的，洛伦兹曲线和基尼系数是用来衡量贫富差距较常用的工具。政府可以制定有效的政策来缩小贫富差距。

(2) 经济周期告诉我们，经济的发展过程并不总是一路平稳的，总供给与总需求的波动是经济周期发生的根本原因。政府的作用是熨平经济周期，使经济平稳增长。

(3) 市场不是万能的，即市场会失灵。市场失灵使社会资源不能得到最有效的分配，某些社会目标也不能达到，如物价稳定、充分就业、经济增长和国际收支平衡在市场经济条件下没有政府的干预并不是总能实现的，市场失灵的存在使得政府不得不采取干预行动。

(4) 政府的干预行动体现在两个层面上：一是微观经济层面，二是宏观经济层面。微观经济层面着重解决资源配置效率的提高，宏观经济层面着重解决资源利用问题。要顺利实现宏观经济的四个主要目标，重要的是根据经济发展的客观情况，将财政政策与货币政策进行相互搭配、协调配合。

思考与训练

一、思考题

1. 下面哪些属于公共物品：(1) 消防队；(2) 房屋；(3) 免费公园；(4) 食品。请解释为什么公共物品向任何一个消费者收费是不可能的。

2. 教室里的灯被人称为长明灯，因此损坏得特别快。运用所学知识解释这一现象产生的原因，说出解决方法。

3. 很多造纸企业为了节约成本，直接将废水排到河里，结果造成河流污染。你有什么办法解决这一问题？

4. 约翰的狗整天吵闹，影响了邻居休息。为此，他被邻居起诉，并因此支付了 1 000 美元的罚款。请用外部性理论分析，约翰的狗是否对邻居形成有害的外部性影响，为什么？

5. 试解释洛伦兹曲线弯曲程度的重要意义。

6. 基尼系数有什么实际意义？

7. 你对解决不公平和贫困有什么见解？

8. 什么是市场失灵？市场失灵具体表现在哪些方面？

9. 为什么会出现通货膨胀与失业、泡沫与萧条？为什么美国会出现金融危机？

10. 为什么社会收入分配不公平？

11. 教室里多增加一个学生是否会增加成本？

12. 为什么楼道里的灯经常不亮而无人过问？为什么小区需要物业？为什么要对污染企业征税？

13. 为什么政府要反垄断？

14. 为什么需要面试和试用期？为什么企业经理实行年薪制？

15. 为什么品牌很重要？为什么名牌大学学生比较受欢迎？为什么现在高职高专学生普遍受欢迎？

16. 为什么保险公司不保自行车险？骗保现象为什么一直存在？

17. 为什么药品价格居高不下？药品市场为什么需要进行严格监督与管制？

18. 为什么腐败案件经常发生？什么叫“若要人不知，除非己莫为”？

19. 经济周期具有什么特征？经济波动的原因是什么？

20. 宏观经济目标主要有哪些？实现这些目标需要哪两个政策的有效配合？

二、训练营

1. 案例讨论：老虎为什么斗不过牛？

历史上，许多动物都遭到了灭绝的威胁。即使现在，像老虎、大象等动物也面临着这样的情况——偷猎者为了经济利益而对它们进行疯狂的捕杀。但并不是所有有价值的动物都面临这种威胁。例如：黄牛作为一种有价值的食物来源，却没有人担心它会由于人们对牛肉的大量需要而绝种。在自然环境中，老虎要比牛“牛”得多，10头牛也不是1只老虎的对手。但在现实生活中，凶猛的老虎“斗”不过老实的黄牛是我们必须承认的事实。老虎的皮、肉和骨头等都具有很高的经济价值，而黄牛作为牛肉的重要来源，具有很高的商业价值。目前，老虎已经濒临灭绝，而牛的种群却在不断扩大。

为什么老虎的商业价值威胁到老虎的生存，而牛肉的商业价值却成了黄牛的护身符呢？

2. 假设美国处于充分就业状态。解释以下事件分别对总供给的影响：

（1）工会协议将货币工资率提高10%。

（2）物价水平上升。

（3）潜在国内生产总值增加。

3. 解释世界经济衰退在短期内对中国宏观经济均衡的影响，解释经济恢复到充分就业的调整过程。

4. 假设在野火发生的前夜，加利福尼亚处于充分就业状态。在极短时间内，大火对加利福尼亚的总需求与总供给将产生怎样的影响？

5. 由于世界原油价格的波动使我们的整体经济发生波动，有人建议应该改变燃油税率，当世界原油价格上涨时降低税率，当原油价格下降时提高税率，以此稳定美国市场上的原油价格。

（1）你认为这类举措将如何影响总需求？

（2）你认为这类举措将如何影响总供给？

（3）列出这项政策的支持和反对理由。

6. 浏览相关政府网站，回顾预算盈余或赤字和国债的历史，哪些事件造成了国债的大规模增长？在哪些阶段国债数量减少？

7. 解释为什么利息收入税率的上升和工资收入税率的下降会改变劳动力的需求与供给，以及可贷资金的均衡数量。解释这些改变将如何影响潜在国内生产总值。

8. 如果通货膨胀率上升，美联储不改变联邦基金利率的决定将对美国经济产生怎样的影响？如果经济进入衰退阶段，美联储不改变联邦基金利率的决定将对整个经济产生怎样的影响？

参考文献

REFERENCE

[1] [美] 约瑟夫·E. 斯蒂格利茨．经济学（第 3 版）[M]. 北京：中国人民大学出版社，2006.

[2] 卢进强．应用经济学 [M]. 北京：北京交通大学出版社，2009.

[3] 黄典波．趣味经济学 100 问 [M]. 北京：机械工业出版社，2009.

[4] 卢锋．经济学原理（中国版）[M]. 北京：北京大学出版社，2002.

[5] [美] 保罗·萨缪尔森，威廉·诺德豪斯．微观经济学（第 17 版）[M]. 北京：人民邮电出版社，2004.

[6] [美] 保罗·萨缪尔森，威廉·诺德豪斯．宏观经济学（第 17 版）[M]. 北京：人民邮电出版社，2004.

[7] [英] 迈克尔·帕金．微观经济学 [M]. 北京：人民邮电出版社，2004.

[8] [英] 迈克尔·帕金．宏观经济学 [M]. 北京：人民邮电出版社，2004.

[9] [美] 曼昆．经济学原理（上下册）（第 2 版）[M]. 北京：北京大学出版社，2000.

[10] 高鸿业．西方经济学（上下册）（第 2 版）[M]. 北京：中国人民大学出版社，2001.

[11] 厉以宁．西方经济学 [M]. 北京：高等教育出版社，2002.

[12] 黎旨远．西方经济学 [M]. 北京：高等教育出版社，2002.

[13] 尹伯成．西方经济学简明教程 [M]. 上海：上海人民出版社，2003.

[14] 刘厚俊．现代西方经济学原理（第 5 版）[M]. 南京：南京大学出版社，2009.

[15] 徐美银．经济学原理 [M]. 北京：高等教育出版社，2008.

[16] 臧良运．经济学原理 [M]. 北京：高等教育出版社，2009.

[17] 徐兆辉．西方经济学 [M]. 北京：首都经济贸易大学出版社，2010.

[18] 韩燕雄，朱景发．经济学基础 [M]. 北京：北京交通大学出版社，2010.

[19] 梁小民．写给企业家的经济学 [M]. 北京：中信出版社，2006.

[20] 梁小民．经济学内外 [M]. 北京：中国社会科学出版社，2006.

[21] 牛国良．西方经济学 [M]. 北京：高等教育出版社，2006.

[22] 周克．生活中必须具备的 101 个经济学思维 [M]. 北京：中国华侨出版社，2010.

[23] 心之也．囧囧经济学 [M]. 武汉：华中师范大学出版社，2010.

[24] 关晶奇．“萌”懂龟：原来这是经济学 [M]. 北京：电子工业出版社，2011.

[25] 吴冰，陈福明．经济学基础教程（第 3 版）[M]. 北京：北京大学出版社，2006.

[26] 王福重．写给中国人的经济学 [M]. 北京：机械工业出版社，2010.

图书在版编目（CIP）数据

经济学基础/华桂宏主编．--3版．--北京：中国人民大学出版社，2019.10
21世纪高职高专规划教材．财经类专业基础课系列
ISBN 978-7-300-27683-0

Ⅰ.①经… Ⅱ.①华… Ⅲ.①经济学－高等职业教育－教材 Ⅳ.①F0

中国版本图书馆CIP数据核字（2019）第255905号

“十三五”江苏省高等学校重点教材
21世纪高职高专规划教材·财经类专业基础课系列
经济学基础（第3版）
主　编　华桂宏
副主编　王海燕　杨晓丽
Jingjixue Jichu

出版发行	中国人民大学出版社		
社　　址	北京中关村大街31号	**邮政编码**	100080
电　　话	010－62511242（总编室）		010－62511770（质管部）
	010－82501766（邮购部）		010－62514148（门市部）
	010－62515195（发行公司）		010－62515275（盗版举报）
网　　址	http://www.crup.com.cn		
经　　销	新华书店		
印　　刷	北京玺诚印务有限公司	**版　　次**	2012年12月第1版
规　　格	185mm×260mm　16开本		2019年10月第3版
印　　张	18.75 插页1	**印　　次**	2020年6月第2次印刷
字　　数	404 000	**定　　价**	45.00元

信息反馈表

尊敬的老师:

您好！为了更好地为您的教学、科研服务，我们希望通过这张反馈表来获取您更多的建议和意见，以进一步完善我们的工作。

请您填好下表后以电子邮件、信件或传真的形式反馈给我们，十分感谢!

一、您使用的我社教材情况

您使用的我社教材名称			
您所讲授的课程		学生人数	
您希望获得哪些相关教学资源			
您对本书有哪些建议			

二、您目前使用的教材及计划编写的教材

	书名	作者	出版社
您目前使用的教材			
	书名	预计交稿时间	本校开课学生数量
您计划编写的教材			

三、请留下您的联系方式，以便我们为您赠送样书（限1本）

您的通信地址			
您的姓名		联系电话	
电子邮箱（必填）			

我们的联系方式:

地　址：苏州工业园区仁爱路158号中国人民大学苏州校区修远楼

电　话：0512-68839320　　　　传　真：0512-68839316

E-mail：huadong@crup.com.cn　　　邮　编：215123

网　址：www.crup.com.cn